让我们一起追寻

革命年代的拉法耶特

两个世界的英雄

HERO OF TWO WORLDS

The Marquis de Lafayette in the Age of Revolution

〔美〕麦克·邓肯（Mike Duncan）著

黎英亮 译

社会科学文献出版社
SOCIAL SCIENCES ACADEMIC PRESS (CHINA)

本书获誉

令人愉悦的非正式写作……邓肯以松散的、口语化的风格写成这部传记,读者有时会因其非正式的讲述方式而感到惊讶,但更多时候会因其坦率风格而拥有愉快的阅读体验。

——亚当·戈普尼克(Adam Gopnik),《纽约客》

邓肯先生的《两个世界的英雄》,以通俗易读的散文式笔调,提供了内容丰富的描述和严谨的诠释。作者对传主不乏同情,但仍不失公允和明智,可以说,此书反映了拉法耶特在革命年代的动荡人生。

——《华尔街日报》

一部引人入胜、扣人心弦的拉法耶特传记,一部剖析资产阶级自由主义局限性的专著。

——贾梅尔·布伊(Jamelle Bouie),《纽约时报》

在这部极具说服力的著作中,拉法耶特终于得以正名。

——美国《大观》杂志官网(Parade.com)

让人完全沉浸其中……这部令人印象深刻的传记，提供了关于美国革命的深刻见解，并能够同时满足历史爱好者与普通读者的阅读品位。

——美国"书页"书评网（BookPage）

邓肯展现了令人印象深刻的叙事技巧，让他笔下的拉法耶特保持了令人敬仰的人物形象……他以精彩绝伦的生动叙事，描述了一段非凡的壮阔人生。

——《科克斯书评》，星级评论

包罗万象而又浅显易读……邓肯把如此丰富的内容浓缩在新颖、可读性强的叙事当中。作者对拉法耶特不乏同情，刻画了他的复杂形象，以及他所置身的革命年代。

——《出版人周刊》

身兼历史学家与著名历史播客主持人的邓肯，把拉法耶特请到这部精心写就的传记的中心……［他］以时尚、幽默、动人的语调，呈现了这部考据有力的历史研究著作。

——《书单》

邓肯重新向人们介绍这位著名的英雄……这部极具可读性的传记，向人们讲述一位矢志不渝的自由主义活动家如何被极端主义、暴力和战争所引发的变幻无常的政治洪流所裹挟。一如邓肯此前的作品，此书同样引人入胜、通俗易懂。

——《图书馆杂志》（*Library Journal*）

从第一页开始，《两个世界的英雄》就以其幽默、非同一般的视角，以及让读者不停读下去的叙述方式吸引我们，驱使我们去体会拉法耶特的人生。

——莱恩·约翰逊（Rian Johnson），获奖导演

这是一部伟大的作品。邓肯的确知道如何去编排一个引人入胜、扣人心弦的故事。围绕着拉法耶特这个主题，邓肯带来了一部令人惊艳的作品。

——丹·卡林（Dan Carlin），"硬核历史"（*Hardcore History*）播客主持人

邓肯的作品提醒人们，历史同样可以是充满多姿多彩人物的有趣故事，而在《两个世界的英雄》中，他让美国历史上最为伟大的人物之一得以复活。

——本·史密斯（Ben Smith），《纽约时报》

所有听过"罗马史"（*The History of Rome*）与"革命史"（*Revolutions*）播客的听众，以及读过《风暴之前的风暴》（*The Storm Before the Storm*）的读者，都知道麦克·邓肯引领他们穿越西方历史上那些史诗般的、戏剧性的时刻会让他们获得多少愉悦。这

一次，邓肯瞄准了一个绝妙的主题、一位卓越的人物，通过这个人物，邓肯能够探究甚至颠覆政治自由主义的起源。

——斯宾塞·阿克曼（Spencer Ackerman），普利策奖获奖记者，《恐怖统治：911 时代如何动摇美国并造就特朗普》（*Reign of Terror: How The 9/11 Era Destabilized America and Produced Trump*）作者

麦克·邓肯这部优秀的、考据翔实的著作，刻画了拉法耶特的非凡人生。那是一部迷人的、跨越大洋的戏剧，当中包括三场伟大的革命，以及几部幕间剧，它带领读者穿越爆炸性的、见证历史巨变的 70 年。

——劳埃德·克雷默（Lloyd Kramer），北卡罗来纳大学教堂山分校，《置身于两个世界的拉法耶特：革命年代的公共文化与个人身份》（*Lafayette in Two Worlds: Public Cultures and Personal Identities in an Age of Revolutions*）作者

献给我的父亲与母亲

正是他们让一切皆有可能

目　录

第一幕

有何不可

第一章

孤儿侯爵
（1757—1772）

在群山环绕的省份奥弗涅（Auvergne），毫不起眼的村庄沙瓦
尼亚克（Chavaniac）里，坐落着一座同样不起眼的城堡。一如现
在，当时的奥弗涅也是纯朴和荒芜的，毕竟这是一个远离现代世界
的地方。奥弗涅风光秀丽，维持着自然风貌，在肥沃的土地上，随
处可见露出的硕大火山岩。牧场、田野和古老的原始森林，向着四
面八方蔓延开来。在法国中南部的广袤旷野中，遗世独立的沙瓦尼
亚克，只不过是环绕和拱卫城堡的几处破屋陋巷而已。

在法兰西王国其他地方，贵族家庭纷纷拥抱文艺复兴、科学革
命和启蒙运动。他们按照最新颖、最华贵的风格来重建他们的府
邸。但沙瓦尼亚克城堡本身就是其所处环境的产物，它简单而坚
固，洗尽铅华、不加修饰，与辉煌壮丽无缘。在这里，根本就没有
必要炫耀，更何况，又能向谁炫耀？

1757 年夏末，沙瓦尼亚克城堡成为吉尔贝·迪·莫捷（Gilbert
du Motier）的家，这位莫捷就是后来的拉法耶特侯爵（marquis de
Lafayette）。拉法耶特家族声称自己是古老的显贵家族，其血统可以

往前追溯到公元 1000 年，其先祖包括一位与圣女贞德并肩作战的法兰西元帅、一位参加过十字军东征的骑士，至于近世名人，则有著名小说家拉法耶特夫人（Madame de Lafayette）。然而，尽管有那么多显赫的先祖，莫捷支系却只是拉法耶特家族的幼支。只是由于一个世纪以前，拉法耶特家族嫡系接二连三地出现死后绝嗣的意外状况，"拉法耶特侯爵"的头衔才落到家世模糊的远房表亲莫捷支系肩上。

　　吉尔贝·迪·莫捷的婚姻也符合贵族圈子的风尚。他的妻子朱莉·德·拉里维埃（Julie de La Rivière），即如今人们所说的拉法耶特侯爵夫人（marquise de Lafayette），出身于布列塔尼（Brittany）一个显贵家族，其血脉可以往上追溯到伟大的中世纪国王路易九世。拉里维埃家族比拉法耶特家族更加富有、更受尊崇，他们把府邸建在巴黎市中心，而非法兰西王国外围的偏远角落。朱莉的祖父是位富有传奇色彩的上校，曾被授予圣路易十字勋章（Cross of St. Louis），当时仍然是法国军界举足轻重的人物。朱莉的父亲是拉里维埃伯爵（comte de La Rivière），在布列塔尼拥有大片岁入丰厚的地产。与当时其他贵族不同，拉里维埃伯爵独具商业头脑，具备精明的投资眼光，还掌握了现代农业技术，从而积累了羡煞旁人的巨额财富。

　　吉尔贝与朱莉于 1754 年 5 月成婚。在法国贵族圈子里，联姻关乎家族联盟与财富传承。爱情反而无关紧要。就此而言，吉尔贝与朱莉的结合，对于双方家族来说都是巨大的成功。作为胸怀抱负的青年军人，吉尔贝与拉里维埃家族的联结，确保了他在军中的远人前程。作为交换，拉里维埃家族让女儿与一位愿意接受微薄嫁妆的贫穷乡村贵族牵手，也意味着他们无须动用巨额的家族财富。纯粹出于意外，这对新婚夫妇惊喜地发现彼此之间颇有好感。朱莉甚至不介意离开巴黎市中心，搬到奥弗涅的简陋牧场和崎岖山峦来居住。

幸好攀上了拉里维埃家族，在另一场由于王朝野心而爆发的欧洲混战前夕，吉尔贝·迪·莫捷及时被授予上校军衔。在历史书上，这场最新的王室争端与帝国密谋被称为"七年战争"（Seven Years' War）。这场战争开始于 1756 年，最初只是普鲁士与奥地利这两个中欧国家之间的有限冲突，但随即把所有欧洲大国拖下水，并蔓延到世界各地，包括印度和美洲。在接到前往莱茵河沿岸加入军队的命令后，吉尔贝·迪·莫捷上校告别朱莉，把她托付给孀居的母亲玛丽-卡特琳·德·沙瓦尼亚克（Marie-Catherine de Chavaniac）和未嫁的姐妹马德莱娜（Madelcine），以及家里为数不多的仆人和杂役。他告别了这一小片平静安逸、仿佛时间静止的角落，策马奔向毁天灭地的近代全球战争的惊雷之中。

1757 年 9 月 6 日，当拉法耶特上校还在莱茵河边驻扎待命时，朱莉生下了夫妻俩的第一个孩子。第二天，一位神父为这个男孩进行洗礼，并给他取名为马里-约瑟夫·保罗·伊夫·罗克·吉尔贝·迪·莫捷（Marie-Joseph Paul Yves Roch Gilbert du Motier）。尽管拥有如此累赘的正式名字，但这个男孩其实还是叫吉尔贝，与父亲同名。拉法耶特后来敏感地意识到父母给了他一长串荒唐的名字，他说："我就像一个西班牙人那样接受洗礼。但这不是我的错。我也不想否认,我的确受到玛丽、保罗、约瑟夫、罗克和伊夫的庇护,但我更多地寻求圣吉尔贝的庇护。"[1]这也意味着,他宁可靠自己。

━━❦━━

在小吉尔贝出生时,法兰西王国被分为三个社会和法律"等级"(estate)。第一等级包括所有教士。第二等级包括所有贵族。第三等级则包括……所有其他人等。前两个等级大约占法国总人口的5%,他们享受所有财富、特权以及法兰西王国授予的权力。对于特权等级来说,国家索取很少,而给予很多。第三等级占法国总人口的95%。对于第三等级来说,国家索取很多,而给予很少。

吉尔贝降生于第二等级,即贵族等级。他跻身于由公爵、伯爵、子爵和侯爵等极少数精英组成的群体,他们统治法兰西王国,声称享有一系列特权、免税权、权能和职责,上述特权继承自封建社会的古老时代。年幼的吉尔贝命中注定要成为沙瓦尼亚克的贵族领主,而居住在他家族地产之上的普通农民,都必须缴纳某种地租和赋税,同时还要履行社会义务和法律义务。拉法耶特家族在当地有着好名声,他们是诚实而公正的领主。但领主依然是领主,他们从未放弃搜刮剥削他们的附庸。

并非所有贵族都地位相等,第二等级本身也包含重要的法律、社会和经济层级。由于贵族最初是由为中世纪法国国王效劳的骑士演变而来的,因此那些血统世系追溯到披甲骑士的贵族家庭被称为佩剑贵族(noblesse d'épée)。但在近世,一个新贵族体系异军突起，他们被称为穿袍贵族（noblesse de robe）。王室总是缺钱，于是就向第三等级中的富有成员出售职位和爵位，这些人野心勃勃，希望摆脱平民出身、享受贵族特权、尤其是免税特权。只要向缺钱的王室一次性支付一笔款项，就能享有贵族头衔和免税特权。古老的佩剑贵族鄙视这些暴发户出身的穿袍贵族。让佩剑贵族感到难以接受的是，在许多佩剑贵族财富萎缩的同时，那些穿袍贵族却财富暴增。佩剑贵族认为自己配得起所身处的等级和地位，因为他们的祖先曾经勇敢地站在国王身边，在阿金库尔战役时已是如此，在卡斯蒂永战役时亦是如此，他们的父辈可不是靠卖几桶臭咸鱼来发家致富的。

法国社会的最顶端，就是那些吹嘘祖先头衔、坐拥巨大财富的家伙。法国几代国王召唤这些最靠近权力中心的精英在凡尔赛安家，他们在那里被体制化地豢养和驯服，从独立王国里的独立领主变成锦衣玉食的宫廷侍臣，整天为了给国王递袜子、看国王吃晚饭的特权而争风吃醋、钩心斗角。小吉尔贝几乎没有机会目睹这个圈子的诸般丑态。拉法耶特家族是贫穷的外省佩剑贵族。他们的职责就是繁衍子嗣，以继承卑微的家族头衔，然后为国王效命疆场，最后为国捐躯。这就是无数个与拉法耶特家族相当的外省贵族家庭的宿命。这也是拉法耶特父亲的宿命。这同样是拉法耶特自我期许的宿命。

接下来的两年是快乐而愉悦的。朱莉和小吉尔贝住在沙瓦尼亚克，得到年长的沙瓦尼亚克夫人的照顾。拉法耶特上校仍然与他在前线的军团同甘共苦，只是短暂地回过几趟家。前线几乎没有军事行动，尽管如此，1759 年 7 月，拉法耶特上校还是在家书中写道："我们总是处于死寂的平静中，我写这封信给您，既是因为内心愉悦，也是希望能抚平您内心的担忧。敌人还是在同样的阵地上，而我们还是在我们坚不可摧的营垒中……由于我们并未被包围，我亲爱的母亲，您大可以为我的处境放心。"他在信件末尾对妻子和姐妹表达了亲切的关爱，但他把信件底部最后一行留给他仅有的孩子："亲吻我的爱儿。"²这是他最后一封家书。

在经历长时间的无所作为后，法国军队终于在月底发动了一场攻势。这场攻势让拉法耶特上校卷入了明登战役（Battle of Minden）的混战之中，这是七年战争中规模最大的战役之一。1759 年 8 月 1 日，拉法耶特上校的上级指挥官毫无顾忌地让部队推进到一处地势突兀、缺乏掩护的山脊上。英军炮兵发现了这支意外暴露的法国军团，马上就把炮弹倾泻到这处山脊上。有勇无谋的上级指挥官当场中炮身亡。拉法耶特上校立即接过上司的指挥权，但随即被炮弹撕成碎片。他阵亡的时候才 27 岁。

成年之后的拉法耶特悲伤地写道，父亲的死亡恰好反映了拉法耶特家族的古老传统。在历史上，这个家族中"许多成员是在战场上阵亡的，父死子继，已成为我们省份的某种信条了"。³拉法耶特上校留下了年轻的遗孀和 2 岁的儿子，这个被人们寄予厚望的孩子，可能又得背负备受诅咒的"拉法耶特侯爵"的名号了。

朱莉此时正怀着夫妻俩的第二个孩子，她伤心欲绝。她回到巴黎的娘家，并在数月后生下一个女孩。她把小吉尔贝留给他的祖母沙瓦尼亚克夫人照顾。朱莉离开她年幼的孩子，并非什么太大的丑闻。在当时，贵族家庭把孩子交给家庭教师、住家保姆或年长亲戚抚养，简直再正常不过了。与拉法耶特同时代的塔列朗（Talleyrand）当过好几个法国政府的外交大臣，他在自己的回忆录中写道，他几乎从未享受过"住在父母屋檐下的甜蜜时光"，在他童年时期，这种时光加起来恐怕还不到一周。[4]

尽管父亲早亡、母亲缺席，年幼的小吉尔贝却有着快乐的童年。作为沙瓦尼亚克的小领主，他在看护者温暖环侍的中心茁壮成长。他的祖母在当地备受尊敬，有着审慎、慷慨、明断的好名声。沙瓦尼亚克夫人还是个精明的地产管理者，小心翼翼地照看着留给孙子的遗产。小吉尔贝父亲的两个姐妹也赶回来帮忙料理家务事：马德莱娜姑姑从未嫁人，夏洛特（Charlotte）姑姑最近刚成了寡妇。后者还把女儿玛丽（Marie）带在身边，她只比吉尔贝稍长几岁。玛丽深受爱戴，仿佛成了拉法耶特的亲姐姐，他终生对她怀有眷恋，拉法耶特后来写道："从未有弟弟和姐姐如此执着地深爱彼此。"[5]这几位女性操持着家务事，亲眼看着小领主在沙瓦尼亚克周围的田野、山岗、森林里疯狂奔跑。

父亲去世后不久，另外两位亲人的去世影响了小领主年轻生命的轨迹。1760 年 4 月，妹妹玛丽-路易丝·雅克利娜（Marie-Louise Jacqueline）在仅仅三个月大的时候夭折。吉尔贝将永远是家中独子，这也意味着他将单独承担整个家族所有的头衔、财富和期望。一年后他的舅舅也去世了。舅舅是拉里维埃家族财富的唯一继承

8

人，他的去世意味着朱莉 3 岁的儿子吉尔贝必将继承拉里维埃家族的土地和房产，这让拉法耶特家族的贫瘠偏远的产业相形见绌，虽然沙瓦尼亚克夫人已把这份微薄的家业经营得很好了。小侯爵如今同时代表着拉里维埃家族和拉法耶特家族的未来。

等到吉尔贝 7 岁时，沙瓦尼亚克夫人请来一位年轻的当地教士，人称法永神父（Abbé Fayon），作为吉尔贝的家庭教师。法永教年幼的吉尔贝阅读、写作和计算。他把《伊利亚特》、《奥德赛》和尤利乌斯·恺撒的《高卢战记》等古典作品介绍给吉尔贝，虽然《高卢战记》讲的就是拉法耶特的家乡被征服的故事。奥弗涅这个省份得名于阿维尔尼人（Arverni）。这是一个古老的高卢部落，产生过韦辛格托里克斯（Vercingetorix，又译维钦托利）这样的英雄人物，他是高卢反抗罗马征服的最后一位也是最伟大的一位起义领袖。日尔戈维亚战役（Battle of Gergovia）是恺撒在高卢战争期间少有的几场败仗之一，正好就发生在拉法耶特家族的后院。这个小男孩深深被这些故事吸引，故事里尽是大胆、冒险、勇气、起义和光荣的情节。拉法耶特后来说："在这一生中，我每时每刻都会想起那些关于光荣事迹的有趣故事，我总是怀有很多梦想，要到世界各地去追逐荣誉。"[6]

在法永神父的教导下，吉尔贝茁壮成长。年纪稍长的表亲布耶侯爵（marquis de Bouillé）曾造访沙瓦尼亚克，发现这座府邸的年轻主人"见识格外广博……以其思想、睿智、审慎、自制力和判断力而引人注目"。但他还说道，他在这个男孩身上发现了"自尊、自负甚至野心勃勃的迹象"。[7]在当时当地，这样一番评价，与其说

9

是赞美，毋宁说是告诫。

没有任何一位传记作者能够否认，热沃当怪兽（Beast of Gévaudan）的故事对拉法耶特的个性养成产生了非常重大的影响，尤其是拉法耶特本人就用这个故事来描述自己的个性。在18世纪60年代末期，当地的牧羊人把一系列针对家畜的神秘袭击，归咎于黑暗森林中一只半神化的怪兽。关于怪兽的故事不胫而走，吸引全法国最优秀的猎手来到此地，希望通过击杀怪兽而赢得美名。时年8岁的吉尔贝深信，自己身为当地领主，与生俱来就负有追捕和击杀怪兽的特殊职责。但他多次勇敢地穿越森林，却未能发现怪兽的踪迹。

这个在年轻时勇敢冒险的小插曲，也映射出拉法耶特个性中的另一面。有一天，他因为在报纸上读到一则启事而深感屈辱。他后来写道："我当时怒不可遏，因为启事上一个张冠李戴的错误，把我当成了另一个家伙，那个浑蛋据说由于过分恐惧而未能击杀怪兽。"[8]他凭直觉意识到，自己必须在众人面前树立一个英勇无畏的公众形象，这个8岁男孩甚至给报社记者写了一封语带愠怒的信，要求对方更正报道。他的几位监护人出于好意，没有寄出这封信。

⚜

等到吉尔贝年满10岁，朱莉就把他接到巴黎。这种转变不可谓不剧烈。沙瓦尼亚克是个遗世独立的偏远小村庄。巴黎是世界上最伟大的都市之一。吉尔贝从偏远的小村庄一下子搬到五光十色、光怪陆离的世界之都。沙瓦尼亚克冰封在亘古不变的中世纪传统中，巴黎则站在艺术、科学、文学、建筑和哲学的最前沿。森林、山丘、牧场的自然风光，被人类文明的喧闹所取代：搬运工、生意人、旅行者、手艺人、银行家、显贵、劳动者和学生们，行走于千百条拥挤、泥泞、吵闹的街道中。在沙瓦尼亚克，拉法耶特家族统治着一小群农民——一个卑微而贫穷的贵族家庭，领导着一群卑微而贫穷的平民。在巴黎，法国最富有的贵族沉浸在统治全世界的幻象中。

吉尔贝在崎岖不平的道路上乘坐马车赶了两个星期的路，终于进入巴黎，回到母亲身边，母子俩居住在卢森堡宫（Luxembourg Palace）的家族公馆中。卢森堡宫是一处金碧辉煌、装饰华丽的地标建筑，堪称文艺复兴风格的杰出作品，在它周围环绕着悉心培植的园林植物。在这里，拉里维埃家族在世界上最辉煌壮丽的建筑物之一里租下好几套公馆。吉尔贝置身此地，距离那座简陋而坚固的沙瓦尼亚克城堡已非常遥远。

对于吉尔贝来说，在 1768 年迁居巴黎，也意味着把另一个世界抛诸脑后。在那个世界里，他是舞台上的明星，在那里，就连村庄里的长者都要对他脱帽致敬；而在巴黎，他寂寂无名。他只不过是个男孩。成年人忽略他的存在。其他孩子嘲弄他的外省口音和笨拙举止。但随着时间流逝，朱莉帮助他适应这个新环境，多年以后，这种教导结成了一种特殊纽带，因为正是母亲指引着他走进这个光怪陆离的新世界。

尽管法永神父陪同吉尔贝来到巴黎，但这个男孩需要接受更加严格、更加正规的教育，以便迎接他作为巴黎贵族的生活。吉尔贝的外祖父把他送到普莱西学院（Collège du Plessis），这是一所初级中学，从1322年起就在索邦神学院（Sorbonne）旁边办学。他的同学并非来自法国的高等贵族阶层，因为那些达官显贵的子弟都聚集在凡尔赛。相应地，吉尔贝的同学要么是终将投身军旅的佩剑贵族；要么是最近获得晋封，注定成为律师、民政官员或神职人员的穿袍贵族；要么是特别聪明的、获得奖学金的、出身于第三等级的男孩。在这最后一个群体中，产生了许多后来的革命家，包括马克西米连·罗伯斯庇尔（Maximilien Robespierre）和卡米尔·德穆兰（Camille Desmoulins），他们只比拉法耶特年轻几岁，将会进入附近的路易大帝高级中学（Lycée Louis-le-Grand）读书。

这些学校的课程设计理念后来变得颇具争议，因为课程中包含着理想和现实的矛盾斗争，这种斗争哲学深深植入18世纪60年代和70年代成长起来的这代人的头脑之中，而这代人将会撕裂之后80年代和90年代的世界。被放置于课程标准顶端的是语法、修辞和数学，学生们还学习最新的自然科学和哲学。他们阅读牛顿、伏尔泰和孟德斯鸠的著作，他们畅饮智慧的甘泉，他们接受科学、怀疑论和理性理念论的洗礼。但最为自相矛盾的是，这套课程标准着重强调古典学，如西塞罗、维吉尔、李维、波利比乌斯的经典著作，而排在首位的则是普鲁塔克那些充满道德说教意味的希腊罗马名人传。

无论在当时还是现在，旁观者都不难发现，这种做法有多么疯狂，这些绝对君主制的支持者，竟然要求整整一代学生接受民主雅典和罗马共和国先贤文学修养、道德品质和政治美德的洗涤。路

11

易-塞巴斯蒂安·梅西耶（Louis-Sébastien Mercier）是著名的作家和剧作家，只比拉法耶特年长几岁，他后来如此描述自己接受的教育："罗马人的名字首先灌入我的耳朵……布鲁图斯、加图和西庇阿的名字在睡梦中缠绕着我，西塞罗的书信集深植于我的记忆。"[9]他说当他阅读李维的作品时，"我是共和派当中的共和派"。[10]他进一步强调，他很难转过弯来，在幻想中，他是罗马共和国的公民，而在现实生活中，他却是绝对君主制的臣民。

其他人则不太愿意转过弯来。德穆兰后来写道："1789 年出现的第一批共和主义者都是年轻人，他们在学院里受到西塞罗作品的滋养，对自由充满热忱。我们是在罗马和雅典的学校里成长起来的，我们为共和国感到骄傲。"[11]他认为政府愚不可及，竟然以为他们这些歌颂古罗马人的年轻人，未必会厌恶"凡尔赛的食人者"，或者像他这样的年轻人，"赞美过去，未必会诅咒当下"。[12]他们当然会诅咒当下的时局。

在这场古老自由与现代压迫的紧张对垒中，吉尔贝有自己独特的立场。他与他的朋友们不同，朋友们崇拜加图、布鲁图斯和西塞罗，而拉法耶特宁愿崇拜代表着自由、独立和献身精神的他自己的高卢祖先韦辛格托里克斯。韦辛格托里克斯曾经是一位伟大的领导者，为了争取自由而**与罗马人对抗终生**，而这些罗马人正是吉尔贝的同学们崇拜的对象。拉法耶特甚至倾向于做个独立自主的高卢人，而非创建了法兰西王国的法兰克后继者，他说："我不会告诉你，我是高卢人还是法兰克人，我希望我是高卢人……我宁愿韦辛格托里克斯保卫我们的崇山峻岭，而非由克洛维（Clovis）及其后继者来保卫它。"[13]

　　这种早期萌发的对自由精神的倾慕，还体现在他的·项学校作业中，它给我们提供了另一种动物的化身，年轻的侯爵以此表达自己的身份认同，这与热沃当怪兽的例子不无相似之处。他后来写道："我被赋予一种使命，就像一匹骏马所承担的使命。"但与他的同学们不同，同学们要么准备服从，要么渴望取悦他人，拉法耶特说："在我的描绘中，在康庄大道上，这匹骏马将会把背上的骑手摔落马下。"[14]拉法耶特相信，一匹真正的骏马，将会自由自在地生活，而不需要服从人类的皮鞭和意志。　12

〰〰〰

　　1770 年春天，吉尔贝的快乐童年迎来了令人震惊的、无比沉痛的结局，他的母亲突然病倒了。母亲是年轻而健康的，她的病情开始时只是让人担心，并不至于有性命之忧。一个星期后，母亲的健康状况似乎有所好转，但随即在毫无预兆的情况下急剧恶化。1770 年 4 月 3 日，朱莉·德·拉里维埃·德·拉法耶特因病去世，年仅 32 岁。

　　年仅 12 岁的吉尔贝伤心欲绝。他就像漂泊无定的孤舟，在情感上和心理上都无依无靠。他深爱他的母亲，他的母亲也深爱他，这曾经是他生活在这个世界上的情感基础。我们生活在医学发达的当代，我们总是以为，过去的人在情感上肯定比我们更加坚强、更加铁石心肠，人与人之间的情感肯定更加疏离。否则人们如何能够在那个随时面对生离死别的年代生活下去？但事实的真相是，他们并非铁石心肠，也没有情感疏离。他们爱着彼此，也彼此间被爱着。即使是一个小孩子夭折了，也是巨大的悲剧。悲伤、泪水、哀痛和悲恸都是真实的。当一个 12 岁的孩子被告知母亲离世，那种挥之不去的孤独感和压抑感，无论在 18 世纪还是在 21 世纪，都是相同的。仅仅在几个星期后，这个家族又迎来另一场悲剧——外祖父突然去世。人们普遍认为，这是由于痛失爱女、伤心过度所致，毕竟朱莉是他最疼爱的女儿。

　　母亲去世后，吉尔贝再也得不到最疼爱他的几位监护人的保护了。此时，毫无血缘关系的几位代理人负责监督他的成长。对于这个新近组成的看顾者小圈子来说，他不再是怀有希望、梦想和感受的 12 岁男孩吉尔贝，而是拉法耶特侯爵，一位有土地和房产需要管理的年轻贵族。而且，需要管理的土地和房产还**很多**。他继承了一笔巨大财富。在把拉法耶特家族的产业和拉里维埃家族的产业合并计算后，账面显示，拉法耶特名下的财产足以让年轻的侯爵跻身于法兰西王国最富有人士的行列。他最终继承了每年地租收入高达 10 万里弗尔的土地，而当时普通劳动者穷其一生也只能挣到 1000 里弗尔。吉尔贝太悲伤，几乎未能登记这笔暴增的财富。他说比起留意账目，他有其他更加紧迫的事情要做，此时此刻，他“只想哀悼自己的母亲”。[15]

　　这笔不期而至的财富，将以他无法预计也无法干预的方式改变他的人生。例如，这笔财富立即让他成为全法国最炙手可热的单身汉。社会上到处流传着年轻的拉法耶特侯爵刚刚继承了大笔财富的消息。由于这个男孩既是孤儿，又是独子，他就不需要与任何人分家析产。他成了一只罕有的独角兽，吸引了众多来自法兰西王国最显赫家族的追求者。在最早登门拜访的贵族家庭中，就包括**最显赫**家族的杰出代表：诺瓦耶家族（the Noailles）。

诺瓦耶家族是高级贵族中最为高贵者，这个家族既古老又富有。数年后，约翰·亚当斯（John Adams）到访巴黎，他写道："我对这个伟大的诺瓦耶家族非常好奇，而我也从全法国最为聪明睿智的人们那里得知某些传闻……如这个家族出过至少六位法兰西元帅；又如他们拥有许多产业，其财富仅次于国王，每年的收入达到 1800 万里弗尔……一言以蔽之，这个家族变得比波旁王室更有权势。"[16] 此时此刻，这个在法国最为显要的家族，相中了这位来自外省的孤儿侯爵，想把他变成自己的家族成员。

❦

达延公爵（duc d'Ayen）让·德·诺瓦耶（Jean de Noailles）是一位具有远见卓识的宫廷大臣。他是年事已高的诺瓦耶公爵（duc de Noailles）的长子，而诺瓦耶公爵则是诺瓦耶家族的大家长。达延公爵身宽体胖、聪明睿智又充满自信，是艺术、文学和文化事业的赞助人。他还是个业余科学家，动用了一切手段和人情，只求在闻名遐迩的法兰西科学院（Académie de science）谋得一纸院士委任状。在法兰西科学院的实验室里，他备受尊敬，因为他严格遵守科学方法。在巴黎和凡尔赛的上流社会，他因在盛大场合中所表现出的聪明才智和恬静淡泊而备受赞誉。

但达延公爵也有他的烦恼。他迎娶了亨丽埃特·达盖索（Henriette d'Aguesseau），即后来人们所说的达延公爵夫人

（duchesse d'Ayen），夫人生下了五个活泼可爱的小女孩。然而，在父权制的法国，这五个女孩所带来的社会和法律上的消解效应是巨大的。对于伟大的诺瓦耶家族来说，没有男性子嗣意味着充满变数的未来。如果严格地从财务角度考虑，这也意味着将会有大笔金钱和地产被支付出去，以便为每个女儿置办一份丰厚的嫁妆。达延公爵是一个务实的人，一个不惜绞尽脑汁、殚精竭虑的人，甚至早在他的长女和次女长大成人以前，就已开始为她们物色丈夫。关于长女路易丝（Louise），达延公爵早就定好了一桩门当户对的婚事，新郎是路易丝的表哥路易（Louis），他早就被封为诺瓦耶子爵（vicomte de Noailles）。这个爵位是由于达延公爵没有亲生儿子，才落到这个年轻人头上的。由于路易已经承袭了诺瓦耶家族的姓氏，因此达延公爵耍了个小花招，让这个年轻人得以勉强挤进至关重要的家族谱系。

在把家族继承问题安排妥当后，达延公爵就开始眼观六路、耳听八方，为次女玛丽·阿德里安娜·弗朗索瓦丝（Marie Adrienne Françoise）寻觅佳偶，人们都把这个次女称为阿德里安娜。她可谓美貌与智慧兼具，既天真无邪，又诚恳务实。1772 年，她才 12 岁，但外省有个孤儿继承了大笔财富的故事早已传入她父亲的耳中。拉法耶特侯爵是个完美的候选者。他独自拥有大笔财富，这意味着诺瓦耶家族可以压低嫁妆的价码，代之以地产，或其他口惠而实不至的条件，让对方成为诺瓦耶这个伟大家族的倒插门女婿。更加吸引达延公爵的是，拉法耶特父母双亡，外祖父母也已经故去。如果年轻的拉法耶特侯爵入赘诺瓦耶家族，他们就可以把他吃干抹净。达延公爵不需要嫁出一个女儿，反而迎来了一个儿子。这简直是完美到有点不真实了。

　　双方联姻的最大障碍是达延公爵的妻子，即达延公爵夫人。公爵夫人是一位信仰虔诚、意志坚定的妇女，她宁愿过安静的家庭生活，也不愿在宫廷里交际应酬，她反对这桩婚事。这不是因为拉法耶特不合适，而是因为阿德里安娜还太小。即使在那个贵族联姻的年代，新娘的合适年龄也是十八九岁，或者二十出头。阿德里安娜才十岁出头，而非将近二十岁。在好几个月的时间里，公爵夫人驳回了公爵的所有理由和抗议。阿德里安娜及其姐妹们留意到父母正在争吵，却迟迟未能意识到阿德里安娜本人正是争吵的起因。但拉法耶特实在是太理想的候选者了，可不能让他跑了。几个月后，公爵夫人终于松口，但条件是这桩婚约只有两年有效期，**而且**务必对拉法耶特和阿德里安娜守口如瓶。

　　正因如此，拉法耶特完全被蒙在鼓里，他从监护人那里得知，诺瓦耶家族出于善意对他十分关心，让他搬到诺瓦耶家族位于凡尔赛的其中一处府邸。同样是在完全被蒙在鼓里的情况下，他认识了他未来的妻子。他发现这个女孩拥有可爱迷人的天真个性，而这种优良品质完全来自这个女孩的母亲。然而，公爵夫人同样告诫女儿们要独立自主。阿德里安娜没有桀骜不驯的个性，但也绝非可以被轻易驯服之辈。她很快就对这个可怜兮兮的、前来接受她们家族照顾的男孩表现出富有同情心的兴趣。阿德里安娜后来说，她对这个陌生男孩的关注，很快就从喜欢变成了爱。拉法耶特则还要更长时间来明了自己对她的心意，一如她对自己的心意。

✦

　　绝大多数人无法掌控自己的命运。无论是前路还是已经走过的路，都由意外、命数或运气铺就。拉法耶特的先祖在中世纪的迷雾中把自己抬升到贵族的地位。这让一个 800 年后出生的男孩拥有各种机会、特权和便利，让他可以凌驾于最亲近的邻居之上，那些农民接受他的合法统治，多亏了深植于每个人头脑中的先入为主的社会观念：富足与贫穷，强大与弱小，年长与年轻，男人与女人，领主与平民，国王与臣民。一般情况下，前者都声称自己优于后者。在这个社会中，拉法耶特有幸身处享有特权的位置，这只是多亏了他的出身。

　　尽管在这个为富有的贵族们构建的世界里，拉法耶特就是个富有的贵族，但在他的掌控范围之外，他仍然只是个无能为力的臣民。他对发生在他周围的事无缘置喙。他无法挽回逝去的母亲、父亲、姑姑、舅舅和外祖父母。陌生的成年人为他安排了一桩婚事，却从未告诉他。他被送到一个家族的府邸去生活，但他对这个家族一无所知。平心而论，拉法耶特进入诺瓦耶家族可谓社会阶层的跃迁。然而，这些武断的力量如此慷慨地塑造着他的物质条件、社会资源和个人财富，却让他感到孤独无助。正如所有十几岁的孩子能够做到和必然会做的那样，拉法耶特开始产生疑问：为何自己毫无发言权？当拉法耶特终于意识到达延公爵的目的在于给他套上一副并不舒服的马鞍，他终将记起他对那匹骏马的想象，并会把背上的骑手摔落马下。

第二章

金笼囚鸟
（1773—1776）

1773 年 2 月，拉法耶特侯爵搬进诺瓦耶家族位于凡尔赛的府
邸，这所豪华府邸邻近路易十四（Louis XⅣ）修建的伟大宫殿，而
路易十四之所以修建这处宫殿，其实是为了引诱那些总是反复掀起
叛乱的法国贵族。搬家意味着必须转学。此时此刻，拉法耶特即将
进入法兰西王国最为出类拔萃的圈子，达延公爵也想要确保他的未
来女婿接受必要的训练以融入上流社会。拉法耶特从普莱西学院申
请退学，转学到凡尔赛学院（Académie de Versailles），这是为法国
培养未来领导者的精英学校。凡尔赛学院并不强调书本知识。这些
男孩自然会有助手处理阅读、写作和计算等无关紧要的杂务。相应
地，他们要练习骑马、跳舞、剑术和礼仪，以便完美地习得高级贵
族的言谈举止和礼貌礼节。他们的生活将会如同表演，而凡尔赛就
是他们的舞台。

拉法耶特第一次踏上这座舞台时有点战战兢兢。其他男孩都是
在高级贵族圈子里培养起来的。孩子们从小观察和模仿各种规定的
礼节，包括弯腰、点头、进食、啜饮以及含笑的种种范式。比如，

不能像普通人那样走路，必须**漫不经心地滑行**。而拉法耶特正好与此相反，他从小就在奥弗涅的山野森林里疯狂奔跑，完全不需要在意外界的眼光。无论他步履轻快地走路，步履沉重地走路，手舞足蹈地走路，还是蹦蹦跳跳地走路，村民们都会对他脱帽致意。当拉法耶特被套进这个修长狭窄的框子里，他发现自己总是左支右绌、格格不入。他并不是个具有天赋的骑手。他早期的剑术训练是对着想象中的罗马人挥舞棍棒，而非谨小慎微地跳花式舞步。拉马克伯爵（comte de La Marck）是一位年轻的宫廷贵族，对拉法耶特来到凡尔赛不以为然，他后来回忆道："他总是陷入尴尬的局面……他跳舞跟不上节拍，骑马骑得很差，与他同宿舍的其他男孩，从肢体训练到时尚礼节都比他娴熟得多。"[1]拉法耶特也发现自己缺少这方面的天赋。所谓谈话的艺术就像剧院里脚本上的对白，让他唯恐避之不及。他总是脑筋不够快，想不出令人惊叹的好词好句。由于他的天性，他也不习惯在这种谈话中制造各种飞短流长的闲言碎语。拉法耶特既缺乏能力，也没有意愿去参与这种无聊的游戏。他自己以及他周围的人们，对此都心知肚明。

　　在这座舞台上的另一端，有一个男孩，他能够做到任何拉法耶特做不到的事情，此人就是拉法耶特的同学、时年 16 岁的阿图瓦伯爵（comte d'Artois）夏尔·菲利普（Charles Philippe）。阿图瓦伯爵是当时三位王子中最年轻者。他的长兄路易-奥古斯特（Louis-Auguste，即后来的路易十六）是王位继承人，此时正惊恐万状地等候他们年迈的祖父路易十五（Louis XV）驾崩。他的次兄普罗旺斯伯爵（comte de Provence）路易·斯坦尼斯瓦斯·塞维尔（Louis

Stanislas Xavier）是个迂腐不堪的老学究，独自生活在自己的圈子里，身边尽是些攀龙附凤的溜须拍马之徒。但阿图瓦伯爵精力充沛、坚毅果敢，在三兄弟当中最受人爱戴。任何事情对他来说都是举重若轻：他优雅得体、聪明机警、对答如流，而拉法耶特笨口拙舌、呆滞迟钝、不善交际。假以时日，这三位王子都将相继成为法国国王。但拉法耶特将会逐个将他们推翻。

拉法耶特在这些新"朋友"的圈子里苦苦挣扎，他终于被告知，为何他的几位监护人要把他送进这个完全不属于他的世界。1773 年底，拉法耶特和阿德里安娜都被告知秘密婚约的事情。阿德里安娜对此欣喜若狂，拉法耶特没有那么激动，但也并未表示不满。他发现自己未来的妻子美丽、善良、富有同情心。他认为自己是个幸运儿。

1774 年 4 月 11 日，在巴黎的诺瓦耶家族礼拜堂，这对年轻人 18 喜结连理。新郎 16 岁，新娘 14 岁。由于这是声名显赫的诺瓦耶家族的婚礼，巴黎大主教亲自前来主持，新娘的宾客名单上写满了法国最为重要的显贵名流的名字。与此同时，新郎只请来九位宾客，而且全部出身于更为低微的贵族品级。诺瓦耶家族举行了盛大的宴会，宴会上浪费的食物足以让某些贫困家庭消费一辈子。奢华盛宴过后，新人告别宾客，进入新婚之夜……不过是分房而卧。达延公爵夫人同意这桩婚事的最终条件是，公爵夫人年方 14 岁的女儿将不会失去她的处子之身。

❧❧

在巴黎和凡尔赛庞大的社交谱系上，拉法耶特家族的婚礼就像个小小亮点。而且，这个小小亮点很快就因为一场超新星爆发而被遗忘。1774 年 5 月 10 日，法国国王路易十五驾崩。路易十五于 1715 年登基，当时年仅 5 岁，他统治法国长达 59 年。他的许多臣民，在他登基之后出生，在他驾崩之前去世。但事已至此，是时候让一位新国王来统治法国了。

新国王路易十六时年未满 20 岁，过着深居简出、不受打扰的生活。他喜爱阅读、狩猎和维修钟表。他在这些精确、精细、精致却只承担单一功能的机器中得到极大满足。一块制作良好的钟表，是一台设计精良的机器，而这种设计感在他目前统治的王国几乎无处寻觅，他统治下的王国充满矛盾、悖论、紧张、冲突、自私、误解、误判、奢望、恐惧、腐败、愚昧和失调。他能够理解钟表，但他未能理解人民。

路易是在他那早已声名狼藉的妻子玛丽·安托瓦内特（Marie Antoinette）的陪伴下登基的。玛丽声名狼藉，倒也未必完全是她的错。她的奥地利女大公的出身是原罪。奥地利人与法国人彼此敌对数百年，虽然最近缔结了同盟条约，但旧有的偏见并不会就此消退。她于 1770 年嫁给路易，本来是为了巩固不得人心的波旁-哈布斯堡同盟（Bourbon-Habsburg alliance），但在宫殿走廊里，在城市街道上，在乡村集市中，奥地利人仍然是法国人口中的黑色牲口。法国公众格外讨厌奥地利，因为奥地利在近年爆发的七年战争中拖了后腿，连累法国屈辱地输给了国势蒸蒸日上的英国和普鲁士。因此，当年仅 14 岁的奥地利女孩被打包送到法国人面前，并告诉人们她就是他们以后的王后时，人们并未张开怀抱表示欢迎。她也未能得到她新婚丈夫的开怀接纳，后者本就沉默寡言、缺乏自信，生理缺陷导致的性生活不美满加剧了丈夫的不自信，而性生活不美满又让这对年轻夫妇更加疏离。

但就算安托瓦内特嫁到如此艰难的环境中来，她也并未着意讨好这里的民众。她总是在一堆狐朋狗友当中寻找慰藉，这帮狐朋狗友总是无所顾忌地纵情享乐，就像十几岁的纨绔子弟那样不识大体。媒体对她冷嘲热讽，戏称她为"赤字夫人"（Madame Deficit），而她的生活方式也变成生动的象征，体现了旧制度统治下，法国社会系统的、令人难以忍受的不公平。

对于拉法耶特及其朋友来说，这对夫妇成为国王和王后，最直接的冲击就是凡尔赛的气氛为之一变。让人恼怒的停滞和百无聊赖的懒散，是路易十五统治末期的氛围。国王及其亲信对于舞会、宴会、聚会毫无兴趣，而这些活动原本是用来活跃宫廷生活气氛的。凡尔赛宫早就沦为古板、沉闷、死寂的深渊。重重阴霾此时被一扫而空。玛丽·安托瓦内特如今成为主角，任何人如果要跟上她的节奏，必须像她那样纵情享乐，像她那样开怀畅饮、放手赌博、尽情跳舞。他们沉默寡言的长辈们对此眉头紧锁，难以苟同。

❧❧

拉法耶特并未在新王轻浮的统治下的第一个夏天有所表现。达延公爵牵线搭桥，总算让他的女婿得到一份委任状，成为家族军队诺瓦耶龙骑兵团（Noailles Dragoons）的上尉。其实拉法耶特的年龄和资历都不足以使他得到这个任命。实际上，达延公爵做出了严肃保证才助其女婿赢得这个任命，那就是拉法耶特在年满 18 岁以前，不得在指挥链中承担任何实际事务。但无论如何，达延公爵和拉法耶特都对这个任命感到高兴。在漫长的军事生涯中，这是个充满希望的良好开端。这段生涯开始于 1774 年夏天，拉法耶特去梅斯（Metz）报到。作为边境城市，梅斯在和平时期常驻着一支守备部队。在漫长的人生中，这将是最后一次在某件事情上，达延公爵和拉法耶特都感到满意。

在梅斯期间，拉法耶特终于找到两位亲密朋友。第一位朋友是他的连襟诺瓦耶子爵路易。对于诺瓦耶子爵来说无比自然的事情，对于拉法耶特来说却总是有点尴尬。诺瓦耶子爵精力充沛、聪明睿智、优雅得体，而且总是吹嘘自己酒量深不见底，这让他总是能够在年轻人当中一呼百应。另一位朋友是塞居尔伯爵（comte de Ségur）路易-菲利普（Louis-Philippe），他家教良好、学识渊博，注定要投身于外交事业，因为他擅长在交谈中洞察人心，能够在不动声色中应对自如，这让他特别适合成为外交官。这三位年轻人从此开始了他们诚恳真挚、终生不渝的友谊，在人心险恶的精英社交生活中，这段友谊为拉法耶特带来了坚定的盟友和强有力的庇护。

这三位好朋友作为见习军官抵达梅斯，他们穿着整洁的制服，这身制服并未沾染阅兵场上的尘土，更不要说真正战斗中的泥泞与血污了。在这个欧洲和平时期，年轻军官把在梅斯的夏季操练当成无止境的派对，只是偶尔会被实战演习打断。但拉法耶特敏锐地感觉到，他必须练就**某些**特殊本事，否则将不可能在战争中活下来。在参加派对之余，他阅读战略手册与战术手册；在参加演习期间，他格外用心。拉法耶特可能年轻、笨拙，而且欠缺经验，但他拒绝愚昧，也拒绝懒惰。

当拉法耶特回到家中，他发现自己总算有机会与他的新婚妻子建立感情。在梅斯期间，拉法耶特接触到接种疫苗可以让人体免疫的新理论，通过接种疫苗，许多致命的疾病不再致命，而这些疾病曾经让多位挚爱亲朋化作痛苦回忆。拉法耶特决心接种天花疫苗，天花是最为致命也最为频发的严重疾病之一，尤其是对生活在军营里的人来说。接种疫苗需要隔离观察两个星期，因此他在巴黎郊外租了房子。阿德里安娜坚持要全程照顾他，达延公爵夫人多年以前差点因感染天花病死，因此已具有免疫力，她也坚持要来帮忙，当然也是为了监督这对年轻夫妇。在这两个星期里，在得到所有当事人许可后，阿德里安娜与吉尔贝建立了永久的情感纽带，他们此后的婚姻生活将相当长久，也算快乐，且双方支持彼此。与此同时，21
公爵夫人对拉法耶特的保护添了些关切的意味，他从深受喜爱的被监护对象转变为公爵夫人视若己出的儿子。

〆

等到拉法耶特从隔离观察中康复，拉法耶特侯爵夫妇就重新投身到玛丽·安托瓦内特的宫廷之中。阿德里安娜参加王后的每周舞会，但除了这些正式场合，她还是宁愿留在家中。与此同时，拉法耶特总是与他的亲密朋友塞居尔和诺瓦耶一起，参加年轻贵族们恶作剧似的非正式聚会。同行的还有诺瓦耶子爵的兄长普瓦斯亲王（prince de Poix），聚会中还有玛丽·安托瓦内特和阿图瓦伯爵圈子里的人。在这个圈子里，还有沙特尔公爵（duc de Chartres），他是出身于奥尔良家族的王亲国戚，如果波旁家族绝嗣无后，奥尔良家族则将继承王位。在沙特尔公爵于 1785 年承袭奥尔良公爵（duc d'Orléans）的爵位后，他将会运用他的金钱、权力和地位提升自己的影响力，而代价就是削弱国王和王后的影响力。玛丽·安托瓦内特**痛恨**沙特尔公爵。王后最终不无公允地指责公爵，说他煽阴风点鬼火，持续不断地为走上法国大革命舞台的男男女女提供资金支持。

在那个时候，这群年轻人放纵饮酒、尽情跳舞、相互取笑。他们自称为"木头佩剑社"（La Société de l'épée de la bois），这个名字来源于他们经常聚会的酒友团体。"佩剑社"（Société de l'épée）的成员经常在左岸（Left Bank）的咖啡馆里痛饮狂欢，或流连于城市外围的舞会。他们把其余的空闲时间用于玩纸牌和赌赛马。在喝酒和宿醉时，他们无休止地重复着前一天晚上谁跟谁过夜的闲言碎语。拉法耶特只是很勉强地跟上他们的节奏。他是个笨拙的舞者，有一次与玛丽·安托瓦内特跳舞时几乎跌倒，从此成为人们取笑的对象，有一位目击者回忆道："他让自己显得如此尴尬和笨拙，以至于王后忍不住开怀大笑。"[2]拉法耶特还是个糟糕的酒友，他很羡慕他的连襟诺瓦耶子爵，对方能够喝下与自身体重相当的葡萄酒。侯爵决心跟上大家的节奏，有一次他喝得酩酊大醉，同伴们只能把他扶进马车，甚至在回家的路上，他还在絮絮叨叨地说："不要忘了告诉诺瓦耶子爵，我今晚到底喝了多少。"[3]

拉法耶特越来越意识到，自己与这种环境格格不入，因此他改弦更张。他故意压抑自己外向爽朗的天性，代之以沉默寡言的伪装，总是表现出一副自命清高、愤世嫉俗的样了。这是一种可以理解的自我保护机制，但在这个鼓励耍小聪明与搬弄是非的世界里，拉法耶特的沉默寡言只会进一步损害他的名誉。当时有人形容他"苍白、冷傲、了无生气"。[4]这种风评很快传到诺瓦耶家族耳中，家族成员都为他的言行举止感到忧心忡忡，他们鼓励塞居尔尽可能把拉法耶特拽回生活的轨道中来，"把他从半死不活的慵懒状态里拽起来，再往他的性格里加把火"。[5]

拉法耶特后来说，自己完全知道，他的沉默寡言只会让他失去人缘，但他毫不在乎，因为"我已经不去想，也已经不去听，那些在我看来根本不值得讨论的事情"。[6]他承认这很可能被别人视为"假装清高"，但他"不会因为自己言行举止略显尴尬而有所软化，毕竟他从未在正式场合失态，从未在宫廷的威仪面前俯首，也从未在首都的盛宴面前屈膝"。[7]如果宫廷社交圈瞧不起他，那么他非常乐意让这个圈子离他而去，就像赶走一群脑子空空的鸽子那样。但塞居尔仍然是与拉法耶特心有灵犀的贴心好友，他知道拉法耶特的内心并不像表现出来的那样。塞居尔后来说，拉法耶特的"冷傲和严肃……有时候会营造出一种胆小拘束和尴尬难堪的虚假印象"，但这种印象"掩盖了他活跃跳脱的精神，以及他熊熊燃烧的灵魂"。[8]

对于拉法耶特来说，宫廷生活倒也不失为一种消遣，他毕竟是个精力旺盛的青年男子，还是会去找个情人的。在法国贵族圈子里，爱情不一定发生在家里。拉法耶特对妻子阿德里安娜**毫不隐**

瞒，但他也承认这样做是不对的。尽管意识到这样做很不妥（不过作为一个精力旺盛的青年男子），拉法耶特还是出轨了那么几次。一次是与身份扑朔迷离、史书并未记载的"不知何许人也"。[9]另一次是尝试追求阿格莱·德·于诺尔斯坦（Aglaé de Hunolstein），那可是无数男人朝思暮想的对象，结果他碰了一鼻子灰。阿格莱正好超出拉法耶特的能力范围，她当时已是人所周知的沙特尔公爵的情人。但拉法耶特为阿格莱神魂颠倒，为了表现自己的男子气概，他竟然认定塞居尔是他的情敌。在一个酒气熏天的晚上，拉法耶特提出要与塞居尔决斗。塞居尔说拉法耶特试图"说服我同意决斗，他持剑在手，以争夺一位美人的芳心，而我与那位美人并无牵连"。[10]塞居尔哭笑不得，尝试让他的朋友冷静下来，一直等到天亮时，拉法耶特才忘记了这不愉快的一切。

达延公爵对这个笨拙的女婿越来越失望，而当老岳父动用各种关系才为拉法耶特在普罗旺斯伯爵身边谋到一个永久性的随扈职位时，他对拉法耶特的不满终于达到顶峰。拉法耶特对此避之不及。他的打算是成为一名军官。永远服务于普罗旺斯伯爵，意味着他永远无法从那个与他彼此看不上眼的世界逃出生天。拉法耶特决心搅黄这桩交易。在一次化装舞会上，拉法耶特认准了身材肥胖的伯爵正在卖弄自己超乎常人的记忆力。拉法耶特挤进普罗旺斯伯爵周围的人群中。他找准时机，对伯爵的自吹自擂大泼冷水，拉法耶特插话道："记性是蠢人的智慧。"[11]普罗旺斯伯爵涨红了脸，粗着脖子拂袖而去，还好伯爵脸上戴着面具。

流言蜚语很快传回达延公爵耳中，他简直难以置信，自己的女婿竟然如此烂泥扶不上墙。达延公爵安排了一个机会，让拉法耶特给普罗旺斯伯爵当面道歉，说他没有意识到面具背后是哪位贵人，这是一个让所有人都保全面子的社交谎言。这次见面的高潮是在宫殿走廊里，普罗旺斯伯爵问拉法耶特，是否知道面具背后到底是谁。拉法耶特没有配合表演，他干脆利落地说他知道。普罗旺斯伯爵再次受到冒犯，他勃然大怒，头也不回地转身离去。他的随扈班子里再也没有拉法耶特的位置了，永远都不可能有了。达延公爵火冒三丈，痛恨女婿亲手毁掉这个黄金机会，他只是以为女婿愚不可及，却根本没想到女婿志不在此。拉法耶特后来对十几岁的年轻人谈及这段历史时道："我毫不犹豫的不合作态度，最终保全了我的独立人格。"[12]

尽管拉法耶特与达延公爵的裂痕越来越深，但拉法耶特还是能够在诺瓦耶家族内部找到几位支持者。达延公爵夫人与丈夫不同，她坚决维护自己的女婿。达延公爵的姐妹泰塞伯爵夫人（comtesse de Tessé）也是如此，在巴黎的社交圈子里，她是个聪明、睿智、勇于打破陈规陋习的人物。阿德里安娜也坚定地站在丈夫那边。1774 年底至 1775 年初的冬天，这对夫妇开始打破不得同床共枕的禁令。她后来回想道，拉法耶特晚上偷偷溜进她的房间，两人在那里表达"温柔而坚定的爱恋"。[13]这种缠绵缱绻并未隐瞒太久。阿德里安娜很快就怀孕了。她的第一次怀孕以流产告终，但在 1775 年春天，她再次怀上孩子。这次胎儿发育良好。等到第二次怀孕被发现时，拉法耶特已经动身前往梅斯，参加又一轮夏季演习去了。

24

━━◆━━

毫无疑问，1775 年夏天，是拉法耶特一生中成果最为丰硕的夏天。梅斯守备部队司令是声名狼藉的夏尔-弗朗索瓦·德·布罗伊（Charles-François de Broglie）。布罗伊以善于笼络部下、收买人心而出名，而且他不以为耻反以为荣。他表面上友善、合群、慷慨，但这实际上都是海盗请君上贼船的手段。多年以后，托马斯·杰斐逊（Thomas Jefferson）形容布罗伊是个"野心勃勃的贵族，他头脑冷静，又无所不能"。[14]多年以来，布罗伊一直否认自己是从未得到官方承认的国王秘密机关（secret du roi）的首领，这个秘密机关曾经为先王路易十五效力。在法国外交部的正规渠道之外，布罗伊运营着一个运作外交事务的影子部门，他不惜动用任何可以想象得到的手段以恢复法国的大国地位，同时削弱英国的地位。布罗伊并不太受人们喜爱，而且他为王室提供的秘密服务，也因为两次长期被逐出宫廷而中断。他与新王路易十六无任何交往，因此并未投身于法国复兴，而是栖身于这和平时期的守备部队中，实际上处于流放状态。但他从未放弃寻找机会。

布罗伊欢迎拉法耶特、诺瓦耶和塞居尔进入他的军官团。他们三人都出身于法国最显赫的家族，而且都在王后的社交圈里。他们或许能为布罗伊提供一张重返权力核心的入场券。布罗伊对拉法耶特格外关照。曾经，布罗伊也是明登战役中的一名军官，拉法耶特的父亲就是在那场战役中为国捐躯的。布罗伊提醒拉法耶特，不要忘记自己与父亲的这段渊源，也不要忘记父亲的为国牺牲。

布罗伊碰巧也是一名身份较高的共济会会员（Freemason），在夏天的某个时候，他邀请这三位午轻人加入一个面向军官开放的共济会支部。一直以来，共济会都被认为是历史上每一次革命的幕后　25
策划者。尽管关于共济会阴谋的种种说法总是过分夸张，但在18世纪，欧洲各地的确有许多杰出的知识分子、政治家和军官加入他们的行列。在共济会内部，人们必须彻底舍弃陈旧过时的社会等级观念和宗教迷信。在共济会兄弟之间，他们以更加平等自由的姿态讨论各种各样的进步观念。他们赞美科学方法，鄙视天主教会贪恋权力的伪善之举；他们为饱受压迫的臣民而哀叹，为自由公民的权利而欢呼。

我们很难判断，拉法耶特是在哪个确切时刻服膺于那些在余生激励他的伟大观念的，即自由、平等，以及人权。但我们有理由相信，正是在梅斯的那个夏天，这些观念第一次触动他的心灵。在共济会集会中，在日常闲谈中，拉法耶特逐渐学会关于自由的不同表达，虽然他在尝试运用这些术语时，可能对于自由还没有清晰的概念。对于布罗伊这样的人来说，这些启蒙观念只是打发时间的消遣，他还在等待机会，以便重新启动他伟大的现实政治游戏。但拉法耶特对待这些启蒙观念是认真的。

在那些点燃想象火焰的日常闲谈中，有一次闲谈影响尤为突出。1755年8月8日，布罗伊邀请拉法耶特参加一次欢迎晚宴，欢迎对象是来访的格洛斯特公爵（Duke of Gloucester），即英国国王乔治三世（George Ⅲ）的弟弟。格洛斯特公爵与英王并非处处合拍，当公爵与接待他的法国东道主共坐宴饮时，他多次提到从大西洋彼岸传来的振奋人心的消息。英属北美殖民地的居民们掀起了一场反对王室的武装反叛，而格洛斯特公爵在酒酣耳热之际说道，他认为殖民地居民完全有理由起来反抗他的兄长。也许正是在这样的闲谈中，拉法耶特第一次听到乔治·华盛顿（George Washington）的名字，华盛顿是弗吉尼亚一位种植园主，最近被任命为叛军总司令。这场在勇敢的美利坚人与暴虐的英国人之间展开的斗争，深深鼓舞了拉法耶特，他后来写道："当我第一次听说这场斗争时，我的心就被紧紧抓住了，我心中别无他想，只想投身于这场斗争中。"[15]他从小就怀有追逐荣誉和光荣的抱负，如今头脑中又加入了对英勇战斗的浪漫想象，虽然他可能会为此献出生命，但为了这高贵的事业，他愿意。

26

1775 年秋天，当拉法耶特、诺瓦耶和塞居尔回家时，他们继续接受这种颇具颠覆性的教育。12 月，他们在巴黎的拉康德尔圣约翰共济会支部（Saint-Jean de La Candeur Masonic Lodge）频频出席集会。很可能得益于拉法耶特新近结识的社会人士与知识分子，他与雷纳尔神父（Abbé Raynal）也变得熟悉起来，雷纳尔是被解除神职的耶稣会知识分子，他在一小群研究者和匿名合作者的帮助下，出版了毁誉参半的《两个印度的历史》（History of the Two Indies，或曰《东西印度的历史》）。此书被认为是一部为法兰西殖民帝国涂脂抹粉的历史著作，但雷纳尔还是在里面夹杂了很多偏离主题的内容，他严词谴责欧洲人在美洲的殖民行为，还严厉批评贩卖非洲黑奴的奴隶制度。这些尖锐的批评，虽然可能只是作者夹带的私货，却对拉法耶特产生了深远的影响。然而，在多年以后，拉法耶特才

充分意识到，自由、平等与奴隶制度水火不容。书报审查员查禁了
《两个印度的历史》，反而让这部模糊晦涩的平庸之作变成了著名杰
作。既然当局认定此书含有危险言论，那么人们就更加非读不
可了。

　　1775 年 12 月，阿德里安娜生下一个小小女婴，取名为亨丽埃
特（Henriette）。在 18 岁这年，拉法耶特当上爸爸了。亨丽埃特这
一生，以及拉法耶特与她的亲子关系，将会永远在拉法耶特的生命
里投下悲伤的阴影。在追随自己满怀抱负的心前往美国后，他在家
书中写道："替我抱抱亨丽埃特……那些穷人家的孩子们可能有个
流浪汉爸爸，但他们起码是值得尊敬的好爸爸，一个好爸爸会真心
热爱自己的家庭。"[16]但亨丽埃特几乎没听过父亲的声音。父亲将会
离她而去，让她如同被遗弃的孤儿，在父亲回家以前，她早已
夭折。

⚜

　　与此同时，超出拉法耶特掌控之外的力量再次改变他的命运。
当他年满 18 岁时，他被授予正式上尉军衔。他对这个任命感到自
豪。这是他充满挫折与怨恨的社会生活中一个成功的亮点。拉法耶
特努力工作，要把自己磨炼成一名模范军官，但不幸的是，有太多
与他同等出身的年轻人并不这样想。军队里有太多人脉广泛的年轻
人，他们出身于显赫的家族，占据着与他们的能力并不相称的军
衔。凡尔赛荒唐的社交闹剧早就磨平了高级贵族的尚武精神。王国
里最显赫的大贵族，此时是剧场里的主角，而非战场上的主角。他

27

们是演员，而非军人。但对军队来说，最为不幸的是，法国历代国王继续委任他们为上校、将军，甚至元帅，仿佛他们仍然是与圣女贞德并肩作战的勇武骑士。

在经历过七年战争的屈辱后，有些事情显然到了非改不可的地步。1774 年，当新王路易十六登基时，他的新任首相圣日耳曼伯爵（comte de Saint-Germain）就是职业军人，肩负着改革法国军队的使命，这一改革最理想的状态是在下一场战争爆发之前完成。圣日耳曼伯爵本人就是崇尚血统高于功勋的非理性、不合理制度的受害者。他自认是一名具有功勋、经验和才能的军人，但在晋升时，却屡屡遭受不公待遇，而自吹自擂、输掉半个帝国的滑稽小丑后来居上。他对法国社会的分析言辞尖刻、毫不留情，他谴责那种"宫廷贵族和外省贵族之间的森严壁垒……以及富人与穷人之间的天渊之别，这意味着有人百无一用却得到一切，而有人一身本事却一无所有"。[17]许多有影响力的领导人物赞赏圣日耳曼伯爵的理念，因此他被请来整肃军队。他遍览军官花名册，搜寻可被裁减、精简甚至取消的岗位。

排在圣日耳曼伯爵裁减名单最前端的是那些陈旧过时的家族军队。在中世纪战争的年代，法国历代国王都仰赖王国里的公爵、伯爵和侯爵们自行组建的军队，国王无论何时宣战，都得仰仗他们上战场。然而，那早已是过去的事了。如今，军队中尽是懒惰、闲散、不务正业之人。圣日耳曼伯爵尤其针对那些出身于最显赫家族的年轻军官，他们似乎以为只要军队还在，他们就能穿上军装去勾引年轻的姑娘。具有讽刺意味的是，如果拉法耶特仍然只是拉法耶特侯爵，只是一个致力于把自己历练成一名可靠军官的贫穷外省贵族，他可能就会免于被裁。但此时他是诺瓦耶家族的成员，而且才18岁就当上了现役上尉，人们一定会认为这个军衔完全来自岳父的恩典。理论上，拉法耶特完全代表了圣日耳曼伯爵最痛恨的对象。在现役军官花名册上，他很容易就能把拉法耶特的姓名划掉。　28
尽管拉法耶特并不知情，但他在法国军队的职业生涯还没开始就已被扼杀了。加入诺瓦耶家族，给他带来的并非生命气息，而是死亡之吻。1776年6月11日，国王签署命令，大刀阔斧地改革法国军队的军官团。拉法耶特发现自己的姓名被转入预备役名册。

　　这是一个残酷的打击。拉法耶特在军队里的职业生涯灰飞烟灭。光荣、名誉和荣耀不再触手可及，甚至在梅斯守备部队服役也无济于事。再也不会有操练和演习，再也不会有训练和实践，再也不会有任何晋升军衔和建立功勋的希望。在18岁那年，拉法耶特侯爵亲眼看着自己的人生在自己的眼前一闪而过。他已经亲手切断他在宫廷的后路。而对于经商，他既没有头脑，也没有心思。他本期待着过一种英勇而有成就的公共生活，但此时在前路茫茫的困境下束手无策。到底他能做什么？

第三章

有何不可
（1776. 7—1777. 4）

　　1776 年 7 月 6 日，人到中年的康涅狄格律师西拉斯·迪恩（Silas Deane）抵达巴黎。他声称自己是商务代表，代表英属北美的商人，他的使命是推动与内地土著部落的贸易。但这只是托词。实际上，迪恩肩负着第二届大陆会议（Second Continental Congress）委托的秘密使命，大陆会议是领导反英起义的殖民地议会，他们反对英国国王和英国议会。迪恩的真实目的是向英国最为难缠的死对头——法兰西王国请求援助。

　　表面上看，在殖民地起义者与法兰西王国之间缔结同盟，这个提议真是荒唐可笑。法国天主教君主派凭什么要去帮助一群英国新教共和派？为什么那些英国新教共和派要向法国天主教君主派寻求援助？150 年来，英属北美殖民地居民的主要敌人就是法国人。实际上，这些起义臣民主要的一个不满之处，就是英国王室在法国于 1763 年宣布中立后，仍然向殖民地**增派**常备军。法国曾经是不共戴天的敌人。但时移世易，此时敌人的敌人就是朋友了。

　　对于法国人来说，援助北美起义者有显而易见的好处。这是为七年战争战败报仇雪恨的好机会。实际上，法国在加拿大所遭受的领土损失被人为缩小了——伏尔泰自讨没趣地把加拿大贬低为"几亩雪地"。[1]当然，战败造成的经济冲击则被人为夸大了——法国仍然控制加勒比海地区好几处殖民地，那里的非洲黑人奴隶生产着蔗糖、咖啡和棉花，这些才是法兰西殖民帝国的**真正**财富。但治理国家不仅仅靠冷冰冰的经济学——威望和声誉也很重要。自从上一次战争结束以来，法国人就沉湎于国仇之中。任何把英国从霸权地位上拽下来的机会，都值得去赌一把。法国公众对此跃跃欲试。在北美起义刚一爆发时，起义者的事业就让法国社会激动不已。

然而，援助北美起义者也存在风险。英国驻法国大使斯托蒙特勋爵（Lord Stormont）是经验老到的外交官，他明确宣告英国政府把这场冲突视为内部事务。任何外国势力胆敢援助叛乱者，都将后果自负。他有信心，法国将会置身事外。尽管削弱英国前景诱人，但明目张胆地卷入冲突必将代价惨重，因此并不适宜。由于早已落伍的税收制度，法国国库的财政赤字每年都在增长，实际拥有财富的人却享有免税特权。整个 18 世纪，法国君主制都在功能失调的债务池塘里挣扎，而且情况只会越来越糟。看起来，法国肢解英帝国的美梦无法在其水涨船高的年度财政预算形势中幸存下来。国王路易十六如果足够明智，就应该聚焦于财政改革，而非帝国战争。

为了解决财政混乱的问题，国王的老首相莫勒帕伯爵（comte de Maurepas）请来一位手腕高超的经济学家，此人名叫安-罗贝尔-雅克·杜尔哥（Anne-Robert-Jacques Turgot）。杜尔哥用法语写作的关于贸易、商业和市场的现代理论，与同时代的亚当·斯密

（Adam Smith）用英语写作的自由主义经济哲学有异曲同工之处。杜尔哥着手推行一个激进的削减开支、增加收入的改革计划。这是个触动既得利益阶层的艰难任务，就像圣日耳曼伯爵的军事改革那样艰难。但如果杜尔哥成功改变法兰西王国的运作方式，他也许能让他的祖国重回正轨，再次追逐荣光。

31 　　杜尔哥的计划很快就遇到难以预见的障碍，这进一步说明法国的内部问题应该让这个国家避免代价高昂的国际争端。1775 年春天，当英国红衫军（戏称"龙虾兵"）与北美民兵在莱克星顿（Lexington）和康科德（Concord）交火时，法国正经历严重的谷物短缺。杜尔哥解除对谷物贸易的管制，恰好碰上严重的农业歉收。供应有限，需求旺盛，谷物价格一路走高。有人希望借助危机牟取私利，囤积居奇，投机倒把，让这个问题更加严重。当人们发现自己再也揭不开锅、吃不上饭时，抗议和骚乱迅速席卷整个法国。后世称其为"面粉战争"（Flour War）。在政府及时取消不合时宜的改革措施，谷物收成恢复正常后，谷物价格才回归正常，国内动荡才终告平息。如果我们以后见之明来看待此事，会发现面粉战争似乎是十多年后民族危机爆发的预演。而在当时，面粉战争明显足以阻止法兰西王国干预英国殖民地事务，因为法国内部如此混乱不堪。常理似乎就是如此。

※

　　在法国政府内部有一个小团体，他们并未被支持英属殖民地居民的重重障碍所吓倒：他们继续把北美起义视为法国自身对英国实施复仇的**良机**。这个小团体的领袖是韦尔热讷伯爵（comte de Vergennes）夏尔·格拉维耶（Charles Gravier）。韦尔热讷是洞察力出众的资深外交官，最近被路易十六擢升为外交大臣。尽管韦尔热讷最初并未被纳入国王顾问的核心圈层，但他很快就让这位年轻国王对他言听计从。这种信任如此坚定，直到韦尔热讷于1787年悲剧性地去世后才告结束，他死得不是时候，正好就在巨大的财政危机爆发之初，这场危机足以把法国推入革命洪流，而这场危机恰恰是韦尔热讷在1775年参与促成的。

甚至早在枪声响起以前，韦尔热讷就已制订了暗中协助北美起义者的计划。他密切关注18世纪60年代至70年代早期，由《印花税法案》（Stamp Act）、《航海法案》（Navigation Acts）和《不可容忍法案》（Intolerable Acts，又称《强制法案》）引发的紧张局势。他在英国和北美的间谍纷纷回报，英国政府正在荼毒英国与北美殖民地居民的关系。韦尔热讷聚精会神地听取汇报，当然不会错过1775年4月响彻世界的清晰枪声。实际上，正是他让莱克星顿和康科德的枪声**响彻世界**，而非像许多地方起义的小规模战斗那样，隐没于沉默的历史当中，最终被人遗忘。

1775年12月，在未经官方许可的情况下，韦尔热讷向北美派出一名密使，以便开辟通向殖民地议会的秘密渠道。就在拉法耶特成为父亲并阅读雷纳尔神父的著作时，韦尔热讷的密使接触到北美起义者的秘密委员会，而这个委员会的领导者就是举世闻名的美国人本杰明·富兰克林（Benjamin Franklin）。西拉斯·迪恩于次年夏天抵达巴黎，其实就是前一年冬天双方初步达成共识的直接结果。

32

法国仍然不能公开提供支持。当然，法国不能加入战斗。但法国的确能在许多方面施以援手。

在此期间，韦尔热讷的主要代理人是能说会道、转眼就能把一切推脱得一干二净的皮埃尔-奥古斯丁·卡隆·德·博马舍（Pierre-Augustin Caron de Beaumarchais），一个敢作敢为的博学者，在他生命中的不同舞台上，他是发明家、音乐家、钟表匠、慈善家以及剧作家。这最后一重身份为他赢得了国际声誉，他写了几部精彩绝伦的具有颠覆意味的戏剧，比如《塞维利亚的理发师》（*The Barber of Seville*）和《费加罗的婚礼》（*The Marriage of Figaro*）。但博马舍偶尔还充当法国王室的付费间谍。他在输掉了一场司法判决，以至于被剥夺了某些公民权利后，就不得不为政府效劳了。为了扳回这一局，博马舍愿意为政府承担错综复杂的任务，开始他作为秘密特工和间谍的影子生涯。在 18 世纪 60 年代和 70 年代，他在伦敦与其他间谍一道，不断给英国带来坏消息。此时，韦尔热讷在博马舍眼花缭乱的个人简历上又添上一份新职业：军火商人。

西拉斯·迪恩从第二届大陆会议得到的官方指示，只限于物色 4 名合格的法国军事工程师，设法得到"供 2.5 万人使用的被服和武器，配备适当数量的弹药，以及 100 顶战地帐篷"。[2]大陆会议没有能力为这些物资付钱，迪恩能给的只有一个模棱两可的承诺，即一旦殖民地与英国决裂，它的经济往来必然全部转向法国。但有这点承诺就够了。韦尔热讷对于国际政治的兴趣，远远大于他对国际贸易的兴趣。博马舍对于这份丰厚佣金的兴趣，远远大于他对由谁来支付佣金的兴趣。为了把法国的剩余军事物资运送到殖民地居民

手中，博马舍成立了一家掩人耳目的西班牙贸易公司，公司注册名
称是罗德里格·奥尔塔莱公司（Roderigue Hortaloz et Cie），以便从
事横跨大西洋的武器贸易和补给运输。

随着最初的通道被打开，韦尔热讷和博马舍带领西拉斯·迪恩
开始制订更加宏大的计划。为什么只要 4 名工程师和一船补给品
呢？为什么不能拿出点想象力呢？平心而论，在 1776 年绝大多数
时候，迪恩几乎像只没头的苍蝇那样盲目工作。由于英国皇家海军
的封锁，他几乎与他所服务的大陆会议完全断绝了消息。尽管《独
立宣言》（Declaration of Independence）在迪恩抵达巴黎之前就已公
布，但关于这份宣言存在的传言，直到 11 月才得到官方确认。迪
恩在缺乏领导和指示的情况下开展工作，这也导致他的计划从规模
到范围都越来越膨胀。博马舍筹措了价值数百万美元的大炮、火
药、军装、军靴、刺刀、臼炮、炮弹、帐篷和火枪，及至 1777 年
春天，这些物资足以装满 10 艘驶向北美的货船。为了支付这笔货
款，迪恩答应以几乎两倍值的、以烟草为代表的殖民地商品作为
交换。博马舍巴不得马上达成这宗交易。在这件事情上，博马舍或
多或少表现得像个强盗。

※

1776 年春天，英国人撤出波士顿，人们还以为一场迅速的、决
定性的胜利已经近在眼前。但这是从大西洋彼岸传来的最后一个好
消息了。在 1776 年余下的时间里，英国人把乔治·华盛顿和他指
挥下的大陆军（Continental Army）逐出纽约。这场耻辱性的撤退让

某些法国人得出结论，有必要派出职业的欧洲军官去领导业余的美国人。韦尔热讷和博马舍同意就此做出评估，他们鼓励西拉斯·迪恩聘请富有经验的法国军官到大陆军去服役。像拉法耶特侯爵这样，在改革中被赶出军队的军官并非孤例，因此迪恩能够找到许多潜在的应募者。一方面，迪恩自己也觉得这是个好主意；另一方面，由于韦尔热讷向他暗示这是继续发运补给的前提条件，迪恩便逾越了他原本的使命，开始招募军官。

34　　当军官们得知西拉斯·迪恩是大陆军的首席征兵官时，前来应募者几乎踏平了迪恩的门槛。及至 1776 年 11 月，迪恩不停地掉头发，因为他几乎被所有在改革中被裁汰的法国军官"烦死了"。[3]这些军官挥舞着夸大其词的简历而来，并随附比之更加浮夸的入伍要求。因此，有一天，当一名在法国军队中服役的、能够说流利英语的德意志军官登门拜访时，迪恩如释重负，因为这名军官能够帮他辨别那些良莠不齐的应募者。这就是约翰·德·卡尔布男爵（Baron Johan de Kalb）加入美国革命事业的经历。

　　德·卡尔布出身于中产阶级平民家庭，家乡在庞大的普鲁士王国外围一个小小的公国。德·卡尔布没有高贵的出身，在普鲁士军队里面很难得到晋升，因此他另辟蹊径，走出一条比小说还离奇的道路，以实现他的军事抱负。他能说流利的法语，于 1743 年渡过莱茵河，自告奋勇地出现在法国军队中，他声称自己是贵族出身的"德·卡尔布男爵"（Baron de Kalb）。德·卡尔布借助伪造的文书取得任命，他展现出让人印象深刻的卓越军事素养，让上司不再过多问及他的过往。他被擢升为中校，并在奥地利王位继承战争

（War of the Austrian Succession）和七年战争中有出类拔萃的战场表现。

德·卡尔布的到来，极大减轻了西拉斯·迪恩的困扰。德·卡尔布曾经于 1768 年游历北美，因此是一个见多识广的合作者，能帮忙甄别和挑选应募者，决定哪些人应该得到任命，哪些人应该被淘汰出局。德·卡尔布还告诉迪恩，有些法国上尉提出要当上校，有些法国上校提出要当将军，这个要求是合情合理的，因为这样才能刺激和诱使那些优秀的军官"离开自己的国家和朋友，投身于艰苦危险的生活，并全身心投入这份原本不属于他自己的事业"。[4] 得到提示的迪恩心领神会，把德·卡尔布中校任命为大陆军少将。在德·卡尔布的得力帮助下，迪恩又为 16 位军官签发了大陆军委任状，实际上迪恩根本无权签发这样的委任状。

但德·卡尔布绝非表面上那么简单。他在法国军队服役期间，攀上了夏尔-弗朗索瓦·德·布罗伊，也就是拉法耶特在梅斯的老上司。在七年战争后，德·卡尔布跟随布罗伊进入国王的秘密机关。实际上，他的美国之行也肩负着搜集情报的秘密使命，他需要汇报英属殖民地的状况。与韦尔热讷一样，布罗伊致力于千方百计地加强法国和削弱英国。他同样致力于提升**自身**的地位。

1776 年某个时候，布罗伊构想出一个令人难以置信的阴谋：由他自己取代乔治·华盛顿，成为大陆军总司令。布罗伊也认为陷入困境的起义者缺乏真正的军官，便设想自己坐船去拯救他们，进而成为美利坚总督。他想模仿荷兰联省共和国（Dutch United Provinces）奥兰治亲王（Prince of Orange）所扮演的角色：一位政治权威和军队统帅，统治着一群由特权商人组成的寡头集团。如果布罗伊对事实有充分的了解，他就应该意识到这个梦想荒谬得如同泡影。北美的英国新教徒永远不会接受法国的天主教权威。大陆军的高级军官们，也不会接受来自某个欧洲国家的、傲慢自大却自以为纡尊降贵的闯入者来取代华盛顿。但布罗伊并未充分掌握上述事实。他只知道在 1775 年，组织散漫的起义让英国人深陷泥潭，但此时起义已经到了失败边缘，因为他们缺乏一位真正的领导者。因此他偷偷制订了一个计划，历史学家乐意称其为"布罗伊阴谋"（Broglie Intrigue）。

布罗伊让德·卡尔布向西拉斯·迪恩推销这个计划。德·卡尔布极力游说迪恩，军官们忠诚于布罗伊，他自己也认为大陆军不仅需要中级军官，如果能拥有一位来自欧洲的总司令，它在战场上的表现将会更好。比如，像夏尔-弗朗索瓦·德·布罗伊那样的人物，就会是合适的人选。迪恩也被说动了，他完全把政治现实和人心向背抛诸脑后，被这个念头牵着鼻子走。他怀着兴奋的心情致函大陆会议："我向各位提交我的想法：你们是否可能从欧洲聘请一位品质杰出的伟大将领，比如，我是说比如……布罗伊元帅，或其他具有同等军衔的将领，来领导你们的军队，无论这个步骤在政治上是否成熟，它起码能够在军事上扳回一局，而且或许会让我们的敌人陷入更大的恐慌。"⁵当迪恩的信件终于送达北美时，他的同事们大吃一惊，惊叹他们的人竟然在巴黎做出如此逾越规矩的荒唐举动。但在 1776 年的法国，这似乎是赢得战争的最好机会。

꧁꧂

拉法耶特及其两个朋友，诺瓦耶和塞居尔，偶然得知最近抵达巴黎的康涅狄格商人其实是为美国起义军招募军官的负责人，他们也自行制订了一个荒唐可笑的计划。他们将会为美国人战斗。由于拉法耶特已在改革中被逐出军队，且在欧洲也没什么行动的希望，这个为了自由而光荣战斗的想法，让他就像猫闻到猫薄荷一般，激活了他无法施展的抱负。更美好的是，拉法耶特此行是对他们古老的宿敌展开战斗。塞居尔后来说，三位好朋友决心去战斗，"我们渴望纠正上一场战争造成的错误，我们会去打击英国人，我们会去帮助美国人"。[6]

要达成他们的目标，将会是一件颇为棘手的事情。这三个年轻人都属于法国贵族圈层的核心成员。英国人很可能会认定他们的参战是战争行为。拉法耶特首先去征求布罗伊的意见，他只知道老将军是美国革命事业的同情者。但拉法耶特根本不知道，布罗伊已经铺开了蓄谋已久的大计划，准备成为美利坚总督。布罗伊小心翼翼地在拉法耶特面前演戏，以便给拉法耶特的热情降降温。布罗伊提醒拉法耶特，自己参加过明登战役，他一开始拒绝替拉法耶特联系迪恩，他说："我不忍心亲手摧毁这个家族仅存的血脉。"[7]但这如同一个神机妙算的禅宗大师在考验小沙弥时使用的花招。如果拉法耶特对此是认真的，那么他就不再劝阻了。如果拉法耶特只是说说而已，那么最好现在就让他出局，以免这个年轻人坏了自己的大计划。

诺瓦耶和塞居尔毕竟还是未成年人，两个人都认为有必要征求父母的许可。尽管在法律层面上，拉法耶特的确是他那个家族的族长，但同样在法律层面上，他也还是个未成年人，不能随心所欲、为所欲为。他们都指望父母能够对这个不太靠谱的想法网开一面，而拉法耶特还要担心他与达延公爵的关系，他后来回忆道："我所置身的环境……早就教会了我，我从自己的家庭里所能得到的，只有实现我的目标的重重障碍。"[8] 当拉法耶特与诺瓦耶向他们的岳父提出他们的想法时，拉法耶特的担心完全得到证实。达延公爵出人意料地对此表示支持，至少对诺瓦耶来说是如此。但公爵对拉法耶特说："这件事情对诺瓦耶子爵来说非常合适，他身体强壮，精力充沛，对准备去做的任何事情足够投入，但**你**到底想去那里干什么?"[9] 达延公爵同意替诺瓦耶去试探政府的意见，但他拒绝为拉法耶特这样做。他可不想拿自己的名誉去冒风险，为二女儿这个不成器的丈夫强出头。

这种严词拒绝反而坚定了拉法耶特的决心。他感觉自己仿佛置身于陷阱之中。他的人生、事业、未来，全部有赖于达延公爵的支持，如今达延公爵撤回了他的支持。因此，拉法耶特又去找布罗伊。布罗伊此时确信这位富有的年轻侯爵具有潜在的利用价值，因此完全改变了态度。他不再把拉法耶特排除在外，改以同情的态度对待这个垂头丧气的、在岳父的重重阴影下垂死挣扎的年轻人。布罗伊说："很好! 成了! 你第一个到美国去! 接下来的事情由我来安排!"[10]

在布罗伊的授意下，德·卡尔布与拉法耶特见了面，并与西拉斯·迪恩展开协商。与那些登门请求迪恩接见的军官不同，拉法耶特是个富有的年轻人，因此他并不要求获得丰厚的薪水。但拉法耶特**会**要求较高的军衔，这样才能引人注目并平息争议，他坚持获得少将委任状。诚然，他缺乏经验，但他的参与会带来宣传效应，足以弥补他经验不足的缺点。拉法耶特提示德·卡尔布，能否取得诺瓦耶家族的支持，取决于他能否得到少将任命。德·卡尔布则提示迪恩，能否得到法国政府的支持，取决于拉法耶特能否成为少将。因此，在稍许犹豫后，迪恩终于同意任命拉法耶特为少将。

1776 年 12 月 7 日，德·卡尔布男爵陪同拉法耶特侯爵会见西拉斯·迪恩。迪恩向拉法耶特展示委任状，特别强调"他的高贵出身，他的结盟诚意，他的家族在宫廷里拥有的高贵身份，他在这个王国里拥有的可观地产"，是拟定这份非同寻常的委任状的主要原因，因为把一个未经战争考验的、十几岁的年轻人任命为少将，实在是太非同寻常了。[11]拉法耶特清楚无误地宣读声明："我奉献我自己……全心全意地服务于美利坚合众国，并不索取任何抚恤或回报。"[12]在最后一次看过合约后，双方签字确认。这就是拉法耶特投身于美国革命的经过。

38

※

就在拉法耶特签订合约、加入大陆军的同一天，法国首相莫勒帕拒绝批准诺瓦耶子爵加入美国军队。法国最显赫家族的子孙，与反叛的英国殖民地居民并肩作战？这是绝对不被允许的。这会被视为战争行为。斯托蒙特勋爵已对法国秘密支持美国大为恼火，只是在韦尔热讷多番好言相劝、连哄带骗之后才没有发作。莫勒帕可不愿意再冒任何外交风险，说不定还是战争风险。

斯托蒙特实际上比莫勒帕更清楚地知道法国在支持殖民地居民。当韦尔热讷对他连哄带骗时，他也知道自己是在倾听谎言。斯托蒙特什么都知道，因为西拉斯·迪恩 31 岁的私人秘书爱德华·班克罗夫特（Edward Bancroft）就是个英国间谍，他还是内科医生和自然科学家。班克罗夫特深受信任，负责最敏感的文书工作，他每周都用隐形墨水给他的英国上线写信，并把信埋在杜伊勒里花园（Tuileries Garden）的一棵树下面。斯托蒙特可不愿意暴露具有如此价值的眼线，毕竟这个眼线就潜伏在叛乱者密谋的心脏地带，因此他每次都假装被韦尔热讷那些谎言所说服，任由韦尔热讷在那里喋喋不休好几个小时。

达延公爵举荐他的女婿到美国去参战，简直是送给斯托蒙特一份大礼。这场请托变得街知巷闻，让斯托蒙特有理由要求他的法国同行遏制所有干涉英国内政的企图。为了让英国人满意，莫勒帕签发了一份法令，禁止法国军官加入大陆军。管理港口的部门将会检查离港船只的乘客名单，避免有军官流出。行政命令下来时，由博马舍安排的三艘船已在勒阿弗尔（Le Havre）装载完毕。其中一艘船在政府采取行动之前扬帆起航，但另外两艘船被扣押在港口内，更让德·卡尔布以及其他忠诚于布罗伊的军官们感到灰心丧气的是，他们就在那两艘被扣押的船上。

就是在这件事情上，拉法耶特第一次真正投身于美国革命事业。可能是出于他自己的主意，也可能是出于布罗伊的授意，拉法耶特提出，由自己出资购买一艘新船，此举挽救了他的冒险事业。拉法耶特渴望以这种物资上的支持证明自己对这番事业的执着，他对迪恩说："在此以前，你只看到我的热情；或许此时这种热情能够派上用场：我会买一艘船来运送你的军官。要有信心。在这个危难时刻，我愿意与你分享我的财富。"[13]在拉法耶特改变主意以前，布罗伊赶紧派出一名代理人前往波尔多（Bordeaux）买船。他们很快就找到一艘合适的帆船，达成交易，并把那艘船重新命名为"胜利号"（*La Victoire*）。

很可能就是在 1776 年底冬天的这些日子里，不甘示弱的拉法耶特改写了他家族战袍上的格言。数百年来，指引这个家族的格言都是缺乏血性的、充满匠人精神的"决心能够克服困难"（vis sat costa fatum）。现在，拉法耶特把格言改为十分具有冒险精神的"有何不可？"（cur non）。[14]

❦

已经有许多历史著作从各种广度和深度来推测，拉法耶特到底是如何瞒天过海的。他后来声称："关于那些谈判协商，以及我所做的准备工作的种种内情，真的可以说是一个奇迹。家人、朋友、大臣、法国间谍、英国间谍，所有人都对此一无所知。"[15]我们不知道，这种说法在多大程度上符合事实。法国政府和英国政府都像猎鹰监视猎物那样严密监视着迪恩。拉法耶特则让德·卡尔布相信，自己的家族对这一切表示默许，但很有可能，他只是对诺瓦耶家族隐瞒一切。仍然令人费解的是，他是否对阿德里安娜提起过一些细节？如果阿德里安娜私下里是拉法耶特的知己，知道他将为了他的骄傲、职位以及将来的地位而消失，着手一场宏大的冒险之旅的计划，那更好不过。但更有可能的是，他对他的妻子隐瞒了这一切，而此时妻子正怀着他们的第二个孩子，并抱着他们的第一个女儿。

　　或许是为了打断拉法耶特的计划，或许是为了安慰他，毕竟莫勒帕终于明令禁止前往美国冒险，1777 年 2 月，诺瓦耶家族把拉法耶特送去短期度假。具有讽刺意味的是，家族此举等于将他送入虎口，因为此行的目的地是：伦敦。在伦敦期间，拉法耶特借住在法国驻英国大使家中，大使恰好是拉法耶特的亲家叔父。他的旅伴是普瓦斯亲王，即诺瓦耶子爵的兄长，他自己又想起过去的放荡事迹。两个大男孩打算去找点乐子。

　　这两位法国年轻贵族饮酒，跳舞，闲聊着伦敦社交圈的各种新闻。此时，他们直接谈到英国的殖民地问题，拉法耶特很快提到伦敦社交圈里的异见分子，这些异见分子批评自己的政府在北美实行的敌对政策。他还碰巧在剧院里遇见亨利·克林顿（Henry Clinton）将军，毫无疑问，他们将很快在战场上兵戎相见。拉法耶特还听到从美国传来的第一条好消息，已经很久没有好消息了。在经历一整年的节节败退后，大陆军终于在一场英勇无畏的圣诞攻势中，于新泽西的特伦顿（Trenton）取得一场胜利。拉法耶特说，在伦敦期间，他公开为殖民地起义的事业欢呼。他也被引见到英国国王乔治三世面前，他后来说："一个人何其有幸能够在 19 岁时当面见到这个暴君，并且将对这个暴君作战。"[16]拉法耶特心中窃喜，再过一段时日，他就将偷渡到北美，并让北美从这位君王的铁腕统治

40

中解脱出来。

拉法耶特每天都在等待"胜利号"即将起航的消息。当他得知起航日期临近，他就给阿德里安娜和达延公爵分别写了信，解释他接下来的行动。对达延公爵，他写道："亲爱的爸爸，对于我准备告诉您的一切，您将会大吃一惊……"[17]当达延公爵读到以下文字时，他**的确**大吃一惊：拉法耶特将不会回来，他已经接受了大陆军的任命，购买了一艘船，很快就将启程前往美国。当消息终于传回伦敦，称"胜利号"已在法国港口波尔多整装待发时，拉法耶特并未在伦敦久留。他离开英国之际，没有告诉任何人，甚至错过了一个为他举办的饯行舞会。之后几个星期，无人知道拉法耶特身在何处、去往何方，这在英法两国都激起无数沮丧、尴尬、愤怒、得意、欢笑、庆贺以及谴责。

在扬帆起航时，拉法耶特满怀喜悦地给迪恩的一位秘书写了封信，此信将于一个月后寄达收信者手中："我希望能够把我热切的心情带到您的国家，我这种热切的心情鼓舞着我，为了人们的快乐、光荣以及自由。"[18]人们完全有理由相信，拉法耶特也是在谈及他自己的快乐、光荣以及自由。

━◆━

在动身前往波尔多以前，拉法耶特首先暗中去了巴黎。他与　41
德·卡尔布在城市外围一处公寓碰头，却没有与自己的家人联系。然而，他的确顺路探访了塞居尔，很有可能也接受过诺瓦耶子爵的私下探访。当亲眼看到对此感到惊讶的朋友们既羡慕又嫉妒时，他还有点自鸣得意。塞居尔回忆道："有一天早上，7 点光景，他突然来到我的卧室，把门关严实了，然后坐到我的床前，跟我说：'我要去美国了。'……不用说我有多沮丧了，我都没有办法与他同去。"[19]拉法耶特告诉德·卡尔布，他绕过诺瓦耶公馆，是为了避免与阿德里安娜难舍难分。但真实的情况是，在诺瓦耶家族里，仍然没有任何人知道他将去往何方。3 月 16 日，两人动身前往波尔多，在那里，"胜利号"以及其他由迪恩任命的军官已在等待他们了。

按照德·卡尔布的说法，拉法耶特直到他们抵达波尔多时，才终于坦白诺瓦耶家族对他的计划一无所知。德·卡尔布对此大吃一惊，赶紧给迪恩写了一封信，信中说拉法耶特"简直吓到我了，他到这时才跟我坦白一切……我们都以为，他所做的一切都是得到其直系亲属的建议和准许的"。[20]拉法耶特也赶紧写了一封信，强调自己并未被人操纵，能够独立决定自己的行动。我们已无法准确查证，这两封信到底只是为了掩人耳目，还是勉强有几分真实。所有人在问及韦尔热讷、迪恩、博马舍和布罗伊时，得到的都是口径一致的答复，那就是少说为妙。但对于那两封提及拉法耶特出发的信中所表现出的慌张情绪，他们所有人都众口一词：无论拉法耶特做什么，都是按照他自己的自由意志行事的。

一如拉法耶特所愿，他的出发激起了一小片水花。宫廷里是没有秘密可言的，人们的闲言碎语完全围绕着拉法耶特的逃跑企图。斯托蒙特勋爵勃然大怒，他找到韦尔热讷当面对质，就拉法耶特在伦敦的无礼言行发出质问——拉法耶特不仅为发动叛乱的殖民地居民鼓掌欢呼，还跑去加入那群暴民。英国大

使之所以怒不可遏，是因为他根本不可能相信，两面三刀的韦 42
尔热讷对拉法耶特被派往美国毫不知情。但实际上，韦尔热讷
不太可能策划这场密谋。他不认为法国已做好公开与英国交战
的准备，此时拉法耶特欠缺考虑的鲁莽行动只会毁掉一切。与
此同时，首相莫勒帕也因为自己背上这个莫名其妙的沉重包袱
而骂骂咧咧。此时，他发现自己被卷入一场国际争端，而他自
己根本就不想蹚这趟浑水。

这时，在诺瓦耶公馆，同样是一片怒气冲天和愁云惨雾的景
象。阿德里安娜一直在哭，而她的母亲和姐妹则一直在安慰她。达
延公爵在巴黎和凡尔赛各处大厅、走廊和沙龙里横冲直撞。他的怒
气指向布罗伊和迪恩，他认为正是这两个人教唆他的女婿做出如此
荒诞不经的行为。这两个人争相为自己辩解，信誓旦旦地说自己与
拉法耶特鲁莽冲动的恶作剧毫无关系，他们以为诺瓦耶家族已经同
意一切。否则，他们怎么可能会为拉法耶特做了那么多事情呢？布
罗伊发誓说这里面肯定存在什么误解。西拉斯·迪恩则同意为诺瓦
耶家族向德·卡尔布发送信件，让他把那个年轻人劝回来。

拉法耶特早就把这些凡尘俗事抛诸脑后，他写信给迪恩的一位
秘书。他在信中写道："不要担心，一旦我胜利归来，所有人都会
为我的成就而鼓掌欢呼。"[21]这就像一个人跳下危险的悬崖、将要在
水里淹死以前，为了合理化自己的行为而找的托词。但在拉法耶特
的计划中，由于策划、运气、胆量、机智的叠加，他成功了，以致
后来他会说自己"吉星高照"，而后来的事实奇迹般地证明，他是
对的。

━┿┿━

但在这趟从笨拙的青春期少年转变为成熟的英雄的旅程中，拉法耶特还要采取最后一个具有喜剧意味的行动。在英国的外交压力和达延公爵的个人要求下，国王路易十六又签署了一份禁止法国军官在大陆军中服役的声明，而且还指名道姓地指出"特别是拉法耶特侯爵阁下"。[22]这也意味着国王针对拉法耶特签发了一份"密札"（lettre de cachet）。密札是绝对君主制时期一种臭名昭著的专制工具，凭借密札可以随意拘押冒犯王室的臣民。在后来的法国大革命

43 中，密札被视为君主专制的象征，从而被人们废止。但实际上，密札几乎只是用于贵族家庭驾驭那些有辱家名的不肖子孙。拉法耶特的个案倒是正好符合这一传统，虽然没有证据表明国王真的签发了这份密札。这种小惩大诫足以提醒他，冒犯王室将会有严重后果。达延公爵及其姐妹泰塞伯爵夫人还决定，要让拉法耶特到意大利去度过为期六个月的假期。在那里，他们将会持续不断地监视拉法耶特，直到他脱胎换骨、洗心革面。拉法耶特收到他们的指示，要求他直接到马赛去与他们会合。

如果拉法耶特真的按照家族意愿乖乖去做，不再抵抗任何既定安排，他将会身陷囹圄。他所得到的不会是接纳和祝福，他将不得不面临反对和流放，而且是在对他彻底失望的岳父的监视下被流放。在他苦苦思索、寻找对策期间，"胜利号"临时从波尔多驶向邻近法西边境的西班牙小港口，以逃避法国官员的司法管辖。在"胜利号"下锚停泊后，拉法耶特决定孤身返回波尔多，去处理目

前这种状况。这个年轻人离开时，德·卡尔布并不指望他还会回来。尽管拉法耶特挺讨人喜欢，但他那莽撞的骗术捉弄了德·卡尔布，而且几乎葬送了布罗伊接管大陆军的宏大计划。不过，德·卡尔布将会很快意识到，他不会在布罗伊这个美利坚总督的故事中扮演某个角色，而是在拉法耶特的故事中扮演某个角色，而拉法耶特将会成为"两个世界的英雄"（Hero of Two Worlds）。

"胜利号"眼看着就要扬帆起航，并把拉法耶特抛下，让他自己迎接悲惨的命运了，但不要忘了一个关键细节：拉法耶特拥有这艘船。因此，军官和船员都在等待，静观事态如何发展。拉法耶特几乎认命，正要乖乖前往马赛，但在波尔多城外，他被莫鲁瓦子爵（vicomte de Mauroy）拦截下来。与德·卡尔布类似，莫鲁瓦也是布罗伊最为信任的代理人之一。尽管布罗伊坚称自己与此事无关，但他还是派出莫鲁瓦去说服拉法耶特登船启程。这一次，布罗伊的盘算是，只有这样，他自己的计划才有机会成功。布罗伊曾经公开否认自己与拉法耶特的行动有关，假如拉法耶特因为年轻冲动而不小心说漏了嘴，那么布罗伊就会遇到大麻烦。

莫鲁瓦此行，给犹豫不决的年轻侯爵带来故事的另一个版本。莫鲁瓦说达延公爵固然震怒不已，但其他人都为拉法耶特的行为感到高兴。根本就没什么密札，那份追捕他的密札只是为了掩人耳目。国王以及大臣们都暗中支持他。最为重要的是，巴黎和凡尔赛的社交圈都为他的名字而欢呼。莫鲁瓦告诉他，女士们都仰慕他的英勇无畏，而男士们都妒忌他能够投身于光荣的事业。拉法耶特对此深信不疑，不过平心而论，这套说辞带有虚构成分。实际上，政府并不愿意他离开，但社会**的确**对此印象深刻。人们永远不知道他早已下定决心。拉法耶特再次写信给迪恩的秘书："此事引起的所有轰动，都是我所想达到的效果，如今每个人的眼睛都在看着我们，我会竭尽所能，让自己配得起这种盛名。"[23]他再次转身，直奔"胜利号"而去。

德·卡尔布也不知道拉法耶特早已下定决心。后者并没有逆来顺受地听从岳父的指示，乖乖地去关六个月禁闭，他回来了，并说自己已准备好扬帆起航。他给阿德里安娜写了最后一封信。他在信中写道："我的心都要碎了。明天就是决定性的离别。"[24]当时，阿德里安娜正在接受母亲的安慰，母亲说，拉法耶特勇敢地追求独立与光荣，从而避免作为一个令人失望、尤足轻重的老好人度过一生，这是件**好**事。阿德里安娜应该为她的丈夫能够表现出这种独立精神而感到自豪。从那时起，她也开始想象，那个曾经让她不太抱指望的丈夫，将会干出一番惊天动地的事业。

1777 年 4 月 20 日，"胜利号"扬帆驶向美利坚。拉法耶特克服了重重障碍，达成了他的朋友诺瓦耶和塞居尔早已认定为不可能达到的成就。尽管拉法耶特改写了他的家族格言，但"决心能够克服困难"这句古老的家族格言还是激励着他。在拉法耶特这一生中，决心远胜于机巧、急智和小聪明，是他最大的长处。但当他作为一个新人驶向新世界、展开新冒险时，他受到那句新格言的指引：有何不可？

第四章

疯狂壮举
（1777）

拉法耶特以前从未在辽阔的大海上航行。这将成为他最不堪回
首的梦魇。置身于天涯海角，他无法逃脱，漂泊在茫茫大海中，他
无能为力，大海随时能够把他彻底吞噬。但除了可怕的环境之外，
他还饱受晕船的煎熬。在"胜利号"出海航行第一个星期，拉法耶
特一直躺在床上，而离开床的那些时间，他几乎都在呕吐。

即使在身体适应了船上的生活后，拉法耶特仍然要承受精神之
苦。他发现海上生活单调乏味、穷极无聊。为了打发时间，他写信
给阿德里安娜："一天又一天过去了，更糟糕的是，每天都差不多。
总是大海，总是海水，第二天看到的又是同样的东西。"[1]一阵悠长
宁静的海风吹来，却只是延长了他的离愁别绪。他写道："自从我
上次写信以来，我就置身于最为单调乏味的海区；大海如此深沉，
以至于我认为我们同病相怜，大海怜我，我怜大海。"[2]

为了打发形同囚禁、单调乏味的几个星期，拉法耶特花时间阅
读英文版的军事手册和著作。他仅有的军事经验就是在梅斯那两个
夏天的演习。他知道他必须学得更多，才有可能在美国取得成功。

46 但学习英语甚至比取得成功重要得多。绝大多数向大陆会议报到的法国军官只会说法语。由于法语被视为文明人的语言，军官们自然觉得学习英语无关紧要，这让说英语的美国人感到不可理喻。拉法耶特与别人不同，他决心学会美国人民的语言，因为他要为这里的人民服务。如果说拉法耶特的财富与头衔打开了前往美国的大门，那么诚恳认真地学说英语，才让他真正受到人们的欢迎。

拉法耶特还开始与他同行的旅伴熟络起来，尤其是莫鲁瓦子爵，这位子爵曾经让拉法耶特确信，法国人民都在追随他。莫鲁瓦在法国军队服役了 15 年，慢慢爬升到中校军衔，但与拉法耶特一样，他在圣日耳曼伯爵的改革中突然被解除现役。他参加这次远征的主要目的，其实是希望在美国服役时的英勇表现，为他重返法国军队扫清道路。在莫鲁瓦身上，完全没有拉法耶特那种为美国人或为"他们的自由事业"奋斗的无限热情，因为在愤世嫉俗的老兵看来，这种热情如同喜剧般可笑。尽管如此，莫鲁瓦对拉法耶特颇为关照，而且出于好心肠，他时常会激励这个容易伤心失望的年轻人。

在海上的某一天，拉法耶特对莫鲁瓦说："难道你不相信，人们会由于对自由和美德的热爱而团结在一起吗？"莫鲁瓦回答道，美国人并非小说里的人物，他们只是来到此地的欧洲人，"他们把各自家乡的观念和偏见，带到这片蛮荒的土地"。他继续给拉法耶特简明扼要地讲述欧洲人在殖民活动中的道德史："宗教狂热，对发财致富的贪婪渴望，以及痛苦不幸——这就是移民们几乎源源不断地涌入美洲的三个主要原因。在异国他乡的天空下，移民们手执刀剑，砍倒古老的原始森林并以土著居民的鲜血浇灌未经开垦的土地，还以支离破碎的尸体充当肥料，滋养他们以罪恶手段征服的土地。"[3]莫鲁瓦提醒拉法耶特，这就是他们正在前往的"新世界"的真实历史。

"胜利号"于 4 月离开欧洲，直到 6 月还在海上。总是不配合的风向延长了本来就漫长的旅程，绕过加勒比海的港口也耗费了不少时日，因为那里可能有逮捕令等着他们，他们只能直接驶向南卡罗来纳（South Carolina）的查尔斯顿（Charleston）。终于，旅行者们看到鸟类，这是靠近陆地的明确信号。当他们回归文明世界时，他们首先遇到了另一艘船，这让他们惊觉自己仍然身处险境：他们是一群为求财富而来的外国军人，正投身于一场内战之中。当未经识别身份的船只靠近时，气氛陡然紧张起来。如果对方是英国人怎么办？幸好那是一艘美国船。尽管对方并不构成威胁，但他们带来一个严肃的警告：有两艘英国皇家海军的三桅快速战舰正在封锁查尔斯顿港。直接靠近城市根本不可能。因此，"胜利号"在城市以北 50 英里处寻找了一处锚地，那里离北岛（North Island）海岸不远。拉法耶特、德·卡尔布以及部分人在此登岸。1777 年 6 月 13日，在海上航行了 54 天后，他们终于再次踏上干爽的土地。

〓〓

拉法耶特刚刚来到这座自由的岛屿，就见识到什么叫作极具讽刺的伪善。他最初遇到的是一小群非洲奴隶，他们是一艘牡蛎采挖船的船员。年轻的拉法耶特鲁莽冲动又异想天开，他仍然意识不到，美国人的自由与非洲奴隶是多么水火不容、自相矛盾。作为一个年仅19岁的法国贵族，拉法耶特浑身是海外冒险的兴奋劲儿，还以为这些非洲采蛎工人只是某位老板的雇员，而非某位主人的财产。在这个世界上，雇佣而来的员工随处可见，没什么稀罕的。拉法耶特不会永远处于这种闭目塞听的愚昧状态，但在当时，他的确对他亲眼所见的事实视而不见。采蛎工人同意带这些法国人去见他们的老板——实际上是他们的**主人**——艾萨克·休格（Isaac Huger）少校，此人是南卡罗来纳的一名民兵军官，以及一处获利丰厚的种植园的经营者。

他们直到午夜才抵达休格少校的房屋，在经过好几分钟的紧张盘问，以确认不期而至的陌生人并无威胁后，休格少校邀请他们进屋吃饭、喝酒和睡觉。就这样，拉法耶特在一处奴隶种植园度过了他在美国的第一个晚上。第二天早上，休格安排了一名本地领航员，把"胜利号"驶入一处安全的港湾，但建议拉法耶特及其伙伴走陆路前往查尔斯顿。他们被告知，可能会有逃跑的奴隶住在秘密地点，依靠从以前的雇主那里偷来的物资生存。于是，这群法国军官随身携带了足够的枪支弹药而非换洗的衣物，就动身前往查尔斯顿了。

48　　他们在闪闪发光的海岸沙滩上朝西南方向走了三天两夜，终于回到文明世界。拉法耶特的一位伙伴说，他们抵达时，"看上去就像乞丐和强盗"。[4]人们像对待乞丐和强盗那样冲他们打招呼。德·卡尔布尝试向人们解释，他们是法国军官，前来加入大陆军。查尔斯顿的居民只是哈哈大笑。城内的确有很多唯利是图的法国人，他们到处编造诸如此类的故事，声称自己拥有货真价实的证书，吹嘘自己有过名扬四海的壮举，几乎所有这些法国人都是神棍大仙和江湖骗子。绝大多数冒险家是法国的下级军官，他们从马提尼克（Martinique）、瓜德罗普（Guadeloupe）或圣多明各（Saint-Domingue）等法国殖民地的守备部队来到此处。这些冒险家的确随身携带上级军官签发的介绍信，那些上级军官也乐于在介绍信里为这些声名狼藉、经常酗酒、不可信任的下属美言几句，因为上级军官巴不得把部队里这些混蛋甩得越远越好。当拉法耶特声称自己是侯爵时，这些没出息的法国军官哈哈大笑。他们以前听过的类似故事已经有上千次了。

第二天早上，各种冷嘲热讽戛然而止。一阵清劲的烈风把英国皇家海军那两艘三桅战舰吹向外海，留出的空位正好让"胜利号"驶入查尔斯顿港。原来衣衫褴褛的陌生人所说的都是真的。拉法耶特的一位伙伴说，"胜利号"的抵达"让人们对我们刮目相看……我们受到最为热烈的欢迎，而那些一开始嘲笑我们的法国军官，成群结队地拥到拉法耶特侯爵面前，说着各种谄媚讨好的话，试图加入他的队伍"。[5] 拉法耶特的队伍在查尔斯顿又停留了八天，与当地的社会名流一起用餐和饮酒。他参观了城外著名的要塞，这座要塞在前一年夏天的围城战中令人钦佩地守护了城市，围城失败的英国人最终撤围而去，在这充满愁云惨雾的一年，大陆军不是撤退就是败退，这算是为数不多的一场军事胜利。在这场战地巡视后，拉法耶特慷慨大方地通过抵押筹措了一笔款项，足以为这座要塞配备100名全副武装的士兵。这是一次自发的慷慨善举，就连远在波士顿的报纸也报道了这一盛事，人们颇感兴趣地注意到，这里来了一位富有而慷慨的法国侯爵。

　　拉法耶特和德·卡尔布都认为，他们有必要卖掉"胜利号"装载的货物，甚至卖掉"胜利号"，以换取他们在美国生活所需的资金。但年轻的侯爵在签订购船合同时，并没有阅读或理解合同中的条款。他并不知道，卖掉船上货物所得的收益，必须首先用于支付购买船只的尾款。他同样不知道，"胜利号"必须装载美国的货物返回波尔多。拉法耶特被迫借高利贷来支付开销，借款合同由德·卡尔布联署，因为拉法耶特还是个未成年人。他们用这笔贷款购买了补给、服装、马匹和马车，然后他们要踏上将近 700 英里的旅程前往费城。拉法耶特憧憬着乘配备良好的四轮马车在美国的世外桃源来一场舒适的旅行。事实很快证明，这只不过是白日做梦。

　　在把旅客送达目的地数日后，"胜利号"的船长就启程返回法国。但那艘船刚刚驶出查尔顿港，就因为撞上沙坝而沉没了。在把拉法耶特侯爵安然送达美国后，这艘进行过历史行程的"胜利号"，就这样被大海吞噬，再也没有浮起来。

❧❧

　　为了抵达费城，之前在"胜利号"上的乘客被分为三个队伍。拉法耶特和德·卡尔布率领第一队，莫鲁瓦子爵率领第二队，而第三队走海路。尽管走海路更危险，但肯定更舒适。事实证明，拉法耶特购买的那些四轮马车并不适合这种纵贯全国的旅行。他们上路才四天，车轴就断了。拉法耶特和他的伙伴们抛弃了那些四轮马车，就连车上装载的补给品也被一并抛弃，反正绝大多数补给品已陆续被偷走。但他们此时骑乘的马匹同样不适合长途旅行。陆陆续续地，那些马要么腿瘸了，要么因为精疲力竭而倒下。队伍被迫绕路前进，并在路上购买新马匹。

拉法耶特在旅途中坚持写信，而且询问每座海岸城镇，是否有船前往法国。拉法耶特依然热情高涨，斗志昂扬，并以幽默来承受种种考验。他在给阿德里安娜的信中写道："你也知道的，当我坐着四轮马车出发时，我是多么英俊潇洒呀，自从那些四轮马车坏掉后，我们现在都骑在马背上……我预计在几天之后再写信给你，那时候我们应该已经步行抵达了。"[6]拉法耶特形容美国是一片光荣的土地，生活着伟大的人民。拉法耶特举目四望，到处都是倡导平等的共和主义者，他们都有简单朴素的美德。他形容美国人"礼仪简单、追求快乐、热爱国家和自由、处处平等"。[7]在其中一封信里，拉法耶特赞叹"最富有的人和最贫穷的人都平起平坐"，因为"每个人都拥有足够的财富"。在这封信的手稿中，有人划掉了一行句子：年轻的拉法耶特指出美国人是平等的，因为每个人都拥有"一定数量的黑人奴隶"。[8]这段尴尬的评论，并不符合后来成熟睿智的拉法耶特的信念，因此他的家族成员在整理出版他去世后遗留的书信集时，把那一行句子删掉了。

他的伙伴们对于在美国的所见所闻并未表现得那么兴奋。拉法耶特看到了人们简单纯朴的美德，而伙伴们只看到许多头脑简单的傻瓜。他们敏锐地感觉到，这些身为英国后裔的定居者怀有根深蒂固的反法情绪和反天主教情绪，并在他们遇到的当地人身上发现了

50

潜藏的敌意。皮埃尔·迪·鲁索·德·法约勒（Pierre du Rousseau de Fayolle）是拉法耶特队伍中的一员，他后来在日记中评论道："有一件事情是确定无疑的，我们并未受到人们的真心赞美……我不知道我们未来的处境是否会有所改善，但事情肯定不像他们在法国对我们形容的那样。"[9]当然，他们都不是那个年轻而富有的侯爵，不会一提到打击英国人就兴高采烈。

　　无论是拉法耶特的深受吸引，还是伙伴们的深感厌倦，其实都代表了部分的真相。他们的评论和体验反映了他们自身的观念、信念和判断。但有一种痛苦让他们每个人都感同身受：战场上的局势是越来越糟糕了。鲁索·德·法约勒说道："人们并未因为共同的事业而团结起来，我也并不认为他们能够成就什么丰功伟业。"[10]他们满身疲倦地向着费城艰难跋涉时，得知英国人已经夺取了提康德罗加堡（Fort Ticonderoga），这是美加边境上的北方前哨阵地。如果他们再不加快脚步，那么在他们有机会投入战斗以前，战争可能就已结束了。

　　　　　　　　　　　　　—⊰⊱—

　　1777 年 7 月 27 日，拉法耶特的队伍抵达费城，此时距离他们从查尔斯顿出发，已经过去约 30 天了；距离他们在美国登陆，已经过去超过 40 天了；距离他们离开欧洲，已经过去超过 90 天了；而距离拉法耶特告别家庭，离开巴黎前往伦敦，更是已经过去约 150 天了。家人跟他告别时，预计他将会在几个星期之内回来。这时已经好几个月过去了，是时候对他在这段时间内造成的错愕、痛苦、失望、愤怒和怀疑做出解释了。但在费城，拉法耶特遇到比在查尔斯顿更加滑稽可笑的场景。

法国人是在星期天抵达费城的，因此第二届大陆会议正在休会。他们首先来到约翰·汉考克（John Hancock）先生的住所，汉考克是个波士顿商人、坚定的爱国者，最近成为大陆会议主席。但他并没有敞开怀抱欢迎法国军官们，也没有因为从法国来了拯救者而赞美上帝，只是唐突而草率地告诉他们，外国军官并非由他负责。汉考克让他们去找罗伯特·莫里斯（Robert Morris），此人是费城的金融家、银行家和投机商人，负责外交委员会，西拉斯·迪恩据说就是在这个委员会的指导下开展工作的。

在再三确认无误后，法国军官们步行前往莫里斯的房屋。莫里斯并不比汉考克更好打交道。他让他们次日折返至宾夕法尼亚州议会（Pennsylvania State House），在那里等候消息。他们就像皮球那样被踢来踢去，但仍未意识到大陆会议对他们怀有敌意，不管怎样，拉法耶特、德·卡尔布以及伙伴们总算找到过夜的地方了。

第二天早上，拉法耶特以及另外13名军官抵达州议会，准备接受迪恩签发的任命。他们需要的是大陆会议确认并把他们派往最近的战场，但没有人出来接待他们。所以他们等了又等。然后等了又等。终于，莫里斯带着詹姆斯·洛弗尔（James Lovell）过来了，洛弗尔是个严厉的新英格兰学校校长，能够说流利的法语。莫里斯几乎没有停下来接待他们，只是说法国军官的事情由洛弗尔负责。法国军官们被绕得云里雾里，陆续开始自我介绍，但洛弗尔打断他们，开始骂骂咧咧地谴责西拉斯·迪恩越权行事。洛弗尔说大陆会议只是让迪恩去招募四位工程师，而他却把每个异想天开的法国混蛋送到美国来，这些法国混蛋无一例外全都是夸夸其谈、百无一用、好勇斗狠的家伙。洛弗尔继续说，幸运的是，本杰明·富兰克林终于找到急需的工程师，他们4月就已来到美国。由于现在并不
52　需要更多外国军官，因此洛弗尔说完再见就走开了。拉法耶特深感震惊的伙伴之一后来说，洛弗尔"只称我们是冒险家，然后就走开了"。但那位军官以典型的法国式幽默评价道，洛弗尔这种做派"真的好像我们法国人啊"。[11]

　　他们什么都做不了，只能带着满脑子疑惑回到他们的临时住处。直到后来，他们才发现更多此前他们并不知道的内情。首先，在给他们签发委任状时，迪恩**的确**是越权了。然后，他们又了解到比他们更早来到这里的法国军官的种种恶劣行径。那些独自前来的冒险家讨要远远高于他们真实身份的军衔和薪水，对待殖民地人民就像对待低等的傻瓜，因而失去了当地人的好感。乔治·华盛顿也对这群像潮水般涌入的法国军官头疼不已。他曾在给汉考克的信中写道："我经常对您提起我的苦恼，我为这些法国军官申请到我们的部队来而头疼……真是混账，如果我可以说脏话的话，这群混账真是越来越麻烦了……他们从法国本土和［加勒比海地区］蜂拥而至。"[12]在另一封写给汉考克的信中，华盛顿解释道："您简直不能相信，这种人在我们的部队里完全是累赘，尤其令我头疼的是，在他们当中，只有极少数人拥有他们声称拥有的专业知识，而那些真正拥有专业知识的人则完全不适合当军官，因为他们根本不会说英语。"[13]华盛顿又恳求霍雷肖·盖茨（Horatio Gates）少将："这次算

是我亏欠您人情了，只是求求您别再把法国人送到我这里来了。"[14]
直到 1777 年夏天，华盛顿又毫不留情地写下一段对法国军官的评
价："我的经验告诉我，无论他们最初看上去多么温和有礼，愿意
作为志愿者前来服务，他们都很快会暴露本性，胡搅蛮缠地要求得
到那些他们根本无权得到的职位。"[15]华盛顿写下这最后一段评价
时，距离拉法耶特侯爵抵达费城已经没有多少天了。

　　正因如此，大陆会议组建了一个新委员会，专门处理外国军官
的申请。大陆会议任命詹姆斯·洛弗尔为委员会主席，因为他对西
拉斯·迪恩充满敌意，而且对法国人素无好感。如此看来，洛弗尔
认为自己的职责就是以他极其流利的法语，去挫败那些傲慢自大的
欧洲骗子，就像他刚刚对付那帮从查尔斯顿过来的家伙那样。在干
净利落地打发走那帮法国人后，洛弗尔回到家中，在给一位委员会　53
同事的信中提及迪恩，洛弗尔写道："我们是否应该把这个既无能
又无赖的家伙赶紧召回来？"[16]

⚡

　　大陆会议最终用了整整一天来审读迪恩随同委任状一起寄来的
一批信件，以及查尔斯顿社会名流寄来的一批信件，确认这名拥有
瘦削身材和砂土色头发的年轻人是一位如假包换的侯爵。他是法国
最显赫家族之一的后裔，是法国王后的密友。他的亲家叔父是法国
驻英国大使。更重要的是，他确实很有钱。这个年轻人能够成为一
个关键因素，不仅有望确保获得身无分文的法国流氓的支持，还有
望获得法兰西王国的全部力量。

洛弗尔返回拉法耶特的住所时，还带来了另一个能说法语的美国人，此人名叫威廉·杜尔（William Duer）。他们终于搞清楚的确存在某种误会。拉法耶特也确认了关于他的所有细节。由于之前所有法国军官都漫天要价，他们三番五次地确认拉法耶特的确是不要薪水、免费服役的。拉法耶特也反复重申，他有抵押品，足以支付自己的开销。在几番你来我往的沟通后，拉法耶特答应在三个简单条件下服役：他不要薪水，免费服役；他将作为志愿者服役；但他要求在乔治·华盛顿的直接指挥下服役。如果大陆会议同意这三个条件，他将会非常乐意献出他的名誉、地位和财富，为美国革命事业服务。

大陆会议一度为此事争论不休，但他们最终得出结论，这是有百利而无一害的大好事。委任拉法耶特没花费他们一分一毫，而且他或许还能成为通向法国核心圈子的渠道。他们最终同意了这项任命。1777 年 7 月 31 日，大陆会议发表声明，宣布拉法耶特侯爵为大陆军少将。这项声明并没有提及他的军事经历，反而一反常规地指出，授予他少将军衔是"考虑到他的热情、家族背景和社会关系"。[17]

在做出这项任命时，大陆会议认为，他们只是出于一些政治原因，而给拉法耶特授予了一个荣誉军衔。刚刚代表南卡罗来纳当选大陆会议成员的亨利·劳伦斯（Henry Laurens）写道，他们希望拉法耶特"参加一两场短暂的战斗后就赶紧回到法国去，然后动用他在上流社会的广泛人脉，确保我们得到有力的支持"。[18]但当拉法耶特离开大陆会议时，他却觉得自己已是个真正的将军了。乔治·华盛顿早就烦透了法国军官，更加讨厌贪得无厌的他们提出的种种要求，他对这项任命感到莫名其妙，但接下来也只能由他自己去寻找答案了。

━━※━━

在拉法耶特获得任命的当天，大陆会议在城市酒馆（City Tavern）为华盛顿举行晚宴。华盛顿刚刚率领他的部队从新泽西撤下来，此行是为了与他的文官上司们商讨对策。早在抵达宴会现场以前，华盛顿就已接到简报，得知这位奇怪又年轻的法国侯爵已经得到大陆会议的任命。华盛顿肯定对此感到苦恼，但他暂且接受这个法国人有所不同的说法。在晚宴上，两个人刚好坐在餐桌两端，但后来华盛顿"把拉法耶特请到一旁，态度友善地与他展开交谈……然后华盛顿告诉拉法耶特，如果他愿意将大陆军总司令部当作自己的家……并且始终把自己视为这个大家庭的成员，他（华盛顿）会很高兴"。[19]华盛顿总是把他身边那群侍从武官和参谋军官称为他的"家人"。拉法耶特还以为华盛顿正在邀请自己到家里做客。拉法耶特对这个意料之外的友善举动感到欢欣鼓舞。

对于拉法耶特来说，这是一个足以影响他后半生的重大时刻。这是一段漫长关系的开端，甚至足以在华盛顿去世之后很久仍然影响他的人生。已经有很多著作提及这段关系的重要性，尤其提及一段情绪化的潜台词，即没有孩子的华盛顿与没有父亲的拉法耶特情同父子，填补了彼此内心的缺憾。对于拉法耶特来说，这在很大程度上是真的。达延公爵本来可能弥补这个缺憾，但他实际上并不称职。拉法耶特仍然需要一个父亲。不过，华盛顿的情感需要就更难猜测了。华盛顿身边总是围绕着许多年轻人，他们需要他扮演**父亲**的角色，但他并未表现出想要承担这种角色的迫切意愿。实际上，华盛顿的慎独内敛和恬淡自持早已是人所共知的传奇。拉法耶特打破华盛顿的矜持性格，最了解这位将军的人都认为这是独一无二、史无前例的。然而，我们都知道，在 1777 年 7 月 31 日那个晚上，乔治·华盛顿根本无法预料，他将会多么喜爱这位年轻的法国贵族。但拉法耶特已经无比期待这段伟大的友谊了。

55　　华盛顿从此成为拉法耶特的偶像楷模、人生导师和模仿对象。这个模范能够很好地平衡拉法耶特许多鲁莽冲动的行为。拉法耶特自然为此感到兴奋和激动。他是冲动、快活、热心、亲密和友善的，这些品质让他在美国大受欢迎。但这些品质很少被用来形容乔治·华盛顿。他正是拉法耶特一直寻找的模范。拉法耶特已经敏锐地意识到自己不通人情世故：他举止笨拙，言行总是不够得体；他常常嬉皮笑脸，以至于人们总是轻视他而非认真对待他。拉法耶特想得到人们的仰慕和尊敬，可他得到的是宽纵和忍让。当他望向华盛顿时，他看见一个冷静坚忍、高贵自持、不怒而威的非凡人物。冷静坚忍、高贵自持并非拉法耶特的天性。但有了华盛顿作为他的模范，他将会永远努力去尝试。

　　拉法耶特已在一个最受人批判的方面努力追赶他的模范。乔治·华盛顿坚定支持自由事业，与此同时却继续蓄奴。他是北美蓄奴最多的奴隶主之一。拉法耶特在初到费城时也拥有一名奴隶，尽管这段史实经常被略过不提。那是一个"黑人男孩"，是拉法耶特通过"胜利号"上一名与他同行的美国人购买的。[20]那个男孩从安纳波利斯（Annapolis）以 180 英镑的价钱被买来，拉法耶特用这个男孩在费城替自己十点跑腿的差事。1777 年 9 月后，就没有关于这个男孩的进一步记载了。他与拉法耶特短暂相处之后的人生轨迹彻底成为谜案。对拉法耶特来说，这变成他早年生活中另一段不便提起的史实，而他在后来的岁月里也不再提及此事。

在接下来的几个星期里，拉法耶特奔波往返于费城和华盛顿设在费城附近的司令部。他受邀去检阅大陆军，却发现大陆军的制服、装备和纪律都乏善可陈。他只见识过法国驻梅斯守备部队的精神面貌。这些人跟那些人完全是两回事。华盛顿颇有点难为情地说：“我们应该感到尴尬，在一位刚刚离开法国军队的军官面前展现我们的窘态。”拉法耶特做出了他的经典回答：“我来这里不是为了充当教师，而是为了向你们学习。”[21]拉法耶特是带着真挚情感说出这番话的。这很可能是华盛顿第一次意识到，拉法耶特绝非凡人，绝非一个出于外交原因而在此滥竽充数的平庸之辈。

但在这几个星期里，拉法耶特的确反复要求华盛顿让他指挥一个师。华盛顿隐约记得，拉法耶特所获得的任命仅仅是个荣誉职务，他致函大陆会议请求核实。大陆会议回函确认，这个任命的确只是荣誉性质的。他们并不指望这位侯爵在战斗中指挥部队。于是，华盛顿请拉法耶特来参加会议，并在会议上对拉法耶特说，自己不会给他分配真正的指挥权，但拉法耶特仍然被自己视为儿子和朋友。总司令继续以或明或暗的话语向他传达真正的意思。拉法耶特只能理解字面上的意义。这位孤儿侯爵真的认为他终于找到真正的家。

56

❦

　　在 1777 年夏末，让乔治·华盛顿殚精竭虑的主要问题是，他
必须努力猜出，那些英国龙虾兵到底打算进攻哪里。英国军队在北
美的动向让他进退两难。约翰·伯戈因（John Burgoyne）将军的部
队正准备从加拿大南下。在夺取提康德罗加堡后，伯戈因的部队继
续从尚普兰湖（Lake Champlain）南下，穿越纽约州的荒漠地带。
与此同时，北美英军总司令威廉·豪（William Howe）将军正在
纽约城集结部队，他于前一年几乎不费吹灰之力就把华盛顿的部
队逐出了这座城市。似乎从逻辑上和道理上看，豪将军的部队都
会北上穿越哈得孙河（Hudson River），去与伯戈因的部队会合。
此举将会把新英格兰与其他殖民地割裂开来，很可能意味着这场
起义开始走向终结。但在 1777 年 7 月，豪将军却命令他的部队全
部登船，离开纽约城。他们再也没有回来过。华盛顿对此完全摸
不着头脑。

　　当然，华盛顿的最大失误，在于他试图为毫无意义的事情赋予
意义。他并未意识到，他正在目睹英国**输掉**北美独立战争（War of
Independence）、美国反败为胜的一个重大迹象。在 1777 年战事期
间，英国陆军大臣不知何故，竟然同意了两个相互矛盾的作战计
划：让伯戈因将军从加拿大南下，却让豪将军去夺取费城。高级指
挥官之间如此缺乏沟通协调，以至于伯戈因的部队还在慢悠悠地穿
57　越奥尔巴尼（Albany）北面的森林——此举后来被戏称为"绅士约
翰尼的派对巡游"（Gentleman Johnny's Party Train）——他竟然以

为豪将军的部队会来接应他。伯戈因完全不知道豪将军的部队正在登船前往费城。华盛顿坐在棋盘面前苦思冥想，意图找出潜藏的陷阱，他几乎没有意识到对手正在露出破绽。

1777 年 8 月 22 日，豪将军的部队终于突入切萨皮克湾（Chesapeake Bay）。华盛顿亲自前往勘察战场，并邀请拉法耶特同行。拉法耶特非常高兴，这是他第一次穿起军装、骑上战马参加军事行动，服务于这项光荣的事业。在侦察了英国人的动向后，大陆军的军官确信豪将军计划夺取费城。大陆会议请求华盛顿坚守城市以熬过这场围城战，但华盛顿告诉议员们，这种困坐围城的计划注定失败。大陆军没有能力在野战中抵挡这些英国龙虾兵，他们也根本不打算去阻拦对手。

在 9 月第一个星期，形势越来越明朗，豪将军正在率领他的军队走弧线，准备从西面逼近并占领费城。华盛顿及其军事委员会断定，迟滞对方进攻的最佳地点是在白兰地溪（Brandywine Creek），位于费城西南面大约 20 英里处。在白兰地溪的激流上只有少数几个渡河地点，其中水流最平缓的一处就是查兹福德（Chadds Ford）。在这里，两岸都是陡峭的悬崖，河谷里还充斥着巨大的石头和坚硬的树木。它可能是最适合建立阵地的地点。

※

1777 年 9 月 11 日，破晓时分的白兰地溪烟雾弥漫，能见度很低。对于拉法耶特来说，他梦寐以求的时刻终于来临。此时他身在美国，以少将身份站在破晓时分的战场上。从他还是个男孩时起，他就打算成为一位伟大的军人，通过勇气和胆识赢得光荣和名誉。
此时此刻，真刀真枪上战场的时候到了。他会如何应对呢？他会临
阵退缩吗？他会惊慌失措吗？他会落荒而逃吗？他会马失前蹄吗？
他会命丧当场吗？这最后一个问题，才是最为关键的问题，但这个
问题他可能想都没想过，不仅是因为所有十几岁的年轻人都初生牛
58　犊不怕虎，而且还因为他曾经告诉阿德里安娜，身为少将，他有很
大的概率会在战斗中幸存。假如他身为上校，他就很可能会站在战
线最前列，像他英勇赴死的父亲那样了。

　　白兰地溪战役最终变成一场情报灾难。当天早上，那些黑森
（Hessian）士兵，即英国国王花钱请来的德意志雇佣兵，逼近查兹
福德，这与战前的预计相符合。但临近中午时分，华盛顿被告知，
还有另一支英军纵队正在北面迂回运动。华盛顿意识到面前这支逼
近查兹福德的部队在数量上处于劣势，他差点命令部队冲下河谷渡
河突击。但此时他又被告知，另一支英军纵队只是佯攻。因此他马
上命令部队停止前进。不幸的是，第一份情报属实，而第二份情报
是错误的。等到他们弄清楚情况时，华盛顿已经错过战机。但在大
战将至的混乱状况中，没什么是清晰无误的。除此之外，另一个关
键的情报失误已经锁死了大陆军的命运。尽管两份情报相互矛盾，
但的确还有另一支英军纵队，在更加靠近上游的位置从容渡河。华
盛顿的部队即将被合围。

　　及至傍晚时分，又有急报传来，一支此前未被发现的英军部
队，已经突破了大陆军相对薄弱的右翼阵地。由于战线动摇，拉法
耶特自告奋勇，请求华盛顿允许他去填补缺口。华盛顿同意了，也

许是他自顾不暇，没有意识到自己正在指派这位身价无限的侯爵深入险境，也许是他知道这个年轻人需要真正的战火考验，好让他在回国之后能够自卖自夸，从而向法国政府推销美国革命事业大有可为。无论如何，拉法耶特抓住时机，在华盛顿改变主意前全速冲锋而去。

拉法耶特直接骑马冲入刺刀见红、人马嘶吼的混战之中。他镇定自若，迅速判断形势，尽其所能稳住大陆军的战线，这条战线在英军密集的火力之下岌岌可危。他下马步战，亲自组织士兵们向前推进，以他尽可能想到的英语单词，让士兵们上刺刀，准备刀枪相接的近身肉搏。但大陆军士兵可不愿意与身体更加强壮、更加训练有素的英军士兵展开白刃格斗，双方拼刺刀只会让他们在森林旷野的地面上慢慢死去，因为对方肯定会戳破他们的肺部，刺穿他们的心脏，割断他们的喉咙。当拉法耶特左冲右突时，一颗滑膛枪子弹射穿了他的小腿肌肉。他下意识地抽搐了一下，甚至都没有感觉到它。只是在他低头查看时，他注意到有鲜血从他军靴上的一个破洞里喷涌而出，这才意识到自己中弹受伤了。

等到夜幕降临时，他们已经输掉了这场战斗。华盛顿将军发现，年轻的侯爵只能由侍从武官扶上马背，他因失血过多而头昏眼花，已无法继续战斗。华盛顿指挥援军掩护大陆军撤退，并命令拉法耶特撤出战场。拉法耶特虽身受重伤，但仍然竭尽所能做到最好。当士兵们杂乱无章地向附近的城镇切斯特（Chester）溃逃时，他亲自站在一条小溪的桥头，以阻止士兵们逃跑。他把士兵们重新组织起来，牢牢守住那座小桥，掩护战友们有序撤退。这是华盛

59

顿第二次对拉法耶特刮目相看：这是一位必将能够肩负重任的年轻
法国贵族，他身受重伤，但仍然能够在这灾难性的混乱局面中有条
不紊地发号施令。尽管华盛顿遭受了令人难堪的挫败，但他对拉法
耶特的英勇顽强、奋不顾身的胆识勇气印象深刻。这个年轻人的确
与众不同。

✁✁

对于美国人来说，白兰地溪战役攸关生死，它直接导致了费城
陷落。大陆军不仅遭受敌人重创，而且内部元气大伤。这种内伤可
能比外伤更致命。大陆军中有 400 名士兵被俘虏，更不要说宾夕法
尼亚民兵部队了，这支部队的绝大多数人开了小差，一去不复返。
在这场反复跌入低谷的战争中，这是华盛顿的又一个低谷。

对于拉法耶特来说，白兰地溪战役是一次巨大的成功，这是他
踏上历史舞台的完美开局。他已完成此行的所有目标。他初上战场
便已大放异彩。他主动**冲入**战阵，而非落荒而逃。他在枪林弹雨中
死战不退。他被子弹击中，但毫不在意。他的总司令发现他身带创
伤、血流不止，但仍然努力奋战，力求保护战友。自从加入诺瓦耶
家族，拉法耶特似乎就注定成为一事无成的庸才废物，他偶尔被人
嘲笑，也经常被人忽略。社会上把他毅然决然地前往美国的决定形
容为"疯狂壮举"（brillante folie）。是的，这的确是壮举……也的
确是疯狂的。[22]最有可能的结果是，在这些极具娱乐性的表演结束
后，拉法耶特灰头土脸、垂头丧气地回到家中，然后被人们讪笑他
果然是个大傻瓜。但相反……他成功了。他表现不凡。在白兰地溪

战役中，拉法耶特以实实在在的战绩，毫无争议地证明了自己。

精通外交的乔治·华盛顿惊喜地发现，拉法耶特竟然如此英勇无畏，如此尽忠职守，在这支士兵们只懂得东奔西跑、随处躲藏甚至不辞而别的军队里，拉法耶特身上有难能可贵的美德，这让他受到尊敬。华盛顿在发给大陆会议的简报里，除了通报大陆军在白兰地溪的不幸挫败，还不忘提及"拉法耶特侯爵受了腿伤"。[23]华盛顿知道报纸会刊发这份简报，而这份简报对拉法耶特不乏溢美之词。这也是为了传播法美两国利害一致、荣辱与共的理念，双方的利益因为这位精神振奋的青年英雄而联结在一起了，这位青年英雄就是拉法耶特侯爵。

在包扎过伤口后，拉法耶特马上返回费城，准备全城大撤退。当他重新进入费城时，他遇到过去在"胜利号"上的伙伴。他们仍然被大陆会议拒之门外，许多人甚至准备打道回府了。德·卡尔布是唯一有所进展的，因为他会说英语。其他军官都钦佩拉法耶特立下的功绩。有人打趣道，拉法耶特的战伤，将比他的所有财富更能换来好处。此时此刻，他已达到此行的所有目的，军事荣誉、伟大冒险，以及无上光荣但不足以致命的战伤，几位同伴建议他一起回去。但拉法耶特拒绝了。他在白兰地溪挥洒的鲜血，不是故事的结束，而是故事的开始。此时，他不仅自视为诺瓦耶家族的成员，而且自视为华盛顿家族的成员。此时，他还不能离开。他还有太多使命尚未完成。

从白兰地溪岸边的试验场上，诞生了拉法耶特这位"两个世界的英雄"的传奇。尽管拉法耶特的战斗故事会经过演绎，形成自己的生命力，并最终被载入美国历史，但这个传奇并不是虚构的。它不是文学创作，而产生于真正的个人勇气、决心和牺牲。正如他在离开法国时所说的："一旦我胜利归来，所有人都会为我的成就而鼓掌欢呼。"对于别人来说，这可能只是没有下文的豪言壮语。但对于拉法耶特来说，这只是他的开场白。

第五章

狂乱地狱
（1777—1778）

拉法耶特所受的战伤并不足以危及生命，但需要时间来恢复。
因此，当费城的爱国者们撤离城市时，拉法耶特没有返回大陆军司
令部。他去了一座叫作伯利恒（Bethlehem）的城镇，那里有一个
信仰虔诚的摩拉维亚人（Moravians）社区，他们出于宗教原因反对
战争，在那里照顾伤者。拉法耶特抵达此地不久，就迎来了乔治·
华盛顿的私人医生，华盛顿还特地交代医生，要好好照顾拉法耶
特，"就当他是我的儿子"。[1]医生宣布侯爵并无生命危险，拉法耶特
在给阿德里安娜的信中以开玩笑的语气写道："如果有人出于好玩
想尝尝受伤的滋味，那么他就应该来看看我的伤口，并在自己身上
也弄个一模一样的窟窿。"[2]

拉法耶特是坐在亨利·劳伦斯的四轮马车上被送到伯利恒的，
劳伦斯是南卡罗来纳的种植园主，最近当选为大陆会议成员。劳伦
斯是查尔斯顿社区的中流砥柱，拥有广阔的地产和超过 300 名奴
隶。他身为虔诚而勤勉的基督教徒，对知识有广泛的兴趣，是殖民
地种植园精英阶层的典型代表。他热切期望废除奴隶制，但如果废

62 除奴隶制会触及他的财富根基和社会地位，那就又另当别论了。劳伦斯也能说流利的法语，他在大陆会议的同事也是如此，此时后者正不遗余力地收集文件、制服、车辆、马匹和奴隶，亨利·劳伦斯则负责接送拉法耶特，并护送他撤离费城。在路上，时年53岁的劳伦斯与时年20岁的拉法耶特成为朋友。这段友谊将会为拉法耶特的幸运星带来更多的光芒。在把拉法耶特安顿到伯利恒后，劳伦斯加入重新组建的大陆会议，他们已经把会址转移到内陆城镇约克（York）。几个星期后，劳伦斯的新同事将其选举为大陆会议主席，以取代即将离任的约翰·汉考克。这让拉法耶特有了直达民政当局核心的沟通渠道，一如拉法耶特与乔治·华盛顿的关系，让他有了直达军政当局核心的沟通渠道。

　　由于身受战伤，拉法耶特错过了日耳曼敦战役（Battle of Germantown），10月4日，大陆军在日耳曼敦再次遭受挫败。华盛顿的部队再次从战场上撤退。与这场让人士气低落的失败恰成对照的是，从北方传来鼓舞人心的消息：约翰·伯戈因将军的部队已被击败和俘虏。伯戈因在准备发动进攻时，耗费了大量时间去搜刮食物、葡萄酒、朗姆酒、砂糖、咖啡、瓷器和银器，这几乎与他用来制订作战计划的时间相当。与此同时，由博马舍组织的法国补给船终于抵达波士顿，并为重新进驻纽约的大陆军部队带来大量武器、弹药和补给。伯戈因接下来连连出错，遭遇两场令人震惊的大败，史书将其合称为萨拉托加战役（Battle of Saratoga）。10月17日，伯戈因宣布投降，并把军刀交给大陆军的霍雷肖·盖茨将军。在萨拉托加取得的胜利，与华盛顿在白兰地溪和日耳曼敦的失败形成鲜明对照。这也意味着，后来历史学家把萨拉托加战役视为战争的主要转折点。在当时，这种对照也导致不少人提出质疑，是否应该让别人取代华盛顿出任大陆军总司令。

在那些对华盛顿大失所望的人当中，就包括托马斯·康韦（Thomas Conway）准将。康韦是爱尔兰裔，早年曾在法国军队中服役，也是最早与西拉斯·迪恩签订合约的欧洲军官之一。尽管康韦也是个受人尊敬的军人，但他傲慢自大的言行举止使上司和下属都 63 很恼火。不过，康韦虽然我行我素、自负浮夸，但是个执行力强的军官，他的部队也总是纪律严明。在白兰地溪，当拉法耶特侯爵冲入濒临崩溃的大陆军右翼时，康韦指挥的那个旅是少数几支守住了战线的部队之一。在白兰地溪战役后，康韦对拉法耶特刮目相看。康韦熟悉法国礼仪，对拉法耶特展现出另一副面孔。他不再粗鲁无礼、专横傲慢，反而摆出一副恭敬顺从、谄媚讨好的样子。康韦知道飞黄腾达、平步青云的机会已近在眼前。

尽管能够享受战斗的刺激，但拉法耶特仍然感到沮丧，因为他仍然未能真正指挥一个师。康韦煽动这种不满情绪，并怂恿拉法耶特把他的精力投入到一场新冒险，否则他将很可能沦为一帮叛乱农民身边价值连城的装饰品。反正拉法耶特和康韦也无事可做，两人便积极合作，提出了一个大胆的计划：与英国人打一场海战。这个计划要求拉法耶特和康韦掌握一艘美国军舰，向南航行到加勒比海地区，招募法国的私掠船员，掠夺英国的殖民财产。在大肆蹂躏加勒比海地区后，他们再航行到印度。初步目标是打击英国的商业贸易，但更大的目标是挑起英法两国的战争。一旦人们得知，两名法国将军打着美国旗号劫掠英国殖民地，和平局面必将被打破。当然，上述行动必将让拉法耶特赢得大胆而爱国的海盗的国际名声。

拉法耶特对待这个计划相当认真，他为法国首相莫勒帕起草了一份相当详细的备忘录，极力吹嘘这个计划的好处。据说莫勒帕在读到这份备忘录时说："终有一日，我将不得不卖掉凡尔赛宫所有的家具，去支持美国人的事业……一旦他脑子里面想到什么，你就不可能摁住他这个念头。"[3]拉法耶特当然没有想过卖掉家具去资助这次远征。为了实现这个计划，年轻的拉法耶特又一次被热情冲昏头脑，这为后来成熟睿智的拉法耶特设置了另一个道德困境。他急于推动这个计划，提议围捕和卖掉英国人的奴隶："那些黑人奴隶的价值，足以涵盖这项丰功伟业的开销。"[4]最终，莫勒帕全盘否定了这个计划，但如果这次远征得以发动，那么在历史记载中，拉法耶特侯爵就可能变成一个从事奴隶贸易的海盗了。

64

※※

与此同时，在法国，拉法耶特的朋友和家人正在竭尽全力地多方打听他的消息。由于英国海军总是破坏横跨大西洋的直接通信，来自美国的消息抵达巴黎时通常夹杂着传闻与谣言，这些传闻与谣言通常就是擅长添油加醋的英国媒体故意捏造的。1777年秋天，巴黎到处流传着拉法耶特被射杀的谣言。另一个说法则是他被淹死了。还有谣言说他之所以跑到美国去，是为了给阿格莱·德·于诺尔斯坦留下深刻印象，因为人们都认为他与阿格莱坠入爱河。这些未经证实的、关于丈夫死亡和不忠的小道消息，让阿德里安娜深受困扰，她最近刚刚生下夫妻俩的第二个孩子，给这个女孩取名为阿纳斯塔西（Anastasie）。为了避开这些恶毒的流言，母亲把阿德里安娜带到乡间去生活。但这个家庭很快就迎来一个噩耗，让阿德里安娜对丈夫的担忧相形见绌。1777 年 10 月，小小的亨丽埃特在她第二个生日前夕不幸夭折。自从拉法耶特于 2 月离开亨丽埃特以来，他已经有了七个月杳无音讯了，他永远地抛弃了他的女儿。

但生活不全是悲剧和粗俗的流言。自从在上一个春天离开家人后，拉法耶特的声望一路飙升。他的朋友们只能羡慕不已。塞居尔留意到，在他的朋友逃往美国后，社会舆论正在起变化："宫廷似乎已为他感到骄傲，所有年轻人都羡慕他。"塞居尔还说："就连那些之前指责他胆大妄为的人，现在都为他鼓掌欢呼。"[5]韦尔热讷伯爵留意到拉法耶特与乔治·华盛顿的亲密关系，极力说服国王进一步帮助美国人。他们此时已经有了直通美国军队总司令的沟通渠道。

不过，正如所有历史教科书所采用的说法，并非拉法耶特打动了国王，而是萨拉托加战役的胜利打动了国王。韦尔热讷抓住这场奇迹般的重大胜利，把他之前对美国人遮遮掩掩的援助变成了完全公开的援助。12 月 6 日，韦尔热讷请来此时已由本杰明·富兰克林领衔的美国外交使团，像变戏法似的，让他们从薄薄的迷雾中现身，直接面对王室。为了打消国王对巨额财政开销的疑虑，韦尔热讷大肆吹嘘与美国人成功结盟所能带来的商业利益。他说："法国作为大国，将会率先承认美国人的独立地位，也将会率先摘取战争的胜利果实。"[6]当法国作为率先加入美国阵营的国家，成为获利最

65

为丰厚的**王国**时，拉法耶特侯爵也将成为摘取最大胜利果实的**个人**。

有一个人将会享受**不到**任何来自美国的胜利果实，那就是夏尔-弗朗索瓦·布罗伊。大陆会议最终同意为德·卡尔布男爵提供委任状，因为他声称要回到法国，就大陆会议的诈骗行为提起诉讼，这将会导致大陆会议在他们极力争取的法国人民面前信用破产、名誉扫地。但在那个时候，德·卡尔布也断定，他再也没有机会提出让布罗伊成为"美利坚总督"的长远计划了。当他向周围的人们提出这个建议时，他只收获了人们的嘲笑：竟然有人想用一个法国人来取代华盛顿？因此，虽然德·卡尔布已被允许在大陆军中服役，但他只能在给布罗伊的信中写道："已经不可能实施我当初欣然领命的那个宏大计划了……它将被视为对华盛顿的不公正行为，也会被视为对整个国家荣誉的污侮。"[7]这封信标志着所谓的"布罗伊阴谋"彻底破产，这个不成熟的阴谋原本就会把拉法耶特侯爵卷入其中，并将他抛到美国海岸上。由于这个阴谋已化为泡影，拉法耶特终于能够轻装前进，继续奔赴他的历史命运了。

⁂

当拉法耶特的腿伤康复到能够行走的程度时，他就离开那些虽亲切友善但无所作为、像说教一样反对战争的摩拉维亚人，回到驻扎在费城外围的大陆军中。一回到军营，他就找到华盛顿和大陆会议成员，讨论是否要发动一场冬季攻势，以夺回被占领的首府。大陆会议认为这很有必要。华盛顿则认为这毫无胜算。在评估战场形势后，拉法耶特也同意，此时进攻费城简直是疯了。侯爵固然鲁莽冲动、人胆冒失、难以抵受诱惑、容易盲目乐观，但他总是试图遏制这些本能，对所有不确定因素进行现实评估。他乐于去做他认为可能性不大的事情，但不会去做他认为根本不可能的事情。

　　华盛顿选择福吉谷（Valley Forge）的战略制高点，作为冬季司令部的最佳选址。时至 11 月，康沃利斯勋爵（Lord Cornwallis）指挥下的英军部队仍然在攻击新泽西境内的大陆军要塞。因此，华盛顿命令纳撒内尔·格林（Nathanael Greene）将军挫败这些试探性的进攻。格林时年 35 岁，曾是来自罗得岛（Rhode Island）的贵格会员（Quaker），他告别那些信奉和平主义的教会兄弟，转而成为拿起武器的爱国者。作为自学成才的将军，格林如今是华盛顿麾下最受信任的军官之一。拉法耶特渴望建功立业，自愿参加这次任务。华盛顿同意了，而且还给了他一个额外的奖赏：拉法耶特将会单独指挥一支部队，这支部队将由大陆军士兵、当地民兵以及丹尼尔·摩根（Daniel Morgan）指挥下的日益具有传奇色彩的弗吉尼亚步枪大队混编而成。在新泽西城镇格洛斯特（Gloucester）附近，拉法耶特遭遇一支黑森前哨部队。他马上展开一场猛烈的攻击，不仅击退了黑森前哨部队，而且击退了英军的增援部队。与其他人一样，格林对拉法耶特刮目相看，并且此时对他更为钦佩。格林告诉华盛顿，侯爵的英勇无畏和战斗本能能够给他极大的信心。他既赞许又忧虑地写道："侯爵似乎决心让自己置身于险境之中。"[8]

　　在格洛斯特遭遇战后，一直以来关于拉法耶特军中角色的疑问一下烟消云散了。华盛顿终于满足了拉法耶特以全职少将的身份全

66

权指挥一个师的要求。这个年轻人已经证明了自己。他已经争取到
这个资格。1777 年 11 月 30 日，华盛顿告诉拉法耶特，他可以自行
选择任意一个师来指挥。拉法耶特欣喜若狂，这个消息也终于让他
能够鼓起勇气，给长期中断联系的达延公爵写信了。尽管他相信，
随着时间流逝，岳父最初的怒气早已消退得差不多了，但拉法耶特
仍须缓解达延公爵对这个任性女婿的深深怨气。拉法耶特如今已经
能够毫不迟疑地在信中写道，自己已是名副其实的少将，也是华盛
顿将军的心腹爱将。他在信中提到华盛顿"对我的温暖友谊和充分
信任，无论事情大小，皆是如此"。[9]他还提到他目前追随在华盛顿
身边，"就如同在同一屋檐下相处了 20 年的老朋友"。[10]拉法耶特曾
经居住于一个庞大家族的屋檐之下，他在那里发现自己寄人篱下。
人们不难想象，当达延公爵读到拉法耶特对自己的新家感到自豪
时，心中会是何等滋味。

❧

67　　　拉法耶特在美国的时间越长，眼界就越是开阔。他最初以为每
个美国人都是热爱自由的共和派，但渐渐意识到许多美国人对这项
光荣的事业怀有敌意。拉法耶特在给阿德里安娜的信中写道，他走
进了"一场内战"。[11]他后来回忆说，费城市民在等待白兰地溪战役
的结果时，"每一处广场和其他公共场所里的人们都分成两派"。[12]
一派为华盛顿欢呼，另一派为豪将军欢呼。后者认为他们的生命、
自由和财产并未受到英国国王和英国国会的威胁，反而受到歇斯底
里的激进反叛者的威胁。拉法耶特在美国待得越久，目睹的内部倾

轧就越多。他回忆道："在不同的省份、城市、家族之间，都存在拉帮结派、党同伐异的暴力倾向。亲兄弟成为敌对阵营的军官，有人看见他们在父亲的房屋里也会拿起武器搏斗。"[13]每一场革命，最终都会演变为一场内战，在美国，拉法耶特第一次学会了这一历史教训。

他也学会了，即使在爱国者阵营**内部**，也存在彼此敌对的派系。他所遇到的第一个派系就是对华盛顿不满的小集团，它被历史学家称为"康韦阴谋集团"（Conway Cabal）。这个小集团就是以拉法耶特的新朋友托马斯·康韦命名的，康韦已对华盛顿彻底失望。这个小集团的参与者名单上还包括前任军需总监托马斯·米夫林（Thomas Mifflin）将军、理查德·亨利·李（Richard Henry Lee）上校以及国会议员本杰明·哈里森（Benjamin Harrison）。这帮人没什么共同点，唯一的共识就是换掉华盛顿，代之以最近刚刚取得胜利的霍雷肖·盖茨。为了推进这个轻率的计划，他们诱使大陆会议设立一个具有监察功能的战争委员会（Board of War）。这个新近设立的委员会集中了那些对华盛顿不满的人物，他们很快便邀请霍雷肖·盖茨担任委员会主席。

康韦阴谋集团想拉拢的另一位潜在同盟者，就是拉法耶特侯爵。由于拉法耶特已经获得一个师的指挥权，战争委员会决定进一步给他加官晋爵，授予拉法耶特加拿大（Canada）战区的**独立**指挥权。在这个战区，一位法国司令官的价值将会是无可取代的。由于痛恨宗主国，北美南方的起义各州总想拉北方的表兄弟们入伙。由于加拿大仍然忠诚于宗主国，起义者就试图在 1775 年底至 1776 年

初的冬天夺取魁北克（Quebec）。这场战役失败了，唯一值得注意
68 的收获就是本尼迪克特·阿诺德（Benedict Arnold）将军成了爱国
英雄。此时，战争委员会又动起"入侵加拿大"的念头。[14]就算沿
海地区的英国定居者反对起义，内陆地区的法裔加拿大人肯定会蜂
拥而至，团结在法国同胞领导的军队的旗帜之下。这是一个完全为
了迎合拉法耶特的野心和虚荣而设计的任务。

　　但在拉法耶特动身前去解放加拿大以前，华盛顿揭穿了隐藏
在这个任命背后的阴谋。康韦显然是给盖茨写了一封极力诋毁华
盛顿的信，这封信被一个喝得酩酊大醉的副官给捅了出来。华盛
顿告诉拉法耶特，有一个松散的阴谋集团，想剥夺自己的指挥权，
而把拉法耶特派往加拿大很可能就是这个阴谋的组成部分。拉法
耶特对此感到愤怒。他已经认定，美国、自由与乔治·华盛顿是
片刻不可分割的。拉法耶特回到自己的帐篷，写了一封长信，声
明自己毫无保留地忠诚于华盛顿。拉法耶特在信中写道，如果华
盛顿被解职，那么他也将自动辞职并打道回府，同时打包带走他
的财富和人脉。

　　华盛顿为此深受感动。实际上，他们也只是刚刚认识对方而
已。拉法耶特也才加入大陆军几个月而已。华盛顿不会说法语。拉
法耶特只会说蹩脚的英语。华盛顿当初邀请拉法耶特加入他的司令
部大家庭，只是出于外交礼节，来向一位具有政治价值的人物表示
友好。但目睹过拉法耶特在白兰地溪勇敢的表现、他在格洛斯特更
加勇猛的表现，以及此时此刻毫无保留的忠诚后，华盛顿是真心喜
欢这位法国侯爵了。拉法耶特从一开始就认准了华盛顿。但很可能

是在这里，在福吉谷这个寒冷刺骨的冬天里，华盛顿才回应了拉法耶特的爱戴。

※

拉法耶特与华盛顿的关系固然重要，但不是他唯一重要的关系。当拉法耶特环视四周，他会发现将军们普遍比他年纪大很多。德·卡尔布已经年过 50。华盛顿也已经 40 多岁了。只有曾经的书商、现在的炮兵司令亨利·诺克斯（Henry Knox）不到 30 岁。这些人或许与拉法耶特军衔相当，但他们的情感和心理肯定不属于拉法耶特的年龄层。因此，拉法耶特只能顺着指挥链条往下看，寻找那些与他一样雄心勃勃的年轻人。正是在这里，他与华盛顿好几位副官结下了长期的友谊。

1777 年 8 月，拉法耶特在抵达大陆军司令部之后不久，首先遇到的是亚历山大·汉密尔顿（Alexander Hamilton）上校。汉密尔顿出生和成长于小小的加勒比海英属殖民地尼维斯岛（Nevis），他是私生子，母亲早亡，父亲缺席。他先在一家商行当学徒，在那里，这个少年老成的年轻人表现出色，赞助人捐助了一笔款项，让他得以入读纽约城的国王学院（King's College，如今的哥伦比亚大学）。当战争来临时，年轻的汉密尔顿与爱国者们站在同一阵线，自愿到大陆军炮兵团服役。在 1776 年那场灾难性的战事中，他表现得智勇双全，很快就被推荐到乔治·华盛顿身边。1777 年春天，汉密尔顿来到大陆军司令部，很快就成为华盛顿军队中实际上的参谋长。当拉法耶特抵达时，华盛顿指定汉密尔顿上校作为拉法耶特的联络军官，因为汉密尔顿多才多艺，其中一项技能便是说法语。

拉法耶特与汉密尔顿一见如故，而且很快就发现，他们的经历十分相似。在父系传承这边，汉密尔顿声称是苏格兰贵族后裔，堪比拉法耶特那尊贵的家族谱系。汉密尔顿后来评论道："真相是，由于我连谁是我的父母都难以确定，我最好还是假装自己出身良好，反正这个国家也有不少人在吹嘘自己的祖先。"[15]但他在说这番话时，其实有强烈的讽刺意味。他的父亲就是家族中的害群之马，是好吃懒做、不求上进的典型，当汉密尔顿还是个小男孩时，父亲就抛妻弃子离开了。与拉法耶特类似，汉密尔顿也是在没有父亲的家庭里长大的。他的母亲同样是因为致命的疾病而去世的，他和拉法耶特在相仿的年纪都失去了母亲。但更为悲惨的是，拉法耶特童年时还继承了令人难以置信的巨额财富，而汉密尔顿私生子的身份，让他彻底无缘继承家族财产。因此，拉法耶特生活中的乌云是镶着银边的，而汉密尔顿生活中的乌云就只是乌云。拉法耶特的童年是轻松快活和热情洋溢的，而汉密尔顿的童年就只剩下愤世嫉俗和沉默谨慎了。尽管汉密尔顿生来就是个身无分文的私生子，而且生活在欧洲文明的边缘地带，而拉法耶特生来就是个富贵人家的继承人，而且生活在伟大王国的心脏地带，两人却一见如故。对于这两个年轻人来说，法语并非他们仅有的共同语言。他们之所以谈得来，是因为两人都追求个人荣誉，都渴望向全世界证明自己。

时年 23 岁的约翰·劳伦斯（John Laurens）上校也加入这些年轻的朋友当中，他是大陆会议主席亨利·劳伦斯的儿子。1774—1776 年这三年间，当宗主国与殖民地关系濒临破裂时，年轻的劳伦斯正在伦敦攻读法律。尽管亨利希望儿子留在英国，但约翰渴望加入同胞的行列。尽管约翰出身于查尔斯顿的奴隶主阶层，但他在欧洲接受了情感教育和道德教育。他曾经在日内瓦共和国上学，那里是卢梭的出生地，也是伏尔泰的避难所。约翰醉心于人文主义哲学，接受了激进主义信念。在前往伦敦攻读法律后，劳伦斯变得更加激进了。劳伦斯的朋友和同学们向他指出美国奴隶制的虚伪之处。他们肯定讨论过著名的 1772 年案件：激进的英国废奴主义者为一个名叫詹姆斯·萨默塞特（James Somerset）的非洲奴隶争取自由，当时萨默塞特正被扣押在泰晤士河一艘船上。这一事件让约翰·劳伦斯踏上了废奴主义的道路。几乎可以肯定的是，他在福吉谷与拉法耶特的交谈，让拉法耶特也踏上了废奴主义的道路。

当殖民地宣布独立时，约翰·劳伦斯离开学校，回到家乡参加战斗。他的英国朋友并不理解，他为何要支持所谓的自由事业。他们引用塞缪尔·约翰逊（Samuel Johnson）著名的讽刺语："我们怎么在驱策黑人干活的奴隶主口中，听到了关于自由的高谈阔论？"[16] 但劳伦斯真心信仰自由事业。当美国走向胜利时，他并不打算伪善地对奴隶制进行小修小补，而是打算彻底废除奴隶制。在参军后，刚刚被提升为上校的劳伦斯就被指派到华盛顿的参谋部，并结识了汉密尔顿和拉法耶特。汉密尔顿的儿子后来称呼他们为"美国革命三剑客"（Three Musketeers of the American Revolution）。他们三个都很年轻，都渴望在战场上追逐荣耀，劳伦斯甚至比拉法耶特或汉密尔顿更加渴望，他在战场上的勇气使他发起不计后果的自杀式进

71　攻。尽管他们三个都很亲密，但汉密尔顿与劳伦斯更加亲密，以至于人们猜测两人可能已经发展为同性恋人了。

✻❧✻

　　尽管华盛顿怀疑"入侵加拿大"背后隐藏着阴谋，但他还是鼓励拉法耶特接受这个战区的指挥权。1778 年 1 月底，拉法耶特离开福吉谷。他首先前往宾夕法尼亚的约克，与大陆会议确认其职责。在一次盖茨将军以及其他军事委员会成员参与的会议上，拉法耶特首先强调，此次任务不应被视为独立于华盛顿全面指挥的单独行动。其次，他尝试把康韦排除在这次远征之外，因为他已不再喜欢和信任康韦。当这一尝试并未奏效时，他成功争取到德·卡尔布作为他的副手。关于这一系列安排，拉法耶特后来说："我让他们为总司令的健康干杯，从而让他们谁都下不来台。"[17]

　　拉法耶特满怀希望地前往北方。他期望"在奥尔巴尼集结2500 名士兵，在库斯（Coos）集结一大队民兵，筹集价值 200 万的纸币和一定数量的银币，并找到在冰面上横渡尚普兰湖的路线"。[18]拉法耶特想在冰面融化以前，完成军队的集结与开拔。他还期待能够找到数千名法裔加拿大志愿者，只要这些法裔加拿大人弃暗投明，他们就能赶走该死的英国人，因为在伯戈因投降后，这些英国人应该已经士气低落，并阵脚大乱。拉法耶特相信这一路上将会一切顺利，直到他率领部队进入奥尔巴尼为止。

　　拉法耶特抵达奥尔巴尼后，才发现"入侵加拿大"完全是异想天开。从一开始，他就发现当地的部队人数还不到预想的一半，而且他们既没有做好作战准备，也没有作战意愿。民兵更是不知所踪。显而易见的是，根本没有任何人通知纽约地区的民兵司令去集结部队。至少拉法耶特后来就是这么说的。但考虑到大家都不想在冬季的冰天雪地里进军魁北克，我们就不知道这只是由于沟通不畅，还是由于阳奉阴违了。拉法耶特对城内大陆军富有经验的军官们大喊大叫，包括传奇英雄本尼迪克特·阿诺德都没少挨骂，阿诺德在萨拉托加战役中受了伤，此时还在康复中。阿诺德对入侵加拿大的作战计划大加嘲笑，他坦率地告诉拉法耶特，这根本就是个不可能完成的自杀任务。阿诺德说，加拿大境内的英国人并未士气低落。至于法裔加拿大人，他们痛恨英裔美国人更甚于痛恨英国人。 72

在听了好几天令人压抑但切实可行的建议后，拉法耶特向大陆会议报告，这次远征不可能取得成功。这根本就不可能做到。在另一封信中，他恼怒地告诉亨利·劳伦斯，当他抵达奥尔巴尼时，却只发现"一个充斥着错误、疯狂、欺骗的地狱"。[19]拉法耶特感觉自己的名誉受到玷污。当初接过指挥权时，他自豪地写信回法国，声称他的任务是去解放加拿大。而此时，他看上去就像个傻瓜。在盛怒之下，拉法耶特威胁辞去军职，如果大陆会议早就打算如此对待他，他绝不留恋。劳伦斯和华盛顿劝说拉法耶特冷静下来，二者向他保证局面并没有他想的那么坏。华盛顿说，如果可以的话，拉法耶特应该多看看好的一面。华盛顿道："有一点好处是，这正好让欧洲知道大陆会议对你的好评和信心，因为他们授予你至关重要的、独当一面的指挥权，而且我确信，每个人都会为你决策时的谦虚谨慎而鼓掌欢呼，因为你避免了一次徒劳无功的、根本不可能完成的任务。"[20]拉法耶特冷静下来了。他不会退出军队、打道回府。但他也没有享受到他以为已触手可及的荣耀。

❀

在拉法耶特离开奥尔巴尼、返回司令部以前，当地的头面人物请求他执行另一个任务，这个任务将会让他接触到贯穿美国历史的另一个阴暗侧面：美洲原住民。是时候让拉法耶特见见这些人了，一如莫鲁瓦子爵曾经告诉拉法耶特的，当美洲殖民者们开垦他们自由平等的理想国时，他们就是用印第安人的鲜血来滋养土地的。

在纽约州北部，易洛魁人（Iroquois）六大部落与美利坚人之间的屠杀与反屠杀贯穿双方冲突的始终。当战争开始时，易洛魁人几乎一致倒向英国人的阵营。英裔美国殖民者越往西部进发，对易洛魁人的威胁就越大。他们知道这场反英起义的一个诱因就是《魁北克法案》（Quebec Act），这个法案要求把魁北克省扩张到阿巴拉契亚山脉以西。它被所有人解读为，阻止海岸地区的殖民地居民继续向西部移民。它也威胁到殖民地的头面人物继续获得有利可图的肥沃土地，而乔治·华盛顿和托马斯·杰斐逊都是这样的人物。英国人建起一连串要塞，以维持美加边境上的永久军事存在，这当然不仅是为了保护英国臣民免受敌对土著部落的侵扰，实际上也是请君入瓮，在避免暴力冲突的情况下限制了向西拓殖的殖民地居民。因此，当殖民地居民发动起义时，易洛魁人自然而然就选择了英国人的阵营。

那些发动起义的殖民地居民此时希望能够减轻易洛魁人造成的

威胁。因为易洛魁人对法国人比较友好，所以当地爱国官员邀请拉法耶特参加六大部落首领的会谈。1778 年 2 月底，拉法耶特到约翰斯顿（Johnstown）参加会谈。后来，拉法耶特始终坚称，易洛魁人只是由于英国人的贿赂而对美国人怀有敌意，绝口不提他们加入英国人阵营的真正动机。实际上，他们同样是为独立、自由、自决而战，以抵抗贪得无厌、巧取豪夺的异邦人。

当拉法耶特抵达谈判现场时，他发现"那里有 500 人，有男人，有女人，还有孩子，他们身上有华丽的文身，头上有羽毛头饰，耳朵上打了耳洞，鼻子上也戴着饰物"。他写道，"当老人们抽烟时，他们会对政治发表颇有见地的见解"，但他也提到，"如果他们像钻研朗姆酒那样钻研欧洲人的野心，而非对此避而不谈"，他们可能会成功维持所有外国人之间的势力均衡。[21]经过好几天的吃饭、饮酒、谈判后，易洛魁人把拉法耶特接纳为卡伊乌拉（Kayewla）部落的一员，这个部落的名字取自一位传奇武士。但谈判几乎毫无结果。塞内卡（Seneca）部落甚至拒绝派出谈判代表。其他几个部落也对谈判反应冷淡。只有奥奈达（Oneida）部落对谈判稍感兴趣，他们答应派出 50 名武士，在开春化冻以后与卡伊乌拉并肩作战。然后，拉法耶特返回福吉谷。整个远征任务就此告吹，但华盛顿说得对：拉法耶特的名声并不会因此受损。

❧❧

1778 年 3 月，当拉法耶特返回福吉谷时，他欣喜地发现军队的　74
精神面貌有所变化。尽管士兵们仍然深受冬天的困扰——那里极度缺乏食物、军靴、毛毯、外套——但营地里的气氛已大为不同。这种变化在很大程度上要归功于身材矮胖、脾气暴躁的弗里德里希·威廉·冯·施托伊本（Friedrich Wilhelm von Steuben）的到来。他抵达营地时自称为"冯·施托伊本男爵"，身上带着本杰明·富兰克林的推荐信。富兰克林确认，施托伊本曾经是一名普鲁士将军，在富有传奇色彩的腓特烈大帝（Frederick the Great）的麾下服役。施托伊本的说辞绝大多数是虚构的，起初他还会感到羞愧，但实际上几乎每个欧洲军官都会说这种谎言，他们无非是到美国来追逐金钱和奖赏的。在法律层面，施托伊本的确**曾**在腓特烈大帝麾下服役，但他那时只是个年轻的副官，而非将军。但与拉法耶特类似，施托伊本的确与众不同。本杰明·富兰克林认可他的能力，帮助这个身无分文的"男爵"搞到一笔贷款，还给他写了几封带到美国的介绍信。

作为自觉自愿的欧洲军官赞助人，拉法耶特早在返回福吉谷之前就与施托伊本通信了，等到侯爵返回福吉谷，两人就已成为朋友了。由于施托伊本只会说法语和德语，而不会说英语，他需要借助翻译官来对士兵们发号施令，而拉法耶特乐于提供这种帮助。施托伊本作为大陆军的总监察长，临时制定了一套战术训练规程。大陆军可谓浑身缺点，从列队行进到瞄准射击，再到小分队作战，几乎全部一窍不通。他们做得最好的似乎就是撤退。当施托伊本训练士兵时，他那滑稽夸张的训练方式立即成为传奇。施托伊本用法语喊出命令，他的副官则即时把命令翻译成英语。当士兵们做错动作时，施托伊本就咆哮着，用大家听不懂的语言**骂骂咧咧**，然后要求翻译官把他的脏话翻译成英语。

每当士兵们看见施托伊本暴跳如雷，他们只会感到亲切而非害怕，因为施托伊本对普通士兵的关心是有目共睹的。他知道士兵们并不专业，因此愿意花时间去解释，不只是告诉士兵们**做什么**，还告诉士兵们**为什么**。正如他后来在给法国陆军大臣的信中写的那样："在法国，你告诉士兵做什么，他就会去做。在美国，你得向士兵们解释**为什么**，然后他们才会去做。"[22]归根结底，施托伊本要传达给士兵们的信息是：如果你不能做好这个动作，你就会在战斗中送命。拉法耶特也和其他军官一道，帮助施托伊本翻译简化版的训练规程，这套规程将在此后 50 年中成为美国军队训练的基础。这套规程里面有许多提示语，提醒人们共和国军队的职能不同于王家军队。军官必须关心和爱护普通士兵。这对于形成良好的纪律至关重要。施托伊本关爱这些大男孩，这些大男孩也敬爱他。

但在福吉谷，没什么比一则 1778 年 5 月 1 日传来的奇迹般的消息更能改变气氛了：法兰西王国已经与"美利坚合众省"（United Provinces of America）签订同盟条约。1778 年 2 月 6 日，法美双方签订表面上为商务条约的协议。但这份协议是以法国承认这块前英属殖民地的独立主权为前提的。当本杰明·富兰克林向国王恭贺新约签订时，他说了一番完全迎合国王心理的、非常得体的话："陛下，如果所有君主制国家都能以您心中的原则来治理，那就根本不会有什么共和国了。"[23]在他说完这番话 15 年后，法兰西第一共和国砍下了路易的头颅。

由于最初的条约被严格限定为商务条约，双方同意另行签订同盟条约，确保法国在与英国交战时，双方相互协防。由于法国承认美国独立，战争就是必然结果了。两个星期后，拉法耶特的亲家叔父把这份条约呈递给英国国王。法英两个王国外交关系破裂，双方彼此宣战。

在福吉谷，法美两国缔结同盟的消息，让大家高兴得唱歌、跳舞、游行、饮宴。只要法美两国联合起来，就不可能输掉这场战争。拉法耶特的狂喜是可想而知的。他如此兴奋，紧紧抱住乔治·华盛顿，亲吻了他两边的脸颊。这是一个让人意外的举动，就连最亲近华盛顿的人都不敢在他面前如此放肆。但拉法耶特是例外，在华盛顿心目中，只有少数几个人是例外。

来自法国的消息，并不都是让人欣喜若狂的。从同一捆信件中，拉法耶特终于得知，他的女儿亨丽埃特已于上个秋天夭折。七个月以来，他一直写信给阿德里安娜，请求她亲吻亨丽埃特，心中想象着一家团聚的美好时刻。七个月以来，阿德里安娜读着这些信，只会想到她的小女孩已经夭折，而她的丈夫并不理解她。荣誉和光荣要求牺牲。尽管这对于正在做出牺牲的人来说相当难受，但这对于已经做出牺牲的人来说更加难受。

第六章

法美同盟
（1778—1779）

　　法国加入北美独立战争，在英国最高决策层造成巨大震动。英
国国王乔治三世把北美英军总司令威廉·豪召回伦敦。夺取费城本
来应该是两年来接连取得胜利的顶峰。豪将军在每一场战役中都击
败了华盛顿，在每一个战场上都驱逐了大陆军，如今甚至还占领了
叛乱者的首府。本来他应该举杯庆祝最终胜利了。但大陆军如此顽
强，战事迁延日久，竟然让法国人来给他们解围了。

　　亨利·克林顿将军接替豪将军出任北美英军总司令。克林顿时
年 48 岁，是位经验丰富的军官，自从邦克山战役（Battle of Bunker
Hill）以来一直在美国作战（1777 年冬天，他曾经结识一位年轻的
法国侯爵，当时他还在伦敦，准备动身前来北美）。克林顿接手时，
英军的处境相当微妙。由于法国海军准备横渡大西洋，仍然驻扎在
费城的英军就不再安全了。克林顿的首要任务，就是率领部队返回
守备更加森严的纽约城。当克林顿着手准备撤离时，豪将军正忙于
奔赴一系列通宵达旦的告别晚宴。

　　为了弄清楚克林顿作战计划的细节，华盛顿求助于拉法耶特。

他给拉法耶特分配了 2200 名大陆军士兵和 600 名宾夕法尼亚民兵，以及 50 名听命于卡伊乌拉的奥奈达武士。拉法耶特接到的命令是对费城外围地区展开侦察，同时收买尽可能多的间谍和线人。尽管在奥尔巴尼遭遇挫折，但那是拉法耶特第一次行使独立指挥权。对于这次任务，华盛顿给拉法耶特许多异常详细的指示。首先，拉法耶特不能给敌人以任何机会，让敌人把他杀死或活捉。否则，这对于法美同盟将会是一个灾难性的开端。华盛顿建议拉法耶特的部队保持运动状态，而且永远不要在同一个地点重复扎营。

　　1778 年 5 月 18 日，拉法耶特与他的朋友约翰·劳伦斯上校跃上战马，拔营出发。他们渡过斯库尔基尔河（Schuylkill River），前进到巴伦山（Barren Hill），那是一个位置绝佳、地势陡峭的地点，正好位于福吉谷与费城的半路上。他们在那里宿营一晚。然后，或许是由于过分自信，或许是由于年少气盛、无惧危险，拉法耶特把保持部队运动状态的指示抛诸脑后。正好相反，他在巴伦山再次宿营一晚。这个决定几乎把他彻底葬送掉。

　　一名脱离大陆军的叛徒偷偷溜到费城，此人告诉豪将军，拉法耶特侯爵就像个一动不动的鸭子那样蹲在巴伦山的山顶。豪将军简直不敢相信自己交上了好运。在英国本土的批评者们甚至对他最近蒙受的屈辱幸灾乐祸。但如果他在伦敦下船登岸时，给国王带去一份称心如意的礼物呢？如果他把拉法耶特侯爵打包带回去呢？豪将军马上叫停正在进行的告别派对，召集他的士兵准备最后一场战斗。在 5 月 20 日凌晨的几个小时里，豪将军命令一支 5000 人的前锋部队提前出发。他与亨利·克林顿将会在数小时后带领另外 7000

人陆续跟进。这可不是什么小规模的猫鼠游戏，英军倾巢而出，只是为了抓住一个人。

拉法耶特真是交上了好运。他及时收到警报：一名当地医生听见英军前锋部队行军路过他的家，便一路狂奔，向正在巴伦山上宿营的士兵发出警报。拉法耶特本人也承认，当他收到这条警报时，天色已晚，他正在自己的帐篷里"与一名年轻女士聊天"。[1]拉法耶特声称自己把那位年轻女士招募为间谍，但此时正值半夜，其他人都已入睡，那么实情如何自然是见仁见智了。

拉法耶特冲出帐篷，命令部队马上撤离巴伦山。他派出一支部队呈扇形散开，假装成更大规模的部队，以此吓唬和迷惑英军的前锋部队。他命令狙击手紧紧咬住豪将军麾下沿着主路前进的主力部队。拉法耶特亲自率领其余人马沿着仅有的另一条道路下山。就像在穿过一个很细的针眼，但拉法耶特竟然成功穿过去了。当豪将军抵达巴伦山时，山坡上已经空空如也。

假如拉法耶特被活捉了，那么他的故事恐怕就只剩下一个糟糕到不能再糟糕的结局了。这种屈辱将会是他难以忍受的：当他返回欧洲时，他就不是旗开得胜的英雄，而是悲哀可怜的囚徒了——他的双手不是在胜利中举起，而是被铁链铐住，这都是因为他把这次严肃的军事行动当成一次简单的童子军活动，结果把一切都搞得一团糟。但他**没有**被活捉。他只是带兵返回福吉谷，有点无地自容，有点气喘吁吁。华盛顿顾及这位年轻人的感受，只是以勉励的语气对他提出温和的批评。华盛顿在报告中写道："侯爵几乎落入陷阱，实际上他已置身于陷阱之中，但由于他自己的聪明机智，或由于敌人刻意为之，他顺利摆脱围困……这是一次整齐有序、组织良好的撤退，总而言之，侯爵还是漂亮地撤出来了。"[2]乔治·华盛顿知道，有时候，胜利的关键就是一次漂亮的撤退。

❧⫛

豪将军两手空空地搭乘帆船回家去了，开始他舒适的退休生活，以及为自己声誉的辩护，留下亨利·克林顿将军组织撤离费城。他命令尽可能装满船只，但有 10000 名士兵以及大量行李车必须走陆路，途经新泽西返回纽约城。这支队伍将会被数千名绝望地逃离费城的亲英派拖慢脚步。那些在白兰地溪战役时为豪将军庆祝胜利的人们，的确有理由对英军撤离后的秋后算账感到恐慌。1778年 6 月 18 日早晨，克林顿命令这支行进缓慢的队伍离开费城。

80　　　在密切留意英军动向几个星期后，华盛顿及其部队于次日早晨拔营出发。这是一个严酷的冬天，但士兵们比之前更加精神抖擞、更加士气高昂，这都归功于施托伊本有声有色的训练。拉法耶特骑马行进在一个师的最前面，这个师由来自弗吉尼亚和北卡罗来纳的士兵组成。汉密尔顿和劳伦斯骑马随侍在华盛顿身旁。所有人都渴望有所行动。光荣的景象就在眼前。他们告别了福吉谷的群山，这处山谷将会被美国神话的讲述者们奉为圣地。

在大陆军中，并非所有人都渴望战斗。就在全军离开福吉谷以前，查尔斯·李（Charles Lee）将军重新加入华盛顿的战争委员会。李将军像根山核桃木那样身材瘦削，不苟言笑，他曾经是参加过欧洲战争的英军老兵。1775 年，他在冲动易怒的性格和稀奇古怪的信念驱使下来到北美，而大陆会议则乐见其成地把他任命为少将。这时候他们还没有意识到欧洲军官有多么傲慢自大、面目可憎。华盛顿把李将军视为战术高手和战略大师，虽然他的个性确实古怪。李将军对华盛顿的评价却没有那么高。尽管华盛顿努力安抚这位喜欢抱怨的英国人，但在灾难性的纽约战役期间，李将军始终是华盛顿背上的一根刺。1776 年 12 月，当英军士兵当场活捉赤身裸体从小酒馆跳窗逃离的李将军时，这根刺才被暂时拔掉。

李将军被扣押在纽约城内，看管他的人对他百般讨好。豪将军不费吹灰之力就诱降了李将军，而李将军则以背叛战友作为回报。李将军非常乐意指出大陆军的弱点，尤其是乔治·华盛顿本人的弱点，他认为华盛顿是个满身弱点的人物。李将军的背叛行径瞒过了所有被他出卖的人。直至 1857 年，当档案保管员发现豪将军的相关信件时，真相才被揭示出来。

1778 年春天，在一场交换俘虏的行动中，李将军回归现役。当他重返大陆军时，他建议极力避免与英军交战。反正法国人已在路上了，没有必要在**真正的**援军抵达之前冒战败的风险。李将军建议美国人应该为前往纽约的英国人建造"一条退路"。华盛顿最初采纳了这个建议。他的军队与克林顿的队伍齐头并进，但始终保持距离。[3]

华盛顿的其他幕僚争辩道，大胆发动进攻的时机已经成熟。克 81林顿从未露出如此重大的破绽。同意这一见解的幕僚包括格林、汉密尔顿、施托伊本、劳伦斯，以及拉法耶特侯爵。他们鼓励华盛顿发挥自己的进攻本能。华盛顿勉强同意，并派出几支小部队去骚扰英国人的队列。部队传回诱人的消息，即克林顿把他的部队分为几个部分。庞大的辎重部队分布在前卫部队与后卫部队之间，每一个辎重部队孤立存在而易受攻击。此时，华盛顿相信这是一个直捣克林顿司令部的好机会，他命令更多的旅向前推进。华盛顿把这次攻击的指挥权交给李将军，但李将军拒绝了，他认定这次攻击是有勇无谋的愚蠢举动，必将有损他的英名。因此，华盛顿把这次攻击的指挥权交给更加渴望战斗、更加生龙活虎的拉法耶特，拉法耶特飞身上马，抢在任何人改变主意之前赶紧发动进攻。

拉法耶特出发后，李将军才发现华盛顿还给侯爵发布了进一步的指示，让拉法耶特把分散前进的各支部队收拢起来，统一在他的单一指挥下。日落以前，拉法耶特将会成为第二军的总指挥。李将军的军事荣誉由此受到损害。作为资深的少将，他**要么**亲自指挥第二军，**要么**被正式降职。华盛顿无法反驳这条军事惯例。他只能命令李将军去追赶拉法耶特并接管指挥权，另外给拉法耶特加派了1000人，以免让拉法耶特觉得自己被剥夺了指挥权。拉法耶特此时距离敌人不到5英里，刚刚在蒙茅斯法院大楼（Monmouth Court House）扎营，他在此等候命令，并与李将军会面。第二天早晨，他们将会发动进攻。

如果说白兰地溪战役是受到错误情报的拖累，那么蒙茅斯法院大楼战役（又称蒙茅斯战役）就是受到欠缺沟通的拖累。在1778年6月28日那个酷热的早晨，英国人拔营。克林顿将军和康沃利斯勋爵意识到大陆军准备发动进攻，因此他们都在后卫部队里压阵，这支后卫部队集中了他们所有的精兵强将。当美国人向前推进

时，拉法耶特负责指挥右翼部队。不幸的是，拉法耶特完全不知道
自己应该如何采取行动。当天早晨，李将军在自己的头脑里拼凑了
一个进攻计划，但并未把计划告知自己的下属部队。他也并未把计
划告知华盛顿，而华盛顿此时正率领主力部队全速前进。当李将军　　82
指挥的各个旅逼近英军战线时，各旅之间一无配合，二无沟通。此
举令脱离大部队的分队暴露在外，他们被迫后退到更加安全的位置
上，进而导致其他地方的分队被迫停止前进而转为后退。每一次战
术性的撤退，又导致另一次战术性的撤退。他们本来是要发动进攻
的，结果还未与敌人交手就转入撤退了。

　　当华盛顿骑马来到阵地，以确认令人难以置信的关于撤退的流
言时，他找到李将军，当面予以痛斥。在乔治·华盛顿的传奇故事
中，这次会面将会成为人们反复讲述的桥段。这位从不口出恶言
的、像斯多葛派哲学家那样冷静克制的模范武士，此时就像喝醉的
水手那样放飞自我。有一个版本的说法是，当李将军喋喋不休地狡
辩道，大陆军的士兵无法抵挡英军的刺刀时，华盛顿当场喝道：
"你这个该死的懦夫，你甚至都没有尝试让他们拼刺刀！"[4]一位军官
后来绘声绘色地说，"直到树上的叶子被子弹击中时"华盛顿还骂
声不绝。[5]这些脍炙人口的奇闻逸事无非是夸张离谱的小说家言，没
有任何说法得到亲历者的证实。拉法耶特本人就喜欢讲故事，他在
多年以后回忆："这是我仅有的一次听见华盛顿骂人。"[6]但就连拉法
耶特也不在现场。

　　华盛顿接过指挥权，制止了撤退，重新组织进攻。随着主力部
队填补战线漏洞，大陆军在当天接下来的时间里浴血奋战，不断向

前掩杀。交战双方都未能占到便宜，直到夜幕降临，双方被迫结束战斗。劳伦斯和汉密尔顿都由于当天的战斗而受到嘉奖，但华盛顿将拉法耶特降职。将来，每当拉法耶特及其仰慕者列举他在美国的英雄事迹时，都会略过蒙茅斯法院大楼战役。然而，华盛顿没有让拉法耶特为这场挫败独自承担责任，当战斗结束时，华盛顿把自己的斗篷拿出来，邀请侯爵与他一起幕天席地。当他们醒来时，发现这场战术性的退却已变成一场技术上的胜利。当天晚上，克林顿下令连夜撤退。敌人已经走远。这么久以来，乔治·华盛顿第一次发现自己成为战场上的主宰。

比战略胜利更为重要的是，蒙茅斯法院大楼战役同样是一场精神上的胜利。经过重新整训的大陆军战士离开福吉谷，与据说是不
83 可战胜的英军士兵面对面交战。当他们的法国新盟友还在路上时，他们在最合适的时刻展现出作为职业军人的素养。进攻受挫的骂名全部落在查尔斯·李将军的头上。在军事法庭上，李将军被指控畏缩避战、玩忽职守、违抗命令，因此被判停职反省一年。不服判决的李将军干脆离开军队。他在接下来的几个月里公开诋毁华盛顿，直到他自己的家人都听烦了。约翰·劳伦斯约李将军决斗，而亚历山大·汉密尔顿将作为劳伦斯的副手参与决斗。这还是汉密尔顿第一次参与决斗。

但这不会是汉密尔顿的最后一次决斗。

※

1778 年 7 月 5 日，人们看见一支舰队出现在马里兰的海岸上。

让人们感到兴奋的是，这正是期盼已久的法国援军。这支舰队由德斯坦伯爵（comte d'Estaing）夏尔·亨利·埃克托尔（Charles Henri Hector）指挥。尽管德斯坦是职业的陆军军官，但为了这次远征，他被额外授予舰队司令的军衔，这个军衔让他指挥下的舰长们羡慕不已，他们以前都称呼他为"将军"。德斯坦此行带来 12 艘战列舰、4 艘护卫舰，以及 4000 名法国海军陆战队队员。在德斯坦的旗舰上，同行的还有康拉德·亚历山大·热拉尔（Conrad Alexandre Gérard），他将作为法国派驻"美利坚合众省"的最高官员；以及西拉斯·迪恩，他曾经在巴黎作为联络官，把拉法耶特及其他十几位法国军官派往大西洋彼岸。迪恩此行是被大陆会议召回，完全没有意识到大陆会议准备对他提出行政渎职的指控。德斯坦把热拉尔和迪恩送到费城，然后把舰队驶到新泽西的桑迪胡克（Sandy Hook），在那里与大陆军会合。

对于拉法耶特来说，法国舰队的抵达如同美梦成真。他立即扮演起他在余生中都将继续扮演的角色：法美关系中不可或缺的首席元老。他给德斯坦、华盛顿、亨利·劳伦斯写了许多信件和备忘录，以确保具有历史意义的法美同盟迈出正确一步。这些信件使我们深入理解拉法耶特投身于北美独立战争的原始动因。尽管与"胜利号"上其他乘客相比，拉法耶特更加诚实、诚挚、充满理想，并早在离开法国之前就已诚心赞美自由事业，但他始终把在美国服役视为重返法国军队的踏脚石。作为个人，拉法耶特忠诚于与他并肩作战的美国军官，包括华盛顿、汉密尔顿、劳伦斯、格林和诺克斯，但他始终没有忘记自己是个法国人。在法美同盟关系建立后，

84

他写信给法国在波士顿的财政代表，声称只要法国海军抵达美国，他将会"飞奔到他们的旗帜之下"。[7]

7 月 11 日，法国人在桑迪胡克附近的海域下锚停泊。尽管在长达 87 天的持续航行后，他们错过了在费城围堵克林顿的机会，但他们此时转向纽约城。显而易见的计划是海陆联合进攻，即美国人从陆上进攻，法国人从海上进攻。但有一个问题：曼哈顿岛周围的航道水太浅，法国人的舰船无法驶入。尽管他们开出大笔赏金，聘请任何能够带领舰船驶入航道的美国领航员，但无人应聘，因为这个任务根本就不可能完成。他们只好把眼光投向别处，以便找到法美同盟的第一个行动目标。幸运的是，这样的目标是存在的：罗得岛的纽波特（Newport）。

❧

纽波特位于罗得岛的尖端位置，早在战争初期就被英国人占领。这个地方当然没有纽约城那么重要，但这里也驻扎着多达 6000 人的英国正规军，他们把守着纳拉甘西特湾（Narragansett Bay）的入口，也是个颇具价值的目标。一支由约翰·沙利文（John Sullivan）将军指挥的大陆军小部队一直密切监视着纽波特。沙利文是个性格自负、脾气火暴的爱尔兰人，总想抓住机会，把无聊的监视变成积极的进攻。不幸的是，沙利文对法国人并无好感。当拉法耶特想开启一段美好友谊时，沙利文只是把法国盟友视为军事上和政治上的必需品，除此之外，别无他想。沙利文对法国人表现出来的骄傲自大与高人一等极为警惕。他认为，法国人是来帮助大陆军赢得战争的，而非把大陆军推到一旁，进而接管指挥权的。沙利文是出色的军官，没有理由被调离纽波特的指挥岗位，但他不是充当第一次法美联合行动先锋官的理想人选。 85

　　为了帮助两军在纽波特顺利联合，华盛顿派遣拉法耶特率2000名士兵来增援沙利文。尽管约翰·劳伦斯上校已担任华盛顿与德斯坦之间的正式联络官，但拉法耶特的到来，也将保证法美两军之间的良好合作。然而，当拉法耶特抵达罗得岛，并要拜访德斯坦的旗舰时，来自法国同胞的异样目光凸显出他的尴尬处境。在法律层面上，拉法耶特仍然是个流亡者，因为他无视国王关于他不得离开法国的直接命令。对于德斯坦来说，接待这个仍然让国王感到不愉快的人物，难免会有各种顾虑和隐忧。这个年轻人变成共和派的自由斗士了吗？他是背弃法国的叛国者吗？让德斯坦感到放心的是，拉法耶特开诚布公，释除了他的疑虑。拉法耶特说自己首先忠诚于法国，自己真正的罪过就是太热衷于上阵杀敌以报效祖国了。他告诉德斯坦："在这里，我总是这样想，也总是这样写和这样说，我宁愿在法国军队里当一名士兵，而非在其他任何军队里当一名将军。"[8]

　　德斯坦对拉法耶特的回答感到满意，他为年轻的侯爵提供了一个激动人心的机会：在这次战斗中指挥法军部队。德斯坦建议，拉法耶特指挥一支法美联合部队从西北面进攻纽波特，而沙利文指挥美军主力部队从东北面进攻纽波特。拉法耶特兴奋地向约翰·沙利文和纳撒内尔·格林提出这个想法，但让拉法耶特失望的是，他们对此无动于衷。约翰·汉考克在交卸大陆会议的职务后也投身于军界，随着汉考克领导的马萨诸塞民兵的加入，美军兵力大幅膨胀，但大陆军的正规军必须集中兵力，并由大陆军最出色的军官来领导。沙利文**不会**允许拉法耶特脱离自己的指挥，加入法国军队。拉法耶特未被吓到（他的天性就是越是得不到的就越想要），他极力说服他的美国战友们改变主意。拉法耶特的不依不饶，很快就让他与最要好的美国朋友们发生冲突。约翰·劳伦斯在给父亲的信中写道："他的个人观点让他一叶障目，完全看不到大家的共同利益。"[9]

86 纳撒内尔·格林则在给华盛顿的信中写道："侯爵太渴望得到光荣和民族认同，这让他经常走入误区。"[10]然而，格林在写这番话时，还是在替拉法耶特辩护，而非谴责他。

拉法耶特几乎得偿所愿。8月9日，法美双方正在商讨次日发动进攻的计划。这个计划包含了拉法耶特渴望领导的法美联合部队。在法美双方即将发动进攻时，英国军队放弃了岛屿北端的堡垒，力求加强纽波特本身的守备力量。沙利文不想失去夺取这些废弃阵地的机会，比原定计划提前了好几个小时发动进攻。法国军官认为这是对他们的侮辱。事关荣誉，法国人希望抢先登陆，**然后**让美国人跟进。如果说这种争抢在事后看似相当愚蠢……那么其实这在当时也足够愚蠢了。在德斯坦旗舰的甲板上，约翰·劳伦斯亲眼看到法国军官在自尊心受损时恼羞成怒的丑态。他说："他们认为，我们的部队抢先登陆，伤害了他们的部队。"然后还加了一句，"就像妇女们在乡村舞会里争个先来后到那样吵闹不休"。[11]尽管带着满肚委屈，德斯坦仍然专注于任务本身。他命令4000名海军陆战队队员按照原定计划登陆。荣誉问题可以先放一放。

当美国人进入阵地，而法国人抱怨丢掉了荣誉时，有 36 艘英国帆船出现在海平面上。德斯坦只有两个选择，要么继续停泊在纽波特岸边坐以待毙，要么与英国皇家海军在开阔的海面上一决雌雄。他选择出海迎战，但这意味着推迟进攻纽波特。德斯坦只留下几艘护卫舰掩护火冒三丈的沙利文将军，然后把舰队驶出大海，迎战来势汹汹的英国人。最初，拉法耶特在打听到英国皇家海军退却时欣喜若狂。他知道只要德斯坦驱逐了英国舰队，自己就能着手解放纽波特。

老天爷让这个计划横生枝节。8 月 11 日，天空突然刮起风暴，暴风冲击着陆地和海洋。大陆军的营地沦为汪洋泽国，狂风暴雨在新英格兰连续肆虐了三天。他们与法国舰队完全失去联系。即使在风暴结束后，他们也看不见法国人的踪影。沙利文意志坚定得可怕，他命令军队在烂泥里艰难跋涉，终于在 8 月 20 日，部队推进到距离纽波特不到 2 英里的地方。这正好是法国舰队艰难返回的当天。

所有消息都是坏消息。德斯坦的旗舰失去了船舵和桅杆，只能被其他舰船拖行。舰队其余舰船都受到不同程度的、无法修复的损伤。一艘舰船彻底失去联系。所有舰船都不适合投入战斗。实际上，德斯坦返回纽波特，只是为了向沙利文兑现他会回来的诺言。发动进攻已经不再可能。法国舰队必须前往波士顿进行维修。德斯坦所能做到的，无非是为沙利文的部队提供渡船，让他们安全返回大陆。

沙利文暴跳如雷。他认为，他之所以未能在自己的帽子上插上代表荣誉的羽饰，完全是因为法国人背信弃义、不可依靠。他认为法国人只是在找借口拒绝战斗。拉法耶特和格林匆忙赶到德斯坦的船上，恳求他再停留 48 小时，即使他的旗舰已无法操纵，但他可以让他的海军陆战队队员全部登船，只提供炮火掩护即可。德斯坦想留下来，但决心把海军的事情交给海军去解决。如果他手下的舰长们想去波士顿，那么他们就去波士顿。因此，法国舰队扬长而去。

沙利文的激情战胜了他的理智。他起草了对德斯坦的九点抱怨，这封信看上去就像一份宣言书。沙利文谴责"德斯坦放弃纽波特港，从而对这支军队造成了灾难性的后果"，并提出严正抗议，"认为上述做法损害了法国人的荣誉……在最大程度上损害了美国的福祉……极大损害了两国之间的同盟"。[12]这下轮到拉法耶特恼羞成怒了。他认为沙利文的谴责是不公平的。他再也不能容忍对他的同胞的攻击。他说："我告诉那帮先生们，对我来说，我的祖国比美国亲近得多，法国所做的永远都是对的。"[13]拉法耶特表示，他将会乐于与任何敢于接受挑战的人在决斗场上解决问题。这时，拉法耶特可以说完全失去了理性，任何人假如相信自己的国家永远不会犯错，那么就从健康的爱国主义变为盲从的民族主义。尽管拉法耶特情绪过分激动，但他并非毫无道理。沙利文不应公开宣扬自己的不满。第二天早上，当沙利文冷静下来，他同意并承诺修补关系。他授权拉法耶特离开部队，骑马前往波士顿，尽其所能确保法美同盟不至于破裂，以免耽误打击英国的头等大事。

此次波士顿之行是拉法耶特第一次进入美国自由的摇篮。他发现这座城市陷入极度紧张之中。尽管一路策马飞奔，让他仅仅比法国舰队晚到几个小时，但沙利文的九点反法宣言已让双方大伤和气。新英格兰曾经长期作为反法殖民战争的最前线，此时沙利文告诉当地人，这个令人不适的、同床异梦的盟友，在第一次进攻中就可耻地抛弃了他们。他们很多亲朋好友在被法国人落在后面的那支美国军队中服役。因此，波士顿人正处于愤怒之中。

拉法耶特与波士顿的杰出人物如约翰·汉考克一起斡旋，以平息人们的怒火。拉法耶特尽可能弥合他的祖国与这个收留他的国家之间的裂痕，在此期间，他展现出在双方之间游刃有余的才能。他给约翰·汉考克写了一封热情洋溢的介绍信，这封信将会呈递给德斯坦，他在信中把汉考克称为"有血有肉的布鲁图斯"。[14]但他同时在另一封私人信件中坦率直白地告诉德斯坦，汉考克"只有在摆脱困境的时候才能表现出必要的智慧……他的虚荣心不亚于他的好名声"。当人们指责法国人畏缩避战时，拉法耶特告诉汉考克，他们返回波士顿，只是因为他们"缺少他那种在英国的枪林弹雨面前表现的渴望"。[15]对这个同盟来说，幸运的是，无论德斯坦还是美国领导人，都不希望同盟破裂。华盛顿和大陆会议都同意，这场大混乱只能完全归咎于天公不作美。

当拉法耶特收到沙利文撤出纽波特的消息时，他还在波士顿。在风暴结束后、法国人离开前那段时间，当地的民兵部队被解散了。大陆军的正规军很快就陷入以一敌四的数量劣势。英国人很可能会在任何时刻发动进攻。8 月 29 日，拉法耶特上马启程，以尽可能快的速度往回赶，在 8 小时内赶路 80 英里。他并不知道，这场他想参与的战役已经结束了。大陆军顶住了英军的好几次冲锋，最终迫使英军放弃进攻并退回城中。拉法耶特在纽波特战役结束当晚回到军营。他所能做的，无非是坚持指挥仅存的后卫部队。沙利文称赞拉法耶特在最终撤退时表现出来的领导才能："他发布的命令滴水不漏，没有任何人掉队，也没有任何物资损失。"[16]在这场充满了漂亮的撤退的战争中，这只不过是又一次漂亮的撤退。

大陆军撤出的时机可谓恰到好处。第二天早上，将会有 100 艘英国帆船出现在海平面上。这是另一支英国皇家海军舰队，运载着从纽约城赶来的 5000 名援兵。假如德斯坦及其舰队落在后面，他们很可能会被彻底摧毁。假如沙利文的部队再多等一天才撤离纽波特，他们将会被包围歼灭。此时此刻，克林顿将军发现，没有目标可供捕捉，也没有战斗可以打响，因此他率领部队返回纽约城。历史上第一次法美联合行动，本来可能会更美好，但也可能会更糟糕。

✦

这几乎已成为拉法耶特保持终生的习惯：每当他面对逆境和绝望时，他就去构思更加宏大、更加壮丽的计划。在纽波特战役之后的空闲中，拉法耶特开始向德斯坦提出各种各样可能的战役计划。他试图再次提起"入侵加拿大"计划和加勒比海地区海战计划，并鼓励德斯坦去提出这些计划，就当这些计划是德斯坦自己拟订的。与此同时，他写信给华盛顿、亨利·劳伦斯等人，声称德斯坦正在构思许多可能的战役计划。

1778 年那个沉闷的秋天，也让拉法耶特重走那些追逐荣耀的荒唐路径。8 月底，被拒绝入境的英国和平使团的团长卡莱尔伯爵（Earl of Carlisle）出版了一份宣传册，警告美国人不要相信他们的法国新盟友。卡莱尔伯爵呼吁殖民地居民避免与可恶的法国人并肩作战，称法国人是"公民自由与宗教自由的敌人"，法国人的"背信弃义人所共知，根本不需要提供新证据"。[17]当拉法耶特读到这段话时，他决心约卡莱尔进行决斗。按照拜占庭式的决斗逻辑，这意味着捍卫**个人**名誉。而卡莱尔的宣言书只不过是战争时期的政治举动。但拉法耶特说，"我对政治完全不感兴趣"，因此他只想杀死卡莱尔。[18]拉法耶特发出挑战书，并在挑战书中提及卡莱尔的冒犯之举："勋爵大人，我并不想去争辩些什么，只想就此对你予以惩戒。"[19]卡莱尔只是对这位鲁莽冲动的侯爵感到哭笑不得。他回复道，"我承认我很难给你一个严肃的答复"，并告知拉法耶特，涉及官方事务，他只对国王和国家给予答复。[20]这份挑战书因此而被拒收。

拉法耶特希望在 1778 年底发起另一场战役或战斗。寒冬将至，各方都开始进入休战状态。华盛顿准备率领他的军队进入冬季营地，新泽西的莫里斯敦（Morristown），拉法耶特判断终于是时候回家了。在白兰地溪战役后，许多人盼望他回家，毕竟他经历过战场冒险，也留下了战斗伤痕。但他自信且不无根据地认为，美国需要他：首先是作为支持华盛顿的忠诚军官，然后是作为新近缔结的法美同盟的忠实维护者。但即将到来的冬天意味着不会再有新冒险。拉法耶特判断，为了他的新战友，也为了他自己，是时候回家了，

90

回到法国去捍卫美国的事业。

　　拉法耶特如此渴望回家，同样是因为他听到法国政府计划入侵英国的流言。这则流言触发了他永不安分的对光荣和名誉的向往。他仍然想为自己的同胞服务，想以胜利者的姿态行进在英国的土地上，进而享受"伦敦大火所带来的愉悦心情"。他以当时盛行的矫情语气说："如果他们不让我参与其中，我宁愿吊死我自己。"[21]

　　拉法耶特原本打算搭乘德斯坦的旗舰返回法国。修复完毕的舰队计划在加勒比海地区过冬，拉法耶特能够在那里搭乘回欧洲的顺风船。但他即将离开的消息让大陆会议大为紧张。拉法耶特在费城被会议、访问、没意义的私人戏剧所耽搁，错过了与德斯坦共同出航的机会，他只能抱怨费城变成了"一座令人厌倦的监狱"。[22]

　　拉法耶特又打算前往波士顿，去搭乘一艘崭新的美国军舰，它刚刚被命名为带有庆贺意味的"同盟号"（USS *Alliance*）。但他在半路上发起高烧。在经历过"葡萄酒、茶、朗姆酒"这套养生疗法的考验后，拉法耶特终于病倒在床上。[23]在发高烧期间，他害怕自己随时会死去，总是唠唠叨叨地抱怨，死在床上是多么"痛苦绝望"，他应该在战场上死去。[24]华盛顿的私人医生再次前来为拉法耶特看病，并宣称这个年轻人没有生命危险。华盛顿本人也专程前来看望拉法耶特。这一年多以来，他们已是亲密的朋友了。这种情感上的纽带是真实的。他们都不希望这是彼此之间最后一次见面。

　　身体恢复后，拉法耶特在波士顿打发了好几个星期，新近建成的"同盟号"正在招募船员，以便进行初次航行。他的行李箱里装满了带给留法美国人的信件，包括带给富兰克林博士的正式国书和

91

各项指令，富兰克林刚刚被任命为美国历史上首位特命全权外交官。他还带了许多充满溢美之词的推荐信，信件来自乔治·华盛顿、亨利·劳伦斯、德斯坦伯爵、康拉德·热拉尔以及其他达官贵人，所有信件都在称赞拉法耶特的荣誉、英勇、诚实、勇气和忠诚。所有信件都会大大有助于这位流亡者顺利返回宫廷。一如他离开法国时所造成的轰动，他希望他返回法国也能造成同样的效应。1779 年 1 月 11 日，"同盟号"启航。拉法耶特踏上回家的路。

第七章

追逐荣光
（1779—1780）

　　拉法耶特第一次横渡大西洋的旅程既枯燥又无聊，但返程时就大为不同了。在足以致命的寒冬中，"同盟号"首先突破波士顿港（Boston Harbor）的浮冰。然后，当这艘船沿着纽芬兰（Newfoundland）海岸曲折北上时，迎接他们的不是令人痛苦的宁静，而是狂怒肆虐的风暴。有好几天，"同盟号"都在危机四伏的滔天恶浪中穿行。拉法耶特又一次觉得自己可能要死了，他严重晕船，忍不住呻吟道："我这一生，才短短 20 年，我的名誉，我的军衔，我的财富，我与诺瓦耶小姐的婚姻，以及一切的一切，都被抛诸脑后，只为了成为鳕鱼的早餐！"[1]但随着风暴过去，鳕鱼也没有机会把这位著名的侯爵当成美餐了。

　　尽管如此，在风暴中幸存并不意味着兴奋冒险的结束。为了给"同盟号"配备船员，船长曾经在波士顿的诸多监狱招募水手。至少有三分之一的船员曾经是战俘，他们绝大多数是英格兰人、爱尔兰人和苏格兰人。这些水手知道，英王乔治三世已经为任何把敌国船只开入英国港口的船员开出诱人的赏金。随着"同盟号"靠近欧

洲，他们密谋发起暴动。不过，他们犯了一个错误。他们拉拢一个
带有爱尔兰口音的水手入伙，但那名水手其实是个忠诚的美利坚爱
国者。他告知拉法耶特，船上的水手正在策划阴谋，拉法耶特和船　93
长带领一队武装人员，趁主要密谋者还在铺位上呼呼大睡时，对他
们发动突然袭击。经过严格审问，又逮捕了其他同谋者。暴动就此
被镇压。1779 年 2 月 6 日，当"同盟号"驶入布雷斯特（Brest）
港口时，有 38 名船员被戴上了镣铐。

⚜

　　在离家几乎两年后，拉法耶特终于回来了。但他不能直奔诺瓦
耶府邸，因为他仍然处于尴尬的法律地位。在法律层面上，他仍然
是不遵王命的流亡者。考虑到必要的宫廷礼仪，拉法耶特必须首先
出现在位于凡尔赛的政要面前，承担他当年所做举动的后果。

　　这次在凡尔赛的首站停留，第一次让拉法耶特体会到收获成功
果实的滋味：他不再是处境尴尬的丑角，而是万众瞩目的英雄；不
再是愚蠢的傻瓜，而是坐拥政治资本、具有先见之明的玩家。无论
他前往何方，法国都只能亦步亦趋。2 月 11 日凌晨 2 点，拉法耶特
大步走进凡尔赛，那里正在举行嘉年华。他在普瓦斯亲王家中参加
了一个盛装打扮的狂野派对，而普瓦斯亲王正是诺瓦耶家族的表
亲，也是 1777 年陪伴拉法耶特前往伦敦的旅伴，那次旅行正好在
拉法耶特偷渡前往美国之前。拉法耶特身穿全套军服进入派对现
场，立即成为众人注目的焦点。他尽情享受着这个绚丽夺目的时
刻，心满意足地收获着别人眼中的羡慕和嫉妒。他成功逃离了他的

旧日生活。崭新的人生即将展开。

　　尽管人们为拉法耶特的成功欢呼，但那些在拉法耶特面前大献殷勤的年轻男女，与他刚刚经历的那场战争毫无关系。法美同盟条约是一年前签订的。法国早就参战了。但你几乎不会在凡尔赛听到有人谈论这场战争。在民主征税与公开征兵尚未到来的日子里，战争是由职业军人打的，国王可以随心所欲地把他们派遣到任何地方。那些战役对法国本土的日常生活影响甚微。除了懵懵懂懂地意识到在**某个地方**发生了冲突，年轻贵族们几乎不会被这些战争打扰，仍旧沉溺于风花雪月、闲言碎语、桃色丑闻。他们当中有许多人，根本无法在地图上找到费城和波士顿。

94　　第二天，普瓦斯亲王陪同拉法耶特入宫领受惩罚。首相莫勒帕把拉法耶特迎接到自己的办公室，花了好几个小时听取拉法耶特的汇报。尽管从拉法耶特离开法国以来，法美双方已经达成伟大交易，但莫勒帕告诉拉法耶特，他仍然不能入宫觐见国王。按照宫廷礼仪，国王不能接见仍然受到官方排斥的臣民。莫勒帕命令拉法耶特直接返回诺瓦耶府邸，他在那里将会继续处于软禁状态，直到政府做出如何处置他的决定为止。拉法耶特深感庆幸，他起码不用被送进巴士底狱。

─❦─

　　当天晚些时候，拉法耶特回到自己的镀金鸟笼。他的归来让家人欣喜若狂。当得知他们不守常规的女婿正在返家的路上，达延公爵夫人尽可能轻描淡写地把这个消息告知阿德里安娜，她不是怕女儿伤心过度，而是怕女儿乐极生悲。当拉法耶特走进家门时，阿德里安娜飞奔出来拥抱他。在给拉法耶特居住于沙瓦尼亚克的姑姑们写的信中，阿德里安娜的思绪如泉涌一般："我不需要告诉你们，我有多么开心……这是可想而知却又难以表达的。"阿德里安娜还表达了自己忐忑不安的心情："我为自己不如他那般热情而感到苦恼，我希望我的柔情能够弥补我所缺失的魅力。"[2]但阿德里安娜对自己太苛求了。过去的两年是艰难而痛苦的。她的丈夫在她怀孕并照顾孩子的时候抛弃了她。两人远隔重洋，到处流传着恶毒的流言，要么说他死了，要么说他迷上别的女人。他错过了阿纳斯塔西的出生，错过了亨丽埃特的夭折。他偶尔写几封信回来，为他的缺席表达遗憾，然后笔锋一转，又说自己要在外面再逗留一段时日。拉法耶特并不完美。当他为了成为伟人而努力奋斗时，他的表现却像个愚不可及的孩子。拉法耶特还需要时间才能意识到自己造成了多么严重的痛苦，意识到他对阿德里安娜意味着什么，意识到阿德里安娜对他意味着什么。

尽管拉法耶特被软禁在家中，但这个金色鸟笼的大门是打开的。莫勒帕禁止拉法耶特接受除家族成员以外的探访，不过由于诺瓦耶家族与**几乎所有人**都沾亲带故，因此这条禁令根本算不上禁令。拉法耶特此时甚至跟他最好的朋友都成了亲戚，塞居尔伯爵最近刚刚迎娶了安托瓦内特·达盖索（Antoinette d'Aguesseau），即达延公爵夫人最小的妹妹，现在在法律层面上，塞居尔伯爵成了拉法耶特的姨父。拉法耶特喜欢万众瞩目的感觉，喜欢身份显赫的男男女女登门拜访。他喜欢巴黎和凡尔赛的谈吐方式。他真心喜欢。反过来，阿德里安娜喜欢拉法耶特完全属于她。她很快又怀孕了。

拉法耶特回归所带来的最大冲击，是达延公爵的转变。达延公爵意识到自己的女婿已经从害群之马变成白马王子，他自己也成了拉法耶特最热心的吹捧者。几个月前，当美国全权公使约翰·亚当斯与诺瓦耶家族共进晚宴时，整个家族就已完全支持拉法耶特了，达延公爵甚至稍微改动了这个故事，声称自己一开始就支持拉法耶特。亚当斯在日记中写道："当美国革命开始时，有一个家族召开家庭会议，商讨如何支持这一伟大事业……他们决定在家族子弟中选出一个孩子前往美国，并在美国军队中服役，在华盛顿将军指挥下效力……侯爵作为家族中最有出息、最为和蔼的年轻人，渴望建功立业，渴望在军事服务中建立威名，满心欢喜地投身于这一事业。"[3]这当然不符合事实。但今时不同往日，历史也只能跟着改写了。

达延公爵帮助拉法耶特起草了一封言辞足够讨好的道歉信，准备呈送给国王路易十六，声称他的无礼举动只是无心之举，完全是沟通不畅和急于报国的结果。这封信为拉法耶特争取到觐见国王的机会。路易十六装模作样地训斥了拉法耶特一番，然后称赞侯爵的英勇冒险，进而邀请他参加王家狩猎，这是路易十六最大的荣宠之一。参与王家狩猎是获得国王宠信的标志。拉法耶特由此彻底恢复名誉，终于重获自由并回归社会。

拉法耶特为此喜不自胜。所有人都喜爱他。他以胜利者的姿态回家，所有人都为他的努力而鼓掌欢呼，而且是真心实意地鼓掌欢呼。当他和阿德里安娜到法兰西喜剧院（Comédie-Française）去观看演出，他在包厢里向人群招手时，人们为他欢呼喝彩。拉法耶特回忆道，在回到法国后，"我很享受那种被各部大臣低头请教的尊荣，也很享受被女士们亲吻"。[4]阿格莱·德·于诺尔斯坦是拉法耶特一直梦寐以求却求之不得的对象，此时也对拉法耶特报以青睐。　96于诺尔斯坦一方面否认拉法耶特做出这些都是为了她的愚蠢流言，另一方面又在给朋友的信中写道："他赢得人们普遍认可，他的虚荣心也得到极大满足……我经常见他，也为自己赢得了他部分尊重而感到高兴。"[5]

　　唯一对这种普遍认可不以为意的是与拉法耶特竞逐于诺尔斯坦芳心的情敌。这位追求者就是利涅亲王（prince de Ligne），他难以相信，人们竟然支持"如此软弱无力、空洞无聊的禽兽拉法耶特，此人既无德无行，又体单力薄、寡廉鲜耻，还性情古怪"。利涅亲王怀着酸葡萄心态抱怨道："这个家伙在美国只不过打了几场小小战役，却换来人们大大鼓噪。"[6]于诺尔斯坦的正式恋人沙特尔公爵同样不以为意。据说，沙特尔公爵对于诺尔斯坦在拉法耶特身上花那么多时间醋意大发。他坚信拉法耶特想偷走他的女朋友。

　　其他人都喜爱拉法耶特，甚至那些一度瞧不起他的人都喜欢他。王后玛丽·安托瓦内特曾经嘲笑他，此时让他荣宠加身。当国王龙骑兵团（King's Dragoons）有一位老上校退休时，王后把这份殊荣给了拉法耶特。他被授予特权，能够动用8万里弗尔去购买这个职位。拉法耶特毫不犹豫地照办了。此时此刻，他已正式从裁汰名单上划去自己的名字，回到法国军队并成为现役军官。与此同时，他的财务经理正为纷至沓来的账单而犯愁。激增的账单、收据和借据，甚至比这位年轻客户动身前往美国时还要惊人。财务经理说："我现在的处境非常尴尬。我手上持有的账单越多，纷至沓来的账单就越多。"[7]但拉法耶特毫不在意。他是两个世界的英雄，而非一个会计。

　　　　　　　　　　※

　　无论返回法国社会还是返回法国军队，拉法耶特都没有辜负美国战友们对他的信任。他仍然是大陆军少将。他向法国政府转达了大陆会议请求他转达的所有信息。无论在朝廷之内还是在沙龙之中，美国的事业都是人们谈论的热门话题。在美国，拉法耶特彰显了法国的形象。现在在法国，拉法耶特也提升了美国的形象。

97　　这次提升形象之旅，让他与本杰明·富兰克林有了通力合作的机会。在1776年底至1777年初的冬天，一位年长的美国共和派与一位年轻的法国贵族，就像两艘擦肩而过的夜航船：当富兰克林抵达法国时，拉法耶特几乎同时前往美国。富兰克林住在巴黎城外的帕西（Passy），从那时起便征服了整个法国社交界。这位白手起家的企业家，变身为自学成才的科学家，变身为启蒙运动的哲学家，变身为反英起义的领导者，此时再次摇身一变，成为出身草莽的贤人智者。他总是戴着一顶海狸皮帽子，让人觉得他就是卢梭笔下自然状态中高贵的野蛮人，他们只热爱自由。实际上，富兰克林可能是世界上最为聪明狡黠的人。幸好有拉法耶特专程给他带来的国书，他现在终于能够以美国特命全权大使的身份觐见法国国王了。

　　富兰克林很快就对拉法耶特有了好印象。他在给华盛顿的汇报中不乏衷心赞美地提到拉法耶特展现出"对我国荣誉的热忱，他为我们在这里的事务而奔走，而且坚定地支持我们的事业，他对我们的尊重给我留下深刻印象"。[8]富兰克林与拉法耶特通力合作，以尽可能多地吸引同盟者。拉法耶特能够以亲历者的身份，向法国政府坦陈美国人亟须获得的所有物资：补给、制服、火药、步枪、手枪、船只、水手、士兵，以及最为急需的资金。当拉法耶特以大众英雄的身份发出热情的呼吁时，富兰克林则以资深国务活动家的身份发出冷静的声音，这有助于说服那些德高望重的各部大臣，因为他们不太乐于听取年轻人热情洋溢的呼吁。但他们两人都传递出一个共同信息：美国需要法国所能提供的一切。

　　他们在政府内部的盟友是韦尔热讷伯爵，此时他乐于把支援美国的计划公开化，而不再像过去那样偷偷摸摸地进行了。韦尔热讷同样对忠心爱国、满腔热血的拉法耶特产生了浓厚兴趣。他写给侯爵的信中满是各种指导、建议和关照。也许有人会说，富兰克林和韦尔热讷都是精于世故的老政客，他们只是在**利用**年轻而单纯的拉法耶特。但他们的悉心指导和背后的精于算计并无矛盾。他们并未诱迫拉法耶特去做他不愿意做的事情。他们与拉法耶特的目标是相同的。如果这就意味着相互利用，那么人类历史上所有的友谊、情分和联合都只能被归结为赤裸裸的利益算计了。然而，人类社会并 98 非如此。以愤世嫉俗的心态揣测别人，经常会让我们自以为揭示了真相。但这种以小人之心度君子之腹的揣测往往出错，这种头脑简单的思维定式所造成的谬误比所澄清的真相还多。

❧❧

　　除了在法国为资金和援助到处游说，拉法耶特本人和富兰克林还为侯爵一直以来建功立业的渴望构想了更为宏大的冒险计划。1779 年 2 月，当拉法耶特回到法国时，他听说的入侵英国的传言似乎并没有成真。所以，拉法耶特和富兰克林制订了他们自己的计划。在计划中，他们将邀请美国海军英雄约翰·保罗·琼斯（John Paul Jones）参与其中，琼斯正在法国过冬。这个三人小组打算分工合作，由琼斯指挥美国军舰组成的分舰队，并由这支分舰队运送由拉法耶特指挥的 2000 名法国士兵，一路偷袭不列颠群岛，依次袭击利物浦（Liverpool）、怀特黑文（Whitehaven）、兰开斯特（Lancaster）和科克（Cork）。这场恶作剧般的远征，将会迫使英国人收缩战线，撤回他们原本用于跨大西洋战争的军事力量。劫掠和恐吓英国城镇所得的赃款和赎金，将不仅使这次冒险妙趣横生，而且有利可图。拉法耶特和富兰克林向韦尔热讷兜售这个想法，韦尔热讷鼓励他们马上着手行动。

　　1779 年 3 月至 4 月间，拉法耶特和琼斯一直在安排船只、补给和弹药。当法国政府突然撤回这次远征计划时，他们的船只正在勒阿弗尔装货。法国政府命令拉法耶特把他指挥的团用于守备桑特（Saintes），那是法国西南部一座临海城镇，位于罗什福尔（Rochefort）与波尔多之间。突如其来且毫无解释地取消远征计划，让拉法耶特感到无比愤慨。拉法耶特无法成行，愤懑之情无处排遣，他以愤怒而断续的英语写信给富兰克林，感叹各部大臣真是些"不通天理人情（而且腐败无能）的怪物"。[9]

　　但当韦尔热讷把拉法耶特召回凡尔赛，并告诉他一个惊人的消息后，他的种种焦躁就烟消云散了。西班牙国王经过慎重考虑，决

定援引"家族条款"，与法国的王室表亲一起对英国宣战。考虑到　99
英国已经把大量资源投入跨大西洋战争，法西联合舰队应该能够控
制英吉利海峡。拉法耶特的袭击计划被取消，不是因为法国人胆怯
或冷漠，而是因为他们的袭击计划已被一个成熟的入侵英国计划所
取代。

拉法耶特被告知，他将会担当大规模入侵的前锋，于是便返回
勒阿弗尔备战。无论如何，他将会看见伦敦被付之一炬。但稍纵即
逝的满心期待很快就被无所事事和深感挫败所取代，因为法西联合
舰队未能抵达。随着勒阿弗尔夏日的白天越来越短，拉法耶特只能
唉声叹气，因为他的朋友诺瓦耶子爵已经后来居上。1779 年夏天，
诺瓦耶子爵得以加入德斯坦在加勒比海地区的法国舰队。诺瓦耶子
爵刚刚抵达，就在入侵格林纳达（Grenada）的行动中取得光彩夺
目的战绩，进而陪伴德斯坦前往佐治亚。当拉法耶特还在无所事事
时，诺瓦耶子爵已在战场上建功立业了。

6 月至 7 月间，拉法耶特继续等待越来越渺茫的法西联合舰队。
他并不知道官僚机构的推诿扯皮、糟糕的天气，以及坏血病和天花
的大流行，让这次远征变成一次**受到诅咒的**远征。他只能靠写信给
美国朋友来打发时间，心中满是未能及时返回美国的遗憾。他在信
中提到，他试图在爱尔兰策动一场革命，但他更愿意领导一支大规
模的法国军队返回美国，那里才是他应该前往的地方。拉法耶特希
望利用这支军队拿下加拿大，这才是他一直追逐的大白鲸。

1779 年 8 月第一个星期，这场狩猎将会迎来他们最大的狩猎对
象：英国本土。66 艘军舰组成的法西联合舰队终于抵达。但瞬间

燃起的希望再次被扑灭。船员的状况非常糟糕。他们身患重病、形
如枯槁。负责这次远征的法国舰队司令深度怀疑这次入侵不能成
功，并且他个人还正在经历儿子自杀的悲痛。这位舰队司令并不信
任他的船舰，也不信任他的船员，甚至不信任他自己，他把舰队带
回拉罗谢尔（La Rochelle），整支舰队在 8 月至 9 月间完全无所作
为。没有进一步的命令传来。所谓入侵英国只不过是海市蜃楼。

❧❧

100　　在那个被困在法国的无所事事的夏天，拉法耶特开始认真思考
自由和**平等**的意义。他对旧大陆有何憎恨？他对新大陆有何期盼？
他花了好几年时间去钻研和思考才最终形成他对这些术语的个人定
义，但在 1779 年夏天，他已经有了主见：拉法耶特认为，贵族封
建等级制度和血统贵族制度，根本就是胡扯。

　　拉法耶特在他年轻的生命中，很少能见到那些统治凡尔赛和巴
黎的贵族做出了什么出类拔萃的事情来。在绝大多数情况下，达官
显贵甚至还不如平民百姓。在他进入诺瓦耶府邸后，他遇到的无非
是些酷爱老生常谈的老笨蛋和夸夸其谈的小笨蛋。拉法耶特没过多
久便开始深深怀疑，血统和世系与智慧、美德和才能无甚关联。在
美国的经历更加深了这种怀疑。在他举目所及之处，最杰出的人物
都出身于最草根的阶层。汉密尔顿是一个没有继承权的私生子，出
身于加勒比海地区的瓦砾堆中。亨利·诺克斯是一个图书商；本尼
迪克特·阿诺德是一个药剂师；纳撒内尔·格林是一个商业农场主
的儿子。这些人全靠智慧、苦干、能力脱颖而出，而非依靠家族庇

荫。拉法耶特曾经在写给富兰克林的信中提及发动爱尔兰革命的可能性，他在信中写道："我并不指望那些公爵和勋爵领导革命……我宁愿依靠自耕农和其他农民。"[10]亚历山大·汉密尔顿与在巴黎街头喝得酩酊大醉的某位**子爵**根本没有可比性：汉密尔顿在任何方面都要优秀得多。

拉法耶特作为职业军人，同样瞧不起那些文弱的文官贵族，他们不需要冒任何风险就能拥有一切，无非是由于在国王的朋友圈中占了个好位置，或者是陪伴国王逛逛花园而已。拉法耶特请求韦尔热讷记住，如果他将来有机会升职，"我不是宫廷的人，更不是廷臣。当您想起我时，请您把我视为出身于营垒的军人"[11]。这句话并不完全符合事实。拉法耶特可能讨厌宫廷生活，而且热爱军营生活，但他并未拒绝凭借王后的恩宠来谋取国王龙骑兵团的职位。然而，在拉法耶特心目中，关键在于**你做什么事**，而不在于**你是什么人**。回顾过往，即使回到 1776 年，拉法耶特上尉由于圣日耳曼伯爵的改革而被迫退出现役时，他的看法也并无不同。

拉法耶特不再相信贵族统治一切是理所当然的，不再相信贵族由于出身而应该成为统治者。拉法耶特当时还没有意识到，但在几年后，他自己将充当一场革命的先锋，彻底推翻古老的封建社会秩序，因为这套秩序建立在明显不合理的根基之上。但同时，拉法耶特认为，在美国可能发生的事情，在法国未必能发生。一个真正的共和国可能会萌生于美国的自由土壤，但未必适合法国的古老土壤。1779 年夏天，正值低潮期的拉法耶特为"诺埃梅博士"（Doctor Noemer）写了一封推荐信，诺埃梅博士是一位荷兰自然科学家，他对移民美国颇感兴趣。拉法耶特在推荐信中写道："他通过精密的运算得出结论，人们生而自由，但只有北美海岸上的人们最能享受自由。"[12]在拉法耶特余下的60年生命中，无论他在什么时候写下这个句子，都显得无比应景。

但拉法耶特总是过于乐观地看待北美海岸。当他把美国的平等自由视为奇迹时，他总是刻意忽略人们对非洲奴隶的奴役和对印第安部落的屠杀。他总是赞扬他的朋友乔治·华盛顿和亨利·劳伦斯，说他们只靠勤奋努力而非高贵出身而成为领袖，却不愿承认他们的社会地位建立在掠夺性地窃取土地和奴役人类的基础上。在乔治·华盛顿拥有的各项产业中，获利最为丰厚的是他在弗农山庄（Mount Vernon）利用奴隶工作的种植园，以及他在俄亥俄投机所得的大片土地，这在他的书信集中已被多次提及。这些空手套白狼所得到的土地，只有在白人拓殖者赶走土著居民的前提下才能获得。如果我们以**做什么事**而非**是什么人**来判断一个人，那么我们也应该看到这个人**全部**的所作所为。拉法耶特很容易就能对旧大陆的荒谬伪善表达出憎恶，但他仍然需要继续努力才能看到新大陆的荒谬伪善。

※

1779年秋天，由于拉法耶特在欧洲显然已无所作为，他就打算回到美国去了。在他离开美国后，那里的形势又明显恶化了。随着战争拖延到第四年，对于绝大多数人来说，这场冲突的背景已被遗忘。正如年轻的法国贵族忙于在凡尔赛开派对，许多美国共和派公民已经忘记军队正在为他们的自由而战斗。农民和商人乐于与英国商人做交易，以换取币值坚挺的硬通货，而非一文不值的大陆票据。德·卡尔布抱怨道："钱币就像风中飘散的谷壳，物价一天就能涨一倍，而收入却从不见涨。"[13] 投机商人把大陆军视为有利可图的垃圾填埋场，他们把劣质工具、失灵武器和腐烂食物倾销给大陆军。华盛顿及其麾下的军官对此极为不满。军官团由于擅离职守和主动辞职而日渐萎缩。几乎没有新人愿意来填补因旧人离职而空缺的位置。

与此同时，华盛顿那日渐缩编的军队对此也无能为力。由于认为南方殖民地比叛乱的北方殖民地更加忠诚于英国，英国人再次改变策略。亨利·克林顿挥师佐治亚，但华盛顿为了安全不能放松对纽约城的戒备，因此南方的大陆军就只能自求多福了。南方的大陆军战斗力要逊色许多。英国人迅速占领萨凡纳（Savannah）和奥古斯塔（Augusta）。

在拉法耶特返回法国后不久，约翰·劳伦斯就离开华盛顿的参谋部，回到南方保卫家乡去了。劳伦斯对新大陆荒唐的等级制度可没有视而不见，为了赢得战争，也为了替美国化解这个巨大的道德矛盾，他把一个堪称孤注一掷的计划带到南卡罗来纳：答应给非洲奴隶以自由，以换取他们提供军事服务。劳伦斯认为，这是一个完美的方案，可以解决在黑人奴隶占多数的地区招募军队的问题。这也杜绝了英国人对黑人奴隶的引诱，因为英国人答应他们，只要他们起来反抗他们的主人，他们就能获得自由。如果奴隶主自愿解放奴隶，那么英国人诱降奴隶所造成的威胁就能被消解。但当劳伦斯向南卡罗来纳立法机关呈递自己的计划时，他只换来满堂哄笑。如果要在解放奴隶与输掉战争之间二择其一，那么南卡罗来纳的种植园主只会说："天佑国王。"

拉法耶特只能在远处注视着这个灾难性的结果。法美联军准备合力夺回萨凡纳，但粗疏的计划、糟糕的运气，以及几个关键错误，让萨凡纳战役变成法美双方的血腥惨败。德斯坦本人也身受重伤。尽管诺瓦耶子爵作战英勇，但他此时已回家过冬了，而约翰·劳伦斯只是侥幸地在战斗中幸存下来。他那不顾后果的勇猛几乎以自杀的方式葬送了他。到处流传的故事都说，他在无力回天的混战中向敌人袒露胸膛，敌人只要打中一枪就能让他成为自由烈士。但英国人没有给他这个壮烈牺牲的机会，劳伦斯最终与残余的大陆军部队一起撤退。

连连挫败让拉法耶特和富兰克林面目无光，他们只能恳求韦尔热讷、莫勒帕以及各部大臣提供更多援助和支持。他们特别希望说服法国政府，派出新的法国远征军，以增援和接替原本在德斯坦指挥下的法国远征军。拉法耶特言辞恳切地形容大陆军濒临解体、危在旦夕，韦尔热讷也支持再派远征军的想法。且不论韦尔热讷本人名声如何，法国人的荣誉感此时发挥作用了。在法国人加入战斗后，还要目睹美国人迅速败亡，这简直是不堪设想。其他各部大臣对于再派远征军的花费颇感为难，其中就包括新任财政总监雅克·内克尔（Jacques Necker），他是个瑞士新教徒银行家，深知国王那糟糕的财政状况。内克尔试图阻止新远征计划，以免法国在美国越陷越深。但莫勒帕已年老体虚，韦尔热讷已取代他的地位，成为国王最为宠信的顾问。新远征计划获得法国国王御准。

　　拉法耶特一直忙于各种会见和公务，直到 1779 年圣诞节前夕才得以稍事休息，当时拉法耶特收到阿德里安娜的消息，她生下了一个健康快乐的男婴。此时此刻，拉法耶特兴奋异常，他终于有了一个儿子和继承人，而且是整个诺瓦耶家族的继承人。当拉法耶特坚持把这个小男孩命名为乔治·华盛顿·拉法耶特（Georges Washington Lafayette）时，家族里几乎无人敢反对。阿德里安娜恳求拉法耶特回归家庭。她写道："身为人父的职责如此甜蜜。其他事情让他们去处理吧。他们能够处理好的。"[14]拉法耶特对阿德里安娜的言辞不以为然，但在多年以后，他将会幡然悔悟。他陪伴阿德里安娜、阿纳斯塔西和小乔治的日子太少了。接下来，他要开始谋划如何顺利返回美国了。

✦✦

　　1780 年 2 月，派遣新远征军的细节终于尘埃落定。总共派出 6 艘到 7 艘战列舰，外加几艘护卫舰，以及一队补给船和交通船，以便装载弹药、枪械和物资。最为重要的是，陆军大臣同意派出 6000 名正规军士兵，以加强大陆军在陆地上的力量。当另一支远征军即将组建的消息泄露出去时，每一名法国年轻军官都摩拳擦掌、跃跃欲试。诺瓦耶子爵受到征召，塞居尔作为三位好友中最后动身的，同样受到征召，即将前往美国。以这三位好友为核心，他们将会组成一个思想进步的法国青年军官团，他们在美国服役，当他们回到家乡时，将会渴望为自己的王国革除种种积弊。

104

拉法耶特不只想在军队里面谋一个位置，他想指挥整个远征军。亲自指挥 6000 人的部队去给华盛顿解围，是诱人的前景，一个人确实很难不为此而感到陶醉。拉法耶特才 22 岁。在法国军衔序列中，拉法耶特只是一名上校。想要领导整个远征军，是贪得无厌的痴心妄想。但在当时，拉法耶特的确有理由心怀希望。韦尔热讷说过，在经历过纽波特战役的相互指责和彼此误解后，至少**他**真的希望有一个美国人信得过的人物，能够置身于法国军队的指挥部帐篷中。

但法国陆军大臣是地球上少数几位对拉法耶特的魅力不为所动的人物之一。他对拉法耶特置之不理，然后把指挥权交给罗尚博伯爵（comte de Rochambeau）。罗尚博是知识渊博、谈吐优雅、擅长外交的军官，早在拉法耶特出生以前就已荣任将军了。尽管作为拥有 40 年军龄的老兵，他在欧洲大陆参加过无数战役——他受过无数战伤，足以证明他是真正的战士，而非文弱的贵族——但这还是罗尚博第一次独立担任指挥官。这是一个他远远未能胜任的使命。

拉法耶特因未能获得指挥权而深感失望，但他其实没什么好失望的，毕竟他这个不合情理的念想只是个奢望。与此同时，法国政府命令他继续担任大陆军少将。法国人对美国人满腹怨言，正如美国人同样对法国人满腹怨言，韦尔热讷宁愿把**自己**信得过的人安插在华盛顿身边。对于拉法耶特来说，这未尝不是一个安慰奖——虽然拉法耶特坚称自己是**主动**要求返回大陆军服役的，这样美国人就不会纳闷为何拉法耶特会错过远征军的任命了。

在拉法耶特离开法国以前，他又借了 12 万里弗尔贷款，以应对他在美国的开销。这让他的财务经理头痛欲裂。财务经理写信给拉法耶特在沙瓦尼亚克的姑姑们，提醒她们其侄子"正在以他的财富购买光荣"。[15]拉法耶特根本不在乎这些鸡毛蒜皮的小事。他年轻而又富有。金钱是个无底洞。假如他有花不完的财富，谁又在乎购买光荣的花费呢？拉法耶特的财务经理留了下来，负责处理拉法耶特的账单。

阿德里安娜伤心欲绝。丈夫待在家里的时间还不到一年。他把绝大多数时间用于安置他的守备部队，或是会见政府官员。此时他又要启程离去。实际上，拉法耶特把妻子再次置于三年前的情形下，唯一不同的是，这次妻子把孩子抱在臂弯里，而非放在子宫里。阿德里安娜最终会原谅他。因为她爱他。她支持他。她理解他，知道他一定要有所作为。拉法耶特是个追逐名誉、光荣和地位的年轻男子，这一追求在当时不算为例，阿德里安娜身边大多数的男子都是这样的。拉法耶特不可能给予阿德里安娜不同于别人妻子的特殊地位。唯一不同的是，阿德里安娜爱丈夫的方式是当时绝大多数人的妻子所做不到的。在丈夫离去后，阿德里安娜卧床不起长达两个星期。

在离开巴黎以前，拉法耶特最后去了一趟凡尔赛宫。一年前，当他回到这座宫殿时，他顺从地低下头颅；此时即将启程，他昂首阔步。他穿上大陆军少将礼服，出现在国王与王后面前。国王与王后祝他此行一切顺利、好运相随。然后，拉法耶特转身离去，再次投入一场以永远推翻所有国王与王后为目标的革命。

第八章

红黑羽毛
（1780—1781）

　　仿佛蒙上帝保佑，拉法耶特第三次横渡大西洋之旅出人意料地风平浪静。没有让人难熬的无边寂静，没有让人恐惧的狂风暴雨，没有血雨腥风的钩心斗角。没有遇到英国皇家海军。没有瘟疫，没有饥饿，也没有干渴。只有一名船员因为发高烧而死，这对于18世纪的跨大西洋航行来说，实在是稀松平常之事。1780年4月27日，经过38天的航行后，"赫尔迈厄尼号"（Hermione）终于驶入马萨诸塞。

　　拉法耶特回到波士顿，马上迎来热情的庆祝。船只刚刚驶入港口，消息就已不胫而走：侯爵，**我们的**侯爵回来了。波士顿市民涌到码头向他致敬。拉法耶特在此盘桓数日，与约翰·汉考克和山姆·亚当斯等精英领导人觥筹交错，与为他燃起篝火与焰火的平民百姓共同庆祝。碰巧的是，在"赫尔迈厄尼号"上与拉法耶特同行的一位乘客，正是皮埃尔·杜·鲁索·德·法约尔，他曾经搭乘"胜利号"，与拉法耶特共同经历第一次跨大西洋航行。1777年，鲁索·德·法约尔发现美国人对他们抱有怀疑和敌视的态度。而三年后登陆波士顿，他不禁注意到，当初对他们以冷遇的人们，如今却欢天喜地来迎接他们。

拉法耶特以愉悦的心情参与波士顿的公众狂欢，但他同样渴望回到他"真正的家"：乔治·华盛顿的司令部。他甫一登岸就给华盛顿寄去一封信，信中写道："亲爱的将军，我回来了。"[1]拉法耶特归来的消息迅速传遍大陆军的营垒。就连永远像个斯多葛派哲学家那样冷静的华盛顿，也无法掩饰自己的激动。汉密尔顿、格林、诺克斯以及其他伙伴，都迫不及待地想见到他们的老朋友。士兵们也有理由感到激动。拉法耶特年轻勇敢、热情慷慨，一直深受普通士兵的拥戴。1780 年 5 月 10 日，拉法耶特骑马进入营地，人们欢天喜地、奔走相告。营地里的人们纷纷赶来，而拉法耶特与华盛顿也紧紧拥抱。拉法耶特受到两个家庭的关爱，一个家庭在法国，另一个家庭在美国，无论何时横跨大西洋，他都走在回家的路上。

※※

当拉法耶特告诉华盛顿，另一支法国远征军已在路上时，华盛顿因拉法耶特回归而产生的好心情又增加了几分。华盛顿对拉法耶特推心置腹，他把大陆军面临的严重局面**和盘托出**。对于爱国者来说，如果福吉谷那个冬天是漫长的黑夜，那么莫里斯敦这个冬天比那时候还要糟糕。永不停歇的暴风雪席卷了这片荒郊野地。河流和港口都凝结了厚厚的坚冰，人们过去从未目睹此等景象。列兵约瑟夫·普拉姆·马丁（Joseph Plumb Martin）在大陆军服役的几年里坚持每天写日记，他在日记中写道："我们真的快要饿死了，我郑

107

重宣告，我已经四天四夜没有进食了。"[2]德·卡尔布在家书中写道："那些只在福吉谷……度过之前两个冬天的人，根本无法体会到这个冬天的残酷，根本无法知道这个冬天会有多么痛苦。"[3]所有人都深陷于痛苦境地之中。

莫里斯敦的恐怖严冬并未在美国文化史上留下深刻记忆。当时，美国公民已把战争抛诸脑后。州政府和地方政府对于供养和补给他们的士兵漫不经心。权能不足的大陆会议则缺乏在全国范围内开征直接税的权威。大陆会议发行的纸币已经一钱不值，发布的法令已成一纸空文。在莱克星顿和康科德的枪声过去五年后，人们的信任、善意和关注已消磨殆尽。极少数坚持不懈地守护自由之火的信徒，在日渐暗淡的火光中快要被冻死。许多人辞职离去。许多人不辞而别。几乎没有人顶替他们空出的位置。

即使是大陆军的资深领导者们也觉得自己被抛弃了。格林写道："一个物资充盈的国家正在折磨自己的军队，这支被用来保护一切事物的军队是亲切而可贵的，但这支军队却连食物都严重短缺。"[4]埃比尼泽·亨廷顿（Ebenezer Huntington）上校写道："一种死皮赖脸、恬不知耻的愚蠢正盛行于这个国家，简直非言语所能形容……我鄙视我这些胆怯懦弱的同胞，当我们最需要他们伸出援手时，他们畏惧退缩了，他们紧紧抓住自己的钱袋子，宁愿让这个世界坠入深渊，也不愿意为他们的军队掏一个子儿。"[5]汉密尔顿在给劳伦斯的信中写道："我对这个世界的一切感到作呕，只有对你和**极**少数诚实的伙伴才感到自在。"[6]军队里日甚一日的不满情绪是个危险动向。受到民政当局虐待的士兵通常会停止捍卫自由的火焰，转而烧光自己的余烬去加热军事独裁的烙铁。

在这种情况下，拉法耶特告诉人们，法国止在运送更多资金、补给、枪械和人力前来，这无异于天降甘霖。不过，法国人所做的还要更多。由于拉法耶特极力强调乔治·华盛顿在政治上的重要性，法国政府命令罗尚博将军，务必服从华盛顿的最终指挥权。拉法耶特告诉法国政府，美国人不会容忍别人冒犯他们的荣誉。但当法国政府明确指挥层级时，他们根本没有提及大陆会议的权威。由于法律的约束，华盛顿在大陆军的编制、行动和战略等方面必须征询大陆会议的意见。拉法耶特告诉华盛顿，他在即将到来的法国军队中不会受到类似的约束。按照法国政府的指示，罗尚博及其部下将只对华盛顿负责。华盛顿本人可以指挥这 6000 名外国士兵，他们会在华盛顿指挥下，在任何时候，前往任何地方，这对于时常受到民政当局掣肘的华盛顿来说，无疑是个颇具诱惑力的解决方案。州议会可能会对雪片般飞来的告急文书和告急备忘录置若罔闻。如果一位愤怒的将军派士兵来催收粮饷，州议会**不**可能对士兵手中那些黑洞洞的枪口和明晃晃的刺刀无动于衷。

在大陆会议中，也有人可能会接受暂时的军事统治。小心翼翼的耳语让位于大庭广众的讨论，人们开始谈论暂时任命乔治·华盛顿为独裁官的好处。毕竟，罗马共和国也曾频繁任命独裁官，以求让共和国渡过难关。如果有什么人值得信任，让人们相信他将会交还绝对权力，那么这个人肯定就是华盛顿。拉法耶特承认自己对这个想法相当纠结：“我并不知道，作为他的朋友，我是否应该期待他获得绝对权力，但我非常肯定地知道，我绝对不能谈论这种措施，也不能表现得赞同这种措施，这对我来说非常重要。"[7]尽管拉法耶特对这个想法保持沉默，但他肯定知道这个想法有其好处。

华盛顿对上述建议的回应，给拉法耶特留下深刻的印象。总司令直截了当地拒绝成为独裁者，他拒绝发动政变，也拒绝军事统治。这件事有力地体现了华盛顿在政治上的自我克制，它是华盛顿为拉法耶特树立的众多美德模范之一。1815 年，拿破仑·波拿巴（Napoleon Bonaparte）被流放到圣赫勒拿岛（Saint Helena），他试图为自己辩护："假如我置身于美国，我也会愿意成为华盛顿……但假如华盛顿置身于法国，面临着内部纷争和外部入侵，我敢断言他也不会像在美国那样行事；至少，假如他像在美国那样行事，那么他就愚不可及了。"[8]且不论拿破仑对北美独立战争的错误认知多么荒诞可笑——仿佛北美就不用面临内部纷争和外部入侵似的——人们不禁想追问，假如回到 1780 年那个春天，拿破仑会有何等作为。深受民政当局行政失当的困扰，深知部下承受毫无必要的痛苦，在这种情况下获悉一支外国军队将会受其调遣，人们想知道的是：拿破仑到底需要多少个小时来决定向费城进军；进而以这支军队去征用他所需要的物资；进而以刺刀强迫征召更多士兵和水手来赢得战争；进而把国家立法机关一脚踢开，然后自封为独裁者。到底需要多少个小时？12 小时？24 小时？或者毫不犹豫地先下手为强？华盛顿没有采取过上述任何行动，也没有任何证据证明他曾经考虑采取上述任何行动。作为坚定不移的共和主义者，华盛顿始终忠诚于民政当局，这给拉法耶特留下深刻印象并使其受益终身。这当然有助于拉法耶特后来坚决反对拿破仑的独裁统治。

一切都过去了。大陆会议关于是否拥戴华盛顿为独裁官的简短辩论迅速终止。他无论如何也不会接受这一提议。事实证明，他也 110 不会享受法国政府明确赋予他的权力。他的权威高于罗尚博，仅仅是一种让双方都能乐于接受的外交礼节，罗尚博并不会盲目执行华盛顿下达的命令。此外，关于法国远征军的消息，其实是一种必要的刺激，好去唤醒那些昏昏欲睡的美国政客。拉法耶特投身于游说活动，游说大陆会议，游说各州议会，游说地方民兵，希望他们给予全力支持。战争**已经**拖延得太久。如果大家都能助一臂之力，投入最后一击……他们没有理由不敢相信，1780 年夏天，将会是这场战争的最后一个夏天。

⊰⊱

发生于 1780 年的战争，其实是两场战争。一场是在北方进行的陷入僵持的战争，另一场是在南方进行的濒于溃败的战争。纽约城仍然是保王派发起行动的主要基地，夺回纽约城仍然是乔治·华盛顿的中心任务。但自从拉法耶特在一年半前离开后，华盛顿就未能在这个目标上取得任何进展。华盛顿所指挥的军队，规模不够庞大，战斗力不够强大。更何况华盛顿根本就没有海军部队。但亨利·克林顿同样无法突破华盛顿北路军的封锁，因为在 1779 年，英国人的战略又变了。克林顿所指挥的绝大多数部队被抽调到南方，力求再次征服佐治亚和南卡罗来纳。在南方，美国人已经显露出战败迹象。1780 年初，亨利·克林顿亲自指挥一支庞大的舰队包围查尔斯顿。克林顿深知华盛顿的军队状况不佳，知道即使只在纽约城保留少数兵力，也无须担心会丢掉这座城市。

　　法国人所承诺的增援改变了北方的战略态势。如果法国人迅速抵达，他们就能打破僵局。美国人和法国人就能拿下纽约城，掏空克林顿身后的口袋。但当大陆军眺望海平线，等待法国舰队时，他们却等来从南方传来的更加糟糕的消息。英国人正在有条不紊地完成对查尔斯顿的包围。没有任何可以解围的援军。就算是华盛顿也只能派出一支由德·卡尔布将军率领的支线部队来救急。华盛顿麾下的其他部队并不适合赶来救急。在德·卡尔布出发后，又传来更坏的消息：查尔斯顿危在旦夕。查尔斯顿即将陷落。然后就是最终
111 的噩耗：查尔斯顿已经陷落。负责守城的大陆军士兵被克林顿俘虏和羞辱。克林顿强迫他们卷起战旗出城，而非按照礼遇投降者的惯例，允许他们展开战旗出城。拉法耶特及其伙伴们还震惊于另一个消息：他们的朋友约翰·劳伦斯此时已沦为战俘，劳伦斯曾经劝说查尔斯顿市民把奴隶们武装起来，要战斗至最后一人，但人们对他的奔走呼号无动于衷。

　　眺望东面的海平线，等待法国舰队出现，已成为一种令人神经紧张又焦灼不已的行动。在查尔斯顿陷落后，克林顿肯定会率领一支庞大的陆海军部队返回纽约城。如果法国人未能迅速抵达，那么夺取纽约城的计划就只能取消。那样的话，这场战争就永无止息之日了。终于，1780 年 7 月 11 日，人们在纽波特对开海面上看见法国人的帆影。奇迹般地，克林顿仍然没有回到纽约城。法美联军很有可能攻占这座城市，但他们必须赶紧采取行动。

　　拉法耶特协调双方联合进攻纽约城的角色是显而易见的。他将

会作为法美两军的主要联络官。华盛顿派遣拉法耶特前往纽波特与罗尚博商议，向其详细阐述美国人的进攻计划，进而敲定战役打响的准确时间。拉法耶特飞奔前往纽波特，虽然诺瓦耶子爵及其他许多从法国来的朋友就在法国军舰上，但拉法耶特只能与他们在匆忙中打个照面。他身上肩负着最高指挥官交托的重要使命。

罗尚博将军以及海军最高司令、海军上将泰尔内（Ternay）传来让人头脑清醒的消息。罗尚博只带来大约 4000 人，而非预计中的 6000 人，而且绝大多数人目前身患疾病、营养不良。罗尚博估计，至少在两个月内，这些人都不宜投入战斗。更糟糕的是，由于来自法国的补给线受到袭扰，还在后方的补给船只能延后出发。所有预计供大陆军于 1780 年使用的军服、军靴、武器和弹药还在法国。罗尚博的报告意味着迅速采取行动已绝无可能。如果说时间是发动进攻的关键因素，那么他们剩下的时间已经不多了。

拉法耶特怀着沮丧不已的心情回到大陆军司令部，准备向华盛顿说明这次会面的详细情形。不过，他对于采取行动的强烈渴望压倒了他的良好判断力。尽管拉法耶特已经了解上述情况，但他还是怀疑，罗尚博高估了突袭纽约城的风险，而低估了突袭纽约城的回报。拉法耶特为华盛顿起草了一份详细到分钟的会议备忘录，以确保自己没有理解错误，他还给罗尚博送去一份备忘录副本，以征求对方的意见。此举完全是出于他的率真个性，但拉法耶特所写的绝非对事实的冷静引述。他的总结充满了个人的主观臆断，尤其是最后的段落看上去就像是对罗尚博和泰尔内的直接批评："先生们，就我们目前最真实的情况而言……最重要的是在当前这场战役中采

112

取行动，你们可能盼望着明年会有更多部队从法国来，也可能精心制订着各种计划，但这都弥补不了此时此刻无所作为的致命后果。"[9]这段话等于同时质疑法国军队指挥官的判断和勇气。显而易见的是，拉法耶特的做法就像是主动航行到危险水域，他竟然把这份长达 12 页的、充满挑衅意味的备忘录呈送给罗尚博过目。

罗尚博对拉法耶特的回应可谓简单直接，他要求亲自面见华盛顿将军，向总司令直接陈述自己的意见。罗尚博批评拉法耶特对战略、战术和后勤的理解如同儿戏，暗示拉法耶特的意见立足于年轻人的幻想，而罗尚博自己的意见立足于"我这一生中多次目睹的具体战例"。[10]罗尚博另外给新任法国驻费城特命全权公使拉卢泽恩骑士（chevalier de La Luzerne）写了一封信，暗示拉法耶特肯定是代表着军队里面某个急不可耐、头脑发热的秘密小集团。罗尚博以极度怀疑的语气写道："他向我们提出许多不切实际的建议，比如在没有海军掩护的情况下夺取纽约城和长岛地区。"[11]但这个头脑发热的小集团其实只有一个成员，那就是头脑发热的拉法耶特。

拉法耶特马上承认是自己行事鲁莽。罗尚博的简短回复早已说明一切。他确实是一个欠缺经验的、年仅 22 岁的年轻人，愚不可及地在自己的上级军官面前口不择言。他马上放低姿态，写了一封表白心迹、解释情由的道歉信。既然拉法耶特低头认错，那么罗尚博也就轻轻放过他了。罗尚博已经认识拉法耶特许多年，因为他是拉里维埃家族的世交好友。罗尚博此时改变语气："我亲爱的侯爵，请允许我像一位老父亲对待自己无比关爱和尊重的宝贝儿子那样，对你说几句。"然后，他就开始提出对所有立功心切的年轻军官都适用的忠告："我将要告诉你我从 40 年军旅生涯中得出的重大秘密。世界上最容易被敌人打败的部队，就是对指挥官丧失信心的部队，他们一旦丧失对指挥官的信心，马上就会陷入各种私下盘算和个人野心的危险之中。"他继续写道："如果我足够幸运，能够赢回他们的信心，那么我就必须一丝不苟地拷问我的良知：在这总数将近 15000 人的部队中，许多人将会在我的指挥下阵亡或受伤，他们拥有不同的军阶，参与最为致命的行动，是否有任何一个人是因为我的个人利益而白白送命?"[12] 在战场上丧命的，都是有血有肉的、真实的人。罗尚博告诫拉法耶特，不应以堆积如山的尸体为代价，来攀登个人抱负的高峰。

＊＊＊

就像往常一样，拉法耶特马上从这次失误中恢复过来。由于围攻纽约城的战役被迫延后，大陆军只能围绕新泽西进行小规模的外围作战。对于拉法耶特来说，这可能不过是内容空洞的演习行动，但华盛顿想组建一支精锐的轻步兵旅，这支部队既能迅速穿越前线阵地，又能随时与主力部队联合作战。华盛顿把这支精锐轻步兵旅的指挥权交给拉法耶特，这让拉法耶特感到相当振奋。

拉法耶特对自己的新角色相当满意，虽然他也知道，自己并非华盛顿的首要人选。这个任命原本是要授予本尼迪克特·阿诺德少将的，他正受困于费城军政长官这个麻烦不断的正式职务。在过去这一年里，贪慕虚荣、脾气火暴但绝顶聪明的阿诺德躲过了民事诉讼和军事法庭的审判，只留下了像弹片一样嵌在他心中的怨恨。华盛顿想运用阿诺德的优点，又不得不顾虑他实在或潜在的缺点，因此不得不安抚阿诺德，抚平他那个人人都在针对他的念头。华盛顿意识到阿诺德身陷戏剧性的旋涡，因此想让他指挥精锐轻步兵旅。

114 但阿诺德拒绝了，理由是 1777 年几场战役中落下的腿伤又复发了。因此华盛顿为他提供了另一个职务：西点（West Point）要塞指挥官。这个要塞是哈得孙河上的防卫堡垒群，很可能是整场战争的关键。一旦西点要塞陷落，北美十三州就会被一分为二，这是生死攸关的咽喉要道。

拉法耶特得知阿诺德拒绝了轻步兵旅的任命，感到非常兴奋。他此时获得了一个步兵师的领导权，这个步兵师由来自新罕布什尔、纽约、康涅狄格、马萨诸塞和宾夕法尼亚的精锐连队整编而成。士兵们来自四面八方，团结在一面精英旗帜之下，他们打破了长期以来的地区本位意识，形成了一种全新的民族的精神——"军团精神"。拉法耶特想以一个醒目的标志来彰显其部队的精英地位。尽管他在给诺瓦耶子爵的信中写道，"我宁愿给他们配发醒目的制服和舒适的鞋子"，但他还是因陋就简地设计了一对红黑羽毛，用来固定在制服前或帽子上。[13]这是拉法耶特第一次运用视觉标志来彰显权力，以展现团结和身份。这引发了人们佩戴红黑羽毛的短暂风潮，直到华盛顿在 8 月底通令全军，只有拉法耶特指挥的轻步兵师能够佩戴红黑羽毛为止。关键是红黑羽毛本来是特殊的识别标志，如果人人佩戴，那就没有识别作用了。在 1780 年夏天余下的时光里，拉法耶特都与他的轻步兵师一起训练、宿营和战斗。尽管没什么重大行动，但官兵们士气高昂。一位随军外科医生说，拉法耶特的部队展现出大陆军最好的精神面貌："在他们之中，普遍盛行着一种贵族精神……他们是拉法耶特心中的骄傲，而拉法耶特则是他们眼中的偶像。"[14]

这种斗志昂扬的精神面貌在北方并不常见，在南方，可以说根本不存在。德·卡尔布指挥的增援部队还未抵达查尔斯顿，这座城市就已陷落了，德·卡尔布等人还发现，就连自己也受到从南方各州北上的、来势汹汹的英军部队的包围，这支英军部队此时正处于势不可当的康沃利斯勋爵指挥下。大陆会议希望能够在南卡罗来纳某处构筑防线，于是派出霍雷肖·盖茨接手指挥。大陆会议确信盖茨能够击败康沃利斯，因为他曾经击败伯戈因。然而，这位萨拉托加战役的胜利者，这回却率领他的部下遭遇这场战争中最惨重的失败之一。理查德·亨利·李上校亲眼见证了盖茨作为南方司令的灾难性表现，他说盖茨"可能太在意自己的赫赫威名"，"如果说好运气让人骄傲自大，那么好运气也会招致最深重、最惨烈的灾难"。[15]

他们果然等来最深重、最惨烈的灾难。盖茨完全忽略德·卡尔布的合理建议，武断地让营养不良、给养不足而且伤病缠身的士兵们向康沃利斯在南卡罗来纳州卡姆登（Camden）基地进军。随后，在1780年8月16日发生的卡姆登战役中，英国人发起冲锋，美国人被击溃而四处逃散。盖茨骑在马背上孤身逃离，却声称自己在收拢溃散的部队。他的部下再也没有见过他。战场指挥权落在德·卡尔布将军肩上，他率领着勇敢的右翼部队坚持到最后，直到他自己身中八发子弹和三处刀伤。康沃利斯在战场上找到垂死的德·卡尔

115

布，并说："我很遗憾看到您身受重伤，但我也很高兴，我终于击败了您。"[16]康沃利斯命令自己的私人医务官照顾这位手下败将。与此同时，盖茨马不停蹄，一路逃到费城。关于盖茨儒夫一般的临阵脱逃，汉密尔顿以尖刻辛辣的笔触写道："谁还见过如此惊心动魄的逃亡呢？180 英里的路程，他只花了三天半就走完了。这绝对是一个人在这一生中让人钦佩不已的经历了。"[17]盖茨再也没有在战场上指挥过任何部队。

当盖茨在费城安然入睡时，约翰·德·卡尔布男爵正在卡姆登垂死挣扎。德·卡尔布是法美同盟富有建设性的催生者。正是他反对布罗伊成为美洲总督，而他最为著名的贡献，正是把拉法耶特引领到历史舞台上。当他自己接受大陆军的任命时，他是拉法耶特和蔼友善的叔伯和乐于相助的导师，而这位年轻的法国侯爵虽然总是讨人喜欢，却时不时让人恼火。在之前的 5 月，由于日程的原因，他们错过了最后一次见面的机会。拉法耶特骑马到费城执行公务，而德·卡尔布则刚好动身去了南方。在最后一封家书里，德·卡尔布给妻子写道："如果我能在费城停留数日就好了，那样我就能等到拉法耶特侯爵了……我有无数个问题要问他，我愿意与他详谈好几个小时。"[18]但他们再也没有见过对方。

116

※※

当南方的失败已无可挽回时，北方的僵持还在继续。1780 年 9 月，华盛顿终于对部队的状况感到满意，它一度濒临哗变和逃亡的边缘，但一切已成过去，总司令终于能够动身去与罗尚博将军和泰尔内海军上将会面了。随行人员包括诺克斯、汉密尔顿和拉法耶特，华盛顿约定的会面地点是康涅狄格的哈特福德（Hartford）。在半路上，本尼迪克特·阿诺德也从西点要塞过来与他们会合，招待他们用午餐，并护送他们横渡哈得孙河。在渡船上，拉法耶特漫不经心地评论阿诺德"与敌人联络"，因为与英军同行保持沟通是阿诺德的例行职责。阿诺德激动地咆哮道："你这是什么意思？"[19]拉法耶特当时并不觉得这有什么了不起。阿诺德急得跳脚，这当然不会被后世的历史学家视为不祥之兆。

在哈特福德举行的法美峰会是成功的，但成果有限。全体法国青年军官都对华盛顿肃然起敬。他们都是在李维、波利比乌斯和普鲁塔克的作品熏陶下成长的，而他们此时见到了美国的辛辛那图斯（Cincinnatus），那位放下自己的犁，奋起保卫人民的英雄人物。罗尚博和泰尔内对华盛顿倒没有那么毕恭毕敬，但也表现出足够的尊重。华盛顿受到让人愉悦的外交待遇，虽然华盛顿本人也正确地猜想到，这实际上只是表面上的外交礼遇。双方都同意有必要围攻纽约城，但进一步的共识只有在法国远征军的后续部队抵达后才能考虑。此时，没有任何事情被敲定下来。拉法耶特充当了这次会谈的主要翻译员。这一次，当他撰写会议简报时，他不再加入个人见解。双方毫无怨言地在简报上签了字。

在他们返回司令部的路上，华盛顿及其随员改道途经西点要塞。他们本打算与本尼迪克特·阿诺德及其妻子佩吉（Peggy）一起用早餐，佩吉就住在与主堡垒群一河之隔的一栋房子里。但抵达时，他们发现阿诺德到西点要塞去了，据说是有紧急军务要处理，117

而阿诺德太太以身体不舒服为由待在自己的房间里。对于绝大多数军官来说，这后一条消息挺让人沮丧的。佩吉·阿诺德年轻漂亮，是费城社交名媛，可谓追求者众多。在吃过比预期沉闷得多的早餐后，华盛顿、拉法耶特和其他随员继续巡视堡垒群，以及那些建在悬崖绝壁上的、俯瞰哈得孙河的防御工事。华盛顿以为阿诺德会在要塞等他，结果当值军官却说他们整天都没见到阿诺德将军，华盛顿心里有些纳闷。要塞里看上去也没什么紧急军务。当华盛顿巡视要塞时，内心的不满就更加明显了。他发现防卫墙多处坍塌，但维修工程半途而废，计划好的加固工程也从未开始。

　　华盛顿以及军官们越看越不是滋味，于是返回阿诺德家中用晚餐。当拉法耶特在房间里换衣服时，年轻的副官麦克亨利（McHenry）少校冲进房间，发疯似的寻找自己的手枪，然后又不发一言地跑出房间。当拉法耶特走出房间时，他发现麦克亨利和汉密尔顿已经一个箭步冲出房子。他在客厅里遇见华盛顿。只见华盛顿眼中带泪，揉着几个纸团说："阿诺德背叛我们了。"拉法耶特后来道："在任何情况下，我从未见过华盛顿将军如此伤心。"[20]

　　真相很快传来。一天前，一队民兵巡逻队抓获一名穿着便衣的英国军官。这名俘虏随即被发现是携带着一捆文书的英军少校约翰·安德烈（John André）。当华盛顿审读文书内容时，他惊奇地发现里面竟然有战争委员会简报的副本，而这份简报本来是华盛顿转给本尼迪克特·阿诺德的。更让人惊恐的是，里面还有一份本尼迪克特·阿诺德写的关于夺取西点要塞最佳进军路线的详细说明。被抓获的安德烈少校原来是个间谍，也是阿诺德的线人和信差。本尼迪克特·阿诺德是叛国者。

这一发现让拉法耶特惊呆了，同样也让所有人惊呆了。本尼迪克特·阿诺德是战争英雄。他是他们当中最早参与起义也最为英勇顽强的爱国军官之一。1775 年，他几乎以一己之力领导了进攻加拿大的任务。所有人都知道，他是萨拉托加大捷的**真**英雄。今时今日，本尼迪克特·阿诺德的名字几乎与叛国行为同义，但在他的叛国行为被发现以前，他的名字是与爱国英雄主义同义的。华盛顿以一句话概括了人们的想法："现在我们还能相信谁？"[21]

他们后来才知道，阿诺德一听说安德烈被抓捕，就马上逃到停泊在哈得孙河上的一艘英国舰艇上了。华盛顿让汉密尔顿和麦克亨利去追捕阿诺德，但一切已经太迟。阿诺德已经安全逃到战线另一边，他给华盛顿写来一张便条，便条中毫无悔意，只是替他可怜的妻子佩吉请求赦免。阿诺德发誓妻子对此毫不知情，不应受到任何虐待。华盛顿以及其他军官相信了这套说辞。佩吉伪装得很好，她整天精神错乱、歇斯底里，大家还以为她是因丈夫的背叛而歇斯底里。但其实她自己是一名坚定的反对独立者，她帮助促成了她丈夫的叛国。现在，她就是表演而已，以便能越过界线，回到丈夫身边。拉法耶特以及其他人对佩吉的忠诚毫不怀疑。佩吉告诉华盛顿，她想回费城投靠父亲，大家就让她离开了。实际上，她跑到纽约投奔丈夫去了。夫妻俩指望着，当叛乱的殖民地回归宗主国时能得到丰厚奖赏。

阿诺德事件的最后环节就是如何决定安德烈少校的命运。安德烈才 27 岁，长相英俊、反应灵敏、举止优雅。他喜欢写诗，也喜

118

欢画速写。他在沙龙里与在战场上一样游刃有余。他是温文尔雅的模范军官，受到交战双方一致赞美。1780 年 9 月 29 日，军事法庭一致同意判决安德烈死刑。具有绅士身份的战俘通常能够享受枪决待遇，但安德烈是在穿着便装时被抓住的，而且随身携带伪造文件，因此军事法庭判决其作为间谍接受绞刑。在安德烈身为囚徒的最后时日里，他与汉密尔顿和拉法耶特亲切友善地交谈，这两人都非常喜欢他。拉法耶特在给阿德里安娜的家书中写道："我真是愚不可及，竟然被他感动了。"[22]汉密尔顿和拉法耶特请求以火枪队为安德烈行刑，但华盛顿不为所动。间谍就应该被绞死，而且这个间谍尤其应该被绞死，他差点使他们失去一切。1780 年 10 月 2 日，约翰·安德烈少校在全军面前被处以绞刑。

在受到叛国者灾难的冲刷后，拉法耶特和华盛顿要全力确保事件不至于冲击他们与法国人的关系。罗尚博识趣地、有雅量地同意，揭发一个叛国者是**大好事**，而非什么**可怕的**事情。回想最近的混乱状况和偶发事件，让阿诺德在造成致命后果之前及时暴露，华盛顿称之为"最为凑巧的干预"。[23]拉法耶特所用的术语没有那么多修辞气息，他认为这次发现叛徒完全就是"阴差阳错加歪打正着"。[24]

⚜

阿诺德事件的惊心动魄迅速让位于无所作为的穷极无聊。这里无事可干。拉法耶特总是热心求战，但他此时也洞悉了军旅生涯的真相：无穷尽的耐心和无休止的等待。他在给泰塞夫人的家书中写道，这里的战争"跟欧洲战争一样无聊"。²⁵然后是更多让人沮丧的消息：英国皇家海军成功封锁了第二支法国舰队。近期也不会再有船只起航了。只有计划中的对斯塔顿岛（Staten Island）的突袭能够打破这个单调局面，这次突袭将会动用拉法耶特的轻步兵师。但就连这次行动也在最后时刻被取消了，因为军需部门未能为拉法耶特及其部队提供足够的船只以横渡哈得孙河。拉法耶特深感失望，因为1780年的交战季节已经显而易见地、无可挽回地错过了。随着大陆军前往冬季营地，他所钟爱的轻步兵师将会就地解散。

尽管如此，这几个月也不是一无所获。由于法国人、英国人和美国人均按兵不动，法国青年军官观摩大陆军的请求得到批准。拉法耶特发现自己正在招待来自家乡的老相识，其中最重要的是他的连襟诺瓦耶子爵。四年前，他们梦想着一起来美国。尽管他们走了很不同的路，但他们总算梦想成真了。诺瓦耶子爵抵达大陆军营垒时，还带来拉法耶特在家乡早就熟悉的几位军官，其中最年长的是沙特吕伯爵（comte de Chastellux），一名乐观随和的军人，有时候还是个哲学家，他为后人留下影响久远、成果丰硕的美国游记。

在各种因公因私的借口下，拉法耶特及其朋友获得额外的假期，可以前往费城参观。在费城，他们总算可以探寻这座规模有限但富有魅力的美国首都。精神抖擞的法国军官在当地掀起一股旋风。茶叙、晚餐和舞会的邀请如雪片般飞来。每到白天，拉法耶特及其朋友就到白兰地溪、日耳曼敦和巴伦山等战场徒步。每到晚上，他们就饮酒和跳舞。拉法耶特和沙特吕受到邀请，得以加入著名的美国哲学学会（American Philosophical Society）；沙特吕受到邀请，是因为他作为著名知识分子的声誉；拉法耶特受到邀请则是因为……他是拉法耶特。这两个法国人对此感到无比自豪。

在费城，他们也和约翰·劳伦斯重逢了。劳伦斯在查尔斯顿成了俘虏，在相对宽松的软禁环境中，他得以回到费城。作为资深军官，劳伦斯接到指令，不得离开宾夕法尼亚，他认为这已是一种礼遇。除此之外，他可以自由进出家门。这种待遇与被关押在纽约港内的普通士兵恰成对照，那里的驳船监狱真可谓臭名昭著。作为亨利·劳伦斯的儿子，以及华盛顿将军的军事大家庭的成员，劳伦斯得以确保进一步享受特殊待遇。他的名字被排在战俘交换名单顶端，并迅速得到释放。劳伦斯一度对这种特殊待遇感到焦躁不安，但他如此急于回到战场，没有在这件事情上纠结太久。

然而，劳伦斯再也未能回到战场。大陆会议判断，他们需要在法国有另一个游说的声音，以争取更多人员、资金和补给。大陆会议目前收到的资助相当有限，让人失望且严重不足。大陆会议中有人认为，本杰明·富兰克林明显过分亲近法国，这让他从这一国家争取到的资助远远少于他应该争取到的。当开始提名新的外交代表职位时，拉法耶特和劳伦斯都提议由亚历山大·汉密尔顿出任这个职位。毕竟，汉密尔顿能说流利的法语，而且尤其熟悉财政事务。他们也都知道，汉密尔顿并不满足于只作为华盛顿的副官。汉密尔顿曾经明确地对这两位朋友说，他相信他在华盛顿身边鞍前马后的日子也该告一段落了。但大陆会议并不考虑仍然寂寂无名的汉密尔顿，而是钟情于劳伦斯，劳伦斯更适合呈递国书，毕竟他出身更高贵。劳伦斯也能说流利的法语，而且曾在欧洲接受教育，是南方种植园贵族的儿子。再加上劳伦斯热情如火，近乎病态地支持爱国主义，这让他就像一根宁折不弯的铁棍，正好支撑起富兰克林这株容易弯折的柳树。无论如何，这就是大陆会议的想法。

劳伦斯试图摆脱这个任命。他自己知道，大家也都知道，他的个性急躁，并不适合从事外交工作。但出于责任感，他最终接受了这个职位。1781 年 1 月，拉法耶特和劳伦斯一起离开费城去见华盛顿，讨论劳伦斯这个任命的前景。他们与法国朋友说再见。派对结束。是时候回去工作了。

⚌⚌

当他们回到司令部时，他们亲眼看见了美国革命事业岌岌可危的状况——事业越光荣，状况越危险。拉法耶特、劳伦斯和汉密尔顿总是抱怨缺乏行动。已故的德·卡尔布男爵曾经抱怨物价飞涨和薪水冻结。但普通士兵所承受的痛苦甚至更多。他们经常服役好几个月却领不到薪水。即使最后领到薪水，也通常是毫不值钱的纸币，甚或经常是永不兑现的奖金承诺。他们没有肉类果腹，没有燃料生火，没有鞋子裹脚，没有毯子睡觉，站岗时也没有大衣御寒。1781 年新年当天，哗变终于在宾夕法尼亚士兵中爆发。他们的服役期限截止于这新的一年，却被武断地延长一年。一小队士兵哗变了。他们杀死了几名军官，准备向费城进军，并为他们所受的委屈要求全额补偿。但他们对于受到叛国指控相当敏感，在悲伤而愤怒的口号下进军："我们不是阿诺德！"[26]

拉法耶特和劳伦斯正好走在哗变士兵的前进道路上，他们极力应对危机，由于拉法耶特在普通士兵当中深得人心，他得以见到哗变发动者，但未能说服对方。在华盛顿采取断然措施以前，宾夕法尼亚州议会也许意识到自己于理有亏，匆匆忙忙补足了欠饷，并答应想要退役的士兵可以退役。

不过，事件仍未结束。危险的哗变蔓延到新泽西士兵当中。他们也无法忍受了。他们拒绝服从命令，杀死了几名军官，并列出了诉求清单。这一次，华盛顿派出安东尼·韦恩（Anthony Wayne）将军率一支具有压倒性力量的镇压部队包围哗变者，而且只接受无条件投降。哗变是不能被容忍的，无论哗变的理由如何正义。韦恩将军在确认哗变者投降后，命令平静下来的士兵处决哗变的起事者。他们牺牲了一切，承受了虐待，却只换来悲惨的结局。但哗变就是哗变，是不能被容忍的。

在这两次哗变之间，拉法耶特、劳伦斯和华盛顿同意列出一个需求清单，以便呈递给法国政府——最为急需的还是钱。真金白银的钱。币值稳定的钱。他们并非对哗变者的诉求充耳不闻。他们绝望地希望法国能够帮助他们摆脱困境，在整支军队解散回家之前稳住大家。

❦

1781 年初冬，拉法耶特、汉密尔顿和劳伦斯结束了作为华盛顿大家庭中的三剑客的时光。劳伦斯动身前往波士顿，同行的有脾气暴躁、能言善辩的托马斯·潘恩（Thomas Paine），后者将会作为非正式的秘书。劳伦斯携带着一大捆拉法耶特写给法国各方人物的信件，这些信件将会使劳伦斯的使命更容易完成，也会使他在法国逗留期间的待遇更加舒心。在给阿德里安娜的家书中，拉法耶特专门写道，"如果我在家中，他将每天晚上与我共进晚餐"，还特地请求妻子像对待家人那样对待劳伦斯。[27]就在劳伦斯准备动身出发时，他收到一条好消息，这让他的法国之行更加便利。诺瓦耶子爵将会专门帮助年轻的美国全权公使，小心穿行于凡尔赛这个如同拜占庭帝国那样复杂的世界。从前的沟通太不便了，拉法耶特直到好几个月后才知道，他最好的两个朋友就在同一艘船上一同起航。拉法耶特有好几个月都在给诺瓦耶子爵写信，仿佛对方还在纽波特。

接下来离开的是汉密尔顿。他花了好几个月来请求辞职，希望能到其他**任何地方**去任职，只要不用回去给华盛顿起草信稿就好。但华盛顿坚持认为，汉密尔顿是总司令部这台机器中不可或缺的零件。拉法耶特无意中在这两个长期以来亲如父子的人物之间种下裂痕。2 月 16 日，华盛顿和汉密尔顿在楼梯间里碰见对方。华盛顿告诉汉密尔顿，两人有必要好好谈谈。汉密尔顿正在送文件的路上，他说他很快就会回来。在他回来的路上，他又碰见拉法耶特。拉法耶特也要跟汉密尔顿说几句话。汉密尔顿后来估计两个人"说了不到两分钟"。[28]在离开拉法耶特后，汉密尔顿回到楼梯间，却发现华盛顿面带愠怒之色地等着他。华盛顿说汉密尔顿不尊重他。汉密尔顿也很生气，威胁要辞职。华盛顿说好吧，然后转身离去。就像婚姻会因堆积如山的脏盘子而瓦解，怨恨也是日积月累的。华盛顿为自己容易动怒而感到遗憾，想修补裂痕。但汉密尔顿已经义无反顾地离去。他从华盛顿的参谋部辞职了。

最后，轮到拉法耶特离开了。他纠结了好几个月，反复考虑是否到南方战区接受指挥职务。那里不缺少军事行动，但拉法耶特很难想象不在华盛顿身边的日子。他整个冬天都在给汉密尔顿的信中写道："我不喜欢这个离他而去的念头。"[29]汉密尔顿完全能够理解拉法耶特的感受，因为他自己也到了离开华盛顿的时候，离开这个拉法耶特同样依靠的人。然而，情况已经完全改变了。作为对国王卓越服务的回报，本尼迪克特·阿诺德已被任命为英军将领。1781年新年刚过，阿诺德率领部队在弗吉尼亚登陆，而且到处袭击，如入无人之境。华盛顿决定重新集结轻步兵师，并派遣拉法耶特前往南方作战。一旦抵达弗吉尼亚，拉法耶特就要设法与施托伊本将军指挥下的部队取得联系，以阻止阿诺德继续发起侮辱性的战斗。

这是至关重要的任务。这可以被视为拉法耶特为他的义父复仇。至于华盛顿自己，他也非常乐意把这个任务视为个人的复仇。在给拉法耶特的正式军令中，华盛顿写道："你可以对阿诺德采取任何行动，采取直接行动也行，采用伪装手段也行，务必使其受到惩罚，考虑到他背叛国家和擅离职守的行径，如果他落到你的手上，你可以使用干脆利落的手段，将其就地正法。"[30]在1781年2月最后一个星期，拉法耶特骑上高头白马奔向南方，他在寻找一根绞索、一棵大树，以及应该被绞死在大树上的本尼迪克特·阿诺德。

第九章

戏剧落幕
（1781）

战争是意志的较量。武器、军队、舰队以及要塞，只不过是粉
碎敌人意志的工具。一个世代以后，克劳塞维茨将会写下战争的三
个明显目标："摧毁敌人的武装力量；占领敌人的国家；粉碎敌人
继续战斗的意志。"[1]但前两个目标只是实现第三个目标的手段，第
三个目标才是战争的真正目标，即粉碎敌人继续战斗的意志。胜利
和失败都是主观的心理事件，而非客观的物质状况。如果敌人的意
志被粉碎了，那么即使他们有 100 万门大炮，那都得哑火了。但如
果敌人的意志**未**被粉碎，即使他们已解甲，国家被占领，也无济于
事。即使敌人已手无缚鸡之力，身无防备，也终究无济于事。他们
会屈膝跪地，抄起石头，然后朝你扔过来。

克劳塞维茨还写道，虽然和平通常会在一方认为自己无力再战
之后到来，但实现和平还有另外两种情况："一个是已无取胜可能；
另一个是难以承受代价。"[2]尽管当时的人们并不知情，但在 1781 年
夏天，英国已面临这另外两种情况。在英国国内，反对在美国作战
的声音已变成大合唱，然后变成共识，即这场冲突已变成烂泥潭，

国家付出了太多鲜血，投入了太多财富。在经历过毫无结果的五年后，英国公众开始怀疑，美国人永远不会停止战斗。即使他们被击败、解甲，土地被占领，他们也会屈膝跪地，抄起石头，然后朝英国人扔过来。

英国最新的战略只是证实了人们的猜想。在 1780 年 5 月占领查尔斯顿后，亨利·克林顿将军回到纽约城，只留下康沃利斯勋爵完成征服南方的任务。但康沃利斯发现所谓南方保王主义只是夸大其词，而所谓北美叛乱濒临崩溃同样是无稽之谈。康沃利斯发现自己被隔绝和孤立了，他的作战行动变成无休止的疲于奔命。在纽约，克林顿只是每天请求政府把自己召唤回国。在英国本土，议会拒绝投入额外的人力和财力。在南北卡罗来纳，许多本地人以敌意和怨恨对待英国人。康沃利斯缺乏支持和增援，他所损失的每个人都将成为无法弥补的人员缺额。

1781 年 1 月，美军将领丹尼尔·摩根（Daniel Morgan）把康沃利斯部队的一个支队引到南卡罗来纳州考彭斯（Cowpens）的陷阱中，然后将其彻底击溃。3 月，康沃利斯推进到北卡罗来纳，纳撒内尔·格林将军与康沃利斯在吉尔福德法院（Guilford Court House）爆发了一场遭遇战。尽管康沃利斯迫使格林退却，但大陆军给英军造成了重大损失，使人不禁引用普鲁塔克在《皮洛士传》（*Life of Pyrrhus*）中的名言来理解英国人的状况："如果我们再取得一场这样的胜利……我们将会被彻底摧毁。"[3]康沃利斯放弃了征服南北卡罗来纳的念头。他决定掉头前往弗吉尼亚，重新开始英国征服北美的过程，但他没有意识到，不会有什么卷土重来，只会有**卷铺盖滚**

蛋。尽管英国在财富、人力、资源、技术和经验方面拥有巨大优势，但英国人的意志已被粉碎。

⊰⊱

1781 年春天，当拉法耶特向南进军时，他并不知道自己正在走向北美独立战争的终点。他的主要目标是追捕并绞死本尼迪克特·阿诺德。自从在 1781 年 1 月率领 1000 人登陆弗吉尼亚后，阿诺德花了好几个月扫荡农村地区。当地人对紧急状况的反应是软弱无力的。尽管弗吉尼亚是起义各州的中心之一，产生了大陆会议和大陆军的显要人物，比如乔治·华盛顿、托马斯·杰斐逊、帕特里克·亨利（Patrick Henry）、乔治·梅森（George Mason）以及李家族等，但除了在战争早期阶段，它并未遭遇过激烈的战火。他们此时正苦苦应对军事入侵。施托伊本将军被派去指挥当地的民兵部队，他只能向司令部汇报，弗吉尼亚人的状况毫无希望可言："我简直无法形容我目前所处的状况……在这种状况下我无能为力，只能听天由命。"[4]

拉法耶特的步兵师预计会增援施托伊本，并成为弗吉尼亚防卫力量强有力的主心骨。为了掩盖他们的真实意图，拉法耶特告诉部队轻装前进，以执行短期任务。然后，他们马不停蹄地一路南行。一个星期后，他们抵达特伦顿（Trenton），那已是 100 英里开外了。即使到了那个时候，绝大多数人还是不知道最终的计划。拉法耶特接到的命令是前往马里兰州的鹿头角（Head of Elk）。在那里，他的部队将会与法国海军的分舰队会合，然后这支分舰队将会帮助他们横渡切萨皮克湾，前往弗吉尼亚。但当他们在 3 月第一个星期抵达预定地点后，拉法耶特却找不到护航舰队的踪迹。他既恼怒又烦躁，怀疑法军最高统帅回避这次会师，这样就能让"他们独自展现自己的热情"，然后由大陆军独自击败英国人了。[5]拉法耶特决定，不再等待可能根本不会出现的舰队。他激励热情的爱国者们，尽可能收集"所有能够收集到的船只"，然后把他的绝大多数部队运往安纳波利斯。[6]他本人则登上一艘小渔船，与 30 名经过精挑细选的部下一起，迅速驶向弗吉尼亚以侦察敌情。

随着拉法耶特的部队逼近弗吉尼亚，他也开始了与托马斯·杰斐逊的终生友谊。在 1776 年起草《独立宣言》后，杰斐逊就回到弗吉尼亚了，因此从未有机会与拉法耶特相识。此时此刻，杰斐逊正在担任弗吉尼亚州州长，而他关于非强制的自治政府理论，在面对保卫弗吉尼亚不受军事入侵的挑战时，完全没有用武之地。拉法耶特在渔船上写信给州长杰斐逊，表明自己急需给养、制服以及军事装备。杰斐逊只能语带抱歉地哀叹，弗吉尼亚完全没有做好准备，他说："温和的法律、适应了和平的民众、习惯性的服从、松懈的战备、匮乏的补给，让我们的服务效果不彰。"[7]就像父亲命令孩子们打扫房间，但孩子们只是耸耸肩，假装没听见。

与此同时，军事危机也没有缓解迹象。随着拉法耶特的部队逼近弗吉尼亚，克林顿又派出 2000 人的增援部队，由威廉·菲利普斯（William Phillips）将军率领，准备支援和扩大弗吉尼亚战区。菲利普斯是名职业军人，也是七年战争的亲历者，他从炮兵部队开始自己的职业生涯。实际上，他曾在 1759 年的明登战役中指挥一个炮兵连，他们当时发现了一个奇怪的、自我暴露的法军步兵团，然后对那个法军步兵团发起了毫不留情的齐射。拉法耶特对此并不知情，但在弗吉尼亚，他的杀父仇人正站在他面前。

敌众我寡，加上资源有限，拉法耶特断定，根本就没有机会抓住阿诺德。他也拿不定主意，不知如何应对这变化的局势，只能往司令部派回好几支分遣队。他应该留在弗吉尼亚吗？还是应该回到纽约？或者应该继续南下，以支援格林？在接到吉尔福德法院遭遇战的消息后，拉法耶特和施托伊本都想把各自的队伍带到南北卡罗来纳，但弗吉尼亚立法机关拒绝让他们把弗吉尼亚民兵带出州界之外。民兵部队不仅是用来对抗英国入侵的，还是用来防范奴隶起义的，对于弗吉尼亚人来说，起义奴隶至少和英国军队一样可怕。

⊰⊱

当拉法耶特在弗吉尼亚备受折磨、不知何去何从时，他从法国收到好坏参半的消息。约翰·劳伦斯已抵达法国，并与本杰明·富兰克林联系上了，劳伦斯已竭尽所能，力求确保获得急需的资金和补给，但就连对他们抱有同情态度的韦尔热讷也无计可施。当他们提出需求总额时，韦尔热讷给予回复："国王不可能同意……如果他同意，他将会毁掉法国！"[8]韦尔热讷写信给拉法耶特，提到美国人的要求已成为一个问题："法国并非取之不尽、用之不竭的。"[9]最坏的消息是关于罗尚博远征军的后续部队的：所有补给船都**永远不会**起航了。由于后勤补给系统紊乱和持续不断的英军封锁，法国政府干脆取消了这个补给任务。

但雅克·内克尔的介入，止住了滚滚而来的坏消息。这位为国王统揽全局的财政总监，原本反对代价高昂的北美远征。但由于他无法阻止法国在拉法耶特开辟的道路上前进，也无法阻止法国以其财富追逐荣光，内克尔终于改变调门。在拿出高息贷款资助战争后，内克尔启动了史无前例的以增加政府透明度为目标的计划。1781 年 2 月 19 日，内克尔公布了《财政汇报》（*Compte rendu*），这是以图表、报表和标注呈现的大篇幅汇报，涵盖国王的收入、开支、费用、债务和结余。历史上第一次，公众能够透过光鲜的表面窥见王家财政的内幕。《财政汇报》似乎证明了政府的年度收入和年度支出不仅能够达到平衡，而且每年还略有盈余。这似乎安抚了国王的臣民们、国王的债权人以及国王本人：一切安好。

很大程度上，正是由于《财政汇报》这个让人放心的结论，法国国王才同意为另一笔多达 1000 万里弗尔的贷款提供担保，这笔款项由荷兰银行家筹集，是代表美国人借的。这笔贷款并不完全符合劳伦斯和富兰克林的需求，但它已超过他们原本的期待了。然后还传来更多好消息。尽管法国政府不再派去罗尚博远征军的后续部队，但它已命令海军上将弗朗索瓦·约瑟夫·保罗·德·格拉斯（François Joseph Paul de Grasse），即法国加勒比海舰队司令，于1781 年夏末向北航行到北美海岸。劳伦斯带着现金、补给以及对另一支法国舰队即将前来的期待返回美国。

然而，对美国来说是好消息的事，对法国来说却是坏消息。人们很快发现，《财政汇报》绘就了一幅带有误导性的危险图画。内克尔把所有让君主制不堪重负的债务、账单和利息抽取出来，单独归类为"额外"开支，即打入另册的临时开支。内克尔让所有人相信没什么好担心的，但事实上所有人都坐在火药桶上，这个火药桶足以把法兰西王国炸个底朝天。

╍╬╍

与此同时，拉法耶特仍然困守弗吉尼亚，他无法有效打击菲利 129
普斯和阿诺德，也无法向南北卡罗来纳进军。及至 1781 年 4 月，侯爵担心自己如同被放逐。他知道，如果华盛顿下定决心，纽约城将会是最后决战的地点。他请求总司令把他召回司令部，但对汉密尔顿哀叹道："很有可能，我会困守在南方的荒郊野岭，直到战争结束。"[10]

由于仍然没有收到明确指示，拉法耶特命令部队继续往南方移动，驻扎在康沃利斯来势汹汹的大军与菲利普斯和阿诺德的部队之间。但拉法耶特的部队拒绝前进。他们离开纽约州时，预计只会在外面行军几天，如今他们已走了将近一个月。尤其是来自新英格兰的士兵，他们担心南方的气候会让他们染上疾病。士兵们陆续逃亡。拉法耶特每天早上醒来，军营里都会比他入睡的时候少几个人。尽管他驱使士兵们前进，但他在寄往费城给拉卢泽恩的信中写道："我手下的官兵们对此并不乐意。我们没有资金、没有衬衣及其他服装、没有鞋子……我们的脚因为没有鞋子而龟裂，我们的手因为没有麻布而发痒。"[11]最终，逃亡问题愈加严重，拉法耶特不得不诉诸非常手段。他命令在全师官兵面前绞死一名被抓住的逃兵，然后，他为所有想回家的士兵发放通行证。方法奏效了，逃亡潮终于被遏制住了。

4 月 25 日，拉法耶特得知菲利普斯将军的部队正在向里士满（Richmond）进军，那里是弗吉尼亚州的首府。阿诺德已袭击和焚烧过这座城市——这让州长杰斐逊极为尴尬——但拉法耶特希望防止历史重演。拉法耶特抛开炮兵和辎重部队，亲自率领 800 名身体健康的士兵赶往里士满，抢在英国人抵达前一天入城。当菲利普斯的部队来到城市外围时，他发现拉法耶特已占领所有俯瞰城市的战略制高点。菲利普斯没有意识到拉法耶特根本无法利用这种地理优势，他的部队在城外兜了个圈就离开了。拉法耶特在报告中写道，"我得庆幸他离开了"，因为"我的大炮和辎重部队"全部被甩在后方。[12]拉法耶特后来打听到的消息让他更感庆幸："奥斯本先生，当时正与［菲利普斯］在一起，他说菲利普斯原本想奋力一搏，发誓要抓到我。"[13]一个人不可能永远得偿所愿，但最好的安慰奖就是，让你的**敌人**未能得偿所愿。

尽管取得了小小的成功，但拉法耶特仍然面临不可逾越的障碍。他手下只有 1000 名士兵，而他所面对的英国军队此时有将近 7000 名士兵。当拉法耶特听说克林顿本人正从纽约城南下的假消息时，他在给拉卢泽恩的信中写道："我从各种渠道得知，克林顿将军正在赶来参加这场'派对'，于是我就被这三巨头困住了。但我没有西塞罗那么能言善辩，因此这几位绅士应该不会割掉我的舌头。"[14]拉法耶特英勇无比却如此悲观，因为他攻又不能、守又无力。他在给华盛顿的信中写道："我甚至没有强大到足以被击败。"[15]即使安东尼·韦恩将军奉命前来增援，拉法耶特也看不到多少取胜希望。正如拉法耶特所指出的，韦恩的部队抵达战场，只是意味着"我们能够输得更体面些"。[16]与此同时，他与施托伊本完全失去联系，因为英军骑兵巡逻队如同一张灭火毯，完全隔绝了所有信件和急件。施托伊本的部队就在西面 50 英里外守卫着分叉点（Point of Fork）兵工厂，但施托伊本发现自己已被隔绝和孤立。他写道，"我到处派出紧急信差，但我一无所获"，"我请求你给我消息……我仿佛置身于堪察加半岛（Kamchatka）"。[17]

历史没有兴趣提供一场让人津津乐道的高潮戏码，弗吉尼亚战役始终**未**能出现菲利普斯将军对决拉法耶特侯爵的场面，即以复仇之子与杀父仇人的最后决战而告终。正好相反，1781 年 5 月 13 日，菲利普斯将军突发高烧去世。拉法耶特甚至一直不知道菲利普斯将军与父亲的渊源。他后来坚信，杀害他父亲的英国军官已死于约克镇（Yorktown）。尽管拉法耶特喜欢这个奇怪想法，但他其实永远无法确定，杀死他父亲的人**到底**是谁。

〉〉〈〈

菲利普斯死亡后一个星期，康沃利斯将军及其频受骚扰的部队终于抵达。康沃利斯准备在弗吉尼亚发动袭击、抢掠和大肆破坏，希望此举能够从英国本土换来更多关注、资金和支援。当康沃利斯准备发动这场战役时，他高兴地发现另一个目标。康沃利斯听说拉法耶特指挥着大批美军部队，他觉得自己能够完成豪将军三年前在巴伦山未能完成的任务：抓住拉法耶特侯爵。当康沃利斯命令他的部队在整个弗吉尼亚境内呈扇形展开时，拉法耶特就只能后撤到弗

131

吉尼亚地形复杂的内陆山区。康沃利斯向他的上司们夸下海口："这个年轻人逃不出我的手掌心！"[18]

对于拉法耶特来说，唯一的好消息是杰斐逊不再担任州长。他的位置被前大陆军将领托马斯·纳尔逊（Thomas Nelson）所取代。作为职业军人，候任州长至少还能理解补给和后勤的重要性。尽管拉法耶特与杰斐逊已建立私人友谊，但拉法耶特还是很高兴：准备主持州长办公室的，终于是个职业军人了。

6月10日，拉法耶特收到更多好消息，韦恩将军终于抵达，他给拉法耶特带来1000多名士兵，让他们可以更加体面地战败了。但拉法耶特的乐观主义宿命论可不是一句尖酸刻薄的玩笑话。这是他第一次独立指挥，所以他对此还是非常严肃认真的。他在写给格林的信中说："坦白地说，我越是独当一面，就越是谨小慎微。如果我有一个顶头上司在这里，我可以提出六七个作战方案。"[19]拉法耶特曾经乐于心安理得地制订计划，如果这些计划太鲁莽，自然会有更加睿智和冷静的头脑来搁置这些计划。此时此刻，他必须自己来**充当**更加睿智和冷静的头脑。他必须像华盛顿那样去思考。他必须接受罗尚博的合理建议，不能为了个人的荣光而拿部下的性命冒风险。格林也同意这些想法。他曾经提醒拉法耶特："且听朋友一席话……不要让追名逐利之心压倒谨小慎微的考虑，也不要让追逐荣光之心给你招致不幸。"[20]拉法耶特了解自己的天性，他把这些建议铭记于心。

拉法耶特第一次经受作为成熟指挥官的真正考验，就已大放异彩。当面对敌众我寡的局面、被迫暂时退却时，他焚烧桥梁，砍树堵塞道路，还派出狙击手迟滞英军步兵团的进攻。他设法比追逐者先走一步，后来自豪地回忆道（以他在回忆录中惯用的第三人称）：132"美国人撤退了，这样敌人的前卫部队到达时就和他们离开时一样，在不使自身受损的情况下，美国人尽可能迟滞敌人的进攻。"[21]拉法耶特也鼓励他的部下用木炭涂污面部，然后持续不断地发动突然袭击——突然发起一轮齐射，然后消失在森林中。拉法耶特说："我缔造了一支神出鬼没的军队，然后赋予他们绝对的权限。"[22]日子一天天又一周周地过去，拉法耶特部队的士气愈加高涨，而英军的士气急转直下。英军士兵受困于酷热的天气、蚊虫的叮咬，以及弗吉尼亚丛林地带的各种疾病。随着时间推移，英军士兵更加精疲力竭、士气低落。

及至1781年6月最后一个星期，这个年轻人已经成功摆脱康沃利斯的围追堵截。英国人的战线已拉得太长，因此他们放弃追击，撤回海岸地带。拉法耶特相应做了一个聪明的战略决断。他没有留在内陆的安全地带，而是在康沃利斯的部队撤退时一路尾随。在外人看来，这仿佛是拉法耶特的部队正把英国人赶回海边。他告诉格林，当英国人开始撤退时："我一路尾随，别人会以为我在追击他。"[23]这会在本地人当中制造宣传效应。当地民兵会突然出现，手持枪械，希望有机会加入追击队伍。食物、给养和马匹，曾经难觅踪迹，如今唾手可得。没有人愿意加入濒临失败的事业，但所有人都愿意加入声势浩大的事业。拉法耶特自行造就了这股声势浩大的风潮。一位评论家说，拉法耶特展现出"某种巫术和魔法……此时此刻，这是一位美军将领迫切需要掌握的技艺"。[24]

在这次战役期间，拉法耶特同样面临两难处境，就是如何面对黑人奴隶。英国人鼓励奴隶逃离奴隶主的控制，并答应奴隶只要改换阵营就可恢复自由。有些华盛顿的奴隶最近就逃离弗农山庄，投奔英国人以获得自由。拉法耶特经常遇到这样的逃亡者。州长纳尔逊告诉拉法耶特，官方的政策是把所有奴隶还给原来的奴隶主，因为"原则是，目前正在战斗的人们要保卫自己与同胞的自由和财产"。[25]拉法耶特反对这一政策，不是因为所谓的"自由"和"财产"是赤裸裸的伪善言辞，而是因为奴隶主至少应该给军队"以真金白银支付奴隶价值的一半"作为对军队的实际支持，因为军队真是太需要钱了。[26]拉法耶特的回应说明，无论废奴主义者约翰·劳伦斯种下多少善良的种子，至少在当时当地，它们仍未能结出善良的果实。从拉法耶特当时提交的报告中还可以清楚地看到，他仍然把奴隶视为财产，而非有血有肉的人类。当拉法耶特在急件中提及奴隶时，他还是一成不变地把奴隶与在当地城镇和敌军营垒中找到的辎重、马匹或给养划归在一起，如拉法耶特在形容康沃利斯的困难处境时写的："此人必须放弃船只、重炮、辎重、部分马匹，［以及］全部黑奴。"[27]尽管在 1781 年夏天，拉法耶特仍未倾向于废奴主义，但这是他最后一次如此看待奴隶了。

❦

尽管在把英国人赶回海边的过程中斗志昂扬，但拉法耶特还是敏锐地意识到他与对手的差距。在这场战争中，康沃利斯勋爵明显是最为出色的英军将领。拉法耶特知道，自己正在对付最为精明、最有经验、最为致命的对手，对方完全可以在任何时候逆风翻盘。拉法耶特写道："魔鬼般的康沃利斯，比我曾经交过手的其他将领都要聪明得多。他使我产生了一种真正的恐惧，他的名字让我寝食难安。"[28]拉法耶特在给法国大使的信中写道："他终究会给我一个惨重的教训。"[29]拉法耶特在给亨利·诺克斯的信中承认："坦白说，我极其害怕他。"[30]

拉法耶特完全不是杞人忧天。康沃利斯几乎给了他一个惨痛教训。及至 1781 年 7 月第一个星期，英军战线已被迫后撤到詹姆斯河（James River）一带。拉法耶特和韦恩侦察到一个半渡而击的机会，因为英军在渡河时，侧翼完全暴露，容易受到袭击。拉法耶特和韦恩在绿色春天种植园（Green Spring Plantation）建立了前进基地，计划以此作为突袭英军的伏击圈，他们预计英军将会在此地登上渡船。

7 月 6 日早晨，韦恩将军率领着大约 900 人的前卫部队，而拉法耶特率领其余部队，穿越空旷的沼泽地。韦恩与英军的骑兵小分队爆发了小规模战斗，这本来是意料之中的，不值得引起特别的警觉。拉法耶特和韦恩都没有意识到，英军**并未**在此地登上渡船。实际上，英军盘踞在树林后方，康沃利斯小心翼翼地在此布下陷阱。**这个年轻人逃不出他的手掌心了。**

随着美军部队向前推进，拉法耶特骑马奔向右翼部队，想要评估英军的距离，结果却惊恐地发现，英军并不在预计地点。他已经来不及对韦恩发出警告，康沃利斯已经布下陷阱。英军成群结队地冲出森林。侧翼完全暴露，韦恩有两个选项。他可以高呼撤退，结

果很可能是引发恐慌性的溃退，最终一败涂地；或者，他可以就地
组织战斗。但韦恩马上意识到，来势汹汹的英军队列非常宽，他断
定就地战斗意味着被包围。因此，韦恩发挥急智，想出了第三个选
项：他命令部队直接冲击迎面而来的英军。英军看见韦恩的部队冒
着枪林弹雨发起反冲锋后被吓呆了，不得不停止了进攻。这一停顿
给拉法耶特提供了充足的时间，使他能够率领更多部队来支持韦
恩，进而确保自己的部队纪律严明地有序撤退。陷阱失效了。康沃
利斯不想在这里浪费人力和弹药，他不想把绿色春天种植园变成另
一个吉尔福德法院。年轻人逃出了他的手掌心，而且是再次逃脱。

　　拉法耶特赞赏韦恩迅速而勇敢地做出反冲锋的决断。在"疯子
安东尼"韦恩的浪漫传奇中，这成为一个关键时刻，他冒着知其不
可为而为之的巨大风险，而且始终身先士卒。韦恩自己倒是谦逊地
说，他的反冲锋是"经过深思熟虑的，虽然看上去很大胆，但几乎
总是能够产生预想中的结果；这次反冲锋的结果就充分证明了这一
点"。[31]这次反冲锋的结果之一就是，让拉法耶特在战争结束时成为
著名的英雄，而非屈辱的俘虏。

❧❦❧

　　除了这次险些失败，拉法耶特在弗吉尼亚几乎是一路凯歌行
进，但他仍然担心自己会置身于重大事件之外。华盛顿和罗尚博最
近已经决定，在 1781 年 5 月底进行第二次会面，双方同意战略计
划的中心议题应该是夺取纽约城。罗尚博甚至同意离开纽波特，这
在他抵达美国以来倒是头一次，他想以此表达他对计划的支持。拉

法耶特随后收到几份自相矛盾的命令，但命令中随处可见华盛顿的暗示，只要德·格拉斯的舰队按时批达，他们就会对曼哈顿发起总攻。

时至今日，关于华盛顿到底在何时放弃对纽约城的执念，仍然是个备受争议的话题。就在宣誓就任美国首任总统以前，华盛顿曾经在给诺阿·韦伯斯特（Noah Webster）的信中回溯战争最后阶段的重大事件，他写道："（在考虑了将近12个月之后）我终于下定决心……放弃这个曾经坚信的念头……即纽约将会是最终决战之地。"华盛顿说，自己始终都知道，弗吉尼亚将会是"这场战争中决定性的、确定无疑的目标……我始终没有考虑攻击纽约"。[32]信件公布后，曾在战时担任军需总监的蒂莫西·皮克林（Timothy Pickering）将军告诉本杰明·拉什（Benjamin Rush）："这是假的，我知道这是假的，这封信并不能反映华盛顿的本意。"[33]与此同时，罗尚博于1781年初夏写给德·格拉斯的急件反映出，华盛顿曾经执着于攻打纽约城。及至当时，罗尚博和德·格拉斯都相信，康沃利斯驻扎在弗吉尼亚的军队是更加有利可图的目标。因此，当罗尚博告诉华盛顿，他已竭尽所能让法国舰队驶向纽约城时，他却同时告诉德·格拉斯，让舰队驶向切萨皮克湾，一旦罗尚博说服华盛顿，他们就马上掉头南下。

直到1781年8月14日，乔治·华盛顿很可能仍然执着于攻打纽约城的梦想，当时他收到三条消息。第一条，法国舰队正在沿着海岸线北上。第二条，海军上将德·格拉斯的目的地不是纽约城，而是切萨皮克湾。第三条，德·格拉斯率领着不止一个分舰队。他率领着**整个舰队**沿着大陆海岸线北上：26 艘战列舰、8 艘护卫舰，以及 150 艘运输船，搭载着将近 20000 名士兵和水手。尽管华盛顿一直以来执着于攻打纽约城，但他同样无法忽略这个近在眼前的机会。如果他和罗尚博把这支部队投送到弗吉尼亚，他们完全有可能全歼康沃利斯的军队。

华盛顿以近乎宗教皈依者的热情投入这个新计划。他不知疲倦地组织和部署这支部队，把这支由法国人和大陆军混编而成的部队从纽约派往弗吉尼亚，这次重新部署还必须尽可能久地瞒过克林顿将军。总体而言，华盛顿及其军官团组织了将近 7000 人，此外还有支援部队、武器、辎重和给养，一切就为了赶往南方，围歼康沃利斯的部队。只有当康沃利斯的部队固守在原地，这次急行军才有意义。这就得指望拉法耶特了，他必须确保康沃利斯逃不出自己的手掌心。

年轻的侯爵是幸运的，康沃利斯并不知道法国舰队正在从加勒比海地区北上，也不知道华盛顿和罗尚博的部队正在从纽约州南下。他只知道克林顿命令他寻找一处深水良港，并驻扎于此，坚守待援。康沃利斯迅速在当地展开调查，最终选定了约克镇，这是一个山坡上的小镇，俯瞰着约克河（York River）的入海口，最适合作为驻军地点。拉法耶特选择在约克河与詹姆斯河交汇处扎营，他手下有 4500 名大陆军士兵和弗吉尼亚民兵，准备防止康沃利斯逃脱。如果康沃利斯的脑海中有过全军突围的念头——此时他大约有 7000 人的兵力——他完全可以轻而易举地突破拉法耶特布下的防线。但他从未动过这个念头。

法国军队和美国军队在费城以南会合，一齐向南前进。罗尚博对华盛顿的举动感到惊讶，他第　次看见华盛顿"对我挥舞着帽子，做着兴高采烈的手势"。[34]罗尚博很快就知道原因了。德·格拉斯的大舰队已经抵达切萨皮克湾，就在海面上巡逻。康沃利斯已不可能通过海路得到增援。还有人如此描述华盛顿："我从未见过一个人如此喜不自胜。"[35]另一位法国军官说华盛顿就像个孩子，"一个所有愿望都已得到满足的孩子"。[36]多年以来，乔治·华盛顿就像斯多葛派哲学家那样不苟言笑，如今胜利就在眼前，他终于可以开怀欢笑了。

人们在 9 月 5 日迎来了更大的喜悦，英国皇家海军的分舰队前来增援康沃利斯，结果一头撞上德·格拉斯新近抵达的舰队。在随后爆发的弗吉尼亚角（Virginia Capes）海战中，双方在战术层面打成了平局，各自的舰队力量都受到了损伤，但英国海军被迫退却，这让法美联军取得了一场重大的战略胜利。及至 9 月 14 日，德·格拉斯回到切萨皮克湾海域。康沃利斯的部队被彻底孤立，他的结局已近在眼前。

华盛顿和罗尚博率军抵达威廉斯堡（Williamsburg），此时他们已在仅仅四周之内行进了几乎 700 英里。自从 1775 年接受第二届大陆会议的任务并穿上军装以来，这还是华盛顿第一次返回家乡，他在并未告知同州代表的情况下就已投入这场战斗，也从未请求英王宽恕。尽管拉法耶特正在发烧，但他还是马上跳下床，直奔威廉斯堡。两人见面时，拉法耶特"搂住将军，紧紧拥抱他，并在他的两边耳朵上亲了又亲……那种热情简直难以形容"。[37]

9月17日，华盛顿和罗尚博及其军官团离开驻地，到德·格拉斯的旗舰上与他见面。德·格拉斯以打趣的口吻称呼华盛顿为"我的小将军"[38]——虽然他比船员高得多。华盛顿伟岸得如同雕像，他觉得法国海军上将这种轻佻的口吻并不好笑。德·格拉斯说他到10月中旬就不得不回到加勒比海地区。在那以前，他能够参与包围约克镇，这是一个更缓慢但更稳妥的选项。如果康沃利斯到那个时候还不投降，他们就只能发动直接攻击，迅速而血腥的直接攻击，舍此别无他途。

❧

1781年9月28日，华盛顿和罗尚博率领他们的军队离开威廉斯堡，开始包围约克镇。随着运输船运来增援部队，以及德·格拉斯舰队中的海军陆战队陆续登岸，他们的人数已将近20000人。这支大军的到来，让拉法耶特有了更多与故友欢聚的机会。约翰·劳伦斯上校已完成他在欧洲的使命。亚历山大·汉密尔顿上校已回到现役，希望有机会参与真正的军事行动。诺瓦耶子爵正指挥着一个法国步兵团。拉法耶特在大西洋两岸的所有好朋友，此时都汇聚到弗吉尼亚州的约克镇，准备迎接战场上的梦幻般的光荣。

138　　　等到抵达阵地时，他们才发现康沃利斯已在城镇外围修筑了环形防御工事。在这些堡垒群的后方，驻扎着大约10000名士兵，以及两个绝对忠诚于康沃利斯的民间团体，他们指望着康沃利斯能坚守下去或让他们逃出生天：他们是托利党保王派和非洲奴隶。对于这两个团体来说，战败意味着灭顶之灾。托利党保王派将会被剥夺财产、驱逐出境，即使最轻微的惩罚也是流放，最严厉的惩罚则是迅速接受审判和被判绞刑。对于非洲人来说，处境只会更加糟糕。由于他们是在鼓励下逃亡和加入英国人阵营的，他们所面临的不仅是重新沦为奴隶，而且还会因为逃亡而受到折磨：承受殴打、忍受鞭笞、被套上镣铐和铁链，甚至被砍掉四肢。部分人会被当作不可救药的顽固分子被转卖到加勒比海地区的制糖殖民地，这等同于宣判死刑，因为在那里，半数新近抵达的奴隶将会在 18 个月内死去。

10 月 5 日，坑道兵、矿工和工兵开始挖掘通往英军战线的平行坑道。全军至少有三分之一的兵员在忙着砍树。拉法耶特感叹道："工兵们轮番上阵，就像巫师一样围着可怜的康沃利斯打转。"[39] 10 月 9 日，炮兵就位，炮击开始。他们持续不断地连番轰击，空气中充满了汽笛声、碰撞声、爆炸声、惨叫声，四周弥漫着尘土、云团、烟雾，到处皆是伤残、死亡、破坏。不久后，英国人就失去还击之力。绝大多数人在约克镇俯瞰河流的绝壁后方席地而坐，只有在承担值守任务的时候才会冒险探出头来，但这种值守任务毫无意义，只是为了让无可避免的结局再迁延些时日而已。更加糟糕的是，天花开始在密集的人口中蔓延。康沃利斯下令在山坡上建造一个隔离区，他能够在那里驻扎和等待。他不再制订作战计划。他能做的只是等待克林顿履行承诺，给他派遣增援部队。

重新回到作为下属的角色后，拉法耶特又恢复了他勇于冒险的天性。围城是单调乏味的事情，拉法耶特在报告提到，部下"因为进展缓慢而非常焦躁，他们请求利刃出鞘夺取阵地以缩短时间"。[40] 华盛顿不会同意这个请求。拉法耶特说华盛顿"决心要珍惜部队的

139　鲜血”。[41]但到最后，战斗已无可避免。在美军战线最右方，有两个英军据点必须被拔除，否则第二条坑道根本无法挖通。法国人负责拔除其中一个据点，美国人负责拔除另一个。拉法耶特兴奋异常，因为他奉命监督整个任务，尤其是这将会是三剑客最后一次联合行动：劳伦斯上校和汉密尔顿上校各自率领一个步兵团，他们都要服从拉法耶特的统一调遣。

　　汉密尔顿尤其渴望上阵作战，因为他已厌倦长期伏案工作了，如果不是历史跟他开了个玩笑，拉法耶特也该立即授予这位美国老朋友进攻指挥权了。但正好相反，拉法耶特把这份荣誉给了自己的法国同胞让-约瑟夫·德·吉马（Jean-Joseph de Gimat）上校。吉马最初是跟随拉法耶特搭乘“胜利号”来到美国的，曾经担任拉法耶特的首任副官，然后凭借自己的能力在大陆军一路晋升。汉密尔顿对此怒不可遏，因为拉法耶特竟然把他晾在一旁，他直接找到总司令。华盛顿并不记恨汉密尔顿，他没把前一年冬天两人的决裂记在心上，于是为汉密尔顿主持公道，指出按照惯例，当天晚上的攻击行动**应该**轮到汉密尔顿指挥。拉法耶特只好从命，没有违抗华盛顿。

　　10 月 14 日，汉密尔顿领导攻击行动，劳伦斯的部队就在汉密尔顿身后。他们悄无声息地发起冲锋，只靠刺刀就拔除了这个据点。在经过 10 分钟短兵相接后，英国守军终于投降。而在另一个据点，一个法国步兵团也顺利完成任务。作为少将，拉法耶特本人并没有参加真刀真枪的战斗，他的荣誉来自统揽全局，并监督部下进行小规模战斗。最让他感到庆幸的是，他的好朋友们全都活着回来了。

在两个据点相继被拔除后，就连康沃利斯也不抱希望了。在最后一场堑壕战中，他把一群感染天花的奴隶赶上战场，这也算是一种生物战。由于不被允许穿越战线，这些可怜人被迫躺倒在两军之间的无人地带上，在那里默默等待死亡。康沃利斯决定抓住最后希望，冒险横渡约克河，前往格洛斯特城。他已制订好 10 月 16 日清晨逃跑的计划，但一场风暴来临，河水连夜暴涨，逃跑计划泡汤。康沃利斯及其军官团身陷重围、忍饥挨饿、精疲力竭、遍体鳞伤、身患疾病，他们断定自己已到了山穷水尽的地步。他们被击败了。

140

※※

1781 年 10 月 17 日，一位年轻的鼓手出现在防卫墙上，手里摇着白旗。这个年轻人被蒙上双眼带到华盛顿和罗尚博面前，他带来康沃利斯的口信，要求停战 24 小时，以商定投降条件。华盛顿告诉那个年轻人，2 小时就足够了。双方任命谈判代表展开实际谈判。法方和美方谈判代表正好是拉法耶特两位最好的朋友：诺瓦耶子爵和约翰·劳伦斯。他们奉命提出最为优厚的谈判条件。唯一较为强硬的谈判条件是，华盛顿坚持，英军投降时必须遵循克林顿在查尔斯顿提出的先例：步兵团旗帜必须被锁在盒子里，不得高调地挥舞。康沃利斯试图提出抗议，但最终只能接受这个条件。

1781 年 10 月 19 日，法美联军沿着汉普顿路（Hampton Road）

两边列队，监督康沃利斯的军队走出城镇，并在空地上解除武装。在乔治·华盛顿漫长的职业生涯中，这是他第一次接受这种形式的投降。但这已经无关紧要了，关键不在于这是他长久以来**第一次**接受投降，而在于这是这场战争中**最后一次**投降。英国人仍然以并不算低调的方式恶心美国人，当英国人列队前进时，他们的眼睛只盯着法国军队看。拉法耶特意识到英国人对美国人的轻蔑和傲慢，命令大陆军的军乐队以尽可能高的音量演奏《扬基歌》（"Yankee Doodle Dandy"），迫使英国人转过头来，承认美国人的存在。

在投降仪式结束后，人们就开始彼此交往了。对于职业军人来说，社会等级至少与民族认同同等重要。因此，当普通士兵仍作为战俘处于看管之下时，英国军官、法国军官和美国军官却开始饮酒、用餐、交谈。在彻底卸下重任后，康沃利斯也加入进来。他换上坚毅而亲切的表情，邀请拉法耶特叙旧。拉法耶特带来弗吉尼亚的地图，这样两位将军就能追溯他们夏天打过的战役，在这些战役中，拉法耶特一次又一次躲过康沃利斯的追击。双方都承认对方技艺高超、运气极好。拉法耶特在给阿德里安娜的家书中写道："我对康沃利斯表示遗憾，我非常尊敬他。"[42]

谁也无法确定，约克镇大捷意味着什么。毫无疑问，这是一场**重大**胜利，但纽约城仍然在克林顿手中。英国人仍然控制着查尔斯顿、萨凡纳和奥古斯塔。约克镇大捷并**不意味**着战争结束。英国人仍然能够派来更多士兵，筹措更多贷款，建造更多舰船。尽管已开始和谈，但谈判随时会破裂。但约克镇大捷**的确**意味着北美独立战

争的结束，因为英国已经失去继续战斗的意志。继续战争的代价高
得让人难以接受。取得最终胜利的可能性也日益渺茫。在获悉康沃
利斯被俘虏的消息时，英国首相诺斯勋爵（Lord North）惊呼："我
的上帝呀！一切都结束了。"[43]英国人已被击败。拉法耶特以愉悦的
心情写信给莫勒帕："戏剧已经落幕，伯爵大人，就连第五幕剧都
已经演完了。"[44]

✢✢✢

在 24 岁的年纪，拉法耶特不可能指望更大的成功了。他的人
生并不完美。他从未见过自己的父亲，他所深爱的母亲年纪轻轻便
去世了，如同亲姐姐一样照顾他的表姐难产而死，而当时他身处美
国。他进入诺瓦耶家族，却似乎注定要演绎傻小子进入大家族的尴
尬故事。他从未顽劣到成为一匹丑闻缠身的害群之马，但被当作一
只丑陋的鸟一样关在笼子里，而笼子还被毯子盖住。在法国社交
界，绝大多数人预期，他的疯狂壮举终将换来一场滑稽可笑的失
败。然而，拉法耶特充满自信，勇于冒险，终于取得惊人成就。当
然，他的头衔、财富、人脉，为他在美国打开大门，但他的勇气、
忠诚、天赋，最终为他赢得了成功。

已故的德·卡尔布男爵曾经如此提及他的年轻弟子："在我们
这里，没有人比他更值得尊敬……他少年老成，在他身上有英勇无
畏、志存高远、睿智明断、举止有礼、待人慷慨等美好品质，而且
他对这片大陆上的自由事业充满热情。"[45]汉密尔顿曾经如此提及他
的知心好友："美利坚合众国对他的亏欠，远远超出人们的想象。

他不仅是我们军队中一位勇猛而优秀的少将，而且以其杰出的行政

142 能力和影响力，代表我们与法国宫廷打交道。法国军队如今前来助
战……但如果没有他从中穿针引线，法国军队甚至根本不会来到这
个国家。"[46]就连普通士兵也对他们的法国领导者评价极高，列兵约
瑟夫·普拉姆·马丁写道："将军深知自己应该做出表率；他在勇
气和行为方面堪称无可挑剔，这在革命军中人所共知。"[47]华盛顿的
感受最能反映人们对拉法耶特个性的真实看法："他拥有异于常人
的军事天赋，能够迅速做出合理的判断，坚韧不拔，除此之外，他
脾气温和，头脑冷静，而这些优良品质很少会同时出现在一个人
身上。"[48]

　　不仅他的美国新朋友喜爱和尊敬他。在法国方面，德斯坦伯爵
就曾说："没有人能比这位年轻的将军更适合作为法美两国的特殊
纽带了。他很享受在这里备受尊敬的感觉，但这种尊敬是他以热
情、勇猛和智慧换来的。"[49]康拉德·亚历山大·热拉尔是法国驻美
国首任外交代表，他认为拉法耶特展现出"智慧和机敏"。他向韦
尔热讷汇报道："拉法耶特先生所表现出的小心谨慎、英勇无畏与
和蔼可亲，使其在美国大陆会议、美国军队和美国人民当中成为偶
像。我们对他的军事天赋评价极高。阁下，您知道我从来不喜欢奉
承别人，但我必须把我在这里得到的拉法耶特有口皆碑的亲身体验
告诉您，否则就是我嫉贤妒能了。"[50]沙特吕侯爵对拉法耶特的评
价，可能是最为恰如其分也最有先见之明的："能够懂得如何运用
其天赋的国家是幸运的。能够不需要运用其天赋的国家就更幸
运了。"[51]

拉法耶特还可以去追寻更多的梦想。在如此年轻的年纪，取得如此惊人的成功，人们没有理由认为，他不再能争取更大的成功。在美国的戏剧或许已经落幕，但是时候在法国上演另一部戏剧了。拉法耶特含泪挥别他的部下，逐一拥抱他的朋友与同袍，准备启程返回法国。他希望他的国家已准备好运用其天赋。但平心而论，他的国家最好还是不需要运用其天赋。

幕间剧一

全体人类的自由

（1782—1786）

1782 年 1 月 21 日，拉法耶特忽然步入位于巴黎的诺瓦耶家族 145
府邸的大门。他原本期盼家人热情的欢呼、拥抱和鼓掌。但房子里
面空无一人。真不凑巧，整个家族几乎都去参加上流社会的社交盛
事了，他们统统来到巴黎市政厅所在的那条街，出席市长官们举
办的宴会，以庆祝王太子的诞生——路易十六和玛丽·安托瓦内特
终于迎来了夫妻俩的第一个儿子。这个小男孩其实是在前一年 10
月诞生的，他的诞生确保了王室有序传承，毕竟在这 80 年来，王
位继承充满变数，流言蜚语充斥街道。法兰西王国终于能够步履坚
定地完成代际传承了。

拉法耶特在大街上被人认出来，然后消息传到派对现场……拉
法耶特回来了！阿德里安娜想马上回家，但社交礼仪不允许她在王
后离场之前离开。玛丽·安托瓦内特了解到阿德里安娜的困难处
境，通情达理地宣布自己准备摆驾回宫。在王家随从准备离开时，
王后指示随从，顺路把阿德里安娜送回家。拉法耶特从空荡荡的诺
瓦耶家族府邸的前门走出来，却发现一整队王家随从，后面还跟着
一大堆看热闹的观众。阿德里安娜从王后的马车里下来，她看见自
己的丈夫终于平安到家，激动到在丈夫的臂弯里昏厥过去。拉法耶
特抱起妻子柔弱的身躯，转身走入家中，王族成员与他亲切告别， 146
围观群众热烈欢呼。当时的情形大概就是如此。

在随后数周的社交活动中，拉法耶特更加志得意满。他在给华
盛顿的信中写道："我所受到的接待活动，有来自国家层面的，有
来自国王本人的，有来自亲朋好友的，这已经远远超出我的最大期
望。"[1]不仅他自己如此认为。本杰明·富兰克林也提到，拉法耶特

"每天接受致敬和问候，他将会成为这里的大人物"。[2]作为对他光荣军事壮举的回报，拉法耶特被擢升为备受尊敬的营务总管。一位评论员说，拉法耶特"在美国种下了他的大树，如今身在凡尔赛，他还能坐在这棵大树下面乘凉"。[3]

⚎⚎

尽管距离拉法耶特开始他的冒险之旅还不到五年，但对于一个刚组建不久的年轻家庭来说，五年已经够久了。拉法耶特错过了阿纳斯塔西和乔治的幼年时期。拉法耶特只在他们还是婴儿的时候见过他们，如今他们都能走路和说话了。拉法耶特在给华盛顿的信中反思道："我的女儿和以您的名字命名的小乔治，已经长到这么大了，我这才发现，我比自己以为的样子老了许多。"[4]阿德里安娜希望丈夫永远留在家中，以免自己总是过着担惊受怕的日子。多年以后，拉法耶特和阿德里安娜的女儿写道："在好几个月里，只要父亲离开房间，母亲就感觉自己要大病一场。"阿德里安娜知道，她对拉法耶特的这种情感依赖在他们的社交圈中并不常见。他们的女儿继续写道："母亲对自己这种强烈的情感也感到恐惧，她不可能永远在父亲面前掩饰这种情感，到时局面将会非常尴尬。"[5]尽管如此，并非所有过分热烈的情感都是坏事，不久后，阿德里安娜又怀孕了。但在拉法耶特回归家庭和婚床时，他同样与阿格莱·德·于诺尔斯坦重燃爱火、再续前缘。他倒是自鸣得意，但阿德里安娜只能独自懊恼。

1782 年夏天，拉法耶特将要庆祝他的 25 岁生日，这是法国当时的法定成年年龄。拉法耶特在波旁街（rue de Bourbon）买下一处府邸，与杜伊勒里花园只隔着一条塞纳河。这叮个是什么精打细算、锱铢必较的场合，虽然拉法耶特总是认为自己生活在金山银山之上，但他签下的账单仍然让他的财务经理们感到心痛：买房置地花了15万里弗尔，重新装修花了10万里弗尔，添置家具花了5万里弗尔。这些账单必须靠卖掉拉法耶特名下一些有利可图的地产来偿还，而且让他永远处于资不抵债的隐忧中。多年以来，购买船只、装备军团、签署借据、借高利贷，这位年轻侯爵的收入早就不足以涵盖他的花销了。他永远搞不懂资金和财务是如何运作的。就此而言，拉法耶特就像是烂到根子里的法国旧制度的缩影，无忧无虑地迎来自己的破产，仿佛永远不相信账单会到期。

　　1782年9月17日，就在拉法耶特忙着布置新家时，阿德里安娜生下了玛丽·安托瓦内特·弗吉妮娅·拉法耶特（Marie Antoinette Virginie Lafayette）。尽管取了"玛丽·安托瓦内特"这个正式名字以取悦王室，但毫无疑问的是，这个小女孩会在私底下被称为弗吉妮娅。本杰明·富兰克林写信来向这对快乐的夫妇道喜，他在信中写道："我很高兴，你们在给孩子取名字时，明智地选用了这个最古老的州的名字……我祝愿您和拉法耶特太太能够用完这13个名字……弗吉妮娅小姐、卡罗莱娜小姐、乔治娅小姐，这些可爱的名字适合女孩，但马萨诸塞和康涅狄格，这些名字即使用在男孩身上也显得粗放了些。"[6]然而，弗吉妮娅将会是这对夫妇的最后一个孩子。再也不会有什么康涅狄格·拉法耶特先生了。

　　在快乐地迎来孩子的诞生后，拉法耶特却很快迎来一个令人心碎的消息。10 月，他收到华盛顿的来信，信中说"可怜的劳伦斯已不在人世"。尽管在约克镇大捷后，美国境内已没有大规模战事，但在英国人仍然占领的地区，小规模冲突始终持续不断。约翰·劳伦斯上校太渴望战斗，他自愿率领巡逻队，在他的家乡南卡罗来纳作战。1782 年 8 月，在一次于卡姆比河畔（Combahee River）与英军搜索队毫无意义的交火中——华盛顿称之为"一次微不足道的交火"——劳伦斯率领骑兵冲锋，结果不幸中弹，从马背上坠落。[7] 约翰·劳伦斯一辈子都在追求轰轰烈烈，最终得偿所愿，在战场上壮烈牺牲。他阵亡的时候才 27 岁。拉法耶特将会尽最大努力不辜负他故去好友的记忆：要么彻底实现自由和平等的革命理念，要么被子孙后代咒骂为伪善的投机分子。尽管无论他如何追求完美，他都永远不可能做到天衣无缝。

❈

在 1782 年，没有人知道，北美独立战争是否真的要结束了。没有人知道，零敲碎打的小规模战斗，到底意味着扩大战争，还是意味着最终和平。华盛顿继续保持大陆军齐装满员和高度戒备。英国人继续占领纽约、查尔斯顿、萨凡纳，以及这几座城市之间的诸多据点。在法国，英国外交官多方奔走，企图撕碎法美同盟。在即将到来的停战谈判中，拉法耶特将会占据一个前排位置。塞居尔伯爵的父亲此时担任陆军大臣，他告诉拉法耶特，在外交领域里，"你所能见到的荒谬绝伦之事，绝对不会比在战场上少。你会经常被英国人的傲慢自大、西班牙人的荒谬虚荣、法国人的自相矛盾和武断愚昧所激怒"。[8]

　　尽管拉法耶特并非正式谈判代表，但北美大陆会议指示全体旅欧外交官，"务必与拉法耶特侯爵协商，务必与拉法耶特侯爵通气，使其知道美利坚合众国的公共政策状况"。[9]拉法耶特对这种官方认可非常欣喜，对于美国来说，他不仅被视为朋友或盟友，而且被视为美国人当中的一员。这种信任未能获得普遍支持。如果法国与美国的利益发生冲突，许多人会认为，拉法耶特肯定会站在他的法国同胞那边。约翰·亚当斯就对拉法耶特的这种双重效忠颇有微词："既是美国的爱国者，又是法国的爱国者，这种相互混杂的特性，终将难以持续。"[10]与亚当斯同行的和平谈判代表约翰·杰伊（John Jay），同样担忧此事被指派给一名法国利益看守者。杰伊在给亚当斯的回信中说，法国人"热衷于离间我们与英国的关系……但法国人并不乐见我们成为伟大和强大的民族"。[11]无论他们私底下对拉法耶特有什么看法，治理国家只能出于利益，而不能出于情绪。美国必须在世界局势中达成自己的事业，亚当斯和杰伊担忧拉法耶特牵着他们的鼻子走，让美国从英国的谦卑附庸，变成法国的谦卑附庸。他们的激愤情绪是可以理解的，但并不公允。人们普遍抱怨，年轻的拉法耶特在为美国事务与法国政府打交道的过程中，似乎更多考虑美国的立场，而非考虑法国的立场。

　　拉法耶特仍然高度怀疑英国是否渴望实现和平。拉法耶特赞成应该让大陆军保持战备状态，他在给华盛顿的信中写道："我认为他们撤离纽约和查尔斯顿的可能性远远低于他们发动下一场战役的可能性，前者就跟他们撤离伦敦的可能性差不多。"[12]拉法耶特还告诉美国国务卿罗伯特·利文斯顿（Robert Livingston），"英国国王更有可能被激怒，而非接受耻辱的失败"，有必要"让他确信，他不可能征服我们"。[13]

韦尔热讷同意拉法耶特对形势的估计。当韦尔热讷与英国谈判代表周旋时，他同时在计划新的军事行动。法国几乎无法承担继续战争的代价，但法国几乎同样无法承担**终止**战争的代价。法国人的声望、荣誉和繁荣，完全取决于战胜英国人。因此，如果英国缺乏和平诚意，那么筹建中的法国-西班牙联合舰队就将驶向加勒比海地区。联合舰队正在西班牙的加的斯（Cádiz）集结，将由完全恢复健康的德斯坦伯爵率领。有消息指出，拉法耶特将会指挥法国地面部队。拉法耶特时年 25 岁，他想指挥一支法国军队的梦想终于要成真了。然而，这一任命同样未能获得普遍支持。据说，西班牙国王在获悉拉法耶特将要领导针对牙买加的入侵行动后，惊呼道："不，不……我可不要这样。他会把牙买加变成共和国的！"[14]但拉法耶特还是获得了指挥权。这一年还没结束，他便收拾行装，准备回到战场。阿德里安娜只能祈求他好运，与此同时，她的心中重新升起一片愁云惨雾。

不过，在联合舰队准备起航以前，战争就结束了。法美同盟条约规定，两国不能单独媾和，而且两国都必须拒绝英国对两国的分化瓦解。约翰·亚当斯义正词严地拒绝了英国人的诱降，他说："除非与法国共同行动，否则我们不会决定任何事情。"[15]韦尔热讷完全同意亚当斯的立场，他说："法国永远不会背着盟友处理任何事情。"[16]但及至 1783 年底，英国还是成功利用了法美两国关于密西西比河权益的意见分歧——美国想要明确向西部扩张的法定权利，而法国想要把这个年轻的国家限制在东部*海*岸上。当央国人向美国谈判代表提出，订立一个条件优厚的双边和平条约，承认美国对密西西比河的权利时，美国人很难拒绝这一提议。拉法耶特的处境略显尴尬，因为他的美国朋友自行其是，但这已是既成事实。

　　北美独立战争结束了。美利坚合众国成为自由和独立的国家。其他欧洲强国也各自签署和平条约，大西洋两岸重归和平。西班牙的舰队永远不会起航了。拉法耶特的军旅生涯已成过去。是时候开启他人生的新阶段了。他已在世界上留下印记。此时，他想让世界更加美好。

☙◆❧

　　1783 年 2 月，拉法耶特正在加的斯，他给乔治·华盛顿写了一封信，信中提到自己渴望成长、改变和提高。在他开始自己的冒险时，他对于**自由**和**平等**这两个术语可能并没有清晰的概念，但如果这两个术语将会定义他的人生，他就必须给它们找到清晰的定义。一个特别的想法占据了他的脑海，这个想法可能是受到刚刚故去的约翰·劳伦斯的启发。拉法耶特决定成为一名废奴主义者。

　　1783 年 2 月 5 日，拉法耶特在给华盛顿的信中写道："请允许我向您提出一个计划，这个计划可能会对黑人大有裨益。让我们合伙购买一小块地产，我们可以在那里进行释放黑奴的试验，并把他们仅仅视为佃农。"拉法耶特知道，华盛顿重视以身作则的领导力，

150

并身体力行，亲自践行他所倡导的美德："有您亲身垂范，可能会让这个试验大获成功。如果这个试验在美国取得成功，我将乐于奉献我的部分时间，把这个办法推广到西印度群岛。"[17]

对于拉法耶特来说，购买一处种植园，并在那里释放奴隶，无非是勇敢的理想主义的延续，正是这种理想主义推动美国实现起义、革命和独立。具体而言，这种理想在《独立宣言》中也有明确体现："人人生而平等，造物主赋予他们若干不可剥夺的权利，其中包括生命权、自由权和追求幸福的权利。"[18]拉法耶特对上述原则是严肃对待的。他真心相信上述原则。他也相信，他与他的革命战友们必须再次发扬勇敢的理想主义精神，让上述原则成为现实。拉法耶特说："如果这是一个疯狂的计划，那么我宁愿做个义无反顾的疯子，而非明哲保身的智者。"[19]对于拉法耶特来说，美国革命未竟全功。他希望华盛顿亦有同感。

作为北美最富有、最显赫的奴隶主，华盛顿对于继续遵循美国革命的逻辑结论要慎重得多，因为这个显而易见的逻辑结论将会撬动其自身财富和地位的基石。华盛顿并非完全拒斥拉法耶特的劝说，但他并不支持拉法耶特的理念。1783 年 4 月 5 日，华盛顿回复拉法耶特道："我亲爱的侯爵，您所提出的史无前例的计划，鼓励我们释放这个国家的黑人，让他们从奴役状态中解放出来，这是您内心充满慈爱的明显例证。我会非常乐意加入您这个如此值得赞美的事业；但在我们下次有幸会面之前，我不会急于讨论这个计划的细节。"[20]拉法耶特对将军的话深信不疑。当他们下次会面时，年轻的侯爵将会迫不及待地把这个疯狂的计划和盘托出，以求完全实现美国革命的承诺：生命权、自由权和追求幸福的权利。为**全体**人类实现这些权利。

ᵂᴷ

随着西班牙舰队解散，和平触手可及，拉法耶特也于 1784 年 3 月离开西班牙。在返回巴黎的路上，他顺道回到了位于奥弗涅的家乡，这是他背井离乡十多年来第一次回来。数周后，当他抵达沙瓦尼亚克城堡时，孀居而又孤独的夏洛特姑姑出来迎接他。在那些抚育他长大的、快乐的家庭妇女中，夏洛特姑姑是唯一健在的了。他的老祖母和马德莱娜姑姑早已故去。像亲姐姐一样对待他的玛丽已于 1778 年因难产而死。拉法耶特在给阿德里安娜的信中写道，他的姑姑因为他的安全回家而喜不自胜，但"她慢慢平静下来了……尽管她的眼中满是泪水"。[21]

1784 年 3 月，当拉法耶特抵达家乡时，他发现奥弗涅满目疮痍，这一方面是由于头年秋天的农业歉收，另一方面是由于整个冬天的异常低温。沙瓦尼亚克的居民，那些拉法耶特小时候的玩伴、邻居和朋友，全都饥寒交迫。在与当地官员、商人和地产管理人见面后，拉法耶特终于了解到当地的大致情况。粮食供应本已相当紧张，一家政府认证的公司又控制了谷物的分配，结果导致粮价进一步上涨。拉法耶特被激怒了。一位地方官员回忆道："他似乎被这哀鸿遍野的场面深深触动了。"[22]

拉法耶特的地产管理人告诉他，此时正是出售谷物的好时机，肯定能卖个好价钱。但在奥弗涅，广泛流传着一则真实性相当可疑的传闻，据说拉法耶特回应道："不！此时应该把谷物捐出去！"[23]尽管几乎可以肯定，这是人们凭空杜撰的传闻，但这则传闻真实反映了拉法耶特的行事风格。侯爵下令，把 300 蒲式耳谷物免费分发给当地社区，然后把剩余的储备谷物用于应对将来的饥荒。他在给阿德里安娜的信中写道："我希望政府允许我兴建公共粮仓，我会把我的部分谷物捐进去，这能提供一个谷物种子库。"[24]拉法耶特的财务经理抱怨他错失良机，但拉法耶特根本不在乎。他不想利用饥荒牟利。一位地方官员在给凡尔赛的报告中提到，奥弗涅居民"之所以能够免于饥荒的恐惧，全靠拉法耶特先生给他们施以特别的援手"。[25]

拉法耶特离开沙瓦尼亚克时赢得了平民英雄的声誉，因为他免费分发给居民的种子，让人们重新获得了希望。阿德里安娜做得更多，她亲力亲为，组建纺织学校和纺织作坊，让当地人能够通过自己纺线和织布赚取更多利润，而非只靠出售家畜的绒毛来获取微薄的收益。在奥弗涅这穷乡僻壤的餐桌上，人们为拉法耶特夫妇举杯致敬。

拉法耶特在沙瓦尼亚克的短暂逗留，同样成为他与阿格莱·德·于诺尔斯坦斩断情丝的契机，拉法耶特曾在年少轻狂时迷恋过她，又于功成名就之时追求到她。人们接受贵族男子有一连串的风流韵事，却不能接受贵族女子如此。对男女道德的双重标准，让于诺尔斯坦这样的女子成为伪善社会的众矢之的。于诺尔斯坦与好几个身居高位的男士纠缠不清，拉法耶特只不过是她的新欢，她艳名在外，她的姻亲挑唆整个上流社会孤立她。为了挽救自己的声誉，

于诺尔斯坦告诉拉法耶特，这段关系已经结束了，请求他在返回巴
黎以前，接受关系破裂的现实。拉法耶特此次顺道前往奥弗涅，给
了他终止这段关系的机会。他最终给于诺尔斯坦写了一封长信：
"你太残忍了，我亲爱的阿格莱。你知道我有多么伤心。"但他承认
在这样的关系中，"是你承担了所有的风险，而我享受了所有的欢
愉"。尽管他千般不舍，"但你把你内心的安宁和你人身的安全放到
了我的手上"，因此他不会再给对方惹来更多麻烦。他承认这段关
系已经结束了。[26]

　　然而，对于诺尔斯坦来说，这一切都太晚了。尽管拉法耶特斩
断情丝，但她发现自己已被上流社会打入另册，因为她的逾越之举
引发了众怒。此后不久，阿格莱·德·于诺尔斯坦从公共生活中消
失，进入一处女修道院。她的丈夫从来不为她的风流韵事而争风吃
醋，为她提供了一份慷慨的年金。她在女修道院度过余生，拿出几
乎所有金钱捐赠给病人、残疾人以及穷困潦倒的人。因此，虽然她
受到身居高位、手握权柄者的羞辱，却得到穷困潦倒、缺衣少食者
的爱戴。

✥

　　1784 年 5 月，拉法耶特回到巴黎，一家人正式搬进新家。一对
快乐而富足的夫妻，带着三个孩子，访客络绎不绝。每逢周一晚
上，拉法耶特夫妇都会与来自美国的政要名人和普通访客共进晚
餐。在阿比盖尔·亚当斯（Abigail Adams）抵达巴黎并与丈夫团聚
后，她发现自己并不喜欢巴黎，但很喜欢拉法耶特夫妇，尤其是阿

德里安娜："在她的陪伴下我总是很愉悦。她是一位美好而亲切的淑女，她非常爱她的孩子们，而且非常关心孩子们的教育。"阿比盖尔也不禁感到惊奇，因为她在阿德里安娜身上看到某种在巴黎极为罕见的美德，阿比盖尔在一封家书中提到阿德里安娜时说："她狂热地依恋她的丈夫!!! 一个法国女人竟然会爱着她的丈夫!!!"[27]亚当斯夫人几乎不敢相信自己的眼睛。

尽管拉法耶特爱着阿德里安娜，还有一个幸福快乐的家庭，但他还是保持着活跃的社交生活，包括找到一位新情人：西米亚纳伯爵夫人（comtesse de Simiane）迪亚娜·阿黛拉伊德（Diane Adélaïde）。迪亚娜·德·西米亚纳是普罗旺斯伯爵夫人的宫廷侍女，被形容为一个"美丽动人的女子，她给人的感觉是高贵大方、善解人意"。[28]她温柔体贴、同情弱者，还冰雪聪明，据说"西米亚纳小姐的美貌并没有减损她的善良：两者在她身上产生了奇妙的结合"。[29]一名沙龙女主人经常看见拉法耶特和西米亚纳出双入对："她被认为是全法国最美的女人，但从未有过绯闻。所有人都把她往拉法耶特先生的怀里推。"[30]对于拉法耶特来说，西米亚纳不仅仅是情人。她还是好友和知己，拉法耶特在写给她的信中不仅谈私房秘话，还会谈政治事务。拉法耶特与西米亚纳的关系将会维持好几十年，即使在两人不再有肌肤之亲并且分属不同阵营后，这种关系还能维持下去。

作为非正式的美国使团成员，拉法耶特也会接待那些想进入法国市场的美国商人。商人们抱怨，法国海关当局总是要求他们缴纳关税等各种税费，让他们的完税货物在市场上毫无竞争力。拉法耶特设法为他们排忧解难。他向韦尔热讷愤怒地抱怨道："我已不止一次说过，在经历过伟大的战争、实现了美好的和平后，我们竟然失去了我们用无数鲜血和大笔财富换来的胜利果实，这真是相当讽刺。胜利果实只落到一个阶层手中，而他们从不为别人谋利益。"[31]为了替美国人引起公众关注，拉法耶特起草了一本小册子，题为《法美两国商业贸易观察》（*Observations on Commerce Between France and the United States*），它旨在打破法美两国之间的贸易壁垒。拉法耶特从未被人们视为哲学巨人，这本小册子也并无划时代的创见，但这是他第一次涉足更为广泛的知识领域。这本小册子广受欢迎，也表明拉法耶特是现代政治经济学的积极支持者。

这本小册子的一个新奇之处在于罕有地关注了法国殖民地上非洲奴隶的悲惨状况。拉法耶特认为，法国应该取消美国食品运抵法属加勒比港口的关税，法国殖民当局应该聆听"自身利益与人类福祉的两个声音"，"只要奴隶喂养取决于禁止向殖民地输入外国粮食的法律，奴隶就会吃得很少而且营养不良，他们将干得很少，并很快死去"。[32]这是对奴隶经济领导者发出的呼吁，但拉法耶特的最终目的并不是营养良好、勤勉劳作的**奴隶**。他的最终目的是营养良好、勤勉劳作的**自由人**。他会继续思考，如何才能推进这个更加宏大的计划。

拉法耶特深度介入美国这个新生国家的事务，这意味着在他心 155 目中，他将会经常回到这个曾经接纳他的国家做例行访问。他已离开美国两年多，是时候回去看看了。拉法耶特想看看这个不再受到战火蹂躏的国家。与此同时，阿德里安娜又得承受一次漫长的分离。但至少这一次，她的丈夫不用带上武器、穿上军装了。

※

1784 年 6 月，拉法耶特从布雷斯特出发，这次他搭乘"纽约来信号"（*Courrier de New York*），这是法美两国之间第一艘运载商务旅客的定期帆船。1784 年 8 月 4 日，拉法耶特抵达纽约城，这是他第一次真正踏足这座城市。多年以来，拉法耶特一直设想，为美国独立所进行的最后一战将会在纽约开打，但他从未踏足曼哈顿岛。

拉法耶特在纽约停留数日，接受民众的欢迎，并与亚历山大·汉密尔顿等老友叙旧，然后在接下来的一周就开始缓缓南行。他所路过的每一座城市，都会为他举行派对或巡游，以表示对他的敬意。他在费城停留了一个星期，与其他参战老兵团聚，并结识了一些新朋友，他们都是这个新生国家知识界、经济界、政治界的精英。尽管持续不断的庆祝活动拖慢了拉法耶特的行程，但他一直在朝着他的预定目的地稳步前进：弗农山庄。

8 月 18 日，拉法耶特抵达这座种植园，热情而快乐地拥抱了华盛顿将军。自从约克镇大捷以来，两人已经有三年没有见面了。在此期间，华盛顿也完成了他要成为美国的辛辛那图斯的宏愿，在拯救自己的民众之后归隐田园。在确认英国人确实打算遵从和议后，华盛顿辞去大陆军总司令的职务。1783 年 12 月 23 日，在一个庄严肃穆的仪式上，他向大陆会议交出自己的佩剑，他的友人与政敌都对此感到不解和惊讶。

但华盛顿回到弗农山庄与辛辛那图斯归隐田园，几乎没有可比

性。乔治·华盛顿并非简单的土地劳作者。弗农山庄是一个庞大的
商业地产网络的核心，这些商业地产以生产和营利为目的，盈利来 　156
自乔治·华盛顿和玛莎·华盛顿（Martha Washington）夫妇所拥有
的将近 300 名奴隶的劳动。在接下来的一个星期里，拉法耶特跟随
华盛顿四处巡视，观察将军如何管理庄园内数不清的大大小小的事
情，将军正试图重建这座多年以来因经营不善而荒废的庄园。在巡
视期间，他们谈及往昔岁月，也谈及未来计划，一起接待络绎不绝
的访客，享受没有战争警报的时光。

　　我们从后来的文献中知道，在这次访问中，拉法耶特重提旧
话，这也是华盛顿请他来的目的：解放黑人奴隶的试验。尽管两人
的对话没有留下现场记录，但华盛顿很可能在后来的信件中给予了
回应：美国的政治、经济和社会状况仍然很不稳定，他不敢在这个
时候投入这种冒险。解放奴隶、废除奴隶制，是美好的梦想，但时
机不对。拉法耶特不再重提此事，但他不会停止实现计划的脚步。

⚔

　　在与华盛顿共处一个星期后，是时候继续上路了。在拉法耶特
离开北美大陆以前，人们已为他安排第二次访问了，因此这次告别
算不上**真正的离别**。拉法耶特向北返程，他将再次途经费城，然后
返回纽约城。当他抵达纽约时，他得知这座城市的管理者们决定授
予他城市公民身份——"纽约市的自由人和城市公民"。[33]这是他被
授予的第一个公民称号，在接下来的岁月里，美国多个州及市政机
关纷纷授予他公民称号。其中最为彻底和全面的是几个月后马里兰

州议会授予他的公民身份。1784 年 12 月 28 日，马里兰州议会宣布拉法耶特"及其男性后裔将会永远获得如下权利：他们中每一个人都将被承认、判定和接纳为本州自然出生的公民，也因此可享受本州自然出生公民的各项社区权益、权利和特权"。[34] 随着 1788 年《美国宪法》获得批准，各州自然出生公民将会在其他所有各州自动被授予公民身份，由此开启了一个长达数十年的进程，最终，国家公民身份的概念在 1868 年第十四条修正案通过后才正式形成。由于在 1784 年 12 月，拉法耶特已被承认、判定和接纳为马里兰州的自然出生公民，因此他也必然被承认、判定和接纳为美国公民。

157

拉法耶特渴望为这个接纳他的国家提供服务，因此他接受了另一个外交使命，前往易洛魁部落。在他们的英国盟友战败后，这些易洛魁部落并未迁徙到加拿大，他们需要与新生的美国达成协议。大陆会议知道拉法耶特之前与易洛魁部落相处融洽，因此请求他与美国使团同行，为最终达成和平协议扫清道路。

此行还有两位新同伴加入。一位同伴是弗朗索瓦·巴尔贝-马布瓦（François Barbé-Marbois），他是法国驻美国代办，留下了详细的美国游记，他对北美十三州风土人情的上下求索，启发了托马斯·杰斐逊的经典回复，这些回复后来发展为《弗吉尼亚笔记》（*Notes on the State of Virginia*）。另一位同伴是詹姆斯·麦迪逊（James Madison），他是杰斐逊的朋友和门徒。时年 33 岁的麦迪逊，在战争期间是民意领袖，他被选举为弗吉尼亚州众议院和第二届大陆会议双料议员。在战争期间，麦迪逊和拉法耶特未曾谋面，但两人在费城一见如故，麦迪逊在最后时刻加入这个向北行进的使团。

麦迪逊能说流利的法语，三个人一路长谈，从费城一直聊到奥尔巴尼。麦迪逊告诉杰斐逊，拉法耶特有"三个乐此不疲的话题"。第一个话题是"法美同盟"，最明显的例证是，拉法耶特持续不断地为美国商人奔走呼号，最近还发表了《法美两国商业贸易观察》。第二个话题是"美国联合"，也就是说，美利坚合众国的整合问题。从自己在大陆军的经历中，拉法耶特亲身感受到国家政府无权下令消除各州的弊病。他赞同麦迪逊的信念，即有必要对作为美国第一部宪政文件的《邦联条例》（Articles of Confederation）做出重大改动，以便创造一个更美好、更强大、更完美的联合形式。

按照麦迪逊的说法，拉法耶特第三个乐此不疲的话题是"解放奴隶"。拉法耶特毫不回避地对他那些拥有奴隶的朋友——如华盛顿、杰斐逊以及此时的麦迪逊——坦诚相告，提醒他们必须采取最后的步骤，实现美国革命的诺言。所有人都承认，这第三个话题表明了拉法耶特的理想主义美好天性，麦迪逊本人就评价拉法耶特正在萌发的废奴主义"证明了他的人道主义，为他赢得了真正的荣誉"。[35]但拉法耶特的弗吉尼亚朋友们顽固地认定，正如他们始终认定的那样，这是一个美好的想法，但眼下还不是合适的时机。仿佛真的**会**有一个合适的时机似的。

158

1784 年 9 月底，一行人抵达纽约州北部，他们在阴郁、潮湿、冰冷的天气里艰难跋涉。巴尔贝-马布瓦在报告中写道，当大家艰难行进时，拉法耶特"似乎完全不受这个季节极端天气的影响"。[36]平心而论，拉法耶特根本就不是那种在宫廷里纵情享乐的花花公子，他早就习惯了忍受极端严酷的环境。当他的同伴畏畏缩缩、颤颤巍巍时，拉法耶特仍然笔挺地端坐在马鞍之上。但巴尔贝-马布瓦也提到拉法耶特泰然自若的原因，说"他为了防雨，带了一件涂胶的织物斗篷，这件斗篷是从法国用报纸包裹着寄来的。那层报纸已经粘在斗篷上了……因此好奇的人能够从拉法耶特的胸前和背后读到《巴黎日报》（*Journal of Paris*）或《欧洲来信》（*Courier de l'Europe*）"。[37]拉法耶特看上去可能会有点滑稽，但至少他确保了自己温暖和干爽。

一行人终于熬过这段旅程，谈判于 10 月 3 日开始。拉法耶特在家书中写道："我来到野蛮人的国度，被休伦人（Hurons）和易洛魁人包围。"[38]拉法耶特设法讲了一个不着边际的笑话，这个笑话并不老套，但本意是对自己过早秃顶的自嘲："我可不能被他们剥掉头皮，因为有谚语说，一个人不可能失去他所没有的东西。"[39]会议开始时，麦迪逊记录道："拉法耶特是唯一引人注目的人物。"[40]巴尔贝-马布瓦对此也表示赞同："拉法耶特先生受到人们非同寻常的信任和爱戴。那些见过他的人，都会迫切地想再次见到他。"[41]拉法耶特运用其影响力，极力促成对方与美国达成和平与有利的条款。他说："如果你们还记得卡伊乌拉说过的话，那么我现在对你们复述一遍，美国人的事业是正义的事业，也是你们的事业。"[42]拉法耶特自豪地与聚集在一起的各部落分享喜讯，并在余生中真诚地相信这一点。但未来的历史将会证明，易洛魁人与美国的关系并不美好，拉法耶特的真诚信念大错特错。美国人的事业并**不是**易洛魁人的事业。考虑到易洛魁人将会失去他们的土地、权益或家族，美国人的事业也并不是什么正义的事业。

在面对易洛魁人时，拉法耶特这种父权制的包揽作风还更为直接地体现在另一方面。一个法国人与易洛魁人生的、名叫彼得·奥蒂斯奎特（Peter Otsiquette）的十几岁男孩也出现在谈判现场，在拉法耶特的好奇催促下，人们安排彼得前往巴黎，去跟拉法耶特生活。这并非人们闻所未闻的安排。在法国，奥蒂斯奎特将会接受欧式教育，人们希望他学成归来时，能够在两种文明之间充当纽带，承担协商者和翻译者的角色。在奥蒂斯奎特的家人考虑这件事时，拉法耶特还领养了一个无父无母的少年，这个年纪更小的男孩名叫卡延拉哈（Kayenlaha）。他同样会到巴黎跟拉法耶特一起生活，学习欧洲人的语言和习惯，待他长大成人后，能更好地为他的族人服务。[43]

谈判于 10 月 6 日结束，拉法耶特先是返回奥尔巴尼，然后转至新英格兰，在哈佛大学接受了一个荣誉博士学位。当一行人最终分道扬镳时，麦迪逊在写给杰斐逊的信中提到他对拉法耶特的最终印象："我认为他是一个和蔼可亲的人，当然他有点虚荣心，他身上有美国人的真诚，就像其他法国人所能做到的那样真诚。"[44]拉法耶特与麦迪逊将会终身保持友谊，而且两人在余生中始终保持书信往来。

※※

1784 年 11 月第一个星期，拉法耶特从波士顿乘船返回弗吉尼亚。他自豪地考察了约克镇的旧日战场，那里仍旧布满弹坑和战壕，之后他被邀请到位于里士满的弗吉尼亚州议会发表演讲。当

他抵达时，议会里正在进行激烈的辩论。两年前，该州批准允许
解放奴隶，理由是如果财产权涵盖一切财产，那就意味着一个人
能够以自己认为合适的方式处置自己的一切财产。但这条法律引
起强烈反应。为数不少的弗吉尼亚人认为，如果奴隶在任何地方
都能被释放，那么现存体制将在所有地方受到威胁。申诉书如同
雪片般飞来，要求把这个足以撬动体制的楔子从法律汇编中拔除。
1784 年 11 月 19 日，拉法耶特在弗吉尼亚州议会发表演讲，这是
160　一个值得纪念的日子，他表明了自己的立场，希望弗吉尼亚和整
个美国将会"继续向全世界明确无误地证明，这个国家是博爱的，
这个国家会考虑**全体人类**的自由"。[45]这个立场是微妙而委婉的，但
把这个立场放在正在进行的解放奴隶的辩论背景中，他的意思就
很明显了。

　　在离开里士满以前，拉法耶特会见了另一位独立战争期间的老
战友：詹姆斯·阿米斯特德（James Armistead）。在弗吉尼亚战役
期间，阿米斯特德是康沃利斯随员中的一名非洲奴隶，同时也是拉
法耶特最出色、最可靠的间谍之一。阿米斯特德此时正在为自己申
诉，希望自己当年的服务能够为自己换来自由。拉法耶特很乐意地
起草了一份个人证言，确认了阿米斯特德无可估量的战时服务。他
说阿米斯特德"完美地完成了我交托给他的一些重要任务，当他出
现在我面前时，给他任何奖赏都不过分"。[46]如果拉法耶特那时有权
力，阿米斯特德当场就能被宣告自由了。然而，阿米斯特德却又花
了两年时间来争辩、申诉和等待仲裁，才最终赢得自由。经历那么
多阻碍和心酸，一位英勇的独立战争老兵才获得解放，这对于拉法

耶特怀揣的解放奴隶不久就能成为趋势的希望来说，可不是什么好兆头。阿米斯特德本人永远忘不了拉法耶特对他的支持，当他在法律意义上获得自由时，他把自己的名字改为詹姆斯·阿米斯特德·拉法耶特。

拉法耶特再次回到弗农山庄，他与华盛顿在回首往事中度过了最后一个星期。但这种田园牧歌般的日子终究不可能永恒。11 月 28 日，拉法耶特不得不离开了。为了多陪伴些日子，华盛顿骑马护送侯爵前往费城。但在 1784 年 12 月 1 日，两人终于要分道扬镳。他们不知何时才能再见。他们不知**是否**还能再见。华盛顿出身于一个历代祖先并不高寿的家族，两人挥泪告别，他在数日后给拉法耶特的信中写道："我经常问自己，当我们的马车各自远去，这是否会是我最后一次见到你。尽管我想说不是的，我们还会再见的，但我恐怕答案就是这样，我们再也不会相见了。"[47]拉法耶特在启程返回法国之前收到这封信，他马上回了一封信："不，我亲爱的将军，我们最近的分别绝对不会是最后一次相见，我全身心抵触这个念头。我亲爱的将军，这个念头确实持续不断地困扰着我，让我伤心欲绝。"[48]拉法耶特还年轻、健康，他还想定期前往美国。这当然还不是结局。

但华盛顿是对的，拉法耶特是错的。他们再也没有见过对方。这段友谊形成于 1777 年冬天的福吉谷，通过跨越大西洋的书信往来而历久弥新，直到华盛顿于 1799 年去世为止。但他们已最后拥抱过一次。1784 年 12 月 21 日，当拉法耶特从纽约城启程回国时，他盼望着不久之后就能回到这个接纳他的国家。然而，他将会在长

161

达 40 年的时间里不再踏足美国。当他最终回到美国时，他的人生导师、良师益友、与他情同父子的将军已经长眠于墓碑之下。

⚜

当拉法耶特登上返回法国的帆船时，他身边还跟着两名年轻的被监护人：易洛魁人卡延拉哈，以及约翰·爱德华兹·考德威尔（John Edwards Caldwell），后者是在战争期间被杀害的新教牧师的遗孤。拉法耶特保证会照顾这两个男孩，并确保他们接受教育。他马上着手教育，在海上漫长的几个星期里，他教这两个男孩法语、英语、文学和历史。

回到巴黎后，拉法耶特让这两个男孩加入他的大家庭。卡延拉哈继续住在拉法耶特家中，作为侍者、听差和家仆。在这些闲杂的工作之外，拉法耶特确保这个男孩安全、受保护，并接受文学、历史、数学和语言方面的教育。尽管拉法耶特并无恶意，但他的确把卡延拉哈视为一个奇物，一件来自美国的纪念品。人们都知道，为了在晚会上活跃气氛，拉法耶特会让卡延拉哈穿着土著的衣服跳舞，以取悦朋友和宾客。一个年轻的亲历者后来回忆道，拉法耶特"拥有一个穿着土著衣服的野蛮人……他的鼻子上穿着鼻环，头顶上戴着羽饰……整件衣服就是由一条腰带和覆盖着羽毛的肉色外衣组成"。[49]作为父权制包揽作风的标志，人们也听说"那个野蛮人总是叫拉法耶特父亲"。[50]

至于约翰·爱德华兹·考德威尔，拉法耶特把他安置在巴黎寄宿学校，借此机会开启了他另一段关于社会正义的征程。可想而

知，这是一所天主教学校，但拉法耶特坚持，这个美国男孩应该被
允许遵循他的新教习惯。拉法耶特是个既不虔诚也不勤勉的天主教　　162
徒，他在美国结识了许多新教朋友，并在他们那里感受到在法国难
以想象的兄弟之情。自从路易十四于 1685 年废除了《南特敕令》
（Edict of Nantes），新教徒在法国就失去了合法权利，此举驱使无
数胡格诺教徒流亡到美洲，其中就包括约翰·劳伦斯和亚历山大·
汉密尔顿的祖先。拉法耶特写道："新教徒生活在不宽容的专制统
治之下，他们的孩子被称为狗杂种，他们的牧师被吊死。"拉法耶
特自视为和平时期的社会改革者，当他察觉到不公正的现象时，他
想施以援手。他永远不会置身事外，等待含混不清、抽象玄奥的所
谓"进步"力量来解决问题。他说，"我会站在事务管理者的位置
上来想问题"，并询问法国新教社区的杰出成员自己能够为他们做
点什么。[51]

　　阿德里安娜本人是虔诚的天主教徒，但她支持丈夫对宗教宽容
的呼吁。弗吉妮娅后来写道："我的母亲拥有与父亲相同的信念，
她还热情接待慕名来到我们家中的新教大臣们。"弗吉妮娅还写道：
"我母亲的宽容来自宗教的首要原则。她认为上帝赋予人自由，妨
碍这种自由是不可饶恕的大罪。"[52]启蒙思想家批评天主教会热衷于
以权力迫害他人，他们可能会认为阿德里安娜的想法是朴素且原始
的，但她的信念是诚实而真诚的。她的天主教信仰从未与她的信念
发生冲突，她相信每个人都有权利按照自己认为合适的方式敬拜
上帝。

　　当年晚些时候，时年 19 岁的彼得·奥蒂斯奎特很可能也加入

了这个大家庭。人们对于他在巴黎的时光所知甚少，但这不是一次匆忙的拜访。至少到 1788 年，奥蒂斯奎特仍然留在拉法耶特夫妇身边，就像年轻的卡延拉哈那样，他似乎也接受了完整的教育，并被这个家庭视为得宠的仆人。拉法耶特视乎场合，以欧洲的潮流和"印第安服饰"来为彼得配备服装。当奥蒂斯奎特返回美国时，他被形容为"富有教养并娴熟掌握法国的语言和礼仪"，进而成为易洛魁人与欧洲文明之间的外交纽带。[53] 在 1792 年 3 月，奥蒂斯奎特加入拜访乔治·华盛顿总统的代表团，让人难以置信的是，他们各**163** 自与拉法耶特的关系并未被人提及。但奥蒂斯奎特的最终命运并不美好。他在这次前往费城的旅程中去世了，有人说他是自然死亡，也有人说他死于酒精中毒。一位住在纽约州北部的荷兰移民认识奥蒂斯奎特，他在奥蒂斯奎特死后评论道："我们有理由思考，他们的白人邻居们到底会对此施以诅咒，还是祈求保佑。"[54]

※

迄今为止，拉法耶特最雄心勃勃也最大胆无畏的改革计划，就是推行废奴主义。尽管华盛顿拒绝参与，但拉法耶特决心证明解放奴隶是安全、有益和可获利的。正如支持拉法耶特为新教徒努力一样，阿德里安娜同样支持拉法耶特这次的冒险。弗吉妮娅回忆道："对于正义事业的热切渴望，对于不公不义的深恶痛绝，始终萦绕在母亲心中。当父亲为废止奴隶贸易而奔走呼号时，母亲感觉到真正的快乐。"[55]

正是得益于自己对解放奴隶的兴趣，拉法耶特有幸迎来了与孔多塞侯爵（marquis de Condorcet）的第一次见面。与其他启蒙思想家一样，孔多塞是启蒙运动最伟大的希望和雄心的生动体现，这种希望和雄心即只要人们借助思考、科学和理性，没有任何事物是不能被改善的。1781 年，孔多塞以笔名发表反对奴隶制的小册子，题为《反思黑人奴隶制》（*Reflections on the Slavery of Negroes*）。1783 年，拉法耶特读到这本小册子，并对朋友路易·亚历山大·德·拉罗什福科（Louis Alexandre de La Rochefoucauld）说自己非常欣赏这里面的学说。拉罗什福科也是一位出身贵族的社会改革家，他把拉法耶特介绍给孔多塞，之后就是一系列会面、晚宴和讨论。拉法耶特、孔多塞和拉罗什福科都是日益壮大的理想主义改革者协作圈子的一部分，都想让这个世界变得更加美好。当孔多塞写成《美国革命对欧洲的影响》（*The Influence of the American Revolution on Europe*）后，他把此书呈献给拉法耶特。

为了加深对废奴主义的理解，拉法耶特写信给约翰·亚当斯——他此时正担任美国驻英国大使——请求他给自己寄来"在英国写就的、任何关于废除［奴隶制］的著作"。[56]拉法耶特想让自己成为这个议题的行家里手。但拉法耶特的改革意识太宽泛，没有聚焦于某个单一议题，在同一封信里面，拉法耶特同样请求亚当斯给他寄来任何关于监狱改革的著作。拉法耶特和阿德里安娜都认为，国家监狱、羁押场所，以及其他各种形式的惩罚性监禁场所，都是残忍而不公的。

最终，1786 年 2 月，拉法耶特在写给华盛顿的信中，告诉对方一个大消息："我花费 125000 法国里弗尔，在卡宴（Cayenne）殖民地购买了一处种植园，我准备释放我的黑人奴隶，以便展开我的试验，您也知道，这个试验是我所热衷的。"[57]拉法耶特在给亨利·诺克斯的信中写道："我私底下告诉你……我正在一处法国殖民地购买一座很好的种植园，以便给予我们的黑人兄弟以选举权，这是上帝赋予的权利，我们应该把这种权利推广开来！"[58]

拉法耶特的计划是一个渐进的解放计划。在买到一处地产后，拉法耶特夫妇将会接手管理，给奴隶们支付工资，禁止奴隶被转卖，取消肉体惩罚，给奴隶们的孩子提供教育。孔多塞把拉法耶特介绍给年轻的自然科学家亨利·德·里施普雷（Henri de Richeprey），对方也渴望参与这次理想主义冒险。里施普雷乘船前往卡宴，充当拉法耶特的地产管理者。里施普雷发现第一处种植园有各种不足之处，建议额外购买更多地产，让这个计划更具可行性。当年晚些时候，拉法耶特说服法国政府为他提供资金，以便进行另一次采购，使法国政府也成为计划中利益均沾的合作伙伴。出于众所周知的原因……吸引政府入局，可能更加可行。在巴黎，阿德里安娜逐渐接手地产管理，这些地产被合称为拉贝尔·加布里埃尔（La Belle Gabrielle）庄园，后来成为他们在殖民地投资的最大种植园。1789年3月，一份分类台账显示，拉法耶特夫妇最终拥有70名奴隶，最年幼的奴隶是个新生儿，最年长的奴隶是个失明老人。[59]

华盛顿也就拉法耶特的重大消息给出回应，称赞这个在卡宴的试验"是你的人道主义立场慷慨而高贵的例证"。但华盛顿同时表示遗憾："我祈求上帝，让类似的人道精神广泛传播于这个国家的民众心中，我迫切希望看到解放的前景。"他也担心"突如其来的

解放会带来很多问题"。[60]尽管华盛顿祝愿拉法耶特诸事顺利，但他
自己并不参与，也不打算短期内在美国推动奴隶解放。人们可能会
感到疑惑，华盛顿到底会在多大程度上帮助类似的人道精神广泛传
播于民众心中，他自己作为拥有巨大影响力的弗吉尼亚种植园主，
受到从新罕布什尔到佐治亚各州民众的普遍爱戴，但他并没有推动
奴隶解放，而只是表示迫切希望看到解放的前景。拉法耶特在其余
生中始终尊敬乔治·华盛顿，把他视为从不犯错的伟人，认为他始
终选择真理和正直的道路。不过，在解放奴隶的问题上，华盛顿应
该视拉法耶特为偶像，因为拉法耶特表里如一地相信，全体人类都
享有不可剥夺的生命权、自由权和追求幸福的权利。

　　与此同时，装满一整个板条箱的图书迅速从伦敦运来。这是对
拉法耶特的回应，因为他想要所有关于废除黑人奴隶制的著作。约
翰·亚当斯请求废奴主义者格兰维尔·夏普（Granville Sharp）承
担这一任务，而夏普也抓住这个机会培养拉法耶特的兴趣。拉法耶
特在给亚当斯的信中写道：

　　　　谢谢你不厌其烦地为我找来这些宝贵的图书。为了我这些
　　黑人兄弟的事业，我感觉我自己燃起了热情，最具决定意义的
　　是，我尊敬他们，反对人类中的白人。在我看来，无论蓄奴问
　　题有多么复杂，也改变不了奴役者所作所为的罪大恶极，这是
　　比非洲人的肤色还要黑暗的罪恶，这引起我极大的焦虑和关
　　注，因为我发现，有时候，这种罪恶就在自由的旗帜下发生，
　　就在我们亲爱而神圣的星条旗下发生。[61]

　　这是一则非常深刻的声明，足以表明在短短几年间，他的思想发生了多么巨大的飞跃。这同样是一则轻描淡写的声明，因为这则声明大大淡化了在他亲爱而神圣的星条旗下发生的罪恶。

　　在北美独立战争结束以来的五年中，拉法耶特已从一个爱冒险的军人，彻底转变为一名人道主义的自由斗士。饥荒中的农民、被压迫的新教徒、被奴役的非洲人，都值得他投入时间、精力和资源。拉法耶特相信，世界上所有不公不义之事，都能被修正和克服，人们能凭借意志、眼界和不偏不倚的正义感而最终将其废止。在这条以信念铺就的道路上，他并不孤独。拉法耶特自身的努力，再加上法国境内其他几股社会改革的潮流，终将汇合成进步主义的滔滔洪流，吞没几个世纪以来形成的种种忧伤、弊政、残忍、迷信、怨恨、愤怒、恐惧和矛盾。就在 1789 年夏天，蓄积种种弊病的堤坝终于被冲垮，洪水淹没整个王国。我们把这股洪流称为"法国大革命"。

第二幕

法国大革命

第十章

我等凡人
（1786—1787）

1786 年 12 月，拉法耶特侯爵安排了一次俄国之行。他的老朋
友塞居尔伯爵，在北美战事结束后加入外交使团，此时已作为法国
驻俄国大使，派驻叶卡捷琳娜大帝（Empress Catherine the Great）
的宫廷。作为典型的开明专制者，叶卡捷琳娜乐于接待欧洲的启蒙
思想家，也对接见著名的拉法耶特侯爵颇感兴趣。塞居尔安排拉法
耶特加入叶卡捷琳娜的女皇随扈团，准备前往克里米亚。但在 1786
年 12 月 27 日，拉法耶特收到国王传召，因此行程只能取消。法兰
西王国的财政已经崩溃，全国混乱不堪。国王传召国内最杰出的领
导精英，希望他们能帮忙找到出路，拉法耶特的名字也在传召名单
上。拉法耶特请求俄国女皇原谅，因为他准备前往凡尔赛侍奉自己
的国王。他的国家此时需要运用他的才能了。

这次财政危机根本就不是什么意料之外的事情。任何人只要稍
稍了解王室的财政状况，自然就知道问题所在：花销太多，收入太
少。王室花费无度，仿佛金钱是上帝赋予波旁家族取之不尽、用之
不竭的资源。但金钱总有用尽时，它来自国民的税金。然而，法国

当时的税收制度免除了法国最富裕家庭按照财产比例缴纳的税金，王室只能靠搜刮国王最贫穷的臣民来实现收支平衡。这种既荒诞不经又不可持续的矛盾制度，终究不是长久之计。

国王的大臣们并非对此问题视而不见。在路易十六登基后，大臣们好几次试图整顿财政，但总是遇到阻力，受到拖延，或直接被无视。1774 年，现代化改革家杜尔哥受到邀请，准备彻底重整王国经济，但到 1776 年，他就因遭遇阻碍而被赶出政府。杜尔哥的继任者雅克·内克尔认为，如果法国采用英国式的国债制度，法国将会重归强大与繁荣。但内克尔触动了宫廷里某些政敌的利益，他们不愿意看到一个出生于瑞士的新教徒平民执掌国王的财政大权。1781 年，内克尔也被解除职务。他最后留下的政治遗产是堆积如山的债务和《财政汇报》，这份汇报误导性地让人们以为，根本就没什么需要担心的。

内克尔的继任者是手段灵活的宫廷贵族夏尔·亚历山大·德·卡洛纳（Charles Alexandre de Calonne）。卡洛纳接任财政大臣后，开始审查账目，他惊恐地发现《财政汇报》就是个巨大陷阱。实际上，王室所要面对的巨额高息贷款，如同越充越大的气球，其中许多笔贷款源于法国投入北美独立战争的花销。及至 18 世纪 80 年代中期，国王年度收入中的 50% 被用于偿还利息。卡洛纳断定，唯一可行的办法就是通过筹借新的低息贷款，来偿还现有的高息贷款。只要足够小心谨慎，应该可以给这个债务气球放放气。但为了确保获得新贷款，卡洛纳需要财经界对王室仍有信心，因此他采取了令人匪夷所思的"必要奢侈"政策。他认可王室的奢靡花销，以便继续营造王室财政健康的假象。当然，既然波旁家族花钱如流水，想必他们的现金流也不会有什么问题。卡洛纳自己也沉迷于越发精致的生活，总是以丝绸服饰打扮自己，并以奢侈排场招待宾客。

"必要奢侈"政策完全是剑走偏锋、兵行险着。确实如此。最终导致局面一发不可收拾的是"二十分之一税"（vingtième）即将停止征收，这是一种税额为 5% 的所得税，原本是用于支付七年战争额外开支的临时税收。尽管二十分之一税从来就不是一种恒常税，但在过去的 20 年间，二十分之一税几次延长征收，逐渐变成王室的关键收入。但到此时，二十分之一税预计将于 1786 年底永远取消。如果没有这笔急需获得的收入，王室将无法偿还债务。1786 年 8 月 8 日，卡洛纳不得不对国王坦诚相告，国王陛下已经濒临破产。有人认为，这次对话才是法国大革命的真正开端，这种看法并非毫无道理。

171

⚜

如果问题在于濒临破产的财政状况，那么补救的办法又在哪儿呢？可能的选项有好几个，但每一个选项都不太可行。国王可以尝试以独断的法令开征新税，毕竟，法国**是**个专制君主国。然而，尽管所有理论都在宣传绝对主义王权，法兰西王国其实是一个拼凑起来的国家，由一系列地产、领地、公爵领、自由市、行省和教区组成。所有组成部分都通过错综复杂的封建关系联结起来，每个组成部分都拥有自身一系列权利、特权和管辖权。在过去 200 年间，波旁家族不断侵蚀这些封建关系，代之以中央集权的王室权威，但如果国王路易试图以独断的王室法令向臣民开征新税，臣民难免会有激烈反抗，而王室未必能够经受考验。

反抗最为激烈的可能会是法国的 13 座高等法院。法语的"高等法院"（*parlements*）与英语"议会"（Parliaments）词形相近，但含义不同，前者是分布在主要行省首府的高级法庭。高等法院出现的年代已久远不可考，高等法院的法官们阐述、捍卫和解释王国的法律。后来，高等法院成为日益崛起的穿袍贵族的大本营。高等法院的穿袍贵族构成了对王权的强大制衡，他们以自身的政府理论对抗绝对主义王权。这些政府理论的集大成者是孟德斯鸠，他是波尔多高等法院的法官。1748 年，孟德斯鸠出版了他的政治哲学伟大著作《论法的精神》（*The Spirit of Law*），此书产生了巨大的影响力，捍卫了权力分立理论，以此限制专制主义的独断权威。

172　　　　最庞大、最重要的高等法院就设在巴黎，巴黎高等法院还使用一种独特的政治武器。在法律层面上，任何新法律在付诸实行以前，都必须在巴黎高等法院登记。而在登记以前，法官们有权要求国王修改或澄清法律条文。实际上，法官们是王国内**唯一**的独立政治实体，只有他们才能公开挑战王室权威。由于法官们在政治体制中的特殊位置，许多人把高等法院视为防止王国被暴君统治的防卫墙。

卡洛纳希望极力避免与高等法院发生正面纠缠，因为法官们肯定会利用国王的财政困境提出自己的诉求。但另一个选项显然更加糟糕：召开"三级会议"（Estates-General）。三级会议是整个王国的会议，按照教士、贵族和平民三个等级组建而成。在中世纪，三级会议曾经是比较固定的治理架构，但由于波旁家族提倡绝对主义王权理论，他们故意忽略了三级会议的存在。实际上，自 1614 年以来，波旁家族就没有召开过三级会议。如果卡洛纳害怕与高等法院纠缠，他就会极力主张召开三级会议。但谁又知道，会有什么难以控制的妖魔鬼怪藏在**那个**"潘多拉的盒子"（Pandora's Box）里呢？

经过好几个月的深思熟虑，卡洛纳决定求助于另一个过去出现过的古老机构："显贵会议"（Assembly of Notables）。这是一个由经过精挑细选的人员参与的正式集会，代表们由高级贵族、高阶教士和高等法官组成。卡洛纳将会向显贵会议陈述财政危机的具体细节，请求显贵们提出一个办法。这个计划的好处在于，国王能够决定邀请哪些贵族。显贵会议不是独立的实体，不像高等法院那样具有自己的议程，也不像三级会议那样会陷入可能的失控。而且，如果显贵会议同意开征新税，那么国王就不用独自宣告开征新税，而是得到许多既有实力又有影响力的人士的声援。卡洛纳着手起草一个名单，上面尽是那些他认为不加思索就会同意其改革方案的人，其中就包括年轻的、好说话的拉法耶特侯爵。

╼╬╾

在收到国王让其参加显贵会议的邀请后，拉法耶特写信给华盛顿，请求将军给予建议。他写道："那里会有 144 名参会成员，包括大主教、主教、贵族、各高等法院的院长、市镇长。在这个会议中，您所认识的只有三个人：德斯坦伯爵、拉瓦尔公爵以及您的副

173

官，是的，我也被列于这 36 名贵族代表之中。"拉法耶特还形容道，会议似乎包含某种粉饰太平、动机不纯的意图："国王在信件中声称要整顿财政，减轻国民税务负担，取消各种苛捐杂税。您很容易就能想象到，这说到底只是变着法子捞钱而已，表面上说要实现收支平衡，但在这个国家，大笔开支其实就出在宫廷大臣和奸佞小人的无度挥霍。"[1]拉法耶特当时并不知道，正是在国王这套陈词滥调中，完整地埋藏着法国大革命的导火线。

拉法耶特还表示，自己其实搞不清楚，到底是否要参加显贵会议。他在信中告诉华盛顿："我在第一个版本的名单里，却不在最后一个版本的名单里；但当我正要提出询问，为何我被排除在外时，我的名字又被放回去了。"[2]最为明显的理由是，拉法耶特仍然是个不到 30 岁的年轻人。名单上绝大多数人是两鬓斑白、位高权重的中老年人。让最年轻的人在名单上给更年老、更睿智的人让路，实在是太正常不过了。但此时正在担任美国驻法国大使的托马斯·杰斐逊认为，其中必有内情，即侯爵潜在的、危险的激进倾向，几乎让他失去这个席位："他在学校里所受的教育，让他对宫廷里盛行的绝对专制主义非常戒备。"[3]杰斐逊认为，宫廷害怕拉法耶特成为进步主义的大炮而无法加以约束。

然而，在法国内部，有许多人认为，拉法耶特的名字是出于完全相反的原因而被重新列入名单：他的主要缺点并不是蔑视王室，而是对王室太恭顺。他被宫廷视为自己人：他出身于诺瓦耶家族，是阿图瓦伯爵的老同学、王后的好朋友、国王的好心腹。拉法耶特与他们共进晚宴，一起打猎，一块玩牌。记载各种流言蜚语的匿名著作《秘闻录》（*Mémoires secrets*），就记录了第一次会议临近前，贵族们对待拉法耶特的基本态度。他们对年轻的拉法耶特不屑一顾："他是被诺瓦耶家族培养起来的，他会遵循家族意见与宫廷保持一致，而且绝不妥协。"他们声称拉法耶特之所以能够赢回席位，是因为他向王室承诺，他将会"热情而恭顺"。总而言之，他们最终认定拉法耶特"个性温和而腼腆，缺少教养，不太能指望得上"。4

然而，这幅肖像与拉法耶特的真实形象可谓大相径庭。这就是含沙射影、街谈巷议、道听途说的早期例子，这些特点日后也将会成为法国大革命的典型特征。只要知道一点人所共知的事实，如拉法耶特很富有，他是国王和王后的朋友，他是诺瓦耶家族的成员，人们就会轻易相信《秘闻录》里描述的拉法耶特的样子。然而，人们从书中得出的结论却完全偏离了事实。在接下来的几年里，拉法耶特的个性、动机和计划总是引起无穷无尽的猜疑，经常导致人们对他产生误解。在 1787 年，人们只是把拉法耶特描述成意志薄弱的傀儡。再到后来，他更被描述为用心险恶、无恶不作的罪人。几乎所有看似合理的讽刺画都是不真实的。但在众说纷纭的宫廷中，真相从来就不是什么护身符。

拉法耶特本人也不是很确定，自己将会在显贵会议中扮演什么角色。他知道王国财政亟须改革，也知道特权利益阻碍着改革。但他也明白王室习惯了胡作非为。拉法耶特告诉华盛顿，几乎可以肯定，最大的问题就在于挥霍无度的贵族将钱财浪费在了毫无意义的奢侈生活中。在 2 月初，拉法耶特向华盛顿描述了他的大致诉求，从中可见他致力于对经济现代化，以及政治权力去中央集权化的探索："我告诉自己，我们应该在每个行省设置一个类似于众议院的机构，不是为了让税收固定下来，而是想办法实行分税制，而且要废除王国内部商业流通过程中的重复征税。"他有时也会不失时机地向他的美国朋友们透露他的社会改革方案。然而，他并不盲目乐观："新教徒事务可能不会被提交给显贵会议；因为教士和顽固派的反对，这种提案很可能会失败。但我希望，在不久的将来，我们会在某种程度上实现我们的目标。"[5]

❦

175　　显贵会议很可能要草草收场。这只不过是法国经济史上一个模糊不清的沉闷脚注，只有少数研究 18 世纪税务法规的专家学者对此感兴趣，它不太可能是改变世界的划时代事件。显贵会议原本可能按计划进行，但在 1786 年底至 1787 年初的那个冬天，一种病毒横扫巴黎和凡尔赛。国王最为倚重的两位大臣，韦尔热讷和卡洛纳，都因病体孱弱而卧床不起。

在过去十年的大部分时间里，韦尔热讷伯爵都是国王最为信任的顾问。他并非处事操切的激进主义者，也并非冥顽不灵的保守主义者，韦尔热讷在操纵权力方面为路易提供了稳定的支持、现实的眼光和深刻的理解。经常拿不定主意的国王非常倚重韦尔热讷，需要借重他的意见、建议和信心。但在 1787 年 2 月 13 日，韦尔热讷因病去世，享年 67 岁。他病逝于显贵会议开幕前夕，于是开幕时间只好推迟，以便留出时间举行葬礼。拉法耶特与路易同样悲痛，他们不仅失去了一位不可或缺的股肱之臣，而且失去了一位无可取代的良师益友。当显贵会议终于召开时，国王因为害怕犯错而表现得犹豫不决，让人们对他不再抱有信心。

不过，韦尔热讷之死只是这个故事的一半。1787 年 1 月至 2 月间，卡洛纳也处于病中。尽管卡洛纳最终康复，但他生病所造成的后果也是显而易见的。他本来可以利用显贵会议开幕前的最后几个星期，敲定、修正、打磨他的改革方案。然而，准备工作只能搁置。及至 2 月中旬，卡洛纳的身体略有恢复后，他马上召集年富力强的秘书班子，加班加点完成准备工作。塔列朗（Talleyrand）获邀加入那个秘书班子，他被这种让人一筹莫展的混乱状况所震惊。塔列朗在卡洛纳的办公室里只看到一堆毫无关联的报表，有旧的，有新的，有的无比详尽，有的只有大纲。塔列朗后来回忆道："也就是说，直到 2 月 14 日，那里还是一团乱麻。我们一起承担这浩如烟海的工作……我们以勉强还能承受的方式工作了一个星期，由于卡洛纳先生的漫不经心和粗心大意，这个任务竟然被他拖延了整整五个月。"[6]卡洛纳本人在进入显贵会议时，疲惫不堪、喜怒无常但又盲目自信。如果受到与会代表的严厉质询，他拿不出一个应对计划。如果真是那样的话，他根本就无话可说。

绝大多数外围观察家站在卡洛纳的立场上，对显贵会议采取与他一致的看法。显贵会议似乎就是一个精致夺目的橡皮图章。在当时一幅政治漫画上，一只打扮成厨师长的猴子，正在对一群聚集起来的鸟儿说："我亲爱的动物们，我在这里召集你们，是为了商量用什么酱汁来烹调你们。"[7]托马斯·杰斐逊在给阿比盖尔·亚当斯的信中写道："这次会议最为显著的成果，是产生了许多双关语和

176

俏皮话……足够编成比百科全书还要厚的皇皇巨著。"[8]拉法耶特本人就曾向华盛顿提起一些笑话作家收集的相当有趣的俏皮话。拉法耶特说："我已经向您提起过许多关于显贵会议的事情，其中就有顽皮的人们把'显贵'（notables）拆分成**'无能的家伙'**（notables）。"[9]当显贵会议开幕时，它被当成了笑话来源。显而易见的是，人们并不指望显贵会议能够解决什么严肃问题，也不指望它能够对抗国王，更不认为召开显贵会议就是革命开端。然而，事实却并不是这样。

※

1787 年 2 月 22 日，144 名"显贵"云集一堂，参加显贵会议开幕式。这次开幕式生动地展示了人们对显贵会议的认知。显贵们齐聚于国王游乐总管署（Hôtel des Menus-Plaisirs du Roi），这是一座巨大的建筑物，坐落于王宫（Palais-Royal）前面的街道上，主要是用作仓库，存放王家节庆时用到的背景幕、布景和小道具。如果显贵们不想被人们当成国王的小道具，那么他们就真是选错开会的地方了。

国王说完简短的开场白，并对显贵们提出期望后，会议就交给卡洛纳主持了。卡洛纳却沉默不语。年度预算赤字早已失控、难以为继。在过去十年间，财政赤字已经翻倍到 1800 万里弗尔，大部分赤字来自之前筹借的 12.5 亿里弗尔贷款，这笔贷款是用来支付北美战事的费用的。国王即将被标记赤字的红色墨水所淹没。用来还旧债的新贷款既不足够，也难获得。卡洛纳告诉显贵们：当务之

急是确定和确认，"是什么妨碍了生产，是什么削弱了信用，是什　177
么减少了收入，归根到底，是什么不必要的开支摧毁了一切"。[10]显
贵们对于报告中出现的赤字大为震惊，由于赤字是被严格封锁的国
家机密，许多人还是第一次获悉赤字规模。绝大多数人拥有《财政
汇报》，汇报清晰说明，直到1781年，一切还很正常。鬼知道国王
及其大臣在这五年里到底干了什么。

开幕式结束后，显贵会议成员被分配到七个办公厅，每个办公
厅都由一位王室成员担任主席。这是为了让显贵们更容易受到控
制。如果异见者在一个办公厅制造麻烦，他们的见解在传播到其他
办公厅之前就会被封禁。拉法耶特被分配在第二办公厅，该办公厅
由阿图瓦伯爵担任主席，这位主席非常乐意监视自己的老同学。

会议的第一项议程是有关国王伸出的橄榄枝。为了争取地方领
导人同意财政和经济改革，他们获邀参与行省会议。这些行省会议
将会负责地方治理的某个方面，包括公共基建和征收税款。这些行
省会议并未获得**真正**实权，既没有实际立法权，也无权驳回或否决
国王代理人的决定，但行省会议仍不失为某种政治实体。

显贵们同意组建新的行省会议，但对于行省会议的确切组织形
式争吵不休。这些行省会议应该按照传统，分为三个等级议事，然
后按照等级集体投票，还是应该作为整体议事，然后每位代表作为
个人投票？拉法耶特后来支持按照人数投票，但在显贵会议上，他
却支持按照等级议事，这让人感到疑惑。其实，拉法耶特怀疑国王
的最终意图，他此时认为，独立的行省贵族能够作为制衡的力量，
对抗王权专制的威胁。显而易见的是，他已读过孟德斯鸠的著作。

但在几个月后，拉法耶特改变了自己的想法，他支持按照人数投票，以此消解顽固贵族的权力基础。

⸙

178 　　随着新近设立的行省会议得到通过，显贵们终于要着手处理他们来到这里的**真正**议程：税收。特别是卡洛纳要求他们通过一种普遍征收的土地税，这种土地税对所有人一视同仁，没有免税特权。而且，这种新税将会是一种恒常税，而非临时摊派的附加税。在开始讨论以前，卡洛纳承认，他在公开讲话中淡化了法国所面对的严重问题。年度赤字不是 1800 万里弗尔，而是大约 **11400 万**里弗尔。问题已经迫在眉睫、刻不容缓。新税种必须马上得到通过。

　　显贵们感到大为震惊，他们的震惊迅速转变为充满敌意的怀疑。如果这不过是卡洛纳在说谎，那么所谓激增的财政赤字就好理解了。显贵会议是在看手势猜字谜吗？卡洛纳召开紧急会议，迫使他们接受新的恒常税，这葫芦里卖的是什么药？如果**真的**有什么紧急事态，那么显贵们要求知道确切的原因。到底"赤字夫人"把王国的钱用到了什么地方？为何卡洛纳本人身穿华衣丽服却还在哭穷？卡洛纳援引特权，拒绝公开王家账本，只是激起了显贵们更多怀疑。卡洛纳不希望将令人尴尬的细节透露出来，却让显贵们对他更加怀疑。

　　3 月 12 日，卡洛纳企图蒙混过关。他把显贵们召集起来，感谢他们的辛勤工作。他声称自己感到安慰，"你们的反对主要针对的还是方式方法问题，这一立场与国王陛下的根本目的并不矛盾，都是为了改善国王的财政状况"。[11]显贵们听到这段话时非常愤怒。他们可不打算让卡洛纳槺糊显贵们真正关切的实质问题。此后数日，显贵们列出各种抱怨、委屈和反对的清单。拉法耶特所在的第二办公厅迅速起草了他们的诉求，并要求记录在案，只有这样，他们客观中肯的、未经删改的观点，才不会被埋藏在卡洛纳自编自导自演的虚假议程下面。显贵们不是来决定他们想用什么酱汁来招待自己，而是来决定卡洛纳本人是否应该被做成晚餐。

　　卡洛纳原形毕露，猝不及防，他临时祭出反击手段，希望能重占上风：他呼吁咨询公众意见。他知道大众媒体把一切问题都归咎于"赤字夫人"。卡洛纳想让人民知道谁才是**真正的**流氓恶棍。他命令媒体公开发表他的讲话，同时刊发匿名的辩护文章以捍卫他的税收计划。这篇辩护文章指责显贵们完全被自私自利的贪欲所裹挟。文章指出，在砍掉某些不得人心的消费税后，新税制实际上**降低**了绝大多数法国家庭的税务负担，文章写道："需要关注的前提背景是什么呢？我们需要支付更多税收吗？毫无疑问，是的，但由谁支付这些税收呢？只有那些并未足额支付税收的人，他们会为自己所拥有的财产支付税收，因此没有人会为此感到有负担。特权将会被取消！是的，正义想要新税制，需求需要新税制。实行新税制总好过让没有特权的人们继续承担重负吧？没有特权的可正是人民！"[12]

　　卡洛纳以为，民众诉求可被用来对付桀骜不驯的显贵们。但以公众意见为借口，却只引来反效果。当显贵们回到办公厅时，他们暴怒不已。显贵们声明，他们之所以反对卡洛纳，不是因为他们自

179

私或贪婪。他们之所以反对卡洛纳，完全是因为卡洛纳拒绝公布真正的账目。数年后，拉法耶特回忆道："被激怒的显贵们开始密谋，尤其是主教们，他们群起反对国王的提议，而这提议正是由卡洛纳先生呈献的。"[13]塔列朗对此冷眼旁观，认为显贵们"通过表示反对来沽名钓誉"。[14]显贵们准备在所有问题上对抗卡洛纳，无论卡洛纳提出什么建议，显贵们一律反对到底。

❧

在显贵会议召开的第一个月中，拉法耶特绝大多数时候保持沉默。媒体留意到他在这场大戏的早期阶段几乎缺席，而《秘闻录》更是强化了人们先入为主的成见，上面说这位年轻的侯爵，"在上一场战争中对国家如此有用"，此时"在显贵会议中却表现平平"。[15]拉法耶特之所以表现平平，一定程度上是因为他此时身患重病。他的胸腔受到感染，因此身体孱弱、精力不济，他的朋友们都担心他操劳过度。要不是为了参加显贵会议，拉法耶特此时恐怕已经卧病在床了。

除了身患重病，就在显贵会议开幕前，拉法耶特还收到令人震惊和尴尬的噩耗。就在 1787 年 1 月，西米亚纳的丈夫自杀了，而西米亚纳正是拉法耶特的新情人。拉法耶特就此成为众矢之的，媒体不仅对他大失所望，而且对他大为不满。一篇充满控诉的文章对他指责道："那位伤心绝望的绅士，那位与你同为贵族的绅士，他夺走了他自己的生命，只因为你夺走了他妻子的芳心。"[16]拉法耶特并非西米亚纳伯爵闷闷不乐的唯一原因，甚至也不太可能是西米亚纳伯爵自杀的主要原因，但他的确无法轻易摆脱嫌疑。他的嬉笑怒骂，他的游戏人间，在真实世界里产生了严重后果。一如往常，阿德里安娜耳边充斥着关于她丈夫的流言蜚语，但她只能默默忍受痛苦。

1787 年 4 月中旬，拉法耶特身体康复，此时显贵们已把爆炸性的税收议题放在一旁，开始讨论另一个议题，即为何王室地产未能产生盈利。卡洛纳说国王的产业应该交给更懂得商业运作的经理人管理。但显贵们绕过卡洛纳的建议，要求知道为何国王的地产一开始被管理得如此差劲。这番追问引出另一重指控，即王室地产交易的腐败问题。新近浮现的证据揭露了一个对王室有利的计划，即以低价收购土地，然后以高于市场的价格卖给王室。在这个过程中，买家、卖家和中介都能从中得利，只有王国的纳税人承受损失。这些指控直指王室成员，玛丽·安托瓦内特、阿图瓦伯爵和卡洛纳本人全都牵涉到这些腐败交易。拉法耶特也卷入这场论战，要求追查到底。卡洛纳恼羞成怒，拉法耶特向华盛顿报告道："卡洛纳先生跑到国王那里去告状，说我应该被关进巴士底狱。"[17]

但卡洛纳颐指气使的日子已经屈指可数了。显贵会议成为王室的可耻失败。只剩下一件事情可以做了：找一只替罪羊。显贵当中的主要反对派、备受尊敬的洛梅尼·德·布里耶纳大主教（Archbishop Loménie de Brienne），向国王和王后坦陈利害，他指出显贵们敌视卡洛纳本人，远甚于敌视卡洛纳提出的改革方案。如果国王抛弃卡洛纳，这场改革或许还有补救机会。因此，在复活节休会期过后，国王突然宣布解除卡洛纳职务，并将其逐出凡尔赛。国王曾经请求卡洛纳管理显贵会议，就像负责人布置舞台上的道具那样。结果卡洛纳直接把剧院烧了。

❧❧

181　　随着卡洛纳被逐，显贵们重回正轨，这次他们有了新目标。他们每周聚会六天，从日出到日落，讨论各种议题。他们同意取消绝大多数国内贸易关卡，因为这些关卡妨碍整个王国的经济活动。他们投票取消好几种消费税，因为这些消费税打击的是最为穷困的贫民。他们主张改革受到忽视的盐税，这是一种非常随意的食盐税，在不同行省有不同税率，这种随机税率可谓弊大于利。他们也同意改革徭役，这是一种历史悠久的封建义务，要求农民为当地领主提供一定天数的免费劳动。

　　然而，这并不意味着显贵们就此沉寂。尽管布里耶纳看上去还算可靠，但显贵们并不会仅仅因卡洛纳被逐而善罢甘休。拉法耶特在复活节休会期后，身体恢复得更好了，他准备加入战斗。在他就内政问题而发表的第一次公开演讲中，拉法耶特再次呼吁彻查王室地产交易腐败问题。他希望利用这个机会以点带面，改革整个不公不义的制度。他说："我的爱国主义热情已被燃起，我要求全面彻查，数百万里弗尔的拨款全部来自国民的税金，这笔钱本来应该用于国家的真正需求。但这数百万里弗尔却被人任意抢夺和贪墨，它们是人民付出汗水、眼泪和鲜血的成果，而人民辛辛苦苦攒下的血汗钱，却被如此漫不经心地浪费掉，这是对正义和善良的羞辱，我们知道国王陛下也拥有这两种天生的情感。"[18] 在这里，拉法耶特不是在捍卫特权，而是在捍卫平民白姓的权益。

接下来，拉法耶特又发表了两次演讲。在第一次演讲中，拉法耶特反对开征新税。这不是什么依靠"有效而开明的治理"就能解决的危机。对法国人民开征新税，将会成为"一种残酷的收割"，将会榨干每个家庭所剩无几的财富，与"宫廷和上层阶级肆意挥霍、奢靡浪费"所虚耗的财富相比，老百姓的这点财富只不过是杯水车薪。拉法耶特告诉显贵会议诸位同人："如果我们向农村的茅舍征收这数百万里弗尔新税，我们将会看见孤儿寡母失去最后希望，这百上加斤的负担将会迫使农民抛弃农具，迫使老实巴交的工匠家庭沿街乞讨。"[19] 开征更多新税不应成为答案。

在第二次演讲中，拉法耶特多次要求宫廷在考虑开征新税前，采取紧缩开支的措施，而且是必须采取这种措施：取消赠予宠臣的赏赐和闲职，出售或出租无用的财产，允许普通商人经营王室土地，聘请专业会计人员定期公布审计结果。拉法耶特忠诚于自己作为社会改革家和公众代言人的新角色，他还主张关闭国家监狱。这不仅是为了省钱，而且是为了恢复正义的平衡。在国家监狱里，绝大多数囚犯是因偷漏各种国内关税而入狱，而显贵会议正要大刀阔斧地砍掉这些国内关税。拉法耶特说："国王将会在心底里宽恕这些囚犯，也将取消王国内部这些把人送进监狱的法律，只要他充分意识到这些法律多么无用和危险，他必将做出正确的选择。"[20]

这几次演讲说明，拉法耶特并不愿意劫贫济富，即让贫民交税，再用税款去支付富人的账单。但不知拉法耶特是否知道，他所

182

推动的主张，同样也是他那些免税的兄弟想推动的主张，即"开征新税"将会成为针对穷人的不公正的负担，而"财政危机"仅仅是由王室的挥霍浪费导致的。尽管卡洛纳诉诸公众意见是一次策略失误，但他的主张更加符合实际，比拉法耶特充满热情地捍卫平民利益更具可行性。卡洛纳提议的普遍土地税，将会主要针对拥有土地的**富有**家庭，因为这些富有家庭**并未**按照他们应付的份额交税。此时拥有免税特权的贵族极力迷惑、混淆和隐瞒真正的议题，仿佛他们在保护负担沉重的民众对抗新税的压迫，实际上他们却是在保护他们自己的利益。通过聚焦于贫民的困境，拉法耶特也是在隐瞒真正的议题。

拉法耶特这几次演讲的直接后果，就是他与王室的永久决裂。王后尤其愤怒，拉法耶特向华盛顿倾诉道："他们永远不会原谅我取得了自由。"[21]拉法耶特与王室的关系始终是错综复杂的。他们最初把他视为举止笨拙而滑稽的年轻人；然后又把他视为民族英雄，欢迎他进入宫廷的核心圈层；此时则把他视为不忠不义的背后捅刀者。王室开始以嘲笑和轻蔑的语气提及拉法耶特的名字。一起享受晚宴、玩牌、狩猎的邀请也告停止。从此以后，拉法耶特与波旁家族形同陌路，即便拉法耶特仍然公开声称，自己永远忠于王室。

183

✥

为了缓解显贵们持续不断的攻击，国王邀请布里耶纳大主教进入王国政府。国王的如意算盘是，布里耶纳作为反对派领袖，将会诱使他的政治盟友同意普遍土地税。但当布里耶纳穿上官员的法袍，看见**真正**的账目，他也洞悉了惊人的真相。显贵会议成员普遍以为，卡洛纳拒绝公布国王的账目，这样他就可以夸大危机，为不得人心的新税辩护。但当布里耶纳打开账本，他却发现卡洛纳之所以小心翼翼，不是因为实际的财政状况更好，而是因为实际的财政状况**更糟**。国王的财政状况简直是骇人听闻的灾难。

5月10日，布里耶纳回到会议现场，他说危机全都是真的，我们必须采取行动了。然而，布里耶纳所揭露的真相，却并未换来预期的回应。他反而引起了深深的猜疑，有人认为王室买通了布里耶纳，让他继续渲染所谓的财政危机，因为"赤字夫人"不想节约开支。但还有人后退一步，想到更深一层。如果王国真的需要开征新的恒常税，那么显贵会议会是合适的机关去批准征收新税吗？

拉法耶特就想到了后一层。他举办并发表了另一次演讲，演讲中回顾了他之前提出的所有议题，但重新推断出一个令人震惊的结论。拉法耶特告诉显贵会议诸位同人，在他的家乡奥弗涅行省，"农民放下农具，工匠离开作坊，就连最为勤勉的市民，也失去他们的各种收入，他们很快就会别无选择，要么穷困潦倒，要么举家逃亡"。拉法耶特警告道："无论人民多么热爱国王陛下，认为人民是取之不尽、用之不竭的财源也是非常危险的……让我们为这场灾难性的危机祈祷，让我们睁眼看看这不可忽视的对比，宫廷里尽是挥霍无度的奢侈和漫不经心的浪费，我希望那些能够阻止这种局面的人们看看这种反差，也希望那些沦为无辜受害者的人们看看这种反差。"然后，他提出戏剧性的结论："决定公共税收的权利是不可剥夺、不可让渡的，这种权利只能属于全民族的代表机关……我们

184

似乎来到一个关键时刻，我们再次恳请国王陛下，为所有措施负起责任，确保这些措施能够一劳永逸地产生让人满意的结果，恳请国王召开国民议会（national assembly）。"[22]

拉法耶特诸位同人被他的提议吓得目瞪口呆。拉法耶特后来回忆道："想想看，当这两个单词第一次冲口而出时，人们的反应是什么，当然不能以两年后的情形来判断，当这两个单词再次出现时，它们将会光彩夺目、震耳欲聋，它们将会照耀法国、响彻世界。"[23]拉法耶特继续描述阿图瓦伯爵当时如何打破沉默，他竟然让人难以置信地当场跳了起来。

　　"这位先生，你说什么！"阿图瓦伯爵说，"你是在要求召开三级会议吧！"

　　"是的，阁下，甚至会比三级会议更进一步。"

　　"那么，你要我写信，并面呈国王'拉法耶特先生提议召开三级会议'？"

　　"是的，阁下。"[24]

拉法耶特继续回忆道："刚刚提到的那个念头完全是突发奇想，那个'比三级会议更进一步'的说法，其实是指国民议会，无论在政府还是在民间，这个概念当时还未出现，这一奇怪的说法完全是冲口而出的。正如我们所知，'国民议会'这个正式名称，最终是在凡尔赛被采纳，并成为第一个宪法机关的名称。"[25]

在1787年初，拉法耶特仍然站在历史前沿。他继续预见和指引法国的方向。三级会议**将**被召集。还**将**会有"比三级会议更进一步"的机关，称自己为国民议会。拉法耶特预见事物发展方向的能力，以及作为领导者引领众人的能力，是其早期事业的独特标志。他的高瞻远瞩和深谋远虑，从来都是准确无误的。直到他自己不再引领潮流为止。

╼╬╾

布里耶纳大主教断定，显贵会议是时候寿终正寝了。显贵们从未按照国王召集他们的目的行事。布里耶纳要求各办公厅提交最终报告，预计将于 1787 年 5 月 25 日举行闭幕式。拉法耶特意识到这并不是斗争的终结，而是更大规模政治运动的开端，他建议第二办公厅在最终报告中加入两条正式要求，一是为新教徒争取宗教宽容，二是全面修订刑法典。阿图瓦伯爵打断拉法耶特的发言，并说拉法耶特逾越规矩，但办公厅其他成员也认为机会难得，不能只记录税收问题，而应该记录更多议题，他们支持拉法耶特的动议。这些条文在最后时刻被塞进最终报告。

就其自身使命而言，显贵会议无疑是失败的。显贵们的职责是解决财政危机，但当他们离开时，财政危机并未解决。不过，这并不意味着显贵会议**一事无成**。在许多议题上，显贵们展现了让人敬佩的意愿，他们愿意减轻人民负担，废除古老的封建义务。时代变了，王国也应该与时俱进。但显贵会议最为伟大的政治遗产，在于他们与国王对抗的惊人意志。他们勇于挑战国王权威，为后来定下了新基调，让狭隘的财政危机让位于广泛的政治冲突，最终汇聚成一部包罗万象的社会启示录。在接下来的几年里，挑战和抵抗将会成为决定性的社会情绪，而显贵会议首先体现了这种令人兴奋的新态度。

拉法耶特斗志昂扬地离开了，他坚信显贵会议是彻底改变法兰西王国的第一步。税收和预算只是开端。拉法耶特写信给一位刚刚被礼聘为王太子御用教师的朋友，说："您完全可以告诉王太子，法国历史是从 1787 年开始的。"[26]尽管绝大多数历史书不会把法国近代史的开端往前推两年，但拉法耶特正确地预见到，一场革命已经开始。

第十一章

诚者密谋
（1787—1789）

1787 年夏天，拉法耶特未免有点不着边际的乐观主义。他希望　
利用这次显贵会议的反抗行动，推动法国走向实现各种宪法权利的
光明未来，而非倒退回封建特权横行的黑暗过去。他怀着喜悦的心
情写信给华盛顿："自由的精神正在这个国家以极快的速度传播，
自由的观念从这个国家的一端缓缓渗入另一端。"[1] 六个月后，他如
此看待法国政治氛围的显著变化："显贵会议点燃了易燃物……一
场口诛笔伐的论战随即展开……有几位大臣的肖像已被焚毁。"人
们此时公开认为，国王无权开征新税，而且"除非得到全国会议
（an Assembly of the Nation）的同意，否则一切法令都不算数"。[2] 迫
不得已的财政改革打开了通向政治改革的大门。拉法耶特对此感到
非常兴奋。

这种政治氛围的变化，并不受王室的欢迎。实际上，这一现象
也并非拉法耶特所愿。在一次由普罗旺斯伯爵举办的晚宴中，这位
王子单独点了拉法耶特的名字。普罗旺斯伯爵说："你是一个共和
派，这是否意味着，你赞成处决国王查理一世（Charles Ⅰ）?"[3] 查

187　理一世曾经是英格兰、苏格兰和爱尔兰的国王，直到在一个多世纪以前被奥利弗·克伦威尔（Oliver Cromwell）和英国议会领袖们判处死刑。在保守的保王派看来，处决国王是令人作呕的罪行。但在那个场合，拉法耶特说自己并**不**赞成处决查理一世，因为他反对任何形式的独断专行的司法审判。这的确是真心话，但远远算不上对弑君罪的明确谴责。拉法耶特与他的贵族同侪渐行渐远。

　　然而，在贵族当中，拉法耶特并不是唯一发出自由呼声的人。实际上，拉法耶特应者甚众。拉法耶特有许多年纪相仿的朋友，他们都为更新、改革和重建法国的可能性感到兴奋。有些朋友是参加过北美独立事业的老战友，如诺瓦耶子爵、塞居尔伯爵和拉梅特兄弟，即夏尔·拉梅特（Charles Lameth）和亚历山大·拉梅特（Alexandre Lameth），他们曾经在罗尚博麾下服役，从美国回到法国时已经形成了明确的自由观念。有些朋友是富有理想的社会改革家，如孔多塞和拉罗什福科，他们认为科学和理性能够终结人类的悲惨命运。还有些朋友是玩世不恭的机会主义者，如塔列朗，他时刻留意风向，希望好风凭借力，送他上青云，让他获得财富、权力和声望。

　　在这个自由主义圈子中，拉法耶特首先遇到米拉波伯爵（comte de Mirabeau）奥诺雷-加布里埃尔·里克蒂（Honoré-Gabriel Riqueti）。尽管拉法耶特和米拉波活跃于同一个政治圈子，但他们是非常不同的人物。拉法耶特认为自己具有美德与道德，总是投射出毫无瑕疵的正义形象。而米拉波却是玩世不恭的、信奉享乐主义的，以及行事无所顾忌的。拉法耶特清瘦颀长、服饰整洁、衣冠楚楚；米拉波身材肥硕、酷爱炫耀、恶俗油腻。富可敌国的拉法耶特以自己的万贯家财赢得民众喝彩；欠债累累的米拉波则以民众喝彩赢得万贯家财。拉法耶特曾经真诚地坦白，自己并不喜欢也不信任米拉波，并在自己的回忆录（通常以第三人称旁述）中明确写道，他认为米拉波的"寡廉鲜耻震惊了他。尽管他发现与米拉波的对话妙趣横生，而且对他出类拔萃的才华由衷敬佩，但他还是忍不住对米拉波采取轻蔑态度，虽然他也知道这种轻蔑很伤感情"。[4]

　　除此之外还有数十人，他们构成了自由派贵族的核心，渴望参与改造王国的伟大计划。而且，参与者不仅仅是年轻人。甚至年纪老迈，但自视为现代开明士绅的达延公爵，也知道改革年代已经到来。　　　　　188

✦❧

　　在显贵会议上遭遇失败后，国王正转向他原本极力避免的方向：直接向巴黎高等法院登记必须进行税收改革的法令。这意味着高等法院法官们将有机会发声，表达他们的抱怨、委屈和反对。托马斯·杰斐逊认为，如果布里耶纳行事迅速，或许能让人们的注意力聚焦于财政问题。但布里耶纳行事拖泥带水，正如杰斐逊后来所回忆的那样："他给了足够的时间，让显贵们的兴奋劲儿冷却下来，提出新诉求，并有紧迫感去制定成文宪法，而非如国王所愿，聚焦于相关议题。"[5]问题在于，事态已发生决定性的递进，人们开始讨论更为广泛的政治议题。这场财政危机已演变为政治冲突。

　　长达两个月的反复磋商，给布里耶纳留下明确印象，即巴黎高等法院永远不可能心甘情愿地登记开征新税的法令，除非这条法令得到国民议会同意。因此，布里耶纳决定打出国王的最后一张底牌。当高等法院要求修改和澄清法令，以此拖延登记时，国王能够直接命令法官们，把这条法令登记为国王本人的敕令。这是极少被使用的权力，因为高等法院的法学家们知道上千种方法，让任何强迫他们做出违心之举的国王惹上麻烦。但布里耶纳决心冒险一试。1787年8月8日，布里耶纳召集"正义之床"（lit de justice，也作司法之床）审判会议，这是一种官方仪式，高等法院全体成员集合，并由国王主持会议，国王真的就躺在一张摆满枕头的床上。按照这种荒谬绝伦的、过时的仪式的规则，国王躺在正义之床上，命令高等法院登记他的法令。但这张特别的正义之床变成了旧制度专横粗暴、麻木不仁的绝妙缩影。在酷热夏天的闷热房间里，路易躺在一堆舒服的枕头上，竟然睡着了。国王本来要证明自己值得拥有统治法国的神圣权力，但此时他的鼾声响彻庙堂。

189　　　第二天，巴黎高等法院重新召开会议，这次他们自行主持，拒绝登记国王的法律。面对这种公然蔑视，布里耶纳擅自给巴黎高等法院每一位成员都起草了密札，命令法官们前往让人昏昏欲睡的外省城镇特鲁瓦（Troyes），这样他们便不得不远离巴黎的大街小巷、咖啡馆和沙龙，高等法院也就无法得到精神上和物质上的支持。拉法耶特把这个令人困扰的消息告知华盛顿："政府已经动用武力对付我们的法官，并把他们流放到外地。"[6]这是个不祥之兆，预示着这场危机不太可能就此结束。

　　这场危机已经持续了一整年，什么事情都确定不下来。拉法耶特写道："法国的事态仍然悬而未决，大笔赤字需要税收来弥补，但整个国家高度警惕，唯恐支付了未经他们表决同意的款项。"[7]布里耶纳希望，在他试图与高等法院通过磋商结束争端时，经过显贵会议批准的行省会议能让王国摆脱财政困境。

　　尽管早已失去王室恩宠，但拉法耶特仍然被列入奥弗涅行省会议的委任名单。1787 年夏天，拉法耶特返回家乡，忙于参加行省会议的预备会议，他在省内到处巡游，所到之处皆是欢呼与庆祝。这引发了当地贵族圈子中保守派贵族的冷嘲热讽，其中一位贵族说："每当他计划探访某些城镇，他总是小心翼翼地提前泄露自己的行踪……他知道自己会被隆重接待，然后……总会有某种盛大场面，既荒唐可笑，又非同寻常。他只在意给别人留下好印象并成为别人谈论的对象，除此之外，别无他想。"[8]拉法耶特始终相信，民众的普遍支持能够产生力量，而且总是渴望自己受万众敬仰。就连拉法耶特的朋友都知道，这是他的一个弱点。杰斐逊在给麦迪逊的信中写道："他的弱点就是太沉迷于声望和名誉。"[9]此时，民众爱戴他。但如果民众不再爱戴他，拉法耶特将会如何自处？他会坚持自己的原则，还是继续追求朝三暮四的庸众的掌声呢？

❊❊❊

　　及至 1787 年秋天，布里耶纳与被流放的巴黎高等法院法官们同意达成和解。高等法院同意暂时延长二十分之一税的征收年限，并同意王室重新筹借一笔五年期的贷款。作为交换，布里耶纳取消密札，并允许被流放的高等法院法官们返回巴黎。但最为让人意外的让步是，布里耶纳同意在最新一轮债务到期之前召开三级会议。尽管政府明显是在踢皮球，而且是再次玩弄这种踢皮球的把戏，但拉法耶特仍然满意地评论道："从过去六个月的进展来看，我们至少把某种理念灌输到每个人的头脑中……即国王无权向国民征税。"[10]布里耶纳大主教祈求，在他不得不终止这场交易以前，整个危机能得到解决。

　　1787 年 10 月至 11 月间，各行省会议要求召集全法国的普遍会议。如果全国会议批准这笔国王急需的税收收入，那么问题同样能够迎刃而解。但各行省会议同样无意为国王担保。王室指令要求拉法耶特所在的奥弗涅行省会议必须交出 200 万里弗尔。但按照现行的税率来计算他们自行预估的奥弗涅全省的产出值，他们最多只能征集 130 万里弗尔。当王室钦差亲自来到现场，命令与会代表们务必全额筹集款项时，行省会议只是重申他们的结论。由于拉法耶特坐镇最为关键的专门委员会，奥弗涅行省会议正式断定，如果国王想让他们交出更多款项，那么只能开征新税。那些新税只能由全国会议批准通过。这就意味着要召开三级会议。

　　拉法耶特的努力终于取得成果，而且他还心满意足地获悉，他在另一条战线上同样大获全胜。布里耶纳说服国王，扩大对新教徒的司法宽容，这是拉法耶特从美国回来以后一直孜孜以求的事业。自从《南特敕令》于 1685 年被废除后，天主教会就成为唯一有权合法保留人们的出生、婚姻和死亡记录的教会。此举迫使虔诚的法国新教徒，要么放弃信仰，要么逃亡国外，要么转入地下。1787 年 11 月，国王签署法令，承认新教徒集会、洗礼和葬礼的合法性。

这是迈向普遍宗教宽容的主要步骤。拉法耶特为自己的努力得到回报而感到自豪，这也让他相信，他所有类似的计划都会取得让人愉快的结果。

1787 年 11 月 19 日，各行省会议、国王与巴黎高等法院共坐一堂，以决定布里耶纳准备了好几个月的妥协条款。但就在这次会议前，国王从顽固保守派那里得到一个糟糕的建议，他们警告道，致命的妥协将会推翻国王作为统治者的神圣权力。保守派说，国王正在成为英国式的国王，而英国式的国王对自己的王国统而不治。在听取这一意见后，路易在最后时刻改变主意，抛弃了这个好不容易才达成的草案。他直截了当地宣布，高等法院无权**同意**或**批准**任何事情。高等法院并不具备这一权力。高等法院必须登记他的法案，因为他命令高等法院照此办理。在经过令人震惊的片刻死寂后，奥尔良公爵起身发话："国王陛下，我认为强行登记是违法的。"路易回应道："登记是合法的，因为我已听取各方意见。"[11]然后，国王径直走出大门。这一独断专行的声明，充分体现了王权专制，并错误地展现了独裁统治的虚张声势。国王路易非常擅长在错误的时刻做错误的事情，此举形成一股强大的推动力，终将把法国推向革命。

然而，国王仍未善罢甘休。第二天，国王签发一封密札，把奥尔良公爵逐出巴黎。此举同样是意气用事的专横举动，因为路易这位表亲远比他更得人心。自从 1785 年继承头衔和财产以来，奥尔良公爵就把他在巴黎的府邸变为城中热门地点，这座府邸是一个庞大的建筑群，附属于作为王宫的卢浮宫。奥尔良公爵邀请小店主到他家的拱廊开设咖啡馆、小商店和书报摊。由于王宫是私人财产，国家暗探不得入内，此地迅速成为深受巴黎人喜爱的避难所，人们可以在此从事买卖和其他活动。这一行为让奥尔良公爵深受民众喜爱，但也让他深陷危险之中。他对各种捕风捉影、色情淫秽、大逆不道的出版物的刊印和发行视而不见。在大革命爆发前的法国，许多立场激进的报刊、手册、传单煽动起人们的不满，而这些出版物就来源于王宫。此时此刻，国王直接攻击人民心目中的英雄。公众舆论毫不留情地对国王的所作所为大加挞伐。

国王和王后从未赢得人们的普遍爱戴，至 1787 年底，夫妻俩的民望更是再创新低。玛丽·安托瓦内特本人就是财政危机的主要原因，而这场危机终将酿成政治冲突。这不仅仅是因为王后被称为"赤字夫人"——她本人就是铺张浪费的象征——更因为她总是鼓励丈夫在错误的时刻做错误的事情。每当路易试图妥协，她就总是提醒丈夫，要想戴好王冠，就要挺直腰杆。她比路易更加痛恨奥尔良公爵，并与其他人一起催促路易签署密札。在法国大革命爆发前，王后从来就不是一个被动招人恨的角色，她是一个主动惹人恨的角色。拉法耶特写道："人们如此不满，以至于王后不敢来巴黎，唯恐遭受冷遇。"[12] 与此同时，玛丽·安托瓦内特却缺乏长远眼光，只是漫不经心、满带怨气、顾影自怜地纳闷："我到底做了什么伤天害理的事情？"[13]

距离革命还有很长一段路要走，但拉法耶特为其所属的精英阶层敢于藐视王室而感到欣喜。拉法耶特写道，"普遍的思想自由、言论自由、写作自由……批判精神"可谓无处不在，"法国人天生就活力充沛、敢作敢为，而且敢于挑战统治者的权威。他们的心灵受到哲学家作品的启蒙，以及其他民族各位先贤的鼓舞"。[14]然而，拉法耶特仍然为普通民众的愚昧无知、犹豫不决和听话温顺而感到焦躁失望。拉法耶特在给华盛顿的信中写道："至于人民？我亲爱的将军，人民如此呆滞迟钝，让我恶心想吐。"[15]拉法耶特发现人民虚弱而恐惧，他们"随时准备为国王的护卫小分队让路"。[16]尽管如此，总体而言，形势还是向着正确的方向前进。拉法耶特向约翰·亚当斯预言道："在十二年或十五年内，这个国家将会拥有一部相当不错的宪法。"[17]至于人们如何看待1799年宪法——在经历了长达十年的战争、混乱和革命之后颁布的第四部宪法，它是否"相当不错"，那就取决于每个人的政治倾向了。但这肯定不是1787年的拉法耶特所能想象得到的。

⫻

除了致力于政治改革，拉法耶特还继续他作为启蒙的社会活动家和积极的废奴主义者的工作。1788年初，拉法耶特获悉在英国成立了废奴协会。托马斯·克拉克森（Thomas Clarkson）后来写道：

> 侯爵表示，当他听说人们在英国组建了废止奴隶贸易的委员会时，他非常高兴，并殷切希望促进该委员会的目标实现。带着这种观点，他告诉委员会诸君，他也想尝试在法国组建一个类似的废奴协会。他坚信此举必将卓有成效，能够确保达成目标；在他看来，如果法英两个伟大国家能够在这个事关人道

193

主义和基督事业的问题上团结起来，那么欧洲其他国家也就有可能从善如流了。[18]

英国的废奴协会立即接纳拉法耶特为荣誉会员。

拉法耶特并未着手组建一个类似的废奴协会，因为其他法国废奴主义者早已率先行动。这个废奴协会由深受启蒙思想影响的日内瓦银行家艾蒂安·克拉维埃（Étienne Clavière）及其朋友雅克-皮埃尔·布里索（Jacques-Pierre Brissot）最早建立。布里索是一名立场激进的新闻记者，当时已声名狼藉，因为他杜撰了一本关于玛丽·安托瓦内特的色情小册子，并因此于1784年被投入巴士底狱。但他写这些捕风捉影、窥探隐私的文章只是为了赚钱糊口。在骨子里，布里索是热情的社会改革家和激进的民主派，他比同时代的其他人更加热切地梦想发动革命。克拉维埃和布里索把他们的团体称为"黑人之友协会"（Société des amis des noirs）。这是欧洲大陆上第一个废奴协会。

布里索和克拉维埃不想让他们新近建立的团体卷入高级贵族的私人恩怨，因此他们最初避免邀请贵族入会。但由于拉法耶特曾经在卡宴进行人所共知的解放奴隶试验，他们把拉法耶特视为例外。1788年2月初，布里索和克拉维埃拜访侯爵，并邀请他参加两人的就职仪式。尽管拉法耶特并未被正式接纳为黑人之友协会的"创会成员"，但他还是积极参与筹备协会于1788年2月19日召开的第一次会议。

在就职仪式后，布里索和克拉维埃就与拉法耶特成了志同道合的朋友。布里索说："几天后，我在家中见到他时，他毫不犹豫地告诉我，虽然我并未正式接纳他——因为我尽可能避免与大贵族有纠葛——但他从协会诞生之日起，就把自己视为协会的成员；长期以来，他致力于在我国的殖民地上缓解黑人奴隶的痛苦……因此对于我们协会的成立，他乐见其成。"[19]他们很快就招揽到其他自由派贵族作为成员，包括孔多塞、拉罗什福科、米拉波，以及另外两名进步派教士：亨利·格雷瓜尔（Henri Grégoire）神父和埃玛纽埃尔·约瑟夫·西耶斯（Emmanuel Joseph Sieyès）神父。克拉克森后来写道："在这个人道主义机构里，妇女被认为是同样有价值的，可以担任荣誉成员和助理成员；和蔼可亲的拉法耶特侯爵夫人就是其中一员。"[20]

遵循他在卡宴进行实验的实践逻辑，拉法耶特建议他的废奴主义新战友"不要沉湎于哲学反思，而应该追求人道主义与商业原则的调和……这并非不可能做到的"。他们不应满足于解放奴隶的抽象理念，而应该鼓励"殖民地居民追求富裕，土地所有者提升收入"。[21]拉法耶特是一个渐进废奴主义者，他认为解放奴隶最为可行的路径是演讲、说服，以及降低奴隶主的反对声浪。例如，如果他们能够证明，解放奴隶不会变成经济灾难，他们就能让奴隶制捍卫者放下武器、解除武装。

1787 年夏天，布里索计划前往美国旅行，去研究自由权利和奴隶制度的起源。拉法耶特为布里索写了许多封介绍信，其中就包括给亚历山大·汉密尔顿的介绍信。拉法耶特在信件末尾点明自己参与解放奴隶运动的缘由："［布里索］会向你解释，在这个承认奴隶贸易和奴隶制度的国家里，人们已经做了多少工作。我不知道你

是否已把我列入纽约和其他地方废奴协会的会员名单；如果还没

195 有，还请你列入。"[22]汉密尔顿和约翰·杰伊随即把拉法耶特接纳为
纽约解放奴隶协会的荣誉会员，在这场解放奴隶运动中，拉法耶特
成为第一位在三个国家都拥有会员身份的人物。

由于法国的政治形势越来越倾向于召开某种形式的国民议会，
孔多塞写信提醒拉法耶特，他们必须抓住时机。孔多塞写道："应
该在三级会议上为解放黑人奴隶的事业辩护。这取决于你，美国自
由事业的英雄，睿智而热情的贵族，你能够代表黑人奴隶，提出贵
族的解决方案……一个慷慨的人，奉献了他的部分财富和热血青
春，以探寻打破枷锁的道路，永远不愿目睹这种枷锁。这取决于
你，你曾经为自由和人权辩护，自由和人权对所有人都是一样的，
不论肤色，不问国籍。"[23]

尽管孔多塞对拉法耶特寄予厚望，但这次难免失望。拉法耶特可
能是真诚的废奴主义者，但他不是完美的废奴主义者。1789 年，当
法国大革命爆发时，拉法耶特承担起在巴黎维持秩序的责任，这个职
务让他远离理想主义社会改革家的生活，重新开始了战场上职业军人
那种枕戈待旦的生活。他几乎已经忘记他在卡宴进行的零星试验。他
把这个试验交给阿德里安娜，并由阿德里安娜与当地的管理者保持联
系，但不幸的是，拉法耶特夫妇从未把计划实施到底，也来不及释放
他们的奴隶，因为接连发生的重大变故将会使他们自顾不暇。

❊

1788 年夏天，随着财政危机诱发的政治冲突与自然灾害和社会

灾难叠加而愈演愈烈，革命已经无可避免。布里耶纳大主教仍然试图挽救王室权威，他只能兵行险着，最后一搏。1788 年 5 月，布里耶纳请求国王同时发布六项敕令，综合解决这个政治经济僵局。但其中一项敕令是关于废除各处高等法院，进而彻底重整法国司法体系的。这些敕令引发了民众的抗议浪潮，因为高等法院成功地把这些敕令形容为专制君主用来攫取专断权力的。1788 年 6 月 7 日，当外省首府、位于阿尔卑斯山脚下的格勒诺布尔（Grenoble）的高等法院被迫解散时，民众奋起保卫高等法院。愤怒的民众以砖块、铺路石和屋顶瓦片袭击并击退了士兵们。这次事件被称为"砖瓦之日"（Day of the Tiles），是政治冲突不再局限于权力走廊①之内的明证。此时政治冲突已经表现为街头混战。

在王国的另一个地区，布列塔尼贵族强烈抗议国王单方面解散他们神圣的行省机关。他们起草了一份正式的陈情书，并于 1788 年 7 月在巴黎举行会议。由于拉法耶特在布列塔尼也继承了一份地产，他在法律意义上也算是"布列塔尼贵族"，他不仅签署了陈情书，而且参加了会议。当一个小型代表团把他们收集到的反对意见呈递给国王时，路易当即命令把代表团送进巴士底狱。拉法耶特参加了接下来的抗争，以抗议代表团被监禁。王后玛丽·安托瓦内特痛恨拉法耶特卷入此事，要求知道拉法耶特所为何事，毕竟他并非来自布列塔尼。拉法耶特回复道："我是布列塔尼人，正如王后是

196

---

①　指政治权力的核心区域，通常用于描述政府、议会或其他政治机构的内部。——译者注

哈布斯堡人。"[24]作为惩罚，国王剥夺了拉法耶特作为营务总管的荣誉军衔，这个军衔是在约克镇大捷那段开心日子里授予他的。这次降职促使拉法耶特正式退出军队。那个曾经想成为军事英雄的男孩，如今决定为了名誉和光荣，在政治战场上发起一场战役。

拉法耶特的某些朋友为侯爵卷入上述事件而感到担忧，他们担心的是，上述事件并非激进主义的征兆，而是保守主义的征兆。尽管许多挑战王权的贵族嘴上说着权利和自由，但他们实际上只是为保住古老的特权而斗争。孔多塞给一个同样认识拉法耶特的朋友写道："如果你前往拉法耶特的家，不妨跟他来个贵族的恶作剧，看看他是否会披上高等法院法官或布列塔尼贵族的伪装。为了这个目的，你可以随身携带一小瓶波托马克河的河水，还有用大陆军步枪的护木制成的洒水器，以自由、平等、理性的名义来祈祷，这就像是基督教的一个本体、三个位格。"[25]但在那次会面后，那位朋友说拉法耶特并未上当，而且他的身、心、灵是和谐统一的。

197　　人们大可以提出疑问，如果国王、贵族和高等法院围绕税收问题展开的斗争，没有遇上同时爆发的自然灾害，这场斗争是否会演变为法国大革命。当时，欧洲正经历一个漫长的冰冻时期，它又被称为小冰期（Little Ice Age），是一个气候周期，在 18 世纪 70 年代，一个新的气温低于往常的间歇期开启了。在这个寒冷时期，冰岛一座火山持续喷发了整整八个月，横跨 1783 年和 1784 年两个年度，这让欧洲的天空弥漫着富含硫黄的火山灰。这次喷发严重改变了气候。天气变得难以预测，要么大雨倾盆，要么赤地千里，而冬季的天气又变得前所未有地严酷。

上述所有因素摧毁了农业生产，1787 年的农业歉收尤其严重。因此，当法国的精英阶层为税收而斗争时，普通百姓却要面对饥荒。问题不仅在于缺少粮食，而且在于缺少资金。由显贵会议通过的经济改革，放开了此前受到严密监控的粮食贸易，但这次放开碰上了粮食供应严重短缺的非常时刻。投机者和商人都不可能错过这次发财致富的机会，于是粮食价格屡创新高。这轮粮食涨价波及了整个社会的所有部门。托马斯·杰斐逊后来写道："面包供应不足，有时会造成饥荒，并导致面包价格飞涨。面包短缺如此严重，从达官贵人到普通市民，都难免受其影响，面包师只能按人头出售少量的面包。"[26]食品价格高涨，大量挤占家庭预算，消费紧缩蔓延到中产阶级和上层阶级，进而导致法国新生的制造业部门衰退性崩溃。例如，严重的经济衰退，就导致里昂的丝绸纺织业工人身无分文。

1788 年的收成原本有望减轻人们的负担，但大自然再次带来重击。1788 年 7 月 13 日，一场大冰雹横扫法国西北部绝大多数地区。让人难以置信的巨大冰雹把农作物砸得纵横倒伏、面目全非。现在看来，1788 年的收成很可能是有记录以来最糟糕的一年。粮食价格一飞冲天。畏惧、愤怒和恐慌蔓延到社会的各个阶层。普遍的焦虑与正在困扰法兰西王国的政治斗争没有直接关系。但这种焦虑为正在进行的政治斗争注入某种悲伤和绝望的能量。**这**正是孕育革命的能量。

198

━━◈◈━━

1788 年 8 月，财政危机发展到更为紧迫的新阶段。布里耶纳告诉国王，国库空了，而且是字面意义的空空如也。临时贷款已经耗尽。王室金库中甚至没有足够的资金支付日常开销了。两年前，卡洛纳首次宣布王室**濒临**破产，如今，王室**确实**破产了。国王的债权人强迫国王接受两条不容谈判的要求，否则他们就不会给王室提供过桥贷款，协助王室熬到年底。第一条，雅克·内克尔必须被召回并复职。内克尔是债权人唯一能够信任的人。第二条，国王必须召开三级会议，而且是立即召开。这是改造、刷新、保障王国财政的必由之路。布里耶纳大主教宣布，三级会议将于 1789 年春天召开。然后，他就辞职了。

拉法耶特对布里耶纳宣布辞职感到"心满意足"。[27]此时此刻，国王终于听到国民的呼唤，是时候"拿出睿智、冷静、公正和宽容的精神了"。[28]但拉法耶特并不满足于审批几项新增税收。他想这种新精神传播开来，"以便国民议会能够监督政府计划，并构思出一部合适的宪法"。[29]托马斯·杰斐逊看到了布里耶纳宣布召开三级会议的背景——动乱形势在 1788 年夏更加紧迫。杰斐逊在给友人的信中写道："召开三级会议将在很大程度上安抚民众。"[30]同一天，杰斐逊在给詹姆斯·门罗（James Monroe）的信中写道："他们或许能够拥有一部不流血的宪法。"[31]

然而，布里耶纳宣布辞职并没有终止革命前进的步伐；辞职事件只是改变了战线。三级会议最后一次召开是在 1614 年。平心而论，在这 175 年间，政治、知识、社会和科学都发生了相当可观的进步。考虑到这些进步，人们到底是按照早已过时的封建惯例召集各等级，还是引入新的原则组织等级呢？每个等级还是只有一票的

集体投票权吗？这原本就是让贵族和教士控制王国事务的制度安 199
排，虽然他们只代表 5% 的法国人。那剩下 95% 的法国人怎么办？
还是让他们有口难言吗？可不要忘记，这 95% 包括了王国全体劳动
生产者，以及巨大的经济能力！

几乎整个晚上，王宫外围都充斥着人们的叫喊，小册子和传单
漫天飞舞，即兴演讲此起彼伏："第三等级代表名额加倍，按照代
表人数投票。"这种呼吁表达了一个简单的诉求，即第三等级代表
团，至少在规模上应该等同于教士代表团和贵族代表团的总和。尽
管第三等级代表人数仍然不足以充分代表民众，但至少他们应该与
教士和贵族代表平起平坐。问题的关键不在于第三等级代表团扩充
两倍、三倍还是四倍，而在于是否仍然只有集体投票权，只能集体
投出一票。因此，关键的诉求是"按照代表人数投票"，在单一的
公共会议中，让每一位代表投出个人的一票。这将会是一个真正的
国民议会。

关于如何组织三级会议的争论，迫使许多在过去两年里站在政
治斗争最前线的人物表露自己真正的效忠对象。巴黎高等法院，曾
经被视为人民英雄，因为它们曾经坚定地捍卫政治自由，但它们于
1788 年 9 月底发表声明，声称三级会议必须按照中世纪的传统模式
来召集：三个等级，每个等级有同样多的代表，集体投票。随着这
个声明出台，高等法院表明他们从来就不是自由、平等、正义的捍
卫者。他们只是自私自利地捍卫自身的特权。所有来自民众的支持
瞬间烟消云散。由于高等法院名誉扫地，民众需要新领导者。拉法
耶特侯爵及其朋友将会是众望所归。

❦

为了指引国民渡过下一阶段的危机，一群自由派贵族经常在阿德里安·迪波尔（Adrien Duport）家中聚会。迪波尔是巴黎高等法院一名聪明睿智的青年领袖。但与其他法官不同，迪波尔致力于把法国推向新未来，而非沉溺于过去。迪波尔是孟德斯鸠的追随者，也是英国宪政的倾慕者，他邀请志同道合的人共同努力，要为法国带来一部现代宪法。

200 　媒体把迪波尔的非正式团体称为"三十人会"（Society of Thirty），实际上经常出席聚会的超过 50 人。拉法耶特总是出席聚会，并与其他黑人之友协会成员一同出席，包括孔多塞、拉罗什福科、西耶斯神父和米拉波。诡计多端、反复无常的塔列朗也有参与，他认为一部自由主义宪法将会代表着法国最美好的未来。与拉法耶特相处最久的好友诺瓦耶子爵也作如是观。十年前，他们都是十多岁的年轻人，梦想着在战场上追逐荣光。此时，他们都已是成年人，准备接管这个王国。杰斐逊在提到这个团体时说："这个党派吸纳了这个王国最真诚的人们，他们拥有足够的闲暇去进行思考：他们是文学家、从容的资产拥有者和年轻的贵族。"[32] 米拉波说他们只不过是"一群拥有良好意愿参与密谋的人"。[33]

拉法耶特曾在写给岳父的姐妹、他最为信任的泰塞伯爵夫人的信件中总结"三十人会"的行动计划，泰塞伯爵夫人经常在自己位于巴黎的沙龙里接待拉法耶特及其朋友们。拉法耶特提到，他们希望创造"某种程度的纷扰，以制造内战在即的假象，当然这场内战不会真正发生：军队中已经形成忧国忧民的爱国主义氛围，因此不会有真正的混乱。关于税收状况，的确有足够的障碍导致国家陷入麻烦，但不足以造成财政破产。上述局面将会引领我们，通过最迅速的路径，赢得宪法意义上的自由，而在其他国家，这将会是一条鲜血铺就的道路，经过上百年的战争和不幸，付出极端高昂的代价才能抵达终点"。[34]拉法耶特及其朋友们认为，他们能够完成这个精妙的高空走钢丝表演。在一段时间内，他们是正确的。但在此以后，他们将一败涂地。

1788 年 11 月，国王再次召集显贵会议，试图平息关于如何组织三级会议的争论。拉法耶特再次获邀参加会议，虽然他付出巨大努力，却发现贵族们一致反对改变传统规则。第一次显贵会议公然反抗国王，让贵族们在王国事务上有了很大发言权；但贵族们并不打算与乌合之众分享权力。贵族们商议了好几个星期，最终几乎全体一致地向国王提出以下倡议：三个等级，每个等级同样多的代表，集体投票。拉法耶特后来回想，认为第二次显贵会议闭幕，标志着一个开端，即"冥顽不灵的小众特权与日益崛起的大众启蒙之间的殊死竞争由此展开"。[35]

拉法耶特及"三十人会"希望继续推动大众启蒙。在决定召开三级会议后，国王放宽了书报审查法，并邀请臣民起草《陈情书汇编》（Cahiers de doléances），列明各种冤屈和诉求，以供三级会议审阅。"三十人会"撰写、资助和出版解释性的小册子，帮助法国民众了解递交陈情书的程序。他们还发布了陈情书范文，里面包含了各种冤屈的写法。如果乡村会议有意上书陈情，他们只要按照清

201

单中提供的示例，仿写一份就可以了。

1788 年底至 1789 年初的那个冬天，"三十人会"的成员还撰写、资助和出版了各种社论，以指引国民参与讨论。西耶斯神父写成了最为著名的小册子《第三等级是什么？》（*What Is the Third Estate?*）。此书简明扼要地解释了为何围绕三级会议的构成而展开的斗争如此重要。此书的开篇振聋发聩："第三等级是什么？是一切。第三等级在政治秩序中是什么？什么都不是。第三等级想要什么？想要有所作为。"[36]这本小册子取得了巨大成功，让西耶斯成为少数得到全体国民认同的人物之一，引领民众迈向 1789 年的三级会议。

某种程度上，正是由于"三十人会"的努力，雅克·内克尔才能说服国王，搁置第二次显贵会议的提议。12 月，内克尔宣布了正在形成的自由派领导者的初步胜利。选举将会在开春后进行，第三等级的代表人数将会翻倍。但内克尔**并未**指出更为关键的要点，即三级会议将会按照等级投票，还是按照代表人数投票。这个问题直至三级会议开幕都悬而未决。

1789 年 3 月，拉法耶特回到奥弗涅，他要面对他的贵族同侪，并要请求他们投票支持。拉法耶特发现，这里的行省贵族会议与巴黎的自由派沙龙几乎毫无相似之处。当他抵达家乡后，他记录道："这里存在分裂和妒忌……我不得不面对警觉的听众，他们随时准备反对我的见解。"[37]因为害怕错过他一生中最为重要的政治事件，拉法耶特不得不做出让步以确保当选。他信誓旦旦地保证，绝不支持按照人数投票，除非国王下令这样做。如果不做此宣誓，拉法耶

202

特将无法当选，而就算他做此宣誓，他的得票数也只是勉强过关：在 393 票中，他得到 189 票。但既然做出了承诺，他就必然要违背自己的信念。杰斐逊并不喜欢这种做法。他在给拉法耶特的信中写道："我为你感到不安。你的原则是坚定支持第三等级，而你的表态却在反对他们。"[38]

但当拉法耶特动身前往凡尔赛时，他坚信法国迎来了崭新的一天。他的乐观主义后来有所降温，因为他收到华盛顿寄来的充满告诫意味的信件。华盛顿说："我对法国目前的事态不是太乐观。只需要轻微的煽动，就能让不满的火种燃起熊熊大火，这场大火恐怕不能被轻易扑灭。"[39]不过，拉法耶特认为，他与朋友们能让自由的火焰以合适的火候燃烧，既能烧断封建专制的古老锁链，又不至于烧毁整个王国。

第十二章

法国答问
（1789）

　　1789 年的三级会议被认为是一切的结束，也就是最终的决战。1786 年 8 月开始的财政危机，最终演变成长达三年的政治搏斗。这场冲突又遇上气候灾害和农业歉收所导致的社会危机。种种因素叠加，导致 1788 年底至 1789 年初的这个冬天成为破纪录的最糟糕的冬天。食品供应渐趋枯竭。千家万户为了购买取暖用的燃料而竭尽全力。普通民众日常用水的水源也冻结成冰。在这种氛围中，三级会议也有了某种救世良方的味道。饥饿的农民和优雅的贵族，都认为三级会议将会成为救治百病、结束冲突的万灵药。但这只不过是个开端而已。

　　在过去数年间的历次重大事件中，逐渐形成了两股革命力量，这两股力量将会在 1789 年这个风高浪急的夏天最终合流：一股力量形成于沙龙，另一股力量形成于街头。在沙龙里，自由派贵族、律师、银行家、记者、医生和商人共聚一堂，他们思考、密谋和讨论——经常是在上流社会贵妇名媛的庇护之下聚会，比如，在拉法耶特岳父的姐妹泰塞伯爵夫人的庇护下。他们的最终目标，是把上

一个世纪形成的、令人兴奋的思想理论，运用到现实世界中去。他
们想要立宪政府、个人权利、法治、负责任的政府和经选举产生的
立法机构。拉法耶特及其在"三十人会"中的朋友们，是出类拔萃
的沙龙革命家。拉法耶特自己总结道："19 岁那年，我献身于人类
自由和专制瓦解，像我这样一个弱小的人，都能够投身于这一
事业。"[1]

与此同时，一股迥然不同的革命力量也在孕育而生，包括工
人、店员、门房、仆人、管家、学徒、职员和学生。作为整体，他
们被称为大众、群众或群氓。他们无法靠近权力核心，因此只能直
接采取行动。他们的武器不是小册子或演讲，而是干草叉、长矛和
火炬。他们能够做所有沙龙革命家不能做或不想做的事情：集会、
唱歌、游行、砸窗、放火，从言语上和肉体上威胁旧制度的卫道
士。从 1789 年起，虽然沙龙革命家总是诅咒和哀叹街头革命，但
街头革命家的行动，却为沙龙革命家提供了左右时局的撬棍。

这两股革命力量由不同的动机所驱使。受挫的野心和理想的幻
象弥漫于沙龙。空荡的橱柜和冰冷的壁炉存在于街巷。两者于 1789
年春天合流，是因为逐渐收紧的形势把他们驱赶到同一个方向，几个
世纪以来的抱负、委屈、期待、怨恨、沮丧和希望，为他们提供了燃
料。归根结底，他们都想要尊严和尊重、自由和平等。当这两股力量
合流，法兰西王国将被永远改变。这个世界也将被永远改变。

1789 年 5 月 5 日，代表们济济一堂，参加三级会议开幕式。一

如显贵会议那样，代表们齐聚于国王游乐总管署。工人们把会议厅粉饰一新，以营造某种辉煌壮丽的景象，但在金色的油漆和厚重的窗帘后面，则是吱吱作响的朽木窗台，以及摇摇欲坠的砖石瓦砾。这是对旧制度又一个恰如其分的隐喻。国王在匆忙搭建而成的御座台上主持开幕式，御座台两侧坐着第一等级和第二等级的 600 名代表。拉法耶特及绝大多数来自"三十人会"的朋友，都坐在第二等级的座席上，包括诺瓦耶子爵和拉罗什福科。在面对国王的方向，坐着第三等级的 600 名代表。这些代表中只有极少数是人所共知的名人。最为著名的是米拉波伯爵，他被马赛第三等级选举为代表，因为他的贵族兄弟拒绝投票给他，导致他失去了第二等级的席位。米拉波的硕大脑袋，让他在人群之中格外显眼。其他代表都是寂寂无名的外省人，他们第一次被叫来履行全国性的职务，其中就有一位立场仍未明朗的、来自阿拉斯（Arras）的律师，他的名字是马克西米连·罗伯斯庇尔。

　　会议厅里不仅有与会代表，还有数千名旁听者，他们挤满了木制看台。旁听席上有与会代表的家庭成员，如阿德里安娜；有记者，如雅克-皮埃尔·布里索，甚至更加激进的民粹主义者，如卡米尔·德穆兰（Camille Desmoulins）；以及来自世界各地的旁听者，如美国的托马斯·杰斐逊和古弗尼尔·莫里斯（Gouverneur Morris），后者刚刚抵达巴黎，有望接替杰斐逊担任美国驻法国大使，他的日记为人们提供了一部价值不可估量的法国大革命编年史。在国王姿态笨拙地主持完开幕式后，雅克·内克尔开始陈述财政危机的细节，这些细节无所不包又极为琐碎。内容让人听不下

205

去。会议厅里传来阵阵骚动，人们大多在慢慢移动、假装咳嗽和窃窃私语。

第二天，代表们再次会聚一堂，开始讨论实质性事务。三个等级的代表被要求前往不同的会议厅，分别进行代表资格审查。不过，这一常规程序却引起了一场骚动。按照人数投票还是按照等级投票，**依然**是个悬而未决的问题。绝大多数第三等级的代表都是第一次参与全国政治活动，他们本来打算遵循分厅议事的指令。但极少数有备而来的活跃分子挺身而出，声称这一安排绝对不可接受，即使是在原则上，三个等级也不应被视为分开的实体。1789 年的三级会议，从一开始，就必须作为单一的国民议会。在这些慷慨激昂的代表的影响下，第三等级宣布拒绝审议任何事务，直到所有代表统一进行资格审查为止。

此举迅速把拉法耶特置于极端尴尬的位置。他个人认为，代表们应该在单一的国民议会议事，但他对奥弗涅选民的誓言，又决定了他不能支持在一院制议会里按照人数投票。拉法耶特以及少数代表第二等级的自由派贵族，试图说服贵族同侪加入第三等级，但他们在等级内投票中彻底落败，票数是 46 票对 334 票。

杰斐逊认为拉法耶特把自己放在了一个极其尴尬的位置上。他曾经告诉拉法耶特，一边信奉第三等级的原则，一边仍然依附于第二等级，"看上去两边讨喜，实际上两边得罪"。如果拉法耶特等待国王命令三个等级合厅议事，他"将会受到第三等级冷漠的对待……而且他们也不会再信任他"。在这场政治原则与个人荣誉的冲突中，杰斐逊清楚地认为政治原则必须处于优先地位。他建议拉法耶特打破誓言，领导一群叛逆贵族加入第三等级。如果拉法耶特及早采取行动，他将会"永远赢得民心，并得到全世界的认可，这标志着他是民众的代表并且尊重民众代表，对拉法耶特来说，这也将永远是个安慰"。[2]拉法耶特从不害怕做出历史性的信仰飞跃。但在三级会议的早期阶段，他只能呆坐在座位上。

然而，并非只有拉法耶特呆住了。三级会议的僵局将会持续数日，然后持续数周，根本看不到解决问题的希望。第三等级仍然在抗议。另外两个等级拒绝加入他们。这时候，法国最需要国王路易十六站出来，承担起国王的责任，去**领导**他的人民。但在这个关键时刻，命运给路易十六开了一个灾难性的玩笑。1789 年 6 月 4 日，路易年仅 17 岁的儿子死了。这个在拉法耶特从美国回国当晚出生的男孩，自出生以来就病恹恹的，终于在与肺结核的漫长斗争中被压垮。他年仅 4 岁的弟弟将会成为王位继承人，路易和玛丽·安托瓦内特则仍然沉浸在深切的悲痛中。就在这个国民翘首期盼国王领导的时刻，国王却消失在遮掩泪痕的面纱背后。

由于国王缺席，事态趋于失控。6 月 12 日，三位来自第一等级的教士跨过界线，加入第三等级。后者以雷鸣般的掌声欢迎他们的加入。人们可能会好奇，拉法耶特是否会为错过如此热烈的喝彩而感到遗憾。第二天，又有六位教士，包括格雷瓜尔神父，跨过了这一界线。此时此刻，至少在名义上，第三等级代表团能够声称自己不仅仅代表第三等级，他们投票决定，重新把自己命名为"国民议会"。这正是拉法耶特在 1787 年显贵会议上提出的名字。当初提到的事情都在逐渐成为现实。一如他所希望。一如他所打算。但他不为所动。

6 月 19 日，第　等级的代表们通过投票表决，以微弱多数票决定集体加入国民议会。当天晚上，内克尔说服正在隐居避世的国王，最后一次出来主持大局。为了准备王室觐见，大会议厅闭门装饰。然而，此举却变成最为愚蠢的挑衅举动。1789 年 6 月 20 日，正是第一等级原定加入国民议会的日子，但与会代表们抵达后发现大门紧锁，而且有士兵严加把守。人们只能认为，这是为了防止等级融合。代表们手足无措，临时聚集在王家网球场外的街道上，在从天文学家变身为政治家的让-西尔万·巴伊（Jean-Sylvain Bailly）的带领下，他们宣誓继续举行会议，直到为法国起草一部新宪法为止。拉法耶特所有梦想均已变成现实。"网球场宣誓"（Oath of the Tennis Court）意味着有限的财政危机让位于全面的政治革命。拉法耶特此时却不知所踪。

又经过五天的拉扯、抗争和对骂后，奥尔良公爵帮忙平息了事态。6 月 25 日，他带领 47 名贵族代表加入国民议会。让人难以置信的是，拉法耶特并不在奥尔良公爵所带领的 47 名贵族当中。受困于自己立下的誓言，拉法耶特仍然呆在原地。古弗尼尔·莫里斯在泰塞伯爵夫人家的晚宴上与拉法耶特有过交谈，莫里斯记录道："他说他决定辞职。"[3] 这是拉法耶特认为自己唯一能够做到的事情了。

最终，国王为拉法耶特结束了这种难以自处的痛苦折磨。第二等级戏剧性的贵族反叛，让国王不再抗拒三级会议合而为一。6 月 27 日，王室发表声明，命令所有代表组成国民议会。第二等级代表团解散，拉法耶特终于重获自由。国王的命令，预示着三级会议不会成为财政危机的**终点**，而是政治革命的**起点**，这场革命将会把专制王权替换为立宪君主。刚刚过去的八个星期，标志着法国历史的重大转折。让拉法耶特感到懊恼的是，在这一转折过程中，他完全没有发挥任何作用。

⊰⊱

国王授权组建国民议会，并不意味着反动的极端保王派势力放弃反攻倒算的密谋。1789 年 7 月第一个星期，这种反攻倒算便已迫在眉睫。由于国王正在隐居避世，玛丽·安托瓦内特、阿图瓦伯爵以及陆军大臣秘密把部队部署到巴黎城外和凡尔赛外围。在几个星期隐忍不发后，波旁家族似乎准备夺回主动权，其手段就是凭借他们手中维系政治合法性的唯一重要工具：武装力量。

此时，拉法耶特成了国民议会成员，在 7 月 8 日这天他才第一次让人们听到他的声音。他支持发起动议，以抗议部队调动。他建议同事们以义正词严的警告发起动议："这些部队是来包围这个议会的，这是一个事实，我们每个人都清楚看到了……在这种形势下，我们任何人都不能有片刻犹豫，否则就是对这个议会的侮辱。"⁴拉法耶特、米拉波和其他部分代表，直接向国王递交了一份表达抗议的请愿书。当他们递交请愿书后，米拉波说："陛下，我们的首要使命正在受到威胁，这一使命本来可以取得彻底的、真正永久的成功，但它只有在人们觉得自己完全自由的时候才有可能取得成功。"⁵国王并未亲切接待代表团。国王说："如果你们觉得在凡尔赛不安全，那么我邀请你们躲到苏瓦松（Soissons）或努瓦扬（Noyen）去。"[6]这实际上是说，把代表们流放到外省的穷乡僻壤去。

拉法耶特在参加觐见后，越来越感觉到，国王以及宫廷已经打算以武力驱散国民议会。他同样相信，他此时已置身于险境之中。有可信的传言透露，王宫里的保守派已经起草了一份放逐名单，而拉法耶特的名字就列于名单首位。由于害怕被逮捕，拉法耶特紧急写信给杰斐逊，声称王室"对我异常愤怒……如果他们逮捕我，请您务必宣布我是美国公民"。[7]

在这些充满变数和紧张的日子里，奥尔良公爵的代理人走近拉法耶特。正如那些关于反革命政变的可信传言，当时同样有关于奥尔良公爵的可信传言：在**所有**混乱和冲突的背后，其实隐藏着奥尔良公爵的密谋，他准备武力废黜自己的表亲路易十六，让年仅4岁的王太子登基称王，然后自己成为全权代理国政的摄政王。奥尔良公爵乐于在法国引入英国式的君主立宪制，等到年幼的国王成年时，宪政将已经推行20年了。

奥尔良公爵最有影响力的代理人之一就是米拉波，米拉波故意接近拉法耶特，建议他入伙。拉法耶特在给西米亚纳的信中写道："他们告诉我，奥尔良公爵和我的头颅已被标上价格。针对我的罪恶阴谋已经启动，因为我是唯一有能力指挥军队的人；奥尔良公爵和我应该通力合作；他应该成为我的卫队长，而我应该成为他的卫队长。"不过，拉法耶特拒绝加入奥尔良公爵的网络。"在我眼中，奥尔良公爵就是个当列兵的料，他的确比我富有，但他未来的地位并不会比少数派当中的任何人更加显赫。"实际上，拉法耶特更加相信宿命，他认为他们当中所有人都会很快成为殉道者："我们必须勇敢前行，不再顾身惜命，不再瞻前顾后，要么成就伟业，要么将一切抛诸脑后。"[8]

如果 1789 年国民议会注定会朝生夕死，那么拉法耶特希望留下一份声明，让人们记得他们到底是谁，以及他们想要什么，这将是一份 1789 年壮烈牺牲的理想主义者的声明，一份足以震烁古今的声明。归根结底，拉法耶特为自己对三级会议缺乏影响力而深感惭愧。他在给西米亚纳的信中写道："在 1200 名法国人试图书写一部宪法时，我本应该成为他们当中的一分子。无论我多么忧心忡忡，我也应该承担起我的责任，即在政治斗争中冲锋在前的责任。"[9]他几乎不顾一切地想留下自己的印记。他告诉西米亚纳："我准备了一份权利宣言。这份宣言，或叫它别的什么东西，将会成为法国之答问。"[10]拉法耶特预计自己随时会被逮捕，他迫切需要为法国准备这个国家的第一份"权利法案"。

⚜

210　　见证法国权利宣言的颁布是拉法耶特多年的梦想。在他位于波旁街的家中，有一个定做的展示柜，他喜欢向客人展示这个柜子。柜子的一边是美国的《独立宣言》，另一边则是空的。拉法耶特告诉来宾，他准备在这一边展示法国宪法。大约在 1789 年 1 月，拉法耶特开始为即将到来的三级会议构思权利清单。在 1789 年 7 月，当宪法起草委员会成立，并投票决定宪法应有一个涵盖国民所有权利的序言时，拉法耶特不失时机地拿出自己准备多时的清单。拉法耶特依靠杰斐逊充当更有经验的编撰者，7 月 10 日，他在给这位美国朋友的信中写道："明天我会把大致敲定的权利清单呈现给您。请您再三审读，并给出您的修改意见……我请求您在起床之后尽快给我回复，我想在早晨八九点就能收到您的意见。"[11]

1789 年 7 月 11 日，拉法耶特站在国民议会代表面前，向他们初次展示权利宣言。他的目的并不在于介绍一部政治哲学著作，而在于抓住和提炼启蒙学说的关键要点。他后来指出，英国与荷兰都是他取法的范例，但拉法耶特毕竟是拉法耶特，他最为看重美国先贤的事迹。他将《弗吉尼亚权利宣言》（Virginia Declaration of Rights）和美国《独立宣言》，以及即将出台的美国《权利法案》（Bill of Rights）作为他的思想来源。更不要说杰斐逊自己的思考和修改了，这可是拉法耶特非常乐意吹嘘的一点。

拉法耶特的最终草稿包括九个要点，总体而言，是为了解释他所论述的**自由**和**平等**概念。他在前往美国时，只把这些术语视为抽象的口号，却并不了解其深层意义。但当他从战场上回来后，拉法耶特就把自己的关注点从理论思考转向社会改革了。他认真思考了如何把抽象口号转变为日常用语的问题。在这里，他给出了最为充分、最为详细的解释。这种思考反映了拉法耶特构想的自由革命计划的核心。在其余生中，每当被问及如何界定其政治哲学时，拉法耶特总是说，他的政治哲学都在《人权宣言》（Declaration of the Rights of Man）里面了。[12]

拉法耶特在开篇写道："人生而自由且平等。"这一简短陈述是一切立论的核心。它抓住了时代的精神。它是绝大多数最先进结论

211

的交叉点，涵盖科学、哲学、艺术与文学的最新成果。在政治上，它意味着原有的中世纪秩序，即国王与臣民、领主与农民、上等人与下等人的等级分层，必须让位于新现实，即在上帝眼中，在自然法中，所有人都生而自由且平等。但拉法耶特、国民议会、法兰西王国以及全世界将会很快发现，这份宣言很可能准确提炼了启蒙运动的进步精神，但每个字眼都能被人们任意引申。早在 1789 年，拉法耶特就已意识到法国的现实状况，以至于他只能尽可能为他的陈述做出补充界定："人与人之间为维持社会秩序所进行的必要区分，只能建立在普遍团结的基础之上。"平心而论，拉法耶特的抽象理念也必须落实到现实世界之中。

然后，拉法耶特继续为自由和平等的抽象理念做出补充界定："人生而具有不可剥夺让渡、不受时效约束的权利……包括自由表达意见的权利；捍卫名誉和生命的权利；享有财产的权利；对其人身、事业和能力进行完全处置的权利；以任何可能的方式沟通其思想的权利；追求幸福的权利；反抗压迫的权利。"这个清单总结出政治自由主义的基本要义，时至今日仍未过时：言论自由、宗教自由、出版自由和集会自由。个人拥有权利去追求他们自己所界定的幸福，并运用其智力和体力去排除障碍达成自由。在清单的结尾处，拉法耶特甚至还提出了具有煽动性的反抗压迫的权利，如果国家威胁到上述不可剥夺让渡、不受时效约束的权利，人们就能运用这种反抗压迫的权利。

当然，自由权利的运用不可能毫无约束。即使是最为热情的个人权利捍卫者也承认，其他人也同样拥有个人自由。因此，拉法耶特在第三条中写道："任何人行使上述自然权利时，必须以社会其他成员均能享有上述权利为限度。"换种浅显的说法，就是"我挥舞拳头的权利，以不碰到你的脸为限度"。然而，在这里，我们同样能找到任意引申的破绽。这些界限存在于何时何地？别人的权利于何时受到威胁？由谁来界定？一个社会如何界定行为准则，如何决定违法罚则？

　　拉法耶特认为他在第四条中提供了部分答案："任何人均不受法律约束，除非上述法律经由其本人或其代表所同意，事先宣告并依法适用。"一个由人民代表构成的立法机关，是唯一合法的途径，来起草和公布限定自由的法律。但正如拉法耶特在权利宣言中使用的其他基本概念，如"同意"和"代表"等字眼是很模糊的。例如，才过了几个月，国民议会就宣布，那些并未获取额定收入的个人，将会失去选举、集会和立法的资格。那么，**他们的**代表在何处？**他们的**同意如何体现？更不要说妇女了，她们完全被排除在所有权利之外。妇女们无法表示同意或缺少代表，那是否意味着，她们可以行使不可剥夺让渡、不受时效约束的权利来反抗压迫？

　　拉法耶特的宣言回避了这些问题，然后继续论述，讲到了重新界定政治主权："整个主权存在于国民。任何实体、任何个人均不得行使国民所未被明确授予的权力。"这是法国大革命一项永恒的政治遗产：政治主权并非来自上帝，亦非来自世袭继承，也非来自国王统治下各封建领主的私人契约条款。国民就是主权的集合，所有权力都来源于主权。那些使用权力的人，只能以国民的名义使用权力，但他们只是**使用**权力，而非拥有权力。只有国民才拥有权力。

从这个要点出发，拉法耶特在第六条中写道："任何政府的唯一目标就是增进公共福利。"这同样体现了最为新近的政治哲学思想，并对当时盛行的王权专制理论构成了直接挑战。政府之所以存在，不是为了彰显某个家族，不是为了领受王室命令，而是为了确保整个共同体的整体福利。这是对社会契约的最为基本的测试：政府到底是服务于公共利益，还是服务于特权阶层的特殊利益？

为了确保政府始终服务于公共利益，拉法耶特直接以孟德斯鸠的思想来完善自己的观点："这种利益要求立法权力、行政权力、司法权力分立和制衡，其组织形式能够确保公民选出自由代表、人民监督政府、司法实现公平正义。"这实际上是之前通过的《美国宪法》的理论依据，通过与良师益友汉密尔顿、麦迪逊、杰斐逊和华盛顿的私人通信，拉法耶特对此已极为熟悉。他们都认为，要确保政府不至于成为个人专制的工具，最好的办法是划定权力的不同方面，并把权力的不同方面分配给不同的机构，这样上述权力就永远不可能被一个暴君所行使。

关于立法、行政、司法的三权分立，拉法耶特在第七条中写道："对于全体公民来说，法律必须清晰、准确、严谨。"这是实现平等的必备要素：法律面前人人平等。贵族与农民、天主教徒与新教徒、男人与女人、富人与穷人，所有人必须生活在一个统一而严谨的法律体系之下。对于法国来说，这是尤其必要的改革原则。在历史上，王国内部的不同部门，都声称自己具有不同的司法权力。这些司法权力经常相互重叠、自相矛盾。法律和规章晦涩难懂，经常秘不示人。它们总被推翻、延展，或被重新编写，仅仅出于君主本人的突发奇想。法律必须清晰严谨，而且对所有人平等。

在法律这个总问题下，一个最重要的分问题就是税收问题，实际上，正是税收问题导致政治危机越来越大。拉法耶特认为，税收应该由代表民意的议会收取，而且应该由全体公民平等承担："税收必须得到自由授权，并按照比例分配。"拉法耶特认同美国的"无代表不纳税"原则，而且无论是出于公正还是出于理性，他都寻求改变富人不纳税而穷人被榨干的荒唐政策。这同样是实现平等的必备要素。不仅是司法面前人人平等，还应该是税收面前人人平等。

最后，拉法耶特在这份清单的结尾处明确宣告，他与同事们在1789 年所做的一切，绝对不能被视为最终的封印，绝对不能被视为垂范后世、不得修改的教条："考虑到法律难免存在弊端，以及后世的人们也拥有相应的权利，他们可能会要求修改任何人类建制，必须确保国民——在某些情况下，是经过特殊程序召集的代表——出于验证和修正的目的，在确有必要的情况下，修改宪法。"这最后一条承认，人类所造之物并非完美无瑕。拉法耶特以及国民议会，并非永无谬误的圣人，亦非为民立法的神灵。拉法耶特对将来的世代寄予厚望，期待后人在他们的立法中发现错误、弊端和不足。拉法耶特相信，一个民族最为基本的一项权利就是自我管理，他认为，在世的人不能被已死的人束缚和管理。

1789 年 7 月 11 日，当拉法耶特向国民议会呈献这部权利宣言时，他并未自吹自擂，他认为这只不过是一个等待修订、延展和改正的起点而已。拉法耶特明确地说，他希望自己的"第一次尝试，能够促使其他成员也提出其他方案"。[13]事实的确如此。拉法耶特起草的权利宣言，**并非**著名的《人权与公民权宣言》（Declaration of the Rights of Man and of the Citizen，即通常意义上的《人权宣言》）的最终版本。但他起草的绝大多数条文，都以某种形式体现在最终版本中了。后来，他说那些条文只不过是"我信仰的宣言，我过去的一些收获，我对未来的誓言"。[14]事实的确如此。尽管不学无术的中伤者总是声称拉法耶特是个脑子空空的大傻瓜，但他**的确**是以一套政治哲学指引他的政治行动，这套政治哲学几乎完全浓缩在他的权利宣言中。人们无法否认，在即将到来的政治危机中，他将会发挥巨大作用。十年后再回首，他认为他的权利宣言"既是宣言，也是最后通牒"。[15]即使国民议会屈服于专制君主的强权，他们所提出的理念，尤其是拉法耶特所提出的理念，都将传之后世、永垂不朽。

❦

拉法耶特及其权利宣言占据舞台中央的时间还不到 24 小时，他的演讲，以及他所列举的权利，已被印刷并传遍巴黎。这份宣言似乎会界定接下来几个星期的政治对话。但是，就在第二天，让人震惊的消息给予巴黎重重一击，并把拉法耶特推到聚光灯之外：雅克·内克尔被解职了。

早在 1786 年财政危机爆发时，内克尔就已成为民众改革的偶像，这位财政奇才能够拯救国王于水火。1788 年，当国王把钱花光时，巴黎的银行家们以不容商榷的担保条件，迫使国王把内克尔召回政府。在过去一年里，内克尔总是建议改革财政、安抚民众，以反对王室中的保守声浪。内克尔突然被解职，充分证明了反动的保守派已经牢牢控制了国王。关于政变的传闻肯定不是无稽之谈。国王解除内克尔的职务，就是为了给反革命让路。

这条消息点燃了巴黎。在过去的几个月里，这座城市的情绪与夏天的空气同时升温。早在 4 月，在雷韦永（Réveillon）墙纸工厂，在圣安托万（Saint-Antoine）市郊的劳动阶层中，就已发生过骚乱。为了制止趁火打劫的暴民，士兵们向群众开枪，至少造成 50 人死亡。阿瑟·扬（Arthur Young）是年轻的英国农学家，他当时正在法国旅行，并于 1789 年初抵达巴黎，他如此形容王宫里挤满人的咖啡馆：

> 在王宫的咖啡馆里，你会看到非同寻常的、让人震惊的景象；不仅咖啡馆里面挤满了人，而且看热闹的民众还从咖啡馆的门口和窗口挤进来，侧耳倾听……某些演讲者，站在椅子上或桌子上，滔滔不绝地对听众讲话：他们迫切地想让民众听到他们的呼声，而民众也报之以雷鸣般的掌声，他们既说到民间疾苦，也发泄人们对现任政府的怨气，这简直让人难以想象。我感到非常震惊，政府竟然允许这种暴动的巢穴和叛乱的温床存在于此，它们时刻在向人们传播不久后要坚决反对的原则，因此，允许这种宣传存在的政府简直疯了。[16]

阿瑟·扬离开时毫不怀疑即将到来的街头革命已经积蓄了巨大能量。

好几个月以来，巴黎市民都在为每日更新的、从凡尔赛传来的消息而欢呼：第三等级的抗议，网球场宣誓，国民议会的组建。关于反革命政变的传闻，在巴黎同样不胫而走，一如在凡尔赛那样。内克尔被解职，就被视为保守派反攻倒算打响的第一枪。1789 年 7 月 12 日夜间，在王宫一家咖啡馆，卡米尔·德穆兰站在餐桌上，以慷慨激昂的情绪、夸张失实的言语，告诉蜂拥而至的民众，国王已经准备动手了。德穆兰挥舞手枪，称士兵们准备来镇压民众，他甚至能够看见潜伏在王宫外围的士兵了。"武装起来！"随着一声呐喊，人们涌上街头，准备保卫自己。由凡尔赛的沙龙革命家推动的政治革命，此时已变成巴黎街头革命者的武装起义。

古弗尼尔·莫里斯正好坐在附近一辆四轮马车上，他亲眼见证了巴黎市民与士兵们在杜伊勒里花园对峙的场景。他在日记中记录道："刹那间，无数马车、马匹与行人突然出现，然后迅速通过。"

> 当时我们遇见一队骑兵，他们抽出军刀，缓缓向前推进……民众聚集在乱石堆中，石头铺满整个广场，那些石头原本是用来修建桥梁的。站在队伍前头的军官被石头砸中，他迅速调转马头，对袭击者做出了一个极具威胁性的动作……他想杀出一条血路，马匹从慢跑变成狂奔，冲过如同雨点般落下的石头……他们开了几枪，但没有效果；很有可能的是，他们甚至没有装弹。还有一队瑞士卫队在香榭丽舍大街设防，他们还

拖来了大炮。[17]

随着日子一天天过去，形势变得愈加糟糕。莫里斯亲眼看到巴黎市民积极备战："人们不难想象，巴黎这座小小城市越来越躁动。他们利用能找到的任何装备，尽可能把自己武装起来：在塞纳河上的一艘船里找到 600 桶火药；冲进圣拉扎尔修道院（Monastery of St. Lazare），发现了教会兄弟们存放在那里的堆满整个仓库的谷物。这些谷物被迅速地装进马车，并被拉到市场，每辆马车上都坐着一个修道士。王家家具保管府（Garde-Meuble du Roi）遭到洗劫，然后交出了武器以防止事态进一步恶化。"[18]

在民众起义期间，第三等级选举会议，即为巴黎选举三级会议代表的选举委员会，在市政厅再次集结，宣布委员会已成为紧急临时政府。他们号召市民武装起来，并组建民兵连队，以保卫巴黎免遭袭击，维护法律和秩序，同时保障粮食供应。人们已经讨论过，只有拉法耶特侯爵能够领导这支城市民兵，他是两个世界的英雄，既有军事斗争经验，又能取得民众信任。孔多塞也是巴黎选举委员，他对同事们盛赞拉法耶特："他是一个从小说中走出来的人物，他光彩夺目，因为他勇于冒险、年轻有为、人格高贵、声名显赫，这么说吧，他能够满足人们的想象，实现公众的利益。"[19]

217

❧❧

在凡尔赛，国民议会的代表们被迫继续应对从巴黎传来的消息，这些消息至少已经滞后 12 小时。7 月 13 日，拉法耶特支持派出另一个代表团，请求国王陛下撤回派往巴黎的部队。这个代表团带着坏消息回来了。国王只是武断地告诉他们："我已经清楚表达过我的意图，我正在考虑采取必要的措施，终止巴黎的混乱局面……只有我本人，才能够判断他们需要什么。"当代表团试图多说两句时，路易便打发他们离开："我没什么需要补充的了。"[20]显而易见的是，国王并未把国民议会视为可与政府合作的对象。实际上，代表们早就应该意识到，他们与巴黎的起义民众一样，是国王的部队举枪瞄准的对象。

此时，代表们相信，如果他们在 7 月 13 日晚上休会，那么当他们在 7 月 14 日早上醒来时，肯定会发现议会大厅大门紧锁，并被士兵严密把守，于是国民议会投票决定继续进行紧急常务会议。不幸的是，这个紧急常务会议的主席是个垂垂老矣的大主教，他不可能彻夜保持警觉。因此，代表们赶紧选举出一位副主席，以领导这个至关重要的午夜紧急常务会议，这位副主席就是拉法耶特侯爵。拉法耶特在雷鸣般的掌声中接受了这一任命，他说："我的主要使命就是永远和你们一起努力维护和平、确保公共自由。"[21]他认为自己肩负着宿命般的使命："即使我们都不在人世，宪法也要永存于世。"[22]他比过去任何时候更加坚信，他在权利宣言中宣扬的理念即将付诸实践。

1789 年 7 月 14 日破晓时分，没有发生任何戏剧性的对峙，拉法耶特赶紧给西米亚纳写了张便条："这个副主席的职务让我一夜无眠。我问是否应该终止这个紧急常务会议，因为我们已经证明我们是不可分离的整体。绝大多数人说这个紧急常务会议还是很有必要保留的。当我在长椅上打瞌睡时，许多市民代表、几个贵族代表和教士代表在房间里踱来踱去。"这张便条还包括他对前景的估计，事后看来，他的估计与历史的现实相映成趣："我们得到消息，巴黎已经平静下来了……据我估计，我们今天早上就能迎接从巴黎过来的代表团……我希望我们能够好好睡一觉，因为我们收到从巴黎传来的消息，巴黎已经平静下来了。"[23]

巴黎并**不是**没有进一步骚乱的可能。实际上，巴黎正在承受世界历史上尤为著名的群众骚乱的阵痛。当天晚上 6 点，拉法耶特收到巴黎爆发严重事件的第一手消息。一名信使告诉拉法耶特，代表团其他成员正在巴士底狱前面集结，要求要塞指挥官向民众投降。代表们收到的消息，至少已是 12 小时以前发生的事情了。在此期间，到底发生了什么？午夜过后，他们收到确切消息：愤怒的巴黎民众攻打巴士底狱，守军也开了枪，至少打死了 100 人。民众奋起反击，攻破大门，抓住要塞指挥官，并迅速将其处死。民众用刀捅、用枪打，然后把要塞指挥官的头颅挑在长矛上。巴黎仍然处于混乱之中，局面已经完全失控了。

国王于凌晨 2 点被叫醒。路易将信将疑，但在信使再三重复情况后，问信使："是造反吗？"信使回答道："不，陛下，是革命。"[24]

第十三章

管治巴黎
（1789）

1789 年 7 月 15 日上午 11 点，国王路易十六出现在国王游乐总管署主会议厅，对国民议会发表讲话。盛况不再，典礼难觅。没有随行人员。没有欢迎仪式。没有居高临下、目中无人的典礼官彰显国王的神圣权力。国王身边只跟着他的两个兄弟，普罗旺斯伯爵和阿图瓦伯爵。国王既没有穿王袍，也没有戴王冠。国王没有坐着对臣民发表讲话，当然也没有躺在正义之床上酣然入睡。

在这次讲话中，国王首次把代表们的委员会称为"国民议会"，这个字眼曾经是他极力回避的。然后，他念出一个和解清单。为了终止迫在眉睫的危机，他宣布撤回派往巴黎的所有部队。他同样承诺把内克尔召回政府，改革刑法，废除徭役，禁止酷刑。这些收买人心的措施，其实是为了安抚巴黎民众。为了稳住国民议会，路易承诺承认国民向定期召集的议会选派代表团的权利，这个议会将会与政府分担责任，拥有批准赋税征收、审查国家预算的特定权力。这些都是国王曾经极力抗拒的措施。显而易见的是，今时不同往日了。

拉法耶特清楚知道这种变化的确切原因，他说："当民众攻占 220
了巴士底狱，民众的事业就取得了胜利。"[1]尽管国王亲自对国民议
会代表们讲话，但谁都知道是民众自己造就了这场胜利。拉法耶特
及其朋友们多年以来致力于推行的改革，国王此时答应了。此前，
国王一直无意于满足他们的要求，直到巴黎的民众发动了无法遏止
的起义。这几乎是循环往复的革命动力的早期范例：沙龙革命家只
有冒着撬动街头革命家的风险，才有可能达到自己的目的。如果没
有巴士底狱的陷落，国王会于 7 月 15 日公布自己的让步清单吗？
不会。只有当他面临失去**所有**权力的局面时，他才会觉得国民议会
自由派改革家们提出的诉求温和多了。

为了传递这个好消息，一些议会代表乘坐 40 辆四轮马车前往
巴黎。车队前列是两位最得民心、最为著名的领导人：从天文学家
变身为国民议会议长的让-西尔万·巴伊，以及两个世界的英雄拉
法耶特侯爵。抵达巴黎后，代表们前往市政厅，巴伊在会议厅里宣
读国王的让步清单，那里挤满了巴黎选举委员会成员、国民议会代
表以及其他时政评论家。巴伊的演讲以"国王万岁！"和"民族万
岁！"为结尾。

巴黎的选举委员会成员，此时宣布他们已组建巴黎的法定市政
委员会，选举巴伊为有史以来第一位巴黎市长。然后，他们转向拉
法耶特，宣布任命他为临时组建的城市民兵的指挥官。会议记录显
示："众人异口同声地宣告，拉法耶特侯爵阁下成为巴黎民兵的总
司令。"[2]会议记录还显示："拉法耶特侯爵阁下满怀尊敬和感激地接
受了这一荣誉，他拔出军刀，并当场宣誓，为了保卫宝贵的自由，

他将不惜献出生命。"[3]巴黎市政委员会领导人之一梅代里克-路易-埃利·莫罗·德·圣梅里（Médéric-Louis-Élie Moreau de Saint-Méry）站了起来，说他非常兴奋："捍卫法国人自由的重任，必将交付给新世界自由的杰出捍卫者。"[4]莫罗·德·圣梅里之所以如此有信心，是因为他自己就来自新世界。他在加勒比海殖民地马提尼克出生和成长，曾经担任一个极具影响力的游说集团的领袖，以捍卫法属加勒比海殖民地种植园主的利益——在接下来的四年里，他们当中的绝大多数人将极力防范任何废除奴隶制的努力。莫罗·德·圣梅里的例子充分证明，一旦触及个人利益，不仅英美民族会在自由和奴隶制问题上表现出伪善嘴脸，法国人也概莫能外。

拉法耶特被任命为巴黎民兵的领导者，标志着在法国大革命中，拉法耶特的生活、事业和角色发生重大转变。尽管拉法耶特从未放弃他在国民议会中的席位，但他将会在国民自卫军（National Guard）总司令的职位上花费大量时间。这个职位要求他同时捍卫自由和维持秩序。在自由与秩序之间走钢丝，将会成为拉法耶特生命中的重大挑战。这是一条危机四伏的道路，起初把他推上光荣的巅峰，然后又把他推下厄运的深渊。

❧❦

拉法耶特并未对这个新职务的艰巨性盲目乐观。就职当天下午，他就迎来第一个考验。一名来自科德利埃区（Cordeliers）的自封的民兵上尉，率领着一个连队的武装志愿者，准备到巴士底狱进行检查，以确保那里被掌握在民众手中。值得一提的是，科德利埃区是塞纳河左岸一个尤其激进的街区。当这名民兵上尉抵达时，他质疑巴黎市政委员会正式委任来监督这座要塞的官员的资历。在经过一番不欢而散的交涉后，这个民兵连队逮捕了那位官员，并将他押送回巴黎市政厅，以核实其说辞是否属实。拉法耶特释放了那位官员，斥退了那名自封的民兵上尉，命令他回到自己所属的辖区。这是拉法耶特第一次与未来的革命领袖、总是睚眦必报的乔治·丹东（Georges Danton）打交道。当然，这不会是最后一次。

随着民众的非理性行为越来越多，拉法耶特的处境也愈加艰难。有一次，当拉法耶特正要处理紧急公务时，群众、暴民和帮派分子却在街道上游行。在通常情况下，他会劝告群众散去，7 月 16 日，他在给西米亚纳的信中写道："民众热情高涨到精神错乱，只有我才能让他们安静下来。当时，街道上有 4 万多人聚集，他们的情绪越来越激昂，然后我出现了，一句话就让他们各自散去。我已经救下了 6 人的性命，他们原本是要在不同的街区被绞死的。"但拉法耶特也意识到形势有多凶险了。他说："这些狂乱的、醉酒的民众并不总是听我的。在我写这封信时，有 8 万人包围了市政厅，他们说自己被欺骗了，部队并没有撤退，国王必须出来解释。"拉法耶特如此总结他的职务："我管治巴黎。但我管理的是一群被阴谋诡计驱使的暴怒民众。"[5]

拉法耶特在信中提及的数字，点出了美国革命与法国革命的一个关键差异。18 世纪 70 年代早期，当骚动的情绪在波士顿蔓延时，那座城市的总人口大约是 1.5 万人。直接参与革命活动的只是其中一小部分人。但在 1789 年的巴黎，拉法耶特提到他所面对的人数多达**波士顿总人口**的五倍，而这只是同一个时间聚集在同一个地方的人数。人数众多，也意味着民众容易被鼓动，却不容易被安抚。波士顿与巴黎的比较，就如同一条小鱼与一条鲸鱼的比较。控制波士顿从来不是一个轻松的任务。控制巴黎则几乎就是一个不可能完成的任务。

为了平息迫在眉睫的骚乱，拉法耶特断定国王必须出现在巴黎。尽管国王声称已做出让步，但民众担心这只不过是国王的阴谋诡计。当这一请求被传达到凡尔赛时，玛丽·安托瓦内特请求国王不要去巴黎。但国王坚持说，他在民众当中是安全的，这句话既是为了安抚妻子，也是为了安抚他自己。因此，7 月 17 日，在巴士底狱陷落三天后，国王路易十六登上四轮马车，动身前往巴黎。实际上，他并不知道自己会迎来群众的拥抱，还是会被群众撕成碎片。

在巴黎城门外，国王受到一个由巴伊和拉法耶特领衔的代表团的欢迎。巴伊向国王呈上城门钥匙，说："我为国王陛下呈上模范城市巴黎的钥匙。"巴伊还提到国王亨利四世，这位睿智而灵活的波旁王朝开创者，于 1593 年进入敌视国王的巴黎，他以灵活的手腕让潜在的敌人变成忠诚的臣民。巴伊告诉路易："这就是呈递给亨利四世的同一串钥匙。他重新赢得了他的人民；而对于这里来说，人民重新赢得了他们的国王。"[6]

当路易进入城市时，拉法耶特派出一个连队的民兵沿途护送路易的四轮马车。国王的性命此时交托到拉法耶特的手上了。古弗尼尔·莫里斯在人群中看到这一幕，他后来告诉乔治·华盛顿："他掌握了他的君王，按照巴黎最近的事态，国王完全在他的掌控之下。他可以让国王前往他指定的地方；他可以决定国王收获多少掌声；如果他愿意，他甚至可以把国王投进监狱。"[7]不过，拉法耶特无意伤害国王。他们已经相识20年了。尽管他们最近在政治上有分歧，但拉法耶特不想让路易遭遇不测。实际上，拉法耶特曾说："从他向我屈服那天起，我就决心更加忠诚地为他服务，我可不需要他许诺给我半个王国。"[8]但拉法耶特同样有过誓言，绝不放弃自己的原则。他曾经放弃自己的原则，以确保自己当选三级会议代表，他把此举视为一个巨大错误。拉法耶特说："如果国王拒绝宪法，我会反对他。如果国王接受宪法，我会保卫他。"[9]

当他们骑马穿越巴黎时，群众正聚集在街道上。巴黎市民似乎陷入了迷茫，不知道应该拥抱路易还是把他撕成碎片。杰斐逊评论道："大约6万名形形色色的市民，手持从巴士底狱和荣军院（Invalides）抢来的滑膛火枪，其余市民拿着手枪、刀剑、长矛、剪枝铁钩、长柄镰刀。"[10]在巴黎市政厅，巴伊陪同国王走上台阶，巴黎市政领导者们夹道欢迎国王。在市政厅里面，路易端坐在御座上，正对着人山人海的会议厅。巴伊递给国王一个徽章，这个红蓝相间的装饰性徽章已变成大革命的视觉象征。路易把这个徽章别在胸前，这一举动胜过千言万语。国王并不是来这里战斗或反抗的，他是来这里拥抱和接受的。群众鼓掌欢呼"国王万岁！"和"民族万岁！"。国王确认巴伊就任巴黎市长，后来又确认拉法耶特的任命，他告诉侯爵："我对你寄予厚望，我有幸告知你，我确认你被任命为国民自卫军总司令。"[11]这两道确认手续，说明国王准备成为大革命的同路人。人们高涨的情绪有望平息。随着和平恢复，国民议会将着手起草宪法，而国王将会接受宪法。大革命将会在秋天结束……最迟在冬天也该结束了。

⁂

然而，在巴黎与国王和解期间，民众的情绪再次被点燃。愤怒的民众追踪和抓捕了两名招人痛恨的王室官员：约瑟夫-弗朗索瓦·富隆·德·杜埃（Joseph-François Foullon de Doué）和路易·贝尔捷·德·索维尼（Louis Bertier de Sauvigny）。富隆是74岁的保守派头目，正是他取代了受人爱戴的内克尔出任财政大臣。一则街头广为流传的逸闻是，在人们讨论巴黎的饥荒时，富隆漫不经心地评论道："如果我们喂民众吃干草，民众也会很开心的。"[12]人们无法确定他说这句话是带着恶意还是带着忧虑，也无法确定他是否真的这么说了。但这些都无关紧要了，消息已经不胫而走。与此同时，贝尔捷既是富隆的女婿，又是驻巴黎督办官（Intendant），这是王室任命的这座城市的首席官员。民众普遍怀疑，在那个漫长而饥饿的冬季，贝尔捷在谷物投机中大发横财，利用职权假公济私，群众食不果腹，他却猛捞一笔。

在近期发生的骚乱期间，这两个人都果断地深居简出，准备伺机逃出巴黎。富隆甚至捏造了他自己的死讯，不过被巴黎郊区愤怒的佃户暴露了行踪。这个老人被逮捕，并被移交给巴黎市政厅，一群愤怒的民众聚集在那里，想砍下富隆的头颅。拉法耶特意识到情势紧急，赶到现场驱散了群众。"你们不能未经审判就杀死这个人！"拉法耶特大喊道，"这是不公正的，既让你们不光彩，又玷污了我捍卫自由的一切努力……我要求你们尊重法律，因为没有法律就没有自由，没有法律我就不会支持新大陆的革命，没有法律我就不会支持这里发生的革命。"[13]如果没有证据，没有证言，没有上诉程序，也能公开处决，那么无论实施者是一个暴君还是一群暴怒的民众，在拉法耶特看来都是暴政，都是大革命中必须摒弃的手段。拉法耶特承诺，"我的意思不是说，即使此人有罪，我也会救他"，但**必须**首先**进行审判**。[14]

但这一次，民众完全无视拉法耶特的讲话。他们对司法程序不满意，强行闯入市政厅，抓住了富隆，并把他拖了出来。民众没有任何迟疑，他们随便找了一根路灯杆，把这个老人吊在上面。由于绳子太细，第一次尝试没有成功，一小群愤怒的民众干脆一拥而上，用刀刺死富隆，割下他的头颅，并把头颅挑在长矛上。有人找来一把干草，塞进死人嘴里，想看看**现在**是谁吃干草开心了。

富隆被私刑处死，只不过是这个故事的前半段。非常凑巧的是，一辆双轮马车刚好从现场经过，车上载着富隆的女婿贝尔捷。贝尔捷当时已被逮捕，正被押送到监狱等待审判。当民众发现他时，人们包围了那辆双轮马车。人们把挑着他岳父头颅的长矛伸到他面前。经过好几分钟的肆意折磨后，贝尔捷也被拖出马车，以私刑处死，他的头颅也被挑在长矛上。兴奋的民众挑着两个头颅沿街道行进。有一个人冲进市政厅，手上还挥舞着一块血淋淋的人肉，高声咆哮道："这就是贝尔捷的心脏！"[15]

拉法耶特对此忧心如焚。刚刚上任一周，他就已对这座城市失去控制了。他并未对富隆和贝尔捷的死亡感到忧伤，但对法治的死亡感到忧伤。他曾宣誓为巴黎恢复秩序，可他失败了。实际上，拉法耶特未能管治巴黎。在他心目中，只有一件事情可以去做：递交辞职申请。拉法耶特告诉巴黎市政厅的领导者们："民众并未留意我的建议，正如我之前说过的，一旦他们对我丧失信心，我就必须挂冠而去，因为我已不能再发挥作用了。"[16]他们对此感到震惊，甚至有点害怕。谁还能承担这个职务呢？

当天晚些时候，拉法耶特给西米亚纳写了一封大吐苦水的信。拉法耶特写道："我所面临的尴尬与日俱增。你实在难以想象由我辞职所引发的恐慌。巴黎各区都请求我留下来；他们跪地哭诉，发誓一切都听从我的安排。我将何去何从呢？我已经感到绝望了……如果我勉强留下，我将会陷入可怕的境地：眼睁睁地看着邪恶之事发生，却无力挽救时局。"[17]巴黎市政厅的领导者们请求他再三考虑。他们对天发誓："我们，巴黎各区的选举委员们，带着全体巴黎市民的一致意见以及我们的全部信任，再次宣布具有美德、天赋和爱国热情的拉法耶特先生为国民自卫军的将军……他以他的热诚，在全体爱国公民的帮助下，将会领导公共自由的伟大事业臻于完美。"[18]然后，他们为拉法耶特提供了一份高达 12 万里弗尔的年金，以及 10 万里弗尔的奖金，只求拉法耶特留下来就好。

拉法耶特撤回了他的辞职申请。但当他返回岗位后，他仿效华盛顿，谢绝薪俸。拉法耶特说："当如此众多的国民仍在受苦，如此众多的方面需要开支，我再领取薪俸是说不过去的，只会徒然增加不必要的开支。我的财产已足够维持我的生活，而我的时间并不允许我耽于享乐。"[19]这是急公好义和自我克制的生动范例。他的财务经理们正在咬紧牙关，因为他们雇主的财产正在急剧萎缩。与此同时，阿德里安娜又回到那种忧心忡忡的状态中。她的丈夫不再需要远渡重洋去打仗，但危险似乎更甚于以往。弗吉妮娅写道："在那段日子里，母亲经常目送父亲出门，唯恐这会成为夫妻俩的最后一次告别。"[20]

————

接下来，拉法耶特花了好几个星期去整顿巴黎民兵，此时，这支民兵部队获得了它永久性的历史称号：国民自卫军。在 7 月中旬的混乱氛围中，任何人只要持有枪械就可以武装起来，但此时他们必须成为正规化的武装部队。拉法耶特招揽朋友和参加过北美战事的退役老兵，以组建忠诚可靠的军官团。他亲自起草规则和章程，并把 3 万人编入六个师。拉法耶特制定的章程规定了制服、旗帜、装备，以及从每个列兵到每个连队所必要的其他用品。拉法耶特同样期待士兵们以他为典范，具备公民美德。尽管国民自卫军中极个别成员领取薪俸，但绝大多数得自备武器、制服和装备。这一规定有效地把任何因为太贫穷而无力自带装备的人排除出队伍。因此，所谓国民自卫军，其实以其原有名字来命名会更加贴切，"有产者卫队"（Garde bourgeoise），这支部队将会成为一支主要从富有的中产阶级招募士兵的民兵部队。尽管拉法耶特能够以强制力推行自己制定的规则，但他也明白当时的局势多么微妙。拉法耶特写道："我可能会被视为他们的首领，但我远远不是他们的主人。"[21]

为了给国民自卫军设计制服，拉法耶特或许做出了其影响最为持久的贡献，不仅深深影响了法国大革命，而且深深影响了法国历史。在 7 月骚乱期间，民兵部队需要在街道上辨别敌我。最初，他们使用绿色图钉、绿色徽章或绿色布条，因为绿色是自由的颜色。但随即有人指出，绿色同样是让人鄙视的阿图瓦伯爵的徽章颜色，于是他们又改用红蓝两色，这是巴黎市徽的颜色。1789 年 7 月底，当拉法耶特确定国民自卫军制服的版型时，他又加上了代表波旁家族的白色，以表示国王与民族的联合。从那时起，国民自卫军章程就规定了，所有军帽都必须镶嵌"蓝白红三色徽"。[22]拉法耶特敏锐地察觉到象征主义的力量，他认识到这一伟大作品正在创造关于自由和平等的视觉象征："我为你们展示一个必将通行全世界的帽徽，以及一个具有象征性的机构，它既是民事的又是军事的，它注定要胜过欧洲的旧标志物，它将会击败专制政府，对手要么被征服，要么模仿我们。"[23]于是，蓝白红三色徽由此诞生，它不仅将会成为国民自卫军的特殊象征，而且会成为法国大革命的普遍象征，而且时至今日，它仍然是法国国旗的颜色。

当拉法耶特致力于赢得国民自卫军的忠诚和服从时，阿德里安娜也在尽可能提供帮助。夫妻俩的家成为实际上的司令部，士兵和军官们不断往来于此。弗吉妮娅回忆道："母亲为此感到荣幸，她尽可能让客人感到宾至如归。在那段时间，母亲完全依靠父亲的原则苦苦支撑，她完全相信，父亲有能力来惩恶扬善，所以对于父亲不断暴露在各种危险之中这一情形，母亲凭借让人难以置信的力量默默忍受着。"[24]人们经常提到，国民自卫军忠诚于阿德里安娜，更胜过忠诚于她的丈夫。但她的信念并不是盲目的。她很有可能比丈夫更加了解前方的危险。弗吉妮娅回忆道："母亲埋藏在心底的痛苦，只有那些用心聆听她倾诉的人才能了解。母亲清楚地看着我的父亲在革命中身先士卒，而这场革命的前景却难以预料……没什么比她所爱的人身陷险境更加让她感到惊慌了。"[25]

※

正当拉法耶特在巴黎忙碌奔走之时，大革命开始突飞猛进。全法国的城市都在模仿巴黎。第三等级选举委员会再次召集，宣告自身成立法定的市政当局。他们自行组织当地民兵连队，这些连队迅速被纳入拉法耶特所构建的更大的国民自卫军架构。在某些地方，王室任命的当局和平地予以默认；在其他地方，它们发起战斗和反抗。但仅仅在数周之内，绝大多数法国城市已服从新近设立的领导机关。

228

与此同时，更为巨大的革命能量在偏僻的乡村地区迸发。到处都有谣言流传，声称由于政治权威崩溃，乡村民众将会迅速成为猎物，要么被犯罪团伙洗劫，要么被当地领主奴役，村民们自发武装起来保卫自己。此事后来被称为"大恐慌"（Great Fear），农民们害怕没有法纪约束的混乱局面，结果相当讽刺地**造成**了没有法纪约束的混乱局面。由于在饥荒边缘苦苦挣扎了两年时间，武装起来的村民们纷纷前往当地城堡，洗劫牲畜、谷物、面包、奶酪和葡萄酒。村民们还到处寻找封建义务和封建债务的登记册，将其付之一炬。如果民众在焚烧现场发现贵族家庭及其代理人，他们会告诫对方，赶紧滚开，不要挡道。农民发泄怒火的主要对象是纸张和笔墨，而非鲜血和骨肉。

　　随着大恐慌在全国蔓延，就连国民议会代表们也不知道该如何应对了。似乎整个王国都在熊熊烈火中跌宕起伏。然而，有一群激进分子同时看到平息不安**和**推进革命的机会。1789 年 8 月 4 日夜间，拉法耶特的老朋友诺瓦耶子爵踏上国民议会的讲坛，提议彻底废除贵族特权。他希望以戏剧性的、毫无保留的姿态平息乡村地区的愤怒。但"贵族特权"（noble privilege）本身并非法律概念。它只是一个术语，用来形容庞杂的、累积了几个世纪的法律、习惯、规则和章程。税收豁免权、宗教什一税、禁止狩猎法、旅行限制令以及市场准入费，全部都需要逐一厘清。因此，诺瓦耶子爵的宽泛提议，引起了代表们通宵达旦的激烈讨论，他们逐一动议、提议、附议和确认，以消灭每一项具体的特权。一名保守派代表惊恐地目睹这一幕，在家书中写道："想要对抗民族的公共意志，恐怕是无效的，甚至是危险的。你自己，以及你所拥有的财产，注定要成为群众怒火的牺牲品；为了自身的安全，最好把自己的房子付之一炬。"[26]仅仅通过几个小时的工作，国民议会就切实宣告中世纪封建制度的整个法律体系彻底归零、完全失效。在这场风暴过后，议会就只能把反封建立场贯彻到底了，但"8 月 4 日之夜"（Night of August 4）的含义还是非常清晰的：无论国民议会起草的新宪法是什么，都不可能是对现行体制的小修小补，而只能是全新的政治、法律和社会秩序。

　　为了帮助界定新秩序的条款，一个由西耶斯神父和米拉波领衔的编辑指导委员会编撰了权利宣言的最终版本。拉法耶特奔走于巴黎，并未参与最终版本的编写工作，但他欣慰地发现，最终的 17 个条款几乎涵盖了他所提出的原始条款。1789 年 8 月 26 日，国民议会同意把最终文本定名为《人权与公民权宣言》。这份宣言将会作为新宪法的序言，但在更为宽泛的意义上，这份宣言将会成为后革命时代法国的指路明灯。

✳✳✳

尽管取得了如此可喜的进展，但在国民议会内部，仍然存在激烈的斗争。保守派建议，出于对新宪法的审查和平衡的考虑，国王应该有权否决法律提案。新近设立的美国总统就被授予这样的权力，许多温和派人士认为这一权力相当合理。然而，激进派对此暴跳如雷。他们争辩道，国王并非由民众选举的共和派总统，总统有特定的任期。如果法国国王也被授予普遍否决权，他将能够阻止国民议会通过任何他不同意的法律。国民议会将会被打回原形。在街谈巷议中，"否决权"的条款让人难以理解，激进派媒体鼓励人们从最为耸人听闻的角度解读这一模糊不清的条款。有一份浅显直白的传单声称："国王将提出**否决**，而你们将失去面包。"[27]

拉法耶特留意到双方相持不下，他试图寻找共识。8 月 25 日，拉法耶特在给托马斯·杰斐逊的信中写道："为了自由事业的缘故，我请求您推掉所有约会，于明天即周三晚上，与我共进晚餐……这是防止国家解体和内战爆发的唯一方法。横亘在他们之间的难题是国王的否决权。部分人希望国王拥有绝对否决权，其他人希望国王完全没有否决权……如果他们无法在数日之内达成共识，我们将无

230

法形成绝对多数，那么任何计划都将无法推行，而这场争端将以战争收场……这些先生们想要咨询您和我的意见，他们将会于明天晚上在您的大使官邸共进晚餐，因为我家实在狭窄拥挤。"[28]这不是外国大使适宜担当主持的那种场合，但杰斐逊还是同意了。

8月26日，也就是《人权宣言》最终通过的当天晚上，共有八名在否决权之争中的双方代表，来到杰斐逊的官邸共进晚餐。在其自传中，杰斐逊回忆道：

> 这些都是出类拔萃的爱国者，他们都有一片赤诚之心，但存在意见分歧，他们都意识到有必要达成共识，为此难免要有所牺牲，他们都彼此熟悉，并不害怕表露心迹……侯爵介绍此次聚会的目的，他提醒大家注意议会目前的状况、宪法原则的走向，以及不可避免的结果，除非爱国者之间能够达成更多一致……［拉法耶特］评论道，虽然他也有自己的见解，但为了兄弟同胞们的共同事业，他随时准备牺牲自己的见解：不过，大家必须达成共识。[29]

他们持续争论了6小时。杰斐逊说："在此期间，我是一个沉默的见证者，见证了一场在政见之争中极为罕见的、冷静而直率的争论；见证了一场引经据典、雄辩滔滔、摒弃华而不实的修辞和诡辩的争论；这场争论的确足以媲美古典时代的经典对话，让我们回想起色诺芬、柏拉图和西塞罗的经典言论。"[30]最后，他们终于敲定了一个让人满怀希望的折中方案。国王将被授予**搁延否决权**

（Suspensive Veto），即延迟而非彻底终止法律实施的权利。拉法耶特对这场理性的争论感到欣慰，他们守住了民族团结的底线。

随着封建制度被废除，《人权宣言》被确立，国王把三色徽佩戴在胸前，拉法耶特认为剩余的任务就是和平地总结革命成果了。似乎有理由相信，法国大革命虽然是一场疯狂而危险的革命，但最终会在 1789 年夏天迎来大团圆结局。拉法耶特已经准备把他的注意力用于追随乔治·华盛顿所创立的叙事模式了。拉法耶特说："我已卸下负担，解除危险，等到局面恢复平静，我就可以功成身退了。"[31]塔列朗发现，拉法耶特这种姿态难免有点扭捏作态、滑稽尴尬，而且不符合拉法耶特的真实个性："他的个人野心，他谋求出人头地的努力，似乎都不是他的本意，而像是别人教给他的。无论他做什么事情，都似乎与他的真实个性格格不入。他在采取行动时，似乎总是在追随别人的主张。"[32]

然而，即使拉法耶特在追随别人的主张，在 1789 年初秋，他也始终在持续不断地贯彻自己的意愿。莫里斯确认道："［拉法耶特］告诉我……他已经拥有他内心所渴望的最高权力，他已经对此感到厌倦……因此，他希望尽可能快地回归私人生活。"[33]在给西米亚纳的信中，拉法耶特写道："我的位置的确非常特别。在这里，我置身于一场伟大冒险的中心位置，而我真正想要的只是离开这个位置，远离所有关于个人抱负的私心杂念，以及在让万事万物走上正轨后，回归到深居简出、离群索居的状态，就像我来到这个世界时那样。"拉法耶特实际上是在声称："我只有一个大胆的想法，让这一切归零。"[34]

231

事实证明，拉法耶特关于终止革命、和平引退的想法是荒谬的，因为想那些还为时尚早。他的事业远远未到终点，他也无法预见前路还有多长。但在一切终结以前，拉法耶特**会**发现自己的一切都将归零——他将身无分文、泯然众人，并坠入烟尘。

第十四章

宫门灯柱
（1789）

举行这次寻求共识的晚宴，是托马斯·杰斐逊在回国之前所做
的最后一件事情，1789 年 9 月，他就动身返回美国了。在离开法国
以前，杰斐逊给约翰·杰伊写了一封信，最后一次评估法国的政治
状况，然后就回美国担任国务卿了。杰斐逊担心，在他所接待的两
个爱国者群体之间难免会出现分裂，因为无论是捍卫旧制度的极端
保王派，还是奥尔良公爵的投机代言人，都在蛰伏待机、蠢蠢欲
动。杰斐逊希望两个爱国者群体能够放下微不足道的分歧，共同捍
卫大革命。杰斐逊认为拉法耶特发挥着至关重要的作用："他是两
个爱国者群体都能接受的人，他坚持不懈地努力让爱国者团结一
致……他指挥着巴黎的民兵部队……他对市政机关具有影响力，能
够保卫这座城市……这让事态趋于明朗，我不认为任何一个爱国者
群体会敢于冒险，把自己置于反对拉法耶特的位置上。"[1]

但是，善于策划阴谋诡计的贵族并不是杰斐逊仅有的担忧：
"人民的耐性是有限的，而且与世界上其他民族相比，法国人的耐
性更加有限。"这是可以理解的，因为造成这种局面的首要因素是

"面包短缺，而且在谷物被大量囤积的情况下，面包短缺现象依然十分严重"。杰斐逊感到担忧："面包短缺，仅此就足以引发一场骚乱，它可能会引出人们压抑已久的各种不满，进而使局面完全失控。"尽管如此，杰斐逊离开巴黎时，还是满怀希望："我并不认为真的会发生暴动。即使发生了，我也对爱国者群体充满信心，我相信他们能够团结一致，就像我所形容的那样，能够承担起团结国家民族的重任。"[2]

杰斐逊的同胞古弗尼尔·莫里斯同意杰斐逊的绝大多数观点，但他对局势的判断要悲观得多。愤世嫉俗的莫里斯看到，在那些只顾中饱私囊的贪婪官员眼中，让巴黎市民免于饥饿从来就不是什么紧急事项。巴黎的领导者们只会把他们的时间用于"利用目前的紧张状况赶紧捞钱"。[3]莫里斯同样对奥尔良公爵的阴谋诡计洞若观火，认为公爵"正在利用债务危机和财政困难，煽动目前这种拉帮结派、党同伐异的氛围"。[4]局势十分糟糕，而应对这一局势的手段同样糟糕，煽动者还在趁火打劫，想把局势推到一发不可收拾的地步。

出于后见之明，拉法耶特后来回想起 1789 年秋天的状况，也不得不同意他的美国朋友们的判断："有三个阴谋集团在同时活动。宫廷，奥尔良派，以及后来被称为雅各宾派（Jacobins）的派别。后两者经常采取联合行动……雅各宾派想令人生畏；奥尔良派想披上伪装；宫廷帮助两者却总是接二连三地犯错。"[5]杰斐逊、莫里斯和拉法耶特都提到，正因为各种因素错综复杂地交织在一起，1789年 7 月革命才会爆发。托马斯·杰斐逊离开法国时，认为不会有进一步的爆炸性事件。然而，就在杰斐逊启程回国以前，就发生了革命期间一次最具有爆炸性的事件：妇女进军凡尔赛（Women's March on Versailles，又称十月事件）。

❧❧

尽管在公众面前惺惺作态，但国王路易并不乐意在胸前别上三色徽。在公众场合，他扮演公民国王的角色。在私人场合，他却心怀怨恨，愤愤不平。在巴士底狱陷落后的几个月内，保守派密友、家庭成员和王室顾问都在煽动他的怨恨情绪，而非劝他切勿意气用事。在王室的交友圈中，有些人如此反对大革命的事业，以至于离开王国，以示抗议。就在巴士底狱被攻占后不久，阿图瓦伯爵及其家人就离开了这个国家，成为第一批流亡者（émigrés），即因恐惧、愤怒或厌恶等而决意逃离大革命的贵族。在自我流放中，阿图瓦伯爵反复游说欧洲各王室的首领，设法营救身陷于法国人民包围之中的法国国王。

路易本人拒绝考虑离开法国。但那并不意味着，他已放弃为他的神圣权利而奋起抗争。1789 年秋天，路易投入了一场颇具挑战性的拖后腿游戏，以对抗 8 月 4 日之夜和《人权宣言》。诚然，国民议会可以投票通过一大堆伟大的改革法案来博得满堂喝彩，但只要路易不签字，那些改革法案就不会具有任何法律效力。路易不仅不签字，还会向国民议会提出种种抱怨和抗议。他说代表们冠冕堂皇的宣言与王国的根本法律相冲突，而且忽略了古老的财产权利。除非议会回应他的关切，否则他绝对不会签字。

巴黎某些更为激进的媒体发出警告，国王的反常表现，可能意味着他正在酝酿另一场反革命政变。对人们发出警告的包括雅克-皮埃尔·布里索，他刚刚从美国旅行归来，重新投身于他的新闻事业。他创办了一份名为《法兰西爱国者》（*Le Patriote français*）的报纸，想把法国推向民主和平等的方向。他所发行的报纸总是从同一个自由派改革家群体中征稿，他们都参与了废除封建特权的运动，包括孔多塞、艾蒂安·克拉维埃和格雷瓜尔神父。

然而，与盛行于科德利埃区的言论相比，布里索的言论又显得相当温和。比如身材瘦削、精神抖擞、披头散发的卡米尔·德穆兰，7 月 12 日晚上，正是他站在餐桌上对群众慷慨陈词，此时他已放弃原本的正当职业，全身心投入了政治评论员的事业。他已撰写了一本名为《自由法兰西》（*La France libre*）的小册子，由于里面的言论非常过火，在巴士底狱陷落前没有任何出版商敢于承接其出版业务。然后，受到私刑处死富隆和贝尔捷事件的刺激，德穆兰又写了《巴黎路灯杆演讲词》（*Discours de la lanterne aux Parisiens*），为大革命中出现的政治暴力欢呼和辩护。他很快将出版一份名为《法国与布拉班特革命》（*Les Révolutions de France et de Brabant*）的周报，里面充斥着气韵灵动、激情澎湃的爆炸性言论，让德穆兰跻身于当时最为激进、最有气势的政治作家之列。

但最为声名狼藉的新锐激进记者，是时年 46 岁的、身材瘦小干瘪、浑身皮肤溃烂的让-保罗·马拉（Jean-Paul Marat）。大革命爆发前，马拉曾经是雄心勃勃的医生，想转型成为科学发明家或自然哲学家，但都不成功。1789 年，他又幻想自己可以成为记者。马拉有一个同样趋于激进的医生同行勒内·勒瓦瑟（René Levasseur），勒瓦瑟对马拉的政治活动并无异议，但说："这个精力充沛的幻想家，惹人反感，让人惊讶。我以焦躁不安的好奇审视着他，就像凝视着可怕的昆虫。他总是衣着邋遢、脸色铁青、眼神憔悴，仿佛遇到什么糟心的事情让他萎靡不振。所有与我交好的同事，都有同样的感觉。"[6]而且，这也是马拉的政治盟友说过的。马拉最初创办了一份原本名叫《巴黎政治家报》（Le Publiciste parisien）的日报，但很快改名为《人民之友报》（L'Ami du peuple）。它最初是一份相当低调的报纸，每天为拉法耶特这样的自由派贵族歌功颂德。但马拉发现，自己的论调、名声和生活追求，其实更加符合毫不妥协的民粹主义者的絮絮叨叨。勒瓦瑟说马拉"为某些固有的观念所着迷……他无所顾忌地声称，他所信奉的原则，只有通过血流成河的手段才能取得胜利"。[7]不久后，人们再也无法分辨，马拉那些耸人听闻的夸张言论，到底仅仅是哗众取宠，还是真实的死亡威胁。

这些出自科德利埃区的言论都是德穆兰和马拉炮制出来的，他们得到正在崛起的平民领袖乔治·丹东的庇护和鼓励。丹东是个膀阔腰圆、耽于享乐的人，凭借过目不忘的记忆力自学成才，最终跻身于职业律师行列，他完全依靠自己出类拔萃的天赋而非社会或家族的裙带关系出人头地。早在大革命为他提供更为广阔的舞台以前，丹东已是雄辩滔滔的杰出辩护人。丹东的住宅也成为大革命期间最为激进的民粹派别的指挥部。

拉法耶特认为，激进媒体炮制的言论，是巴黎持续陷入混乱局面的主要原因。但让拉法耶特同样感到沮丧的是，王室的胡作非为让布里索、德穆兰、马拉夸大其词的指控也显得有根有据。其中一个例子是，国王把臭名昭著的保王派佛兰德步兵团，从原本驻防的前线阵地重新部署到凡尔赛宫。这一事实本身已经足够糟糕了——步兵团此时成为王室身边冷酷无情的卫队。不过，更加糟糕的是从欢迎宴会上传来的故事。据说步兵团的士兵们把三色徽扔在地上践踏。媒体把这个故事讲得绘声绘色、耸人听闻，暗示在这个事件背后，其实是国王在对抗国民议会的意志，类似的谣言轻易营造出一种非常不祥的氛围。反革命保守派在 7 月曾经遭遇挫败，如今他们准备卷土重来，一举粉碎革命。

　　与 7 月的几次骚动相伴随的，毫无疑问是记者们对粮食短缺和饥饿恐慌的夸张报道。如果没有这个火药桶，其他突发事件也只不过是空气中划过的几点火星，根本不足以造成什么危害。及至 1789 年 9 月底至 10 月初，食品供应持续吃紧，粮食价格再次飞涨。在这好几个星期里，拉法耶特以及国民议会一直致力于保障谷物运输，防止那些被指控囤积居奇、哄抬价格的人被私刑处死。拉法耶特早就打消了功成身退的旧日幻想，他疲惫不堪地断言：“地狱里所有妖魔鬼怪都在密谋反对我们。”[8]

❦

　　1789 年 10 月 5 日早上，巴黎的家庭主妇们聚集在中央菜市场（Les Halles），正在为家里买菜。而在日常采购完成前，令人悲痛的消息再度传来：面包已售罄。那些更加关心政治的妇女已在争吵、盘算、策划中等待了好几天，她们认为这就是压垮骆驼的最后一根稻草。一群妇女前往市政厅，推开大门，走上楼梯，敲响了警钟，向全市发出紧急状态的警报。群众成群结队地赶来。莫里斯说丹东"大声咆哮，马拉同样骂骂咧咧，现场嘈杂得就像吹响了末日审判的四根长号"。[9]及至早上 8 点，已有数万名妇女聚集在河滩广场（place de Grève），也就是市政厅前面的公共广场。

在收到群众聚集的警报后，拉法耶特马上赶往现场，此时此 237 刻，他作为秩序维护者的角色，远远超过他作为自由捍卫者的角色。拉法耶特大约在上午 9 点赶到，发现自己面临着一场紧张的对峙。妇女们设法控制了两门大炮，而集结起来的国民自卫军连队不想以武力夺回大炮。实际上，国民自卫军的士兵明显同情妇女们。如果人们在没有宪法或权利法案的世界里没有自由，那么他们在缺乏基本生活物资的世界里当然也没有自由。总而言之，如果人们食不果腹，当然也就谈不上自由。

拉法耶特约束住他的部队，然后与市政厅里的政治领导人展开协商。正当他们协商时，部分妇女认为她们已经受够了。拉法耶特能够听到人们的呐喊："面包！"和"去凡尔赛！"[10]话音刚落，大批群众就转过身去，离开市政厅，前往凡尔赛。没有人站出来阻挡她们的去路。群众昂首阔步地离去，还把那两门大炮也拖走了，她们声称此行要带回"面包师、面包师的老婆，以及面包师的孩子们！"[11]

拉法耶特无法阻止这些愤怒的妇女们离去，但他此时发现部下对他很冷漠。国民自卫军的士兵们让总司令知道，他们想追随妇女们前往凡尔赛。他们不愿意让反动的佛兰德步兵团护卫君主。他们想让国民自卫军接管护卫任务。拉法耶特后来形容："国民自卫军已经不耐烦了，他们甚至觉得此时佩戴爱国者的徽章简直是种耻辱。"[12]他们想要前往凡尔赛，拉法耶特花了一整天的时间，试图说服他的部下不要去。他发布命令，要求部下分散到乡村各地，尽可能收集能找到的谷物、面包和其他食物，希望以此消除骚乱的根本原因。

然而，让拉法耶特感到尴尬和沮丧的是，他的部下几乎都站在广场上一动不动。按照拉法耶特自己的说法，梅西耶（Mercier）中尉对他说："将军，我们必须去凡尔赛，所有民众都想让我们去。"中尉请求总司令睁开眼睛看看现实："国王愚弄了我们所有人！他愚弄了您和其他所有人：他必须被废黜……我们必须把他赶走。他的儿子将会成为国王。您将会成为摄政王。一切都会好起来的。"[13]这正是拉法耶特最不愿意看到的。他可不想废黜国王。他也绝对不愿意当什么摄政王。尽管类似的指控会伴随他终身，但他从未想过要当法国的最高执政者。无论何时有人向他提出这种可能性，他都会拒绝。

及至下午，广场上下起一阵冷雨，拉法耶特的部队也开始感到不安。为什么总司令要违抗人民的意志呢？事态变得更加凶险。士兵们发出咆哮："要么去凡尔赛，要么挂路灯杆！"[14]拉法耶特这才意识到，如果他不把部下带到他们想去的地方，他们随时会把他私刑处死，然后他们就能前往他们想去的任何地方了。尽管拉法耶特已清楚意识到自己无力指挥他们，但为了在表面上继续扮演他们的领袖，他还是劝说巴黎的领导者们起草一份声明，声称市政厅"授权总司令，实际上是命令他，率军前往凡尔赛"。[15]拉法耶特回到市政厅广场，命令他的部下开始进军。

莫里斯在他的日记中记录道："拉法耶特被迫进军，由他自己的部队簇拥着，他正被部下质疑和威胁着。多么可怕的局势呀，他被迫去做他所厌恶的事情，否则就只能耻辱地死去，但他也非常确定，即使他牺牲性命，也无法制止这场闹剧。"[16]当拉法耶特把他的部下带出巴黎时，他根本无法确定，会有什么命运在前面等待他们。很有可能，佛兰德步兵团准备武装抵抗。很有可能，他将要率领他的部下投入一场他不想去打的战斗。当他们抵达巴黎西南面郊外的塞夫勒桥（pont de Sèvres）时，他们发现通往凡尔赛的道路上并无障碍，于是就这样跨过了塞纳河。拉法耶特后来说，在那个时刻，他们"跨过了卢比孔河"①。[17]

❧❧

拉法耶特以及国民自卫军于当天晚上 11 点抵达凡尔赛。在村庄外围，拉法耶特要求他的部下再次宣誓保卫"民族、法律和国王"。[18]国民自卫军士兵们照做了。既然已迫使拉法耶特把他们带到这里来，他们也愿意听从拉法耶特的号令。拉法耶特对此感到满意，但内心仍然紧张，他命令士兵们继续前进。

---

① 指尤利乌斯·恺撒横渡卢比孔河的事件，后用来比喻采取断然行动、破釜沉舟、孤注一掷。

239 　　拉法耶特迅速获悉第一批愤怒的妇女抵达后的事态发展。妇女们首先冲进国民议会，当时担任会议主席的是立场仍未明确，但已趋于激进的律师马克西米连·罗伯斯庇尔。妇女们在长椅上安营扎寨，她们对质疑其入场资格的保守派代表予以激烈质问，而对欢迎其到来的激进派议员报以热烈欢呼。还有一些妇女试图冲破王宫大门，但被赶了回来。国王下达清晰的命令，不得向妇女开枪，因此卫兵用步枪的枪杆把妇女们推回围栏之外。然后，国王邀请一个小型的妇女代表团进入王宫，听取她们的冤屈，然后命令王室面包坊通宵工作，为妇女们制作和分配面包。

　　当拉法耶特抵达凡尔赛时，他收到路易的口信，国王说"对拉法耶特的到来感到非常欣喜，而且只接受［拉法耶特］提出的权利宣言"。[19]这是一个让人感到相当吃惊的让步。国王的口信显得如此若无其事，仿佛他早就打算接受《人权宣言》，在愤怒的巴黎妇女抵达时接受似乎只是巧合。但实际上，国王这几个月一直都在拖后腿。如果他的臣民依然顺从、无所作为，他会签署《人权宣言》吗？在这里不难想象，答案当然是否定的。正如在 7 月，直截了当的起义行动实现了几个月的演讲、协商和礼貌抗议都无法实现的目标。粗鄙蛮横的街头革命家，再次帮助文质彬彬的沙龙革命家达成了他们的目的。

　　路易在表面上对拉法耶特的慷慨欢迎，同样掩盖着国王对侯爵真实意图的真正恐惧。拉法耶特行进在超过 10000 名全副武装的士兵前面。他到底是来拯救君主制的，还是来推翻君主制的呢？拉法耶特意识到这种误解的危险，因此他主动下马，独自走进王宫广场，以此证明其赤胆忠心。他的部下不想让他进去，认为他会立即被戴上镣铐。与此同时，王宫里的人们想法正好相反，他们认为拉法耶特是来为国王戴上镣铐的。当拉法耶特进入王宫内部庭院时，有人喊道："克伦威尔来了。"拉法耶特对此回答道："先生，克伦威尔可不会独自来这里。"[20]

当精疲力竭的拉法耶特进入国王套房时，已是午夜前后，按照一位见证者的说法，拉法耶特当时"从头到脚都覆盖着泥浆"。[21]拉法耶特告诉国王，没什么好担心的。拉法耶特是来**防止**发生骚乱、**保护**王室的。但他同时暗示，其他关于他已无力控制巴黎局势的传言，确实是千真万确的。拉法耶特告诉路易："陛下，我认为我来到这里，死在陛下的脚下，总好过毫无意义地死在河滩广场。"[22]

拉法耶特向国王和王后反复保证，自己不是来废黜他们的，然后，他就走出王宫，通宵达旦地维持秩序。来自巴黎的妇女们陆续找到临时住所，但零星的对抗和不安持续了整个晚上。幸运的是，国民自卫军遵守了他们服从命令的誓言。他们通宵巡逻，并在凡尔赛各处设置岗哨。拉法耶特通宵往返于国民议会代表们的驻地、王宫和国民自卫军的临时司令部。及至破晓时分，拉法耶特已马不停蹄地工作、骑行、协商了20小时。大约在凌晨4点，等到他终于确定事态已经平静、安全、可控后，他才决定稍事休息。拉法耶特去了诺瓦耶家族府邸，那是他16岁那年作为阿德里安娜的未婚夫搬进去的家，他告诉恭候多时的仆人："早上好！我准备睡个觉。"[23]

240

-╬-

有时候，拉法耶特会因为在关键时刻睡着而受到惨重教训，他的不称职、天真和单纯，让他无法控制事态。事实就是，在1789年10月6日那个灾难性的上午，他**睡着**了，恰好成为这个关键时刻的关键要素。尽管拉法耶特真的睡着了，但人们难免会问，如果他没有睡着，他会干什么？在民众不安和抗议的时刻，平静的白天经常让位于暴力的夜晚。鉴于此，拉法耶特整个夜晚保持警觉，并未上床睡觉，直到让人安心的破晓时分来临。及至此时，他已几乎一天一夜没有合眼了。因此，他完全有理由认为，最危险的时刻已经过去，他可以心安理得地睡上几个小时了。

但1789年10月6日的破晓时分，很可能是法国历史上最不堪回首的破晓时分。可能是由于运气、意外或有意为之，一群妇女在醒来后发现，王宫内部庭院有一扇侧门竟然没有上锁。至于这扇侧门到底是怎样和为何被打开的，至今仍然是个未解之谜。谣言迅速蔓延，这肯定是王宫里面某个敌视王室、同情民众遭遇的人干的。但也有另一种可能，这只不过是王宫里的服务人员在开始每日劳作时的惯常做法，他们根本没有意识到，这些通常不上锁的门会产生什么问题。

妇女们忍受了一个漫长、寒冷、饥饿的夜晚，她们仍然对自己和家人承受的不公不义感到愤怒，没有心情去进行谈判或协商。王宫守卫试图把妇女们挡在门外，但他们仍然奉命不得向妇女开火。因此，一场扭打推挤的混战就此展开。两名守卫很快被打死，愤怒的民众即将冲进王室的起居室。玛丽·安托瓦内特借助秘密通道逃出王后卧室，却被绝望地锁在国工套房外长达 10 分钟，其间一直听到愤怒的民众高喊要砍下她的头颅。然而，就在民众快要找到她时，国王套房的大门打开了，她也立即化险为夷。但这只不过是短暂的喘息。在国王套房里面，整个王室畏畏缩缩地聚拢在一起，他们真的害怕这是一家人最后一次在一起。

拉法耶特才睡了几个小时，惊恐万状的信使就叫醒并告诉他，妇女们攻破了王宫大门。拉法耶特飞身上马，立即飞奔到王宫，火速命令国民自卫军动员起来，把暴怒的民众与王室分隔开来。当拉法耶特抵达王宫时，他发现国民自卫军、国王的侍卫以及愤怒的妇女们，正在王宫里面好几个庭院和过道里紧张对峙。其中一位王家侍卫后来回忆道："在这个充满变数的关键时刻，拉法耶特先生及时赶到。他拯救了我们。"[24]拉法耶特进入王宫内部套房，发现一个连队的国民自卫军正好环绕在王室周围，他们是在保护王室，而非威胁王室。王室成员可以活着出来了。

尽管守卫们把愤怒的民众推回到庭院里，但局势仍然危急。王室能够听到人们在外面高声呐喊："国王到阳台来！""国王到巴黎去！"拉法耶特告诉路易和玛丽·安托瓦内特，**真正**渡过危机的唯一办法，就是王室答应离开凡尔赛，回到巴黎。国王和王后对这个建议犹豫不决。这不仅因为凡尔赛是他们的家，而且因为将近一个世纪以前，王室搬到凡尔赛就是为了躲避这群愤怒的巴黎民众。拉法耶特请求国王和王后重新考虑。拉法耶特说，如果他们试图留在凡尔赛，自己将无法保证他们的安全。最终，虽然百般不情愿，但

242

国王和王后还是同意了。

拉法耶特带领王室和少数几位大臣来到阳台上。国王宣布，他与他的家庭成员将会"聆听我善良而忠诚的臣民的呼声"，并将与臣民一起回巴黎。[25]愉快的欢呼取代了愤怒的喊叫。为了让国王的贴身护卫不再受到进一步的伤害，拉法耶特叫来一名下士，在他的制服上别上一枚三色徽，以表示那名卫兵站在人民**一边**，而非**反对**人民。没有理由再有恐惧、警觉和暴力。人群当中爆发出更响亮的欢呼，拉法耶特带领王室以及随行人员返回王室套房。

不过，事情仍未过去。尽管局面有所缓和，但群众还是要求王后来到阳台上。当群众高喊王后名字时，拉法耶特问道："夫人，您打算怎么做？"王后答道："我知道不幸在等待着我。我准备死在国王的脚下、孩子的怀里。"然而，拉法耶特认为厄运是可以避免的。拉法耶特对王后说："请跟我来。"王后回应道："什么？让我一个人到阳台上去？"拉法耶特说："是的，夫人。让我们一起来。"[26]

拉法耶特带领王后来到阳台，阳台下面全是人们辱骂、呼喊和愤怒威胁的声音。拉法耶特和王后无法让人们听到他们讲话。因此，拉法耶特没再说话，而是即兴做了一个手势：他戏剧性地向王后俯身行礼，并轻吻了王后的手背。当人们看见，备受民众爱戴的拉法耶特在众目睽睽之下以这种姿态向王后表达忠诚，而王后又接受了拉法耶特的致敬时，人们的情绪就随之一变。此时此刻，人群当中爆发出多年以来未曾听到的欢呼和呐喊："王后万岁！"危险终于过去了。

接下来，拉法耶特整天都忙着各种准备工作，一支多达数万人的庞大队伍，包括两轮马车、四轮马车、货运马车、妇女们以及国民自卫军，即将返回巴黎。无论如何，妇女们进军凡尔赛，原本有可能造成巨大破坏，但最终伤亡人数却很少。冲突各方都有死伤，有几名王宫守卫不幸身亡，但拉法耶特以及国民自卫军设法引导危机以尽可能和平的方式结束。在危机期间，古弗尼尔·莫里斯评论道："［拉法耶特］有时候会被他置身其中的事态所裹挟，如果大海上风高浪急，他将无法掌握航向。"[27]的确，拉法耶特的部队迫使他前往凡尔赛，这违背了他的意愿，但他一到达凡尔赛，就开始恢复秩序，保护王室成员，使其免受死亡威胁，而且，他促成了国王与民族的最终联合，令人心怀希望。国王的姑母在拉法耶特十几岁的时候就已认识这个孩子，她对拉法耶特说："先生，我不仅感谢您拯救了我的生命，我还感谢您拯救了我那个可怜侄子国王的生命。"[28]据说后来"拉法耶特被各党派称为当天的守护天使"。[29]拉法耶特在给西米亚纳的信中写道："事情比我所希望的还要好。部队的团结防止了我所担忧的事情发生。尽管经历过那么多阴谋诡计的考验，但我们的军队宣誓效忠国王。国王和王后的表现都非常好。"[30]在拉法耶特确认每个人都已做好准备返回巴黎后，他完全有理由相信，即使大海上巨浪滔天，他也能够掌握航向。

10月6日下午，所有人一起动身返回巴黎。拉法耶特骑马走在王室马车旁边，作为他们的私人随扈和保护人。法国君主永远无法返回凡尔赛。波旁王朝的伟大家园——同时也是绝对王权的**象征**，

243

被永远抛诸脑后。凡尔赛宫的大门已被锁上。凡尔赛宫的画廊、剧院、教堂和花园已被废弃。这个富裕而压抑的"宇宙中心"已被荒废和抛弃。君主制和大革命的命运都将取决于巴黎，在那里，路易要么作为人民的国王继续统治法国，要么永远不能再统治法国。

第十五章

声望巅峰
（1790）

如同奇迹一般，拉法耶特经受住妇女进军凡尔赛的考验。他把
王室安全护送到杜伊勒里宫（Tuileries Palace），然后满怀欣慰地目
送数万名抗议者和平地回家。政府并未受到冲击。人员伤亡相对轻
微。巴黎和凡尔赛都没有被付之一炬。拉法耶特将其视为人生中最
美好的几个小时。

随着紧急状态过去，拉法耶特马上开始反思造成混乱状况的首
要原因。他所听到的流言蜚语和街谈巷议都是同一个说法：奥尔良
公爵精心策划了进军凡尔赛事件。整个事件的高潮将会是奥尔良公
爵迫使其表亲退位。有些流言完全是捕风捉影。有一位当时正在侍
奉王后的女士说："许多人声称，他们在凌晨 4 点 30 分看见了奥尔
良公爵……他就站在大理石楼梯的顶端，指示着通向王后卧室的警
卫室的路。"[1]这个故事完全是胡说八道，但把怀疑对象描述得有模
有样。所有人都知道，正是奥尔良公爵在背后资助报纸和街头演讲
者，让巴黎的政治热情持续高涨。拉法耶特收到报告，奥尔良公爵
的代理人散播和鼓励进军凡尔赛的念头。在市政厅前面，拉法耶特

245 差点被私刑处死，据说就是因为拉法耶特个人对奥尔良公爵构成了严重障碍。

在接下来的日子里，拉法耶特与奥尔良公爵有过几次单独会面。公爵发誓自己是清白的，传言都是没有根据的。拉法耶特对此半信半疑，他后来提到，他随时准备逮捕奥尔良公爵，如果有确凿证据出现，"我必将告发他"。[2]尽管缺乏确凿证据，拉法耶特还是建议谨慎起见，让奥尔良公爵到英国去度一个长假。国王同意拉法耶特的建议。为了证明自己的忠诚，奥尔良公爵服从了这个安排，在妇女进军凡尔赛后一个星期内收拾好行李并离开法国。如果奥尔良公爵确实企图取代路易，最舒服的方式当然是躲在幕后指挥。为了确保奥尔良公爵不会回来，拉法耶特派出一名副官前往英国，对他发出警告："如果你回到巴黎，［拉法耶特］打算在你抵达第二天马上与你交战，然后向国民议会自证清白。"[3]拉法耶特把奥尔良公爵逐出法国，固然夹杂着私人恩怨，但同样是为了向路易和玛丽·安托瓦内特证明自己的忠诚。尽管拉法耶特与波旁家族同样有各种恩怨，但他仍然认为波旁家族是法国的合法统治者。作为国民自卫军总司令，他的职责就是保卫国王和王后。在王室来到巴黎后，拉法耶特多次宣誓自己忠诚于王室。国王似乎乐意相信他的誓言，不过王后仍然半信半疑。王后当然对奥尔良公爵的离去感到高兴，却仍然怀疑拉法耶特的最终目的。玛丽·安托瓦内特并不相信拉法耶特"被迫"前往凡尔赛的说辞。王后的侍女回忆道："王后认为拉法耶特的军队只忠诚于他自己，他说自己受到部下武力胁迫才前往凡尔赛，只不过是托词。"[4]对于拉法耶特这些忠诚和奉献的表现，王后有一句著名的嘲讽："拉法耶特先生说是要拯救我们……可是谁又能从拉法耶特先生手中拯救我们呢?"[5]

※

把王室迁移到巴黎，从根本上改变了法国大革命的进程。国王和国民议会此时都被置于巴黎市民的严密监视之下。王室成员居住于杜伊勒里宫，这座宫殿原本是卢浮宫建筑群的西翼，自从路易十四把凡尔赛的狩猎小屋改造成法国国王的新居所，杜伊勒里宫就被闲置下来了。官方的说法是王室自行决定搬迁到巴黎。如果这个官方说法受到人们的挑战，也不知道官方会如何自圆其说。

与此同时，国民议会跟随王室的步伐，迁入马内日大厅（Salle du Manège），这是附属于杜伊勒里宫的室内骑马场所。这座建筑物呈狭窄的长方形，天花板非常高，声学效果非常差，但这已经是能够找到的最好选择了。工人们为这座空荡荡的大厅加上临时搭建的讲坛、长椅和看台，以容纳代表们和旁听者。11 月 9 日，议会在其新址召开第一次会议，从一开始，守旧保王派就集结在大厅右侧，而激进民主派则聚集在大厅左侧，延续至今的右派和左派的政治光谱正是在这时产生的。

比起大厅**之内**的拉帮结派，大厅**之外**的拉帮结派的影响更为明显。当三级会议代表们初次抵达凡尔赛时，地区代表团通常寻找共同住处。但在国民议会回到巴黎后，代表们习惯于以新近形成的意识形态谱系，而非原有的地理邻近关系，来寻找新住处。代表们在参加巴黎更为活跃的社会生活和政治生活后，这种基于意识形态的结合变得更为坚固。志趣相投的男男女女在沙龙、晚宴、派对和演出中彼此结识，他们在这些场合中共度长夜，缔结个人友谊和政治联盟。每天早上，充斥街头的报纸以不同角度传播着新闻和评论，让所有人都有机会选择自己对某些事件的看法。大革命正在出现两极分化。

进一步促成两极分化的是法国政坛上的新兴力量：政治俱乐部。在众多新近出现的政治俱乐部中，最为著名的俱乐部叫作"宪法之友社"（Society of the Friends of the Constitution），这个俱乐部在王室和国民议会迁回巴黎后不久就成立了。拉法耶特侯爵自视为宪法的朋友，因此他也是这个俱乐部的创始成员，而在过去数年间一直推动自由政治改革的所有政治领袖，几乎也都是这个俱乐部的创始成员。然而，尽管这个俱乐部最初鱼龙混杂，但其中最为活跃、最为忠实的成员来自极端左派，包括国民议会的激进代表及其在巴黎的活动家盟友们。在那里，他们不是要让大革命寿终正寝，而是要让大革命继续前行。俱乐部的演讲、辩论和日程，总是领先于更加小心谨慎的拉法耶特及其自由派贵族兄弟。随着宪法之友社变成激进情绪的温床，诋毁者们开始以鄙视的口吻、用他们每天开会的场所——多明我会修道院的名称来指称他们：雅各宾派。

尽管在历史上，雅各宾派将会成为所有政治俱乐部当中最为庞大、最具影响力的俱乐部，但在1789年，他们只不过是众多俱乐部中的一个而已。其他俱乐部也打出各种旗号，以彰显其意识形态谱系。有些俱乐部议题比较广泛，如君主宪法之友社（Friends of the Monarchist Constitution），这个俱乐部致力于把大革命从1789年最为激进的立场上往回拉。其他俱乐部聚焦于某个单一议题，如马西亚克俱乐部（Club Massiac），这个俱乐部其实是个游说集团，代表某些殖民地大地主的利益，在接下来的四年间，他们将会竭尽全力阻止任何废除奴隶制的尝试。所有俱乐部的共同点是，他们都越来越意识到，要达成某些政治目标，最好是通过讲究策略的组织和计划。在王室和国民议会迁回巴黎后，随心所欲的业余政治必然要让位于不留情面的专业原则。

然而，意义最为重大的变化，还出现于巴黎市民内部出现的。巴黎市民有一种不无道理的自豪感，他们自视为大革命的拯救者。1789 年 7 月和 10 月，正当王室出现策划反革命政变的迹象时——在 7 月部队包围城市时，以及 10 月国王拒绝承认《人权宣言》并把忠于王室的步兵团调到凡尔赛时，都是巴黎市民挽救了革命。在这两次事件中，国民议会都无能为力，只能眼睁睁看着极端保王派的密谋者们对其发难。只有在人民奋起反抗时，国王才会有所收敛。正因如此，任何种类的政治领袖，无论他活跃于王宫、沙龙还是议会大厅，他都必须考虑街头革命家引起的政治效应。大革命已经来到巴黎了。

※

回到巴黎后，拉法耶特侯爵发现自己处于一个独特的政治交会　248
点。此时，他既是警察总监，又是王室顾问；既是国民议会代表，又是民兵部队将领；他还是备受民众欢迎的政治象征。他既不属于极右派，也不属于极左派。他既热衷自由，又捍卫秩序。在接下来的一年，这一独特位置使拉法耶特成为法国最具影响力的领导人之一。他的家变成国民自卫军调兵遣将的司令部，以及非正式的影子内阁，指导和引领政府政策。古弗尼尔·莫里斯担心拉法耶特承揽太多职务，认为侯爵"不能既是大臣，又是军人，而且还影响政府各部门的决策"。[6]

拉法耶特同意莫里斯的见解，不仅因为他劳累过度、日渐消瘦，而且因为他反对过分集权。拉法耶特厌恶那种一人兼领军、政权力的念头，即使兼领这两种权力的人就是他自己。因此，1789年下半年，拉法耶特的首要任务就是确保这些权力不要相互缠绕。他在婉拒国民议会主席的职务后说："我目前的职责是确保公众安宁，而我作为国民议会成员是为了协助巩固我们的自由，以及保护国王和王后，防止任何阴谋诡计伤害他们。"[7]尽管他并未辞去他的代表职务，但国民自卫军总司令同时主持国民议会将会是一个可怕的先例。拉法耶特还打算婉拒国王让其担任首相的邀请，虽然他自己也承认，国王可能根本就不会发出这样的邀请。拉法耶特在给西米亚纳的信中写道："偷偷和你说，我认为婉拒这些职务能让我避免尴尬。"[8]

当拉法耶特自行远离政治权力时，米拉波伯爵开始接近拉法耶特，试图组建强有力的同盟。米拉波原本是奥尔良派，但随着他的庇护人于1789年10月初被迫接受放逐的安排，米拉波需要一位新的庇护者——拉法耶特似乎很有希望成为他的搭档。他们的配合是顺理成章的。两个人都处于个人声望的顶峰，而米拉波乐意接受拉法耶特让渡的权力。有了米拉波的政治手腕，再加上拉法耶特对国民自卫军无懈可击的领导能力，他们将会所向无敌。因此，米拉波对自己胸有成竹。他在给拉法耶特的信中写道："你拥有许多朋友（尽管比你想象的要少），他们各自都拥有某些价值和优点……但他们都对人性完全缺乏了解，而且对这个国家完全缺乏真正的感知能力……对你来说，我能给你的一切，远远超过他们能给你的总和。"[9]米拉波花了大半年时间，寻求与拉法耶特建立政治同盟，但总是沮丧地发现这位国民自卫军司令反应冷淡。拉法耶特说："我克服了英国国王的意志，也克服了法国国王的权威，还克服了民众突如其来的狂怒，我当然不可能向米拉波先生低头。"[10]

拉法耶特成功回避了米拉波的结盟请求，但这未必是值得赞扬的。在绝大多数人的描述中，拉法耶特患有"政治幼稚病"，尽管这种印象难免有点以偏概全，但也并非毫无道理。拉法耶特以华盛顿以及其他美国朋友为模范，服膺于他们关于美德共和国的信念，即开明的领导人必须是自由而独立的个体。关于采取行动的最佳路径，他们必须独立形成自己的判断，同时警惕"派系"和"政党"这样的肮脏词语。但当拉法耶特一本正经地采取这一态度时，他却没有意识到，他那些比他聪明得多的美国朋友都是说一套做一套。比如杰斐逊、麦迪逊和汉密尔顿，他们都公开谴责有组织的派系，但也都不知疲倦地在幕后组建政治同盟和政治组织，以推进他们之间相互冲突的政治议程。他们都知道，要在危机四伏的政治世界达成目标、实现梦想，就必须有共同采取行动的搭档和盟友。拉法耶特一本正经地认为，遗世独立是政治美德。但事实证明，他这样做将会寸步难行。

就连拉法耶特那些更为愤世嫉俗的朋友，也担心他的政治幼稚病会让他作茧自缚。古弗尼尔·莫里斯在给华盛顿的信中写道："我们的朋友拉法耶特采取了某些措施，以颁布那部他并不真心认同的宪法，但他真心认同的许多东西，却被现实证明是根本行不通的。正如您所知道的，当他离开美国时，其实他还没有接受过完整的教育。他对在美国学到的某些东西耳熟能详，但没有学会如何创制政府。"[11] 更加不留情面的是，莫里斯说尽管拉法耶特有虚荣的野心，"但他肯定会被别人利用，因为他没有足够的能力去利用别人"。[12] 与此同时，塔列朗也坦率地告诉莫里斯："拉法耶特完全缺乏主见。"[13] 侯爵就像无源之水、无根之木，每天随波逐流，不知何去何从。

拉法耶特仍然对自己和法国的前景感到乐观。他认为最糟糕的时刻已经过去，他们要做的只是指引大革命走向平静和和平的结局。他在给华盛顿的信中写道："我国内部的纷纷扰扰和混乱状况肯定是被严重夸大了……在短短十个月时间里，我们所实现的改变，比最乐观的爱国者所能想象的还要多……总体而言，这场大革命，只不过是要创制一个有能力的政府，就像美国的政府那样，这个政府将会传播[和]灌输自由思想，让自由的价值观在全世界开花结果。"[14]

❧❧

当拉法耶特鼓励他在国民议会的同事加紧制定宪法时，拉法耶特深知，他作为国民自卫军首领的职责，就是确保公共秩序平稳，这样代表们才能完成制定宪法的工作。但确保公共秩序平稳仍然是个艰巨任务，因为巴黎市民的食品橱柜里仍然是空空如也。1789 年的粮食收成稍微好了一些，而且冬季气候也比较温和，但饥饿和破产仍然如影随形。有一天早上，一位面包师向饥饿的群众宣布，他已经没有面包可卖了。人们指责他囤积居奇，他被当场抓住，并被私刑处死，没有任何人来得及拯救他。莫里斯写道："今天早上，有一位面包师被群众吊死了，整个巴黎都武装起来了。按照过去的惯例，可怜的面包师又被砍了头，人们举着他的头颅走街串巷，以显示胜利。他昨天晚上已经通宵工作，想在今天早上供应尽可能多的面包。他的妻子据说已被吓死了，因为人们把她丈夫的头颅钉在一根柱子上。"[15]

拉法耶特对于一位无辜的面包师被草率地以私刑处死感到沮丧，而当他得知国民自卫军的成员就在现场却并未干预时，他出离愤怒。经历过此事后，拉法耶特召集军官团开会。他告诉军官们："如果我们还是以这种和稀泥的态度服役的话，我们就一败涂地了。我们是仅有的革命军人队伍；我们必须保卫王室，使其免遭袭击；我们必须保证国民选举代表的自由；我们必须保护公共财产。法国人和其他欧洲人都盯着巴黎呢。"[16]对于拉法耶特来说，这不仅是为了维护法治，而且是为了证明自治自理的公民**能够**维护法治。由于如此众多的革命敌人渴望利用混乱的形势，拉法耶特想尽办法杜绝敌人浑水摸鱼、趁火打劫。

不幸的是，国民议会未能让拉法耶特的工作更好开展。在 1789 年圣诞节前夕那段松弛懈怠的日子里，议会公布了新的选举规则。他们把法国人划分为两个群体："积极公民"（active citizens）和

"消极公民"（passive citizens）。前者能够享有参与政治决策过程的全部权利，后者只能享有法定权利，而**不能**享有政治权利。这两个群体的划分，并非取决于公民忠诚度或公共参与度，而是取决于财产。那些能够每年缴纳一定数量税收的人，能够享有投票权和出任公职的权利。那些缴不起税的人，将不得享有上述权利。议会代表们理所当然地认为，政治权利必须掌握在接受过教育、能承担责任的社会成员手中，对于他们来说，这其实就是指有产阶级。这是法国大革命中一个最辛辣的讽刺，他们用"积极"和"消极"这样的形容词来划分公民，但正是那些被他们形容为"消极"的公民，为革命提供了最为积极、不可或缺的能量。穷人造就了革命，富人却想把革命成果据为己有。

　　划分公民成分的通告，让巴黎的激进活动家、记者和小册子作者找到充分的理由，要求他们的追随者保持警惕。大革命绝对不能抛弃那些最早起来造就大革命的人。大众媒体的战鼓随即响起，这不是为了煽动而煽动，也不是因为巴黎市民残忍嗜血、盲目响应。他们清楚知道自己被排除在政治决策过程之外，打算为他们受到威胁的权利而战。毕竟，这是一场革命。

252　　　但有些人存心要逾越追问真相和寻求正义的边界。比如马拉，他终于把自己变成了众望所归的煽动者。马拉认为，持续好几个世纪的压迫，意味着"为了摇醒无精打采、昏昏欲睡的民众，提醒他们感知自己的权利，鼓励他们起来捍卫自己的权利，任何手段都是被允许的；当人们只是为了民族利益而呐喊时，他们是不能被称为麻烦制造者的"。[17]马拉这个人没有任何顾忌。所有手段都是为了达到最终目的，为了塑造自由而解放的人民。因此，马拉将夸张、幻想、真相、谣言、事实、控诉和讽刺混合在一起，每日刺激着读者的神经。此时，马拉已经为后来的"恐怖统治"（Reign of Terror）奠定了基础，因为他声称，杀死大革命的敌人，是通向永久救赎的必由之路。马拉曾经写下一段话："只要在攻占巴士底狱时砍下五六百颗头颅，就能给你带来持久的和平、自由和快乐。而到了今天，恐怕砍下数万颗头颅，都不足以拯救这个国家。再过几个月，或许你们将会创造奇迹，砍下数十万颗头颅。"[18]有人认为这只不过是夸张的修辞。但事实证明，马拉对此是非常较真的。

马拉给拉法耶特带来了艰巨的挑战，实际上，他所带来的对任何自由社会来说都是艰巨的挑战。拉法耶特恪守言论自由和出版自由的原则，但这里有马拉这样的记者，利用想象的谎言和不实的指控去煽动民众发起集体屠杀。拉法耶特想在《人权与公民权宣言》里面寻找相关指引。第10条规定："任何人都有权发表见解，甚至宗教见解，前提是其见解不得妨碍法律所建立的公共秩序。"[19]第11条规定："自由交流思想和见解的权利是最为珍贵的人权之一：任何公民因此都有权自由发言、写作、印刷，前提是不得滥用这种自由，其情形由法律决定。"[20]最终，拉法耶特认定马拉妨碍公共秩序、滥用个人自由。1790年1月，拉法耶特下令逮捕马拉。

但拉法耶特发现，自己的权力相当有限。在科德利埃区那些得力邻居的帮助下，马拉迅速藏匿起来，国民自卫军来迟一步，而科德利埃区的领导人，如乔治·丹东，也拒绝交出马拉。丹东并非马拉的好朋友，但决定站出来公开反对拉法耶特，因为拉法耶特试图

253

审查出版自由。拉法耶特不想引发大规模冲突，因此暂时退让了。他要忍受第二天《人民之友报》上马拉的激烈讽刺。马拉阴阳怪气地称赞拉法耶特是伟大的自由捍卫者，而且断定国民自卫军不会听从拉法耶特的号令。"如果法庭能够命令士兵任意镇压民众，无须经过你的同意，而且无须承担后果，那么谁还能阻止他们利用国民的武装力量反对公众呢？你作为总司令的职责又是什么呢？国民会如何看待你这个复仇者呢？"马拉要求拉法耶特"在全体国民面前，证明你所拥有的爱国心到底有几分诚意"。[21]

拉法耶特为此焦头烂额，但与此同时，他还要应付政治光谱另一端的极端保王派，他们把拉法耶特形容为心术不正的恶棍。一份保王派报纸把巴黎的社会问题归咎于革命者的腐败无能："公民们，为什么?！拉法耶特、巴伊和巴黎的领导者们让你们摆脱面包短缺了吗？你们购买生活物资的费用越来越高！……你们想要他们向国民汇报，却让自己受制于他的武装力量；你们给了他一个专制帝国，让他能主宰一切。你们的生命因此令人气愤地落在叛国者拉法耶特的手上，这个无赖，这个恶棍，他哪里比得上你们的好国王呢?"[22]

拉法耶特秉中持正的独立位置，意味着当巴黎出现两极分化时，他的公正立场将会冒犯所有人。报纸、政客和街头演说家纷纷指责他，要么说他过于严厉，要么说他过于仁慈；要么说他做得太多，要么说他做得太少；要么说他过于揽权，要么说他过于放权；既说他是激进共和派，又说他是秘密保王派；既说他拥抱大革命，又说他背叛大革命。他们的共同点就是，迫不及待地要给拉法耶特扣黑帽子。

拉法耶特试图把这些攻击抛诸脑后。他在给华盛顿的信中乐观地写道："在大革命中，我们已经走了这么远，革命的航船安然无恙，没有在贵族的暗礁上搁浅，也没有在派系的暗礁上搁浅，甚至躲过了哀悼者和野心家更为激烈的袭击，我们正在驶向一个还算不错的终点——此时一切已不复当初，新建筑已经建成，虽然远非完美，但足以确保自由，并在今后十年内为这个民族确立惯例，届时缺点将会得到修补……自由会在欧洲其他地方生根发芽，而我会运用我手中所有权力，促使自由生根发芽。"[23]

254

✥✥

1790 年春天，拉法耶特的乐观主义似乎也不无道理。温和的冬天、更好的收成，降低了巴黎的革命热情。拉法耶特全身心投入到庆祝和纪念模式。3 月，拉法耶特向华盛顿寄去巴士底狱的大门钥匙，这把钥匙是巴黎的民众在攻陷那座堡垒之后交给拉法耶特的。拉法耶特写道："亲爱的将军，请容许我，把这个交给您……这把专制堡垒的大门钥匙，是我作为养子奉献给养父的礼物，作为副官奉献给将军的礼物，作为传教士奉献给总主教的礼物。"[24]

6 月 19 日，巴黎庆祝立法废除贵族头衔。拉法耶特愉快地为废除封建贵族不劳而获的特权而举杯庆祝。对于拉法耶特来说，衡量一个人的标准，是**你做了什么事情**，而非**你是什么身份**。"我们不要这样说：生来就是贵族，"拉法耶特如此说道，"而应该说：这个人在这一天拯救了这个国家。在我看来，这句话似乎很能说明美国的特质，这些世界结出的珍贵果实将有利于更新我们这个旧世界。"[25]

在法国其他地方，市政机关也接受了新的政治秩序。地方市政委员会接受了国民议会设计的新法律、新规则和新管理层级。法国也从封建行省拼凑的大杂烩，被重新合理划分为 83 个省份，每个省份的面积和权力都相差无几。各省份也建立起自己的国民自卫军连队，它们后来被称为结盟军（fédérés）。为了庆祝新时期的和平开端，许多城镇和城市举办节庆活动，庆祝民族团结和 1789 年革命的胜利。

随着巴士底狱陷落一周年的日子临近，巴黎的领导者决定，作为法国的首都和大革命的发源地，巴黎应该为全体法国人举行最为
255 盛大、最为壮观的结盟仪式。市长巴伊对巴黎的领导者说："先生们，新秩序正在崛起，并将复制到王国的每个部分。"他说："我们的团结正是我们的力量源泉……国民自卫军的热情、勇气和爱国主义，在哪里都受到万民敬仰；从巴黎的国民自卫军身上，我们不难得出这一结论；我们认为正是公民的美德让他们武装起来……我们承认，一位公民将军正在指挥一支公民军队。"最后这句话中的"公民将军"当然是指拉法耶特。巴伊声称，巴黎计划从新近设立的 83 个省份邀请代表团，他们将会代表各省的国民自卫军连队来到巴黎，共同庆祝"结盟节"（Fête de la Fédération）。巴伊说："我们建议，我们的兄弟作为各地区、各省份的代表前来，在我们的城墙内聚会，重温王国内所有法国人已经宣读过的誓言；我们将会把这个仪式视为自由新时代的开端。"[26]

整个王国迅速响应。在节庆前一个星期，全国各地的国民自卫军代表团陆续涌向巴黎。在马尔斯校场（Champ de Mars），数万名失业工人热火朝天地施工，进行着挖坑、打桩的土木工程，加紧建造能够容纳 30 万名观众的大看台。在如今埃菲尔铁塔（Eiffel Tower）所在的位置，工人们竖立起一个临时的凯旋门，它仿照了罗马凯旋门的老样式。在场地另一端，工人们为国王建造了一个高台和王座。在场地正中央，工人们建造了一座奉献给民族的祭坛，就在那个祭坛上，1790 年 7 月 14 日，拉法耶特侯爵将会起来带领所有人宣誓效忠国王、宪法和民族。

就连王室也会参加这次节庆。尽管他们在杜伊勒里宫度过了闷闷不乐、寸步难行的好几个月，但他们还是来到马尔斯校场，与民众一起工作和郊游。然而，尽管王室在表面上拥抱新秩序来减轻人们对波旁家族的反感，但他们在暗地里还是敌视大革命……一切都只是表演。王室巴不得大革命走向崩溃，然后一切恢复原状。就在节庆前一个星期，玛丽·安托瓦内特对一名密友说："一切都从糟糕变得更糟糕……大臣们和拉法耶特先生每天都在行差踏错。我们现在被他们牵着鼻子走，我们并不满意，比如现在，这些大臣对我们越来越傲慢无礼。"[27]

数日前，即 1790 年 7 月 10 日，大约 14000 名来自全国各地的国民自卫军士兵集结在市政厅前面，声称他们是"联盟的集结"。他们选举拉法耶特作为他们的首领。第二天，拉法耶特率领一群结盟军前往国民议会，递交请求议会尽早完成宪法的请愿书。网球场宣誓已经过去一年多了，确实应该完成任务了。他们在请愿书上写

256

着："国民想要最终获得自由，曾请求你们给它一部宪法。但我们等待已久了……先生们，完成你们的工作吧，从你们发布的政令中，决定哪些条款能够成为法国宪法吧。加紧工作吧，我们已经迫不及待地想看到这部法典出台了。"[28]

然后，拉法耶特率领代表团面向观众席，观众席上坐着路易和玛丽·安托瓦内特。代表团说道："陛下，我们向您呈上所有美丽的头衔……'自由人民的国王'。陛下，请为您的美德所带来的奖赏感到欣慰吧；让我们向您衷心致意，专制主义不复存在了，请您成为光荣的公民国王吧。"[29]国王让代表团向他们的同袍传达他最美好的祝愿："请告诉他们，国王是他们的父亲、他们的兄弟和他们的朋友，只有在他们感到高兴时，国王才会感到高兴。"[30]

许多人认为，拉法耶特并没有表面上那么亲切和爱国。所有受过教育的法国人都熟悉罗马史，他们知道马略、苏拉和恺撒这些名字。拉法耶特看上去也试图加入这一行列。在《人民之友报》上，马拉向读者指出，一个立法者指挥一支私人军队会有多么危险："难道你们不知道，一个指挥着 36000 名军人的公民，会在立法者的天平上占据多么可怕的分量吗？"[31]米拉波因为拉法耶特拒绝与他结成政治同盟而大受刺激，转而对拉法耶特大张挞伐，他提醒国王，拉法耶特同时作为军事指挥官和政治领导人的双重身份是非常危险的："他掌握了国民自卫军，凭借这支军队，他就有能力废除行政机关……如果大臣们献身于［拉法耶特的］野心，无法拒绝他的影响，他不就是最专断、最强大的独裁者吗？"[32]数日后，米拉波告诉国王，拉法耶特有可能打算借助节日庆典夺取权力："他准备

成为大元帅，提名自己为最高将军，也就是说，他准备接管统治全 257
民族的独裁权力。"[33] 国王接到这些警告后，陷入了恐惧、惊慌和
怨恨。

❧❧

1790 年 7 月 14 日，一个寒冷有雨的清晨，数以千计的人们被
淋成了落汤鸡，他们在马尔斯校场上过夜，就是为了在庆典当天占
个好位置。尽管天公不作美，但庆典未被拖延或打断，一切如常进
行。庆典当天有大规模游行，触及公共生活的每个角落：当然有结
盟军，也有引人注目的高官显贵，还有陆军的士兵和海军的水手。
他们都列队穿过凯旋门，填满广场上的空地。国民议会的代表们坐
在广场一端。王室成员坐在广场另一端，刻意地没有以代表王权的
装扮如王袍、权杖和王冠亮相。当所有人就座后，塔列朗站在祭坛
上主持弥撒。法律层面上，塔列朗还是个主教，他成为唯一同意在
这个庆祝革命胜利和团结的时刻主持弥撒的高级神职人员。塔列朗
从未认真对待他的宗教职责，他在主持弥撒时手忙脚乱、满腹懊
恼，据说他曾低声对他的随行人员说："你们可千万不要逗我
发笑。"[34]

等到弥撒结束，拉法耶特就开始隆重登场。他骑着白色的高头
大马，恰好在雨停时抵达祭坛。雨过天晴，阳光普照。在历史上，
没有任何策划者能够设计出如此具有戏剧性的入场仪式了。拉法耶
特要求结盟军举手宣誓，读出他认为标志着法国大革命**结束**的誓
言："我们宣誓永远效忠于民族、法律和国王，保护人民和财

产……以牢不可破的博爱纽带，与全体法国人团结在一起。"[35]主要方队按顺序重复宣读誓言。国民议会齐声宣誓。王室成员起立，在热烈的掌声中宣誓效忠民族。甚至连看台上的群众都举起手来，兴高采烈地喊道："我们宣誓！"

报纸报道和现场见证者都能证明，拉法耶特就是这场表演的明星。有人夸张地说，当拉法耶特离开时，上万人簇拥着他："有人亲他的脸，有人亲他的手，就算是没那么幸运的人，也要亲亲他的衣服。"[36]随着当时的情形越传越广，这个故事渐渐也有了调侃讽刺的意味，据说有人还亲了拉法耶特的马："如果当时有一场选举，愚蠢的民众很可能会慷慨地投票给拉法耶特的马……这是［卡里古拉（Caligula）］在一阵专制狂热中授予自己马匹的荣誉。"[37]这当然是过分渲染的戏谑言论，但无可否认的是，拉法耶特当时成了万众瞩目的焦点。有一位见证者说："你们正在见证拉法耶特先生驰骋于历史的长河中。"[38]另一位见证者惊呼："他似乎将要号令整个法国。他飞身跃上白马，我仍然能够看见他，他实在是太引人瞩目了。"[39]威廉·肖特（William Short）是新任美国驻法国临时代办，他写道："拉法耶特侯爵似乎完全掌握了结盟军——他那和蔼可亲的举止风度，比任何手段都更能取悦这些人，而这些人也当然乐意听从他的号令。当我离开巴黎时，他已经受到这些人的衷心爱戴——这可能是他影响力的巅峰。"[40]

并非所有人都对拉法耶特有好印象，或者对他着迷。有人就以怀疑的态度冷眼旁观，因为拉法耶特把国民议会晾在一边，把国王晾在另一边，而他独自站在舞台中央，指挥着他的私人军队。这看上去就像这个人打算成为独裁者。米拉波担心拉法耶特的私人军队回到他们遍布法国的驻地后，只听命于**拉法耶特**，而不听命于国王。7 月 17 日，米拉波在给国王的信中写道："指出国王做了多少得不偿失的让步，以及我们在多大程度上让［拉法耶特］在结盟节上大出风头、独领风骚，成为掌控各行省的人物已经没有意义了。"[41]

但这并非拉法耶特的本意。在结盟节之后一个星期内，巴黎举行了一场几乎没有间断的派对。在此期间，拉法耶特被授予指挥全体国民自卫军的权力——不仅领导巴黎的国民自卫军，而且领导全法国的国民自卫军。拉法耶特拒绝了这次授权。他并不认为如此重大的权力应该被掌握在一个人手中。尽管满怀钦佩，但威廉·肖特还是指责拉法耶特太过异想天开，他**没有**去做他的政敌假定他会做的事情。

> 他没有抓住机会为革命创造一个良好公民所渴望的良好局 **259** 面，他终将为此感到悔恨。他本来可以更为容易地服务议会，帮助国民议会度过选举时期，然后把权力让渡给立法机关。现在，我有点担心，会是某种危机促使他们这样做，但对于是何种危机，我还无法预见。人们自然容易想到，任何人如果将大权集于一身，都将成为祸患，因为拥有权力的人总会尽可能延长自己权力的有效期；任何人如果犯罪免于被惩罚，就不可能从高高在上的位置上下来，除非他被当场抓住。[42]

威廉·肖特很可能是对的。尽管肖特分析的是当时的时局，但他无意中透露了拉法耶特政治生涯的历史真相。结盟节**是**拉法耶特影响力的巅峰。他将再也达不到当时那个高度。及至此时，一切都像是为拉法耶特而设的。每个决定、每次冒险、每场豪赌，他都赢了。在1790年7月，正如米拉波所说，拉法耶特是当时独一无二的人物。十三年来的大胆、幸运、天赋，以及刻苦奋斗，把拉法耶特送上巅峰。但在跨越巅峰后，他接下来面对的就是万丈深渊。

第十六章

骚动海洋
（1791）

随着满怀希望的 1790 年夏天临近尾声，拉法耶特也收到乔
治·华盛顿的来信，他感谢拉法耶特寄来巴士底狱的钥匙，并称其
为"从专制手中夺回自由的胜利象征"。华盛顿同样对拉法耶特经
受住好几场风暴的考验而感到欣慰。他写道："我的老朋友，我很
高兴，经历过如此众多的惊涛骇浪，你的政治航船仍旧安然无恙，
迄今为止，你已经足够成熟和坚忍，能够驾驭航船穿越急流险滩，
避过来自各个阵营的毁灭性威胁；你们年轻的国王在各个方面似乎
还表现良好，倾向于顺从国民的愿望。在这一趟如此重要、如此惊
险的旅程中，当我们所有亲切而神圣的事物都承载在这艘航船上，
你完全知道，我最美好的祝愿每时每刻都在伴随着你。"[1]这将会是
两位老朋友之间最后一次充满乐观的交流。

拉法耶特坚信，最保守的保王派已经无力把大革命的时针往
回拨，他主要的关注对象变成左派激进主义者。尽管在 1789 年
底，拉法耶特帮助缔造了雅各宾派，但他发现俱乐部会议的基调
与他的信念越来越格格不入，因此他也停止出席会议。尽管俱乐

部的声音如此刺耳，但拉法耶特认为激进主义者毕竟是少数。拉法耶特写道："从人民中最不富有的群体到不折不扣的贵族，所有诚实正直的人都支持我。除了极少数名声不佳的雅各宾派成员……得体正派的雅各宾派成员都是站在我这边的，虽然我有点不近人情地拒绝与他们的俱乐部走得太近。"[2]拉法耶特及其贵族朋友们干脆另起炉灶，他们脱离了雅各宾俱乐部，另行组建了自己的俱乐部，即"1789 年会社"（Society of 1789）。他们的目的是，让大革命走向尾声，进而让法国在新近建立的君主立宪制框架下，回归正常的政治生活。

但左派活跃分子可不打算袖手旁观，他们不会坐视拉法耶特终止革命。1790 年 4 月，塞纳河左岸科德利埃区的人们组建了自己的俱乐部："人权与公民权之友社"（Society of the Friends of the Rights of Man and of the Citizen），这个拗口的名称总是被简称为科德利埃俱乐部（Cordeliers Club）。科德利埃俱乐部由丹东、德穆兰及其朋友们领导，这个俱乐部甚至比雅各宾俱乐部更加开放、更加平等。俱乐部的会员费只不过是其他所有俱乐部的几分之一，处于任何经济地位的人都可以加入其中。而且，与雅各宾俱乐部不同——雅各宾俱乐部只允许妇女列席旁听，却不允许妇女参与讨论——科德利埃俱乐部欢迎妇女完全平等地参与讨论。他们的活动基地是街区里的一座修道院，邻近他们举办晚宴、喝酒、吃饭和喝咖啡的咖啡馆，他们还在咖啡馆里出谋划策，商讨如何防止拉法耶特这样的贵族太早结束这场大革命。侯爵变成他们最喜欢的靶子，他们想让侯爵粉身碎骨，而这正是侯爵极力避免的结局。

━❦━

　　仅仅在拉法耶特于结盟节走上巅峰后不到六个星期，第一次大规模冲突就爆发了。1790 年 8 月，在距离陆军司令部所在地梅斯不远处的设防城镇南锡（Nancy），一群士兵控诉他们的军官虐待士兵、贪污腐败。当地一个雅各宾俱乐部支部鼓励人们勇敢发声，因为将自由、平等和民主的精神推广到社会的方方面面（包括军队），是他们的爱国责任。当士兵们认为自己的抱怨被不公正地忽略时，他们逮捕了指挥官，接管了步兵团的金库，而且拒绝返回岗位，直到他们的某些诉求得到满足为止。突然之间，法国陆军的三个步兵团公开哗变。 262

　　梅斯守备部队的司令官是布耶侯爵（marquis de Bouillé），他亲自率领 4500 名依然忠诚的士兵前往南锡恢复秩序。布耶碰巧是拉法耶特的表亲，两人交换书信，商讨如何应对此时的局面。拉法耶特以其作为高级军官的经验，直截了当地做出判断：哗变必须被镇压下去。拉法耶特目睹过大陆军多次哗变，深信此举绝对不能被容忍。无论士兵们的抱怨多么正当、多么真实，服从命令是第一位的。当国民议会为这场危机爆发激烈争论时，拉法耶特在向同事发表的个人演讲中一锤定音。拉法耶特提到，代表们必须坚定支持军事纪律。"布耶先生需要我们的明确支持，而我们也必须支持他。我为他争取，为服从纪律的部队争取，为国民自卫军争取，他们为自由而生，也必将为自由而死。"[3]拉法耶特如此说道。当议会投票表决、授权布耶全权处理时，拉法耶特写信给他的表亲："关于南

锡的政令非常好：你必须完整地、忠实地执行这道政令。"⁴

　　与此同时，南锡的局面已经失控。8 月 31 日，布耶向哗变的士
兵发出最后通牒，但在士兵们做出回应前，在双方的阵列之间爆发
了小规模冲突。一轮齐射由此引发，双方共有数百名士兵死伤。当
哗变士兵最终失败时，布耶收到国民议会关于采取果断行动的授
权。布耶当即下令把 20 多名哗变组织者就地枪决。另外 40 名哗变
同谋者在大帆船上做 30 年苦工。另有接近 100 名哗变参与者被遣
送回各自所属的步兵团，由步兵团继续进行个别惩戒。

　　9 月 2 日，当哗变事件的消息传回巴黎时，拉法耶特犯了一个
政治错误。拉法耶特只专注于军事纪律，他祝贺布耶成为"公共事
务的拯救者……作为公民，作为你的朋友，我为此倍感鼓舞"。⁵但
左派媒体把哗变者变成值得同情的平民英雄。关于武力镇压和事后
处决的新闻让布耶成为恶棍和屠夫。拉法耶特做出了一个于事无补
263　的举动，9 月 22 日，他在马尔斯校场举行检阅仪式，向在**镇压**哗变
时殉职的士兵致敬。

　　激进媒体的反应是毫不留情、毫不妥协的。马拉公开谴责拉法
耶特。9 月 15 日，马拉写道："热爱祖国是必须的，但你为祖国做
了什么？你并没有投身于祖国的事业，正好相反，我们总是看见你
投入祖国死敌的怀抱。对于你那肮脏的灵魂来说，财富就是一切，
就连诸神都妒忌你的运气，但你不愿意做法国的拯救者，你宁愿扮
演一个不光彩的角色，做一个野心勃勃、贪得无厌的廷臣，做一个
背信弃义的骗子，最为可怕的是，做专制主义的一条邪恶走狗。"
马拉对拉法耶特全面开火："记住，正是《人民之友报》最早掀翻

你的祭坛，请放心，我们肯定不会放过你，直到你被推翻为止。"[6]

与此同时，德穆兰则为拉法耶特背叛大革命而痛心疾首，他认为作为爱国者的拉法耶特已经死了。德穆兰写道："拉法耶特已经死了，他死时念着这个名字，看着这个野心勃勃的军官，后者根本就没有伟大到足以扮演华盛顿的灵魂……是的，就是你，拉法耶特，你杀死了他，他不是被刺客的匕首短剑刺死，不是被法官的正义之剑处决，而是因为目睹你身上蕴藏着自由最为危险的敌人而痛苦至死——我们曾经对你报以全部信心，你本来应该最为坚定地支持自由事业。"[7]

媒体上的这一轮袭击，夹杂着搬弄是非的流言蜚语。有匿名的消息来源称，拉法耶特不仅是邪恶贵族的秘密盟友，而且是王后的裙下之臣。有一本小册子题为《奥地利小猎犬所见的莫捷将军与美人安托瓦内特的风流韵事》（*Evenings in Love with General Motier and the Beautiful Antoinette, by the Little Austrian Spaniel*），以王后宠物狗的视角讲述华丽而艳俗的故事。这只爱饶舌的小猎犬告诉它的读者们，玛丽·安托瓦内特曾说："因为太害怕拉法耶特，有必要千方百计地引诱他，而这正是一个女人，尤其是一个讲德语的女人，所能够做到的。祷告、承诺、哭诉，我使出浑身解数。正是在那种漂亮女人懂得制造的春风缭绕中，我抓住了属于我的小鸟……来做我的爱人吧，他始终未能把注意力从我的身上挪开，他从晚上吻我到天亮，这让我们更加紧密地缠绕在一起。"[8]遍地流传的讽刺漫画，更是活色生香地描绘拉法耶特与王后各种如同杂技表演般的高难度动作。这完全是荒谬可笑的，玛丽·安托瓦内特痛恨拉法耶特远甚

264

于对巴黎所有激进派痛恨的总和，但媒体捏造了一个全新的拉法耶特形象。两个世界的英雄，并不是自由的天使，而只是反革命的猪猡。

⚜

接下来，拉法耶特又一头撞进了争论不休的宗教议题中。为了最终解决财政危机，国民议会于 1789 年底做出一个极具争议的决定，即把天主教会拥有的土地国有化。这些土地将用作纸质债券的抵押品，这种债券被称为"指券"（assignats），政府能够用指券支付账单。议会仿佛还嫌这种做法不够有争议，接下来又实施了一系列改革，集中体现为《教士公民组织法》（Civil Constitution of the Clergy）。这一系列改革废除了男修道院和女修道院；民众将会选举主教以及其他神职人员；教会权威将要服从世俗宪法。1790 年 7 月，国民议会强制推行改革计划，要求法国所有教士宣誓效忠民族，而且民族高于其他任何权威。这些改革反映了人们对教会的合理恐惧，因为教会被视为传统保守主义的堡垒，将会积极推翻新兴的启蒙革命秩序。但当教皇把《教士公民组织法》谴责为异端邪说时，他等于强迫虔诚的爱国者做出抉择：要么拯救大革命，要么拯救他们的灵魂。

国内的宗教撕裂直接冲击到拉法耶特的家人。阿德里安娜是虔诚的天主教徒，她拒绝接受《教士公民组织法》。阿德里安娜是宗教自由的提倡者，并不认为国民议会有权惩罚拒绝进行公民宣誓的教士。弗吉妮娅说母亲"鼓励教士们发挥自己的作用，争取宗教信仰自由"。[9]阿德里安娜的告解神父也拒绝宣誓，她继续出席那位神父主持的仪式，继续参加那位神父组织的团契，继续请那位神父聆听她的告解，即使为此违反法律也在所不惜。弗吉妮娅说阿德里安娜"仍然勤勉地前往教会，前往被迫害的教士寻求庇护的讲堂。她继续接待修女们，她们满腹冤屈，正在寻求庇护"。[10]

阿德里安娜与**抵抗派**教士的密切互动，迅速被公之于众，坐实了人们对这个家庭与波旁家族关系密切的指控。众所周知，国王反对《教士公民组织法》。马拉在《人民之友报》上写道："在尊重宗教见解的借口下，路易十六授意圣叙尔比斯教堂（Saint-Sulpice）的抵抗派教士鼓吹叛乱。［拉法耶特的］妻子就是教士们的教唆犯。"[11]当拉法耶特设宴款待按照宪法规定新就职的巴黎主教时，一份报纸报道称阿德里安娜"留在自己的房间里，虽然她当时健康状况良好"。[12]如同立场最为坚定的革命者，阿德里安娜也拒绝放弃自己坚守的原则。

阿德里安娜的宗教立场让拉法耶特的处境颇为艰难。拉法耶特个人对于这种或那种宗教其实不太在乎，但作为国民自卫军总司令，他有义务支持《教士公民组织法》，毕竟这是国家法律。拉法耶特的家庭关系紧张，这让夫妻俩都感到遗憾。弗吉妮娅回忆道："父亲不想打扰母亲，但你能够想象，我的母亲会多么痛苦，她觉得自己的举动给父亲出了难题，而且削弱了父亲亟须维系的声望。"[13]然而，毕竟夫妻俩都认为宗教信仰自由是自由的核心支柱，因此，拉法耶特从未强迫阿德里安娜违背自己的良心，即使这有损拉法耶特的公众形象。

╶╫╴

及至 1791 年初，拉法耶特的航船明显已经进水下沉了。他不再受到每个人的称颂，反而受到每个人的攻击。他的航船下一次遭到的撞击来自左右两翼。1791 年 2 月，国王请求为他的两位姑母发放护照，让她们能够前往罗马参加复活节前夕的圣周（Holy Week）活动。巴黎的激进媒体借此机会大做文章。这似乎既侮辱了新的民族教会，又以拙劣的借口让更多的王室成员潜逃出国，去追随巴士底狱陷落后出逃的阿图瓦伯爵的足迹。

当国民议会开始审议这个议题时，波旁家族发现米拉波伯爵是个可以争取的盟友。米拉波极力主张两位老妇人应被赋予行动自由。议会驳回旅行许可是不公正的。米拉波的演讲让同事们感到惊讶，但他还是说服同事们同意颁发护照。不过，米拉波的举动之所以让人感到惊讶，完全是因为没有人知道米拉波已被国王秘密收买，成为国王的顾问和公开辩护人。米拉波认为国民议会已经远远走在整个王国的前面，他预计国民议会终将走向致命的孤立，而法国终将重新集结在国王的旗帜之下。在这场无可避免、必将到来的冲突中，米拉波想确保自己立于不败之地。然而，直到米拉波死后，他的算盘才被公之于众，尽管人们早已发现，他突然能够支付自己所欠下的债务这一事实。

国王的两位姑母即将启程，这让巴黎的激进分子们坐立不安。2 月 24 日，一群示威者向杜伊勒里宫进军，抗议国民议会的决定。示威者要求面见国王，但拉法耶特以及国民自卫军拒绝让示威者通过。尽管市长巴伊以个人名义提出，应该允许一个小型代表团进入王宫，但拉法耶特拒绝改变主意。示威者被驱散了，却传出了波旁家族准备出逃的流言。有一种夸张的说法到处流传，说是有一条秘密的地下通道，连接位于巴黎市中心的杜伊勒里宫和城市东部边界外的万塞讷城堡（Château Vincennes）。这意味着王室准备逃走。逐渐酝酿的愤怒和恐惧情绪，迅速发酵为突发事件，即后来所说的"匕首之日"（Day of Daggers）。

1791年2月28日，一名擅离职守的国民自卫军上尉，领着约1000名工人来到万塞讷城堡外面。他们的计划是拆毁这座巨大的要塞，释放里面可能关押的任何政治犯，赶在国王出逃之前封锁所谓的秘密通道。拉法耶特获悉这个计划后，立即骑上他的白马，率领着国民自卫军各连队出城制止这场闹剧。拉法耶特花费了一整天时间，在巴黎外围东部边界上往来奔波，躲避各种言语和武力攻击，甚至还有少数人试图刺杀拉法耶特。

与此同时，在城市中心，有消息在留守城市的保守贵族中不胫而走，称由于拉法耶特以及国民自卫军主力已在城外，国王的人身安全已无人保护。大约400名贵族迅速武装起来，他们追随祖先的足迹，纷纷集结起来，准备誓死保卫国王。如果贵族们武装保卫国王，能够引发极端保王派政变，进而终结大革命，那就再好不过了。当贵族们抵达杜伊勒里宫时，一名同情贵族的王室侍从让他们进入王宫。贵族们占领了王宫，包围了国王，并严阵以待。拉法耶特获悉这一新危险，马上返回王宫。他率军冲进王宫，要求贵族们自行解除武装并离开王宫，但贵族们置之不理。当时路易和拉法耶特都被贵族们簇拥着，只有在路易要求大家放下武器后，这些国王保卫者才陆续收起刀剑，径直离开王宫。

在匕首之日当天，拉法耶特成功避免了一场民众起义和一场反动政变。但拉法耶特并未满怀自信地回到家中。左翼激进派称他为国王的傀儡，极端保王派贵族称他为国王的狱卒。这两个派系没有任何共识可言，但他们都梦想看见拉法耶特的头颅被插在长矛之上。数周后，拉法耶特在给华盛顿的信中写道："我亲爱的将军，无论我多么期待迅速终止革命带来的麻烦，我都仍然飘荡在各种各样的派系斗争和暴乱骚动的海洋之中，因为饱受攻击注定是我的命运，仇恨来自左右两翼，敌意来自四面八方。"[14] 罕见的是，古弗尼尔·莫里斯这次给予了拉法耶特赞誉。莫里斯在 3 月 3 日的日记中写道："我倾向于认为，拉法耶特是最为老练的，能够娴熟地掌控局势。"[15] 这实在是莫大的讽刺，当莫里斯回心转意，放下他对拉法耶特充满怀疑的悲观态度时，拉法耶特却正要失去对局势的掌控，他的航船即将撞向礁石，淹没在派系斗争和暴动骚乱的海洋之中。而米拉波对拉法耶特的命运做出了极为精准的预言："我只说一件容易预料的事情……终有一日，拉法耶特先生将会向民众开枪。在那众叛亲离的局面中，他将会受到致命的伤害。"[16]

不过，米拉波未能活着看见自己的预言变成事实。伴随终身的潦倒生涯终将让他付出代价，米拉波的健康状况于 1791 年早春急转直下。4 月，米拉波卧床不起，在戏剧性地弥留数日后，在所有爱戴他的公众对他致以慰问后，米拉波于 1791 年 4 月 2 日去世。米拉波是最早死去的大革命著名领导人，他的死亡也引起一次公众哀悼的热潮。在卢森堡宫附近，国民议会新近接管了一座尚未完工的、新古典风格的教堂，国民议会将这座建筑物改造为民族的圣殿，并命名为先贤祠（Pantheon）。国民议会投票决定，米拉波将成为先贤祠的首位入葬者。在接下来的两年里，米拉波与国王暗通款曲的证据仍未被人发现，其中就包括米拉波建议国王尽快离开巴黎的证据。

268

❧

自从大革命爆发以来，国王路易是否有可能逃离法国，就成为让国民提心吊胆的问题。国王的顾问和支持者请求他逃离。国王的敌人和诋毁者认为国王随时会逃离。但在法国大革命最初两年，路易表现出无意离开的样子。尽管每天都会受到家人和朋友的规劝，但路易认为他应该与臣民在一起。直到1791年复活节事件改变了一切。

随着复活节临近，国王向国民议会提出，他想到位于圣克卢（Saint-Cloud）的王家城堡度过圣周。这看上去不是什么过分的请求，因为在一年前，王室成员也是在圣克卢度过圣周的。此外，圣克卢只不过在巴黎城外几英里而已，甚至还不到前往凡尔赛路程的一半，这与他去梅斯的请求不同。但有流言传出，王室正在计划逃亡，因而议会对于批准这一请求尚有犹疑。不过，对于路易来说，去圣克卢度过圣周与逃离法国无关，他只是想更加接近上帝而已。路易是个虔诚的天主教徒。他痛恨《教士公民组织法》，认为这部法律是对上帝的亵渎。他无法忍受在杜伊勒里宫度过复活节的想法，因为那里都是国民议会指派给他的异端派教士。此事并非关乎他的性命或他的王位，而是关乎他的灵魂。

4 月 18 日，王室成员往四轮马车上装载行李，准备开始这趟旅程。当有流言传出，称他们准备离开时，群众聚集在王宫门外，以实际行动封锁王宫大门。拉法耶特一如往常，再次飞身上马，去与愤怒的民众对峙。拉法耶特认为，王室成员完全有权离开王宫，他命令民众让王室通过。民众拒绝了拉法耶特的要求。国王、王后和他们的孩子坐在四轮马车上，看到拉法耶特茫然无助，他无法控制、指导或驱散民众。在进行了几小时徒劳的激烈演说后，拉法耶特放弃了。拉法耶特告诉王室，他们不得不回到王宫里面。民众不打算让他们通过。

269

自从国王从凡尔赛来到巴黎，所有人都在营造一种假象，即国王是自愿留在巴黎的。他不是囚徒，而是幸福快乐、与人为善和意志坚定的公民国王。前往圣克卢的度假之行，以惨淡的现实映照出所谓自愿只不过是个荒诞的说法。没有任何人比国王更加心烦意乱。王宫大门外愤怒的民众，清楚不过地说明：国王就是个俘虏，杜伊勒里宫就是他的牢狱。直到 1791 年复活节，国王都立场坚定地拒绝考虑离开法国。此时，国王只能求助于妻子，告诉妻子立即启动她的任何计划。是时候准备越狱了。

4 月 18 日事件，对于国王来说是场灾难，对于拉法耶特来说同样是场灾难。群众的拒绝服从暴露了他摇摇欲坠的道德权威。一份报纸社论说得非常准确："拉法耶特先生行走在两个深渊之间，他迟早会坠入这个或那个深渊。只有离开目前的职位才能拯救他。这个办法可能少了点英雄气概，但至少是最安全稳妥的选择。"[17]当天晚上，拉法耶特再次请求辞去国民自卫军总司令的职务。阿德里安娜对此喜不自胜。弗吉妮娅说母亲当时"一想到父亲即将回归私人生活就欣喜若狂"。[18]在过去两年里，阿德里安娜每天都目送丈夫骑马离去，去面对暴民、刺客和武装煽动者。拉法耶特至今还能活着，已经算是个小小奇迹了。

但正如 1789 年 7 月拉法耶特第一次辞职那样，巴黎的领导者们请求他留任。还有谁能承担这个职务呢？有一份报纸报道称："巴伊先生领衔的市政机关于晚上 11 点召见拉法耶特先生。市政机关与他闭门商议。市政厅的房间里、庭院里甚至街道上，都挤满了国民自卫军成员。外面正下着大雨。拉法耶特夫人出现了，她对站在外面的士兵们说，很遗憾未能给所有人提供遮风挡雨的地方，她为士兵们对拉法耶特的热情而感动。"[19]拉法耶特在家闭门谢客好几天。直到市政机关同意重建国民自卫军，清除不听号令的不满分子，总司令才同意返回岗位。

阿德里安娜对此哑口无言，只能继续默默忍受。"母亲的快乐只持续了短短四天，"弗吉妮娅说，"就又回到为父亲的安全而忧心忡忡的日子。"[20]即使远隔大西洋，华盛顿也能体会到这种感觉。华盛顿写道："我确信你经常陷入巨大的焦虑之中，你在骚动时期的特殊位置和微妙处境，使你个人暴露在巨大的危险之中，你的来信让你的朋友深深地为你感到担忧。"[21]情况只会变得更加糟糕。

270

☙❧☙

在这两年间，王后玛丽·安托瓦内特一直在劝说丈夫逃离法国。在 4 月 18 日事件后，国王终于允许王后把计划付诸实施。王后在外面有两个同谋。第一个是忠心耿耿的瑞士伯爵阿克塞尔·冯·费尔森（Axel von Fersen），几乎可以肯定，在他们年轻时，在那些风流快活的日子里，费尔森曾经是王后的情人。另一个就是布耶侯爵，布耶越来越确信，大革命应该被粉碎。费尔森负责安排逃离巴黎所需的物资，而布耶负责确保王室安全抵达梅斯守备部队驻地附近的一处堡垒。[22]

拉法耶特对此一无所知，虽然在 1791 年 5 月至 6 月间关于王室出逃的流言已经传遍巴黎，但这种流言已被当成无所不在的背景噪声流传了好几年了。按照拉法耶特的经验，这些流言通常是卑鄙无耻的暴力煽动者炮制的，他们甚至都不知道自己在谈论什么。国王继续向拉法耶特保证，自己无意离开。之前有好几次，路易的确能够诚实地信守承诺，但此时他已是在故意撒谎了。拉法耶特一放松警惕，王室便密谋逃脱。

经过好几个星期的密谋、计划和无法预见的延误，他们终于决定在 6 月 20 日晚上付诸行动。但就在那个生死攸关的晚上，拉法耶特几乎揭穿了密谋，不过他却懵然不觉。趁着王宫里的仆役手忙脚乱地换班的时机，王室成员一个接一个地溜出王室套房。当王后穿过庭院时，拉法耶特的四轮马车突然出现。在那一瞬间，玛丽·安托瓦内特的身影被提灯照亮。但她假扮成身份低微的家庭女教师，神不知鬼不觉地赶紧溜开。拉法耶特和巴伊市长一同前来，准备与国王讨论紧急事务。如果他们迟到 1 小时，路易很可能已经溜之大吉，而逃脱行动也就当场暴露了。然而，拉法耶特和巴伊按时抵达王宫，他们发现国王正在套房里。会面持续了 1 小时，两人于半夜离开，当国王说自己要上床就寝时，两人并未发现有任何异常，而事实正好相反，会面一结束，国王就赶紧穿上马车夫的制服，飞奔下楼与家人会合，家人们正紧张地在四轮马车里等着他。

尽管在最后时刻，拉法耶特几乎让王室前功尽弃，但他们还是逃出来了。他们的家庭女教师打扮成贵族的样子，手持假证件，声称自己是俄国伯爵夫人，正要赶回家。他们神不知鬼不觉地彻夜赶路。孩子们的家庭女教师后来回忆道，国王当时不停地看着怀表。当时针跳到早上 8 点时，国王说："拉法耶特肯定会相当尴尬。"那位家庭女教师说："很难想象［拉法耶特的］焦虑，但我能感觉到那种不再依附于他的畅快自由。"[23]

然而，国王的说法是不正确的。当时，拉法耶特并不尴尬，而是警觉和恐慌。惊慌失措的守卫们叫醒拉法耶特，说王室成员失踪了，没人知道他们在哪里。他们逃跑了吗？他们被绑架了吗？如果是被绑架了，那么到底是谁干的？是极端保王派吗？是激进共和派吗？拉法耶特赶紧来到杜伊勒里宫，但没有找到任何答案。市长巴伊和国民议会主席亚历山大·德·博马舍赶来与拉法耶特会合。三人都同意，无论真相是什么，无论谁该被追责，当务之急是**找到**国王，并把他带回来。拉法耶特问巴伊和博马舍："你们是否认为，逮捕国王及其家人，是拯救公众和避免内战的唯一选择？"巴伊和博马舍说是的。拉法耶特说："那么好的，由我自己负起全部责任。"拉法耶特手写了一份命令，命令中写道："国民公敌绑架了国王及其家人，全体国民自卫军以及全体公民务必将其缉拿。"[24]这就是以全民族追捕来化解全民族危机。

　　然后，拉法耶特面临一个艰难的任务，即向这个国家的政治领导人进行简要汇报。在市政厅咨询过巴黎市领导们的意见后，他穿过满怀敌意的民众，前往国民议会。拉法耶特走进会场，当场向大惊失色的听众宣布王室成员失踪的消息："特此告知国民议会，国民公敌们发动了袭击，他们妄图损害法国的自由，于昨晚袭击了国

272 王及其部分家人。"[25]拉法耶特的公开说法是大革命的敌人绑架了国王。这是他唯一敢于相信的说法。如果国王是按照自己的意愿逃跑的，结果将会是灾难性的。

　　但国王已经摧毁了拉法耶特最后一线希望：国王不是被绑架的，而是逃跑的。仆人们在国王的书桌上发现一份文件，其标题为《国王致全体法国人：关于他离开巴黎的声明》（*Declaration of the King, Addressed to All the French, Upon His Departure from Paris*）。国民议会收到这份文件，在那里将它大声宣读了出来，现场一片死寂。国王坦白地说他就是逃跑的，而且把他的离开归罪于他的臣民们昧着良心的所作所为。声明开头写道："作为国王，朕希望通过国民议会所采取的措施，为这个王国恢复秩序和快乐，为此，任何个人的牺牲都是在所不惜……但在今时今日，在做出了如此众多的牺牲后，朕却只看到王权解体，王国的权力不被承认，王国的财产遭到剥夺，人民的安全受到威胁，人们肆意犯罪却免于惩罚，彻底的无政府主义凌驾于法律之上。"[26]

　　路易用了将近 6000 个字斟句酌的单词，倾吐了两年来身陷囹圄的愤恨，他抱怨各种各样的问题，从政治到宪法；他历数对他个

人的种种羞辱，比如，他于1789年回到巴黎后受困于杜伊勒里宫的境遇，他认为那里"根本就不宜让国王下榻，老旧套房的陈设，远远不能提供朕在其他王室府邸所能享受到的便利，任何人都会喜欢那些王室府邸的"。路易期待着，一旦他安全离开，全体人民都应该好好读一读这篇声明。但国王也希望人们知道，他希望人们恢复理智。国王在声明的结尾处写道："用心辨别你们的假朋友们给的建议和谎言，回到你们国王的怀抱吧，他将永远是你们的父亲，你们最好的朋友。"[27]国王的声明让国民议会感到震惊。国王确实已背叛大革命。

拉法耶特的名声本已大受损害，此时又受到毫不留情的打击。往好了说，他被视为昏聩无能的白痴。往坏了说，他被视为王室的内应。丹东在雅各宾俱乐部攻击拉法耶特，还通过《巴黎革命报》（*Révolutions de Paris*）对他口诛笔伐："这个王国里最为诚实的人，也就是你们所说的路易十六，正是他，正是这个王国里最为诚实的人、法国人的父亲，仿效两个世界的英雄，擅离职守了。"报纸谴责拉法耶特昏聩无能："他身为指挥3万大军的将军，却让整个王室逃脱，他早在阴谋实施八天前就已收到警报，这到底是犯罪还是低能？"[28]在其他场合，丹东还发出严重威胁："总司令以他的头颅担保，国王不会离开。我们到底需要国王这个人，还是需要总司令的头颅？"[29]

让拉法耶特感到庆幸的是，人们找到了国王。当这群逃亡者在小城镇圣默努尔德（Sainte-Menehould）短暂停留时，一名邮差通过一些特征认出了国王：大鼻子和牛蛙似的嗓音。那名邮差迅速赶往下一个城镇瓦雷讷（Varennes），立即通知瓦雷讷的镇长和当地的国民自卫军。当那辆所谓搭载俄国公爵夫人的马车出现时，瓦雷讷镇的领导者们把这一行人扣押下来，进而检查他们的证件。这个让人难以置信的发现得到确认：法国的国王和王后正好被他们扣押下来了。这一突发事件如今被称为"逃往瓦雷讷镇事件"（Flight to Varennes），但更为准确的名称应该是"**最远**逃到瓦雷讷镇事件"（Flight As Far As Varennes）。他们将永远无法抵达他们预想中的目的地。

当巴黎方面于 6 月 22 日早上收到消息时，国民议会就派出三名代表，正式护送王室返回巴黎。匆匆忙忙的秘密潜逃变成拖拖拉拉的公开折返。道路两旁和城镇内外全是好事者和围观群众。王室一行所到之处，当地的国民自卫军连队也纷纷加入押送王室返回首都的队伍。当王室最终于 6 月 25 日抵达巴黎时，拉法耶特在城市外围迎接他们，然后护送他们穿越人山人海的民众。但这些民众并没有对他们的君主发出欢呼，也没有让他血溅当场。到处都是让人脊背发凉的死寂。一份告示被人们到处张贴："任何为国王欢呼的人都将被殴打，任何袭击国王的人都将被吊死。"[30]

根据国民议会的命令，拉法耶特让王室成员处于羁押之下，直到国民议会做出最后决定，为他们的逃跑行为做出最终**定性**。拉法耶特对国王说："陛下，您知道我忠诚于王室，但我必须告诉您，如果王室脱离人民，我只能站在人民一边。"国王回应道："是的。你是在按照你的原则行事。这只是阵营不同的问题而已……而此时我已身陷囹圄。"拉法耶特问道："陛下对我有何吩咐？"国王摇头道："似乎我更像是你的臣民，应该是我听从你的吩咐才对。"[31]

逃往瓦雷讷镇事件又　次沉重打击了拉法耶特的声誉和斗志。他曾经许诺，国王永远不会逃跑。然后国王就逃跑了。拉法耶特不知道接下来还会发生什么事情。在写给华盛顿的信中，面对新生的美国那些更加令人振奋的消息，他不免陷入了沉思："我为美国的美好局面感到高兴和光荣。我祝愿您早日恢复健康，希望我能够在大西洋那边当面祝贺您，但我们这里并不平静，这或许意味着我只能缺席了。"[32]在拉法耶特能够重新享受和平以前，他还有很长一段路要走。

⸙

逃往瓦雷讷镇事件预示着拉法耶特的最终陨落。遭到国王背叛的国民议会处于恐慌之中，他们既不能装作若无其事，也不能承认事件真相。承认事件真相的必然结果就是国王被废黜，而他们都不想废黜国王。因此他们反其道而行之，捏造了一个巨大的谎言。经过好几个星期的讨论后，事件调查委员会宣布，国民公敌绑架了国王。国王的"出逃"实际上是被绑架。他们声称国王留下的书信是伪造的。没有人相信这些谎言，甚至代表们自己也不相信这些谎言，但他们认为，他们需要以官方说法掩盖真相，以挽救宪法。

巴黎民众可不同意。几乎就在国王返回杜伊勒里宫的同时，雅各宾俱乐部和科德利埃俱乐部的激进活动家们，在马尔斯校场组织了一场示威活动。保守的费里埃侯爵（marquis de Ferrières）向他的妻子复述道："首都里能够找到的所有火把都被分发出去了，当天晚上，在俱乐部和咖啡馆，恐怖的咆哮声既针对路易十六，也针对国民议会……大批人马从王宫和科德利埃俱乐部出来，集中到雅各宾俱乐部，开始高喊他们不想要国王……他们起草了一份请愿书，然后把请愿书带到马尔斯校场，带到祖国祭坛上，想让全体公民签字。"[33]就在那个祭坛上，他们曾经全体宣誓效忠国王、民族和宪法，但他们此时计划张贴请愿书，要求废黜路易十六。

1791 年 7 月 17 日早上，示威组织者们抵达马尔斯校场。行动开始前，他们发现民族祭坛里躲着两个人。几乎可以肯定，这两个人只是人畜无害的流浪者，但在紧张的氛围中，二人被指控为间谍、破坏者，甚至是刺客。他们被叫醒、拖走，并当场被私刑处死。尽管在这次突发事件后，再也没有发生过其他暴力事件，但此事让抗议者们很难说自己只是在进行和平示威。

在位于城市另一边的市政厅里面，巴黎的领导者们决定，他们不能任由这次在马尔斯校场上举行的示威演变成另一个 7 月 14 日或 10 月 5 日。由于已经有两个人死于民众之手，他们决定防止进一步的暴力混乱。在咨询过拉法耶特和巴伊的意见后，他们授权发布一则军事管制声明，市长和国民自卫军司令被授予完全决定权，可以采取任何他们认为必要的措施去驱散民众。

在平乱部队集结时，马尔斯校场上的抗议者已增长到数万人。最初的暴力事件已被人们遗忘。家庭、小贩和艺人都聚集在草坪上，享受这次漫长的周日野餐。人们吃饭、玩耍、聊天并聆听演讲。那些同意演讲观点的人们纷纷站起来，在最终版本的请愿书上签名。这份文件本身经常被形容为"共和派"请愿书，呼吁人们推翻君主制，但实际上它只是要求剥夺路易的权力："他的背叛，他的逃亡，他的声明……他必须正式放弃人们委托给他的立先君主的职务。"人们特意引用国王留下的声明，作为国王背信弃义的有力证据："路易十六已经接受了作为国王的责任，并宣誓捍卫宪法，但又放弃了我们委托给他的职责，以一纸他亲笔书写和签名的声明来抗议宪法，他企图以擅离职守和发布乱命来使行政权力瘫痪。"考虑到这些叛变行为，他们唯一的具体要求只是："以民族的名义，请国民议会接受如下事实，路易十六已于 6 月 21 日退位，并以所有宪法手段，寻找其替代人选。"[34]据估计，当天共有大约 6000 人在请愿书上写下他们的名字。

　　人们不可能知道，如果没有拉法耶特和巴伊的介入，事态将会如何发展。根据所有说法，这场示威都是和平进行的。但白天的和平示威，往往会变成夜晚的暴力活动。我们永远不可能知道，这场示威能否继续和平进行，因为拉法耶特和巴伊**的确**介入了。而且，他们的到来导致了一场悲剧。由于相互冲突的记载，整件事情的发展顺序非常令人困惑。拉法耶特与部分国民自卫军连队于下午抵达，然后命令群众散去。当群众拒绝服从时，拉法耶特及其部队重新集结并等待增援。大约在傍晚 7 点钟，巴伊带着更多士兵出现了，他挥舞军事管制的红旗，重复着要求群众散去的命令。接下来的记载就**非常**混乱了。

　　拉法耶特后来记录道，国民自卫军"出现在马尔斯校场入口处，受到大量飞石袭击"。这段记载很可能是真的。拉法耶特继续道："现场还有火枪和一把手枪向市长射击。"拉法耶特和巴伊都声称，群众中有人向市长射击。这种说法是有争议的，但毫不让人感到意外的是，群众当中肯定有人持有武器。拉法耶特接着道："在这次袭击中，国民自卫军向天开枪，以免伤及任何人；但因为我们的温和示警，袭击者变得更加大胆，他们变本加厉地向市政官员和国民自卫军射击，我们中有人中枪受伤……然后国民自卫军才开火还击。"[35]

有一点是所有人都同意的，就是国民自卫军当时直接向群众开枪了。人们并不清楚，拉法耶特是否下达了向群众开枪的明确命令，群众的反应是否构成了威胁，是否存在无缘无故的袭击，是否只是擦枪走火引发的意外。无论如何解释，国民自卫军**的确**向群众开了枪，这造成了巨大恐慌。当枪声响起时，民众四散逃离，争相走避。在那几分钟时间里，现场一片血腥、喧嚣和混乱。拉法耶特和巴伊让他们的连队立即原地待命。他们成功驱散了群众，但付出了多少代价？唯一的统计方法就是清点尸体的数目。

由于拉法耶特仍然留在马尔斯校场，他并未意识到自己的家人正处于危险之中。部分愤怒和悲伤的群众向波旁街的方向行进，而拉法耶特的家正在那条街上。弗吉妮娅当时才 9 岁，她后来回想起，暴怒的民众正在逼近，"他们尖叫着要杀死我的母亲，要带着母亲的头颅去见她的丈夫"。[36]弗吉妮娅说："我还记得我听到的可怕叫喊，家中每个人都非常害怕，但让我母亲感到极大宽慰的是，这帮来势汹汹的盗匪终于离开马尔斯校场了。母亲抱着我们，擦去幸福的泪水，面对眼前的危险，母亲怀着十分平静和宽慰的心情，保持了必要的警惕。"[37]弗吉妮娅说那帮人几乎要冲进她家了："卫兵们加强戒备，在房子前面列阵；那帮盗匪正准备通过一个花园冲进房子，这个花园可以谣望波旁宫，他们准备翻过花园的墙，刚好有一队骑兵路过，盗匪们随即作鸟兽散。"[38]

拉法耶特及其家人活下来了，但许多人死在那天。总死亡人数存在争议，估计数字要么低至十几人，要么高达 400 多人，现代历史学家的合理估算为 50 人。[39]但对于拉法耶特来说，具体死亡人数已经毫无意义。米拉波的预言变成现实：拉法耶特向民众开火，反而让他自己受到致命的伤害。"马尔斯校场血案"（Massacre of the Champ de Mars）是他那艘航船最后一次触礁，也是最为严重的一次触礁。

第二天发行的《巴黎革命报》咬牙切齿地说："鲜血流淌在联盟的土地上，民族祭坛也被鲜血玷污，男男女女惨遭屠戮，无数公民命丧当场。"[40]拉法耶特可以为自己抗辩，他可以声称自己清白无辜，声称尸体数目被夸大了——他直到自己弥留之际还在坚持，"袭击者的死亡人数被人为夸大"——但他作为平民英雄的声誉，已经伴随着伏尸于马尔斯校场之上的男男女女一起死去。[41]他无意于制造一场大屠杀。那不是他的本性。拉法耶特并不是反动的妖怪，不会在屠杀公民同胞中获得变态的快感。但他无法改变已经发生的事情，甚至无法洗清自己的罪孽。那一天，他是负责人。他将会受到万民唾骂。几乎就在一年前，他站在马尔斯校场中央的同一个地点，沉醉于爱戴他的民众的胜利欢呼中。他从那伟大的巅峰上直接坠落万丈深渊，并溺毙于派系斗争和暴乱骚动的海洋。

第十七章

完整闭环
（1791—1792）

　　1791 年夏天发生的几次令人震惊的事件，让国民议会的代表们决心尽快完成他们的工作，然后赶紧回家。1789 年 5 月，国王把代表们召唤到凡尔赛，以解决财政危机，然后代表们单方面宣布他们自己成为制定宪法的机关。在过去两年里，他们通过了一系列内容广泛的改革，从整体上奠定了革命后君主立宪制的基础。但他们从未写出宪法的最终版本。逃往瓦雷讷镇事件暴露出君主立宪制的基础多么不牢固：居于君主立宪制中心地位的君主，竟然是个根本不可靠的合作伙伴。但他们没有把一切推倒重来，国民议会提前捏造了一个官方说法，即反革命匪帮在违反路易意愿的情况下绑架了路易。他们用 8 月和 9 月敲定了所谓 "1791 年宪法" 的最终文本。代表们希望，一旦宪法颁布，国王和国民都能接受新秩序，然后团结一致向前看。

　　在代表现在拼凑起的一大堆法令、法律和章程中，有一份是在 1791 年 5 月就已提出的、得到普遍认可的提议。马克西米连·罗伯斯庇尔作为崛起中的雅各宾左派领袖，提议他自己以及其他国民议会代表，全部不参加即将举行的"立法议会"（Legislative Assembly），而立法议会是在宪法制定完成后按替国民议会的立法机关。罗伯斯庇尔的同事们喜欢这个想法。有些人认为这是显示自己大公无私的好机会；其他人则是疲惫不堪，只想早点退休。激进派认为选举是个机会，可以抵消掉那些温和派议员的影响，从而推进大革命；保守派同样认为选举是个机会，选举结果将会有助于摧毁大革命。罗伯斯庇尔这个自我牺牲的提议造成一个结果，即**没有任何**参与制定 1791 年宪法的代表能够进入立法议会，而他们是最了解宪法是如何及为何被制定出来的，能让宪法运作良好。国民议会代表之一的马卢埃男爵（Baron Malouet）对此感到后悔，他后来反思道："这是我们犯下的最后一个错误，但就是这一个错误，便足以摧毁一切。"[1]

　　在经过最后几轮协商后，国王于 9 月 13 日签署了宪法的最终文本。国民议会的职责宣告终结。1789 年 6 月，代表们曾经宣誓要为法国制定一部新宪法。这项工作持续了超过两年，但此时代表们终于履行了誓言。1791 年 9 月 30 日，国民议会永远解散。是时候移交权力了。

　　第二天，重新选举的立法议会接管马内日大厅。立法议会只是新建的立宪政府的立法机关，除此之外，还有与其并立的行政机关和司法机关。但入选立法议会的代表们又有了新目标。许多新当选的立法议会代表对国民议会过去两年的工作提出尖锐批评。他们对 1791 年宪法做出的权力分立的安排并不满意。在即将到任的立法议会代表中，最为突出的是雅克-皮埃尔·布里索，他凭借过去两年激进民主主义的新闻工作当选为代表。布里索以及其他代表们认为没有理由全盘继承 1791 年宪法，他们认为立法议会代表着全国最高权力机关。是时候进入法国大革命的下一个阶段了。

❦

280 在法国大革命这一阶段，拉法耶特看不到自己还能扮演什么角色。在过去这一年里，他屡遭挫折，早已心力交瘁，只渴望卸下肩上重担。因此，当他在国民议会的旧同事们离开巴黎时，拉法耶特也和他们一起挂冠而去。1791 年 10 月 8 日，拉法耶特第三次也是最后一次辞去国民自卫军总司令的职务。这次没有人再挽留他了。

在对部下的告别演讲中，拉法耶特说："随着国民议会移交权力，国民议会代表们停止履行职能，我交卸这份责任的时候也到了。"[2]拉法耶特十分感谢部下在大革命爆发的 27 个月以来忠实履行职责："先生们，我会回想起，在如此众多针对我们的阴谋、野心勃勃的诡计、肆无忌惮的误解中，你们是如何不屈不挠地坚决应对各种挑战的。你们顶住了党同伐异激起的怒火，你们抵受了各种各样的诱惑，因为你们对祖国有最纯粹的爱。"[3]然后，拉法耶特向部下最后告别："我能感受到来自最亲切朋友的注视，为了整个社会的共同繁荣，为了你们给我的独一无二的快乐，这份回忆会经常出现在你们的脑海中，里面蕴藏着那份将我们团结在一起的感觉——'不自由，毋宁死'。"[4]

作为告别礼物，拉法耶特的部队为他们即将离任的总司令呈上一把军刀，这把军刀是用已被拆毁的巴士底狱的门锁熔化后打造的。当拉法耶特离开时，市长巴伊宣布："我们永远不会忘记两个世界的英雄，他在大革命中厥功至伟。"[5]这是让人动容、悲喜交集的一天，但与拉法耶特前两次辞职不同，这次不再有人下跪、请求他留下来了。

拉法耶特和阿德里安娜带上 14 岁的阿纳斯塔西、11 岁的乔治和 9 岁的弗吉妮娅离开巴黎，回到拉法耶特位于沙瓦尼亚克的祖宅。尽管拉法耶特在巴黎的受欢迎程度已经跌到谷底，但距离首都越远，他就越受到人们的欢呼和欢迎。拉法耶特在给西米亚纳的信中写道："我这趟旅程相当漫长，但我每到一处，都不得不稍做停留，徒步穿越或大或小的城镇，接受居民献上的花环，这些花环多得可以装满一辆四轮马车，我不可能像往常那样迅速赶路。"[6]11 天后，在走了 400 英里之后，拉法耶特一家终于在 10 月 19 日抵达沙瓦尼亚克，这一天正好是康沃利斯在约克镇投降十周年的日子。

当拉法耶特于 1777 年前往美国时，他只是一个没有军衔、没有军职，也没有公共责任的普通人。尽管拉法耶特的个性决定了他不可能**永久**隐退，但他这次退出公共生活是认真的。地方省的领导者们邀请他出任省议会主席，他婉言谢绝了。当巴伊卸任巴黎市长时，拉法耶特的朋友们鼓励他去竞选市长，拉法耶特却说自己不打算回去了。朋友们没有当真，仍然自作主张地把拉法耶特的名字列入候选人名单。在接下来的选举中，拉法耶特没有得到足够的票数，但他毫不介意。他根本就不想要这个职务。

拉法耶特的私人书信，足以说明他已准备做个局外人。拉法耶特在给华盛顿的信中写道："在投身于革命 15 年后，我现在非常倾

281

心于这种新生活状态，在我出生的山区过着和平宁静的快乐生活……当我置身于不再是封建附庸的人民之中时，我发现自己非常快乐。"[7]波利娜（Pauline）嫁给了一位家在不远处的奥弗涅贵族，因此成为拉法耶特的弟妹，她给正在瑞士流亡的达延公爵写信道："让您感到惊讶的是，他想过退休生活。他连一个秘书都没有带到乡下来。书籍、瑞士奶牛、西班牙绵羊和马耳他驴子，是他现在仅有的上心的事情。在之前 27 个月里把他裹挟其中的那些［事情］，真的让他心力交瘁了。"[8]拉法耶特告诉西米亚纳："那些认为我来到这里干革命的人真是些大傻瓜。我在这里非常愉悦，也许还有点放飞自我，在我奔波劳碌 15 年后，我终于可以彻底休息了。"[9]

回到孩提时代的故乡后，拉法耶特的主要牵挂就是农业，而非政治。他聘请了一名风景建造师和一名专业农艺师，帮助他把沙瓦尼亚克变成使用现代技术和实践方法的模范农场。拉法耶特向华盛顿吹嘘自己的"美好家园，曾经是一个封建庄园，如今已变成一个大型农场，由一名英国农艺师运营，他是我专门请来指教我的"。[10]这场改造所费不菲，拉法耶特指示他的财务经理，从他的财产中卖掉更多产业，以便支付账单。有一份拉法耶特的财务账目显示，他此时的年收入约为 57000 里弗尔，与他曾经公开声称他所需的或他想要的财富相比，这笔收入远不及"四分之一"。[11]

多年以来，阿德里安娜第一次感到心满意足。她写道："我们住在这里，住在一个和平宁静的世界里。拉法耶特先生陶醉于此，仿佛他从未有过这种更为积极的生活体验。他的土地、他的房屋、他终身未嫁的姑母、他的孩子们、他写的那些书信足以填满他所有时间。"[12]但是，阿德里安娜以一则预言作为这种快乐沉思的结尾，而且这则预言变成现实的时间远远早于她的预期："此时此刻，只有针对流亡者的战争才能让他分心，我希望这种事情千万不要发生。"[13]阿德里安娜无法想象，这则预言会以多么特别、多么迅速的方式变成现实，进而彻底毁掉她一家人享受和平与快乐的机会。

❧

在逃往瓦雷讷镇事件后，贵族阶层开始加速逃亡。贵族家庭纷纷离开法国，虽然有法律规定，任何人在没有取得护照的情况下离开法国，其土地、庄园和财产均有可能被充公。拉法耶特的表亲布耶侯爵（他在卷入逃往瓦雷讷镇事件之后离开法国以策安全）心满意足地评论道："在此以前，逃亡活动的规模并不大，但此时已成为一流贵族间的普遍现象……在法国的道路上，到处都是正在赶路的男人、女人和孩子，他们害怕被埋葬在君主制的断壁残垣之下。"[14]

那些一心只想离开的贵族寄居在英国、瑞士、意大利、西班牙或荷兰。那些积极反对大革命的贵族则团结在阿图瓦伯爵的旗帜之下，他在科布伦茨（Coblentz）设立自己的基地，这是一座位于神圣罗马帝国境内但靠近法国边境的城市。布耶说："我离开法国后的这几个月，几乎所有陆军军官都抛弃了他们的军旗，转而加入法国亲王的阵营，法国亲王此时就蛰伏在科布伦茨。"[15]从这个基地出发，阿图瓦公爵极力游说欧洲各国王室，尤其是奥地利和普鲁士王室，为他提供金钱、枪炮以及必要的士兵，他要拯救他的兄长，后

283 者目前正落在卑鄙无耻的革命者手中。拉法耶特将在余生中都把科布伦茨用来指称一切落后、保守以及反革命的事物。

阿图瓦伯爵及其日益壮大的流亡者军团构成了人所共知的威胁。拉法耶特告诉华盛顿："流亡者包围了我们的边境，他们到处游说所有专制政府。"[16] 在当时，对于外敌入侵的恐惧是可以理解的，但回顾历史全貌，这种危险是被大大夸张了。无论流亡者抵达欧洲什么地方，当地政府都只是把他们当成可被容忍的讨厌鬼而已。好几个世纪以来，法国都是强大而险恶的对手。其他国家的王室领袖并不同情波旁家族，反而对他们在潦倒落魄中垂死挣扎幸灾乐祸。当法国着火时，其他欧洲国家并不打算提水灭火；他们隔岸观火，还利用这场大火给自己取暖。

但在新近成立的立法议会中，有一个居于少数的活跃派系认为，流亡者对于民族和大革命构成了极其严重的现实威胁。雅克-皮埃尔·布里索是这个派系的关键领导人之一，但由于这个派系还有许多成员来自波尔多周边地区，整个团体就以地理概念命名为吉伦特派（Girondins）。松散地依附于吉伦特派的代表们拥有共同的激进民主理念，他们主张民族并非国王的合作对象，而是在方方面面都高于国王。他们同样认为，法国的宿命就是输出革命，把欧洲从那些不合时宜的中世纪王朝手中解放出来。抵达巴黎后，布里索和吉伦特派接管了雅各宾俱乐部，人们可以在那里提前知道立法议会在次日即将讨论的议程。1791 年秋天，他们的主要议题就是向流亡者宣战，他们认为宣战是在国内完成大革命，并对外传播其普遍价值的催化剂。于是，早在吉伦特派在历史上留下理想主义温和派烈士的名声以前，他们其实是被归类为"主战派"的，他们渴望领导法国走向武装冲突。如果大革命像农神那样吞掉了自己的孩子，那么吉伦特派已准备向战神献祭自己的孩子。

当吉伦特派号召国民进行战争动员时，他们惊奇地发现国王也是战意高昂。但与吉伦特派认为战争是推进大革命的催化剂不同，路易所想的正好相反。国王非常了解法国军队的状况：至少有三分之一的军官已经弃职逃亡，还有三分之一的军官准备追随逃亡者的步伐。如果法国走向战争，法国军队肯定会在与敌人交战时一触即溃。路易并不反对武装冲突，他反而认为这是让他摆脱痛苦困境的最好办法。当立法议会请求国王对莱茵河沿岸的德意志诸侯发出最后通牒、要求这些诸侯驱逐流亡者时，路易愉快地履行了他的义务。

1791 年 12 月 19 日，国王签署命令，组建三个新军团，每个军团均配备 50000 名官兵，并由爱国和可靠的将军率领。陆军大臣把第一军团交给时年 67 岁的罗尚博伯爵指挥。罗尚博是美国独立战争的英雄，也是少数尚未逃亡的高级将官之一。第二军团交给尼古拉斯·卢克纳（Nicolas Luckner）将军指挥，他是出生在德意志的军官，从 1763 年起就在法国军队中服役，是大革命的活跃支持者。至于第三军团，陆军大臣实在想不到除了拉法耶特侯爵，谁还能把军事经验与革命热情集于一身了。国王路易怀着欣喜和轻蔑交集的心情，签署了召回拉法耶特的命令，让最近正在归隐的拉法耶特回归现役。国王相当确定的是，此举将会让拉法耶特陷入失败和屈辱。

꧁꧂

拉法耶特来到沙瓦尼亚克，原本是打算长期隐退的。此时，才
过了三个月，他又得收拾行囊了。正如阿德里安娜所担心的，丈夫
无法拒绝整装待发的召唤。他的国王和他的民族需要他，他必须
去。此外，脚踏实地回到正规常备军去，总比卷入混乱的政治好。
军事生涯是简单而容易的，就算是参与一场全面爆发的战争，也没
有管理革命中的巴黎那么复杂。当拉法耶特离开时，他的家人不知
何时才能再见到他。事实证明，当拉法耶特于 1791 年 12 月骑马离
开时，阿德里安娜、阿纳斯塔西和弗吉妮娅将会在四年内都见不到
他。直到 1798 年，他都将见不到乔治。有太多事情将要发生。

285　　当拉法耶特抵达梅斯时，他对眼前所见的景象实在高兴不起
来。这完全是"入侵加拿大"的重演，只不过这次规模大得多。在
分配给他的部队中，只有不到一半的部队实际抵达。那些前来报到
的士兵，绝大多数是爱国的志愿者，他们都是从城市街头或乡间野
地招募来的。这些新兵不仅缺乏纪律，而且让平等的美德变成无视
军事礼仪。他们来到这里，不仅是为了对抗法国的外部敌人，还是
为了把贵族专断的旧式军队变成自由公民的民族军队。古弗尼尔·
莫里斯向华盛顿汇报道："他们的军队无视纪律到了您难以置信的
程度……在许多情况下，所谓志愿者其实都是些被人口密度过大的
大城市淘汰出来的社会渣滓，他们身上带着各种恶习和毛病，足以
害死队友、笑死对手。"[17]

拉法耶特承认困难，但他只能故作镇定。1792 年 3 月，拉法耶

特在给华盛顿的信中写道："对于我们来说，危险在于我们的无政府状态，因为民众真的是太愚昧了，他们要么是偷奸耍滑的流氓，要么是伪造出身的贵族；但这两个群体都仇视我们的公共秩序观念。然而，我亲爱的将军，不要相信您可能会收到的夸张描述，尤其是来自英国方面的描述。自由和平等将会存在于法国，这是毫无疑问的。"[18]

然而，在接过指挥权时，拉法耶特犯下了他职业生涯里一个最引人注目、最莫名其妙的错误。或许是在巴黎那几年受到的严重挫折扭曲了拉法耶特的处事态度，当他接过指挥权时，他推行了极为严厉、极不宽容的纪律制度。他对待部下不像是对待热情而爱国的志愿者，而像是对待不守规矩的乌合之众。他不仅失去了为自己恢复名誉的黄金机会，而且在这支新建的自由公民的民族军队中，失去了成为优秀将领的机会。让这个错误显得如此莫名其妙的是，拉法耶特明明目睹过施托依本男爵如何在福吉谷训练、培养和塑造大陆军。拉法耶特本人还曾经帮助施托依本翻译野战手册，那本手册强调，训练共和国军队要运用不同的方式：运用简单有效的演习方法和组织形式，军事纪律要充分考虑士兵的身体状况，发布命令要进行耐心的解释。如果说什么时候要打破施托依本的野战手册中的原则，那就是现在了。拉法耶特反其道而行之，恢复了贵族军官那套早已过时的做派，即这些人需要的是大声辱骂和肆意鞭打。拉法耶特未能赢得他们的忠诚、爱戴和支持，只换来他们的深深怨恨。这是拉法耶特犯下的最为严重的错误之一。

尽管吉伦特派尽了最大努力，但战争并未在新年如期展开。由于害怕受到入侵，这些德意志诸侯在收到法国的最后通牒后，纷纷把流亡者赶出他们的领土。由于错失了速战速决的机会，吉伦特派又把注意力转向奥地利。尽管阿图瓦伯爵极力游说了好几年，但奥地利仍然坚决不为所动，而且表现得无意与法国开战。尽管在 1791 年底至 1792 年初的那个冬季，法国已下定决心对**随便哪个**国家发动一场战争，但奥地利就是不上钩。变局出现在 1792 年 3 月 1 日，那天，玛丽·安托瓦内特的兄长、皇帝利奥波德二世（Emperor Leopold Ⅱ）突然暴毙。利奥波德时年 24 岁的儿子弗朗茨（Francis，即后来的弗朗茨一世）登基称帝。弗朗茨比他的父亲好战得多，他急于遏制革命中的法国。法国终于找到愿意下场的对手，1792 年春天，二者交换了最后通牒与反最后通牒。

　　及至此时，战争已无可避免。在前沿阵地上，拉法耶特在给阿德里安娜的信中写道："我不能向你隐瞒我的想法，战争是越来越迫在眉睫了。仍然有人心存希望，但我此时更愿意押注，这场战争是铁定要开打了。"[19] 他表达了对巴黎政治撕扯的关注，尤其是罗伯斯庇尔、丹东和德穆兰这些人，拉法耶特把他们称为"雅各宾派暴徒的死硬核心"，他们每天攻击拉法耶特。[20] 但是，拉法耶特说："正如我已经澄清的，支持法兰西民族是我唯一的立场，而我的朋友和我都决心竭尽全力，捍卫自由和平等，维护宪法，而且抵制任何为宪法赋予贵族色彩或共和色彩的做法。当民族的意志通过民选代表和国王得以表达，宣战就是不可避免的了，我将会竭尽所能，让这场战争有个好结果。"[21]

　　1792 年 4 月 20 日，在立法议会如同山呼海啸一般的爱国叫嚣中，国王路易对奥地利宣战。宣战以后，普鲁士加入奥地利阵营，组成反对法国的普奥联盟，而德意志各邦国也都发布了各自的宣战声明。双方都在速战速决的幻想中卷入冲突。奥地利人和普鲁士人认为，法国军队虚弱不堪，因为最优秀的法国军官已经逃亡，而且军队缺乏纪律严明、经验丰富的普通士兵。与此同时，吉伦特派坚信，法国人民肯定能胜过欧洲各国的统治王朝，因为这些王朝就跟波旁家族一样古老、守旧和衰弱，他们很容易就能被法兰西民族以武装力量一扫而空。双方的估计都不正确，而在 1792 年春天，双方的错误预判，无意中引发了欧洲各国之间的一系列冲突，这些冲突几乎无间断地持续了 23 年。

❧

这场战争刚刚开始时，人们很难相信，冲突将会整整持续一代人的时间。拉法耶特和罗尚博试探性地率领他们的军团向奥属尼德兰（Austrian Netherlands，现代的比利时）进军，但即使在最小规模的战斗中，法国士兵也总是临阵脱逃。有一个师因为怀疑师长里通外国而混乱撤退，士兵们在战斗结束后把师长逮捕归案并以私刑处死。罗尚博将军对士兵们的所作所为感到厌恶，决定不再参与这场可耻的闹剧，并辞去军团指挥官的职务。拉法耶特的部队也好不到哪里去，他们之所以能够幸存下来，很可能只是因为奥地利人和普鲁士人断定入侵行动纯属浪费鲜血和金钱。既然法国军队注定土崩瓦解，那么就地等待将会划算和容易得多，他们始终在等待这一刻。

在巴黎，吉伦特派正为如何解释这场意料之外的失败而焦头烂额。既然战败不可能是法国人缺乏经验、软弱无能或胆怯懦弱的结果，那么唯一的解释只能是临阵倒戈、出卖战友和里通外国。针对形迹可疑的外国人，立法议会通过了惩罚性法令，同时命令驱逐所有拒绝宣誓的教士。国王拒绝采取上述措施，运用搁延否决权拖延上述法令实行。拉法耶特在给国王的信中以支持的语气说："陛下，坚守并运用民族托付给您的权威吧……捍卫宪法原则，使其免受所有敌人的侵犯吧。"[22]

然而，国王走得更远。国王感觉到吉伦特派大臣忽略和藐视他，因此他运用权威解散了内阁。但当路易采取解散内阁行动时，他的反对者甚至并不认为他具有上述宪法权力。在他们看来，民族及其代表机关立法议会，必须是最高和最终权威主体，尤其是考虑到国王涉嫌故意让自己的军队输掉战争，他们更需要强调民族的权威。雅各宾俱乐部和科德利埃俱乐部的领导者们极力煽动其成员的怒火。巴黎的街道再次骚动起来。

拉法耶特对他收到的关于巴黎局势的报告感到愤怒。他断定，这场民族战争的主要威胁并非来自叛国的保守派，而是来自激进的起义者。他给立法议会写了一封措辞严厉的信，要求他们控制好局势。拉法耶特写道："宪法是指导立法行动的法律。先生们，我指责你们，你们为了争权夺利，背离了你们曾经承诺追随的事业……你们能够否认……雅各宾派正是这一切骚动的乱源吗？我公开指控他们。他们就像城市里的独立王国，并把触角伸向全国；他们由一小撮被野心蒙蔽双眼的人领导着，这个宗派在法国人民当中分裂民

族、夺取权力、打压代表。"他公开谴责雅各宾派："他们会推翻我
们的法律，他们会利用混乱的形势，他们会起来反抗人民建立的公
共权威……我恳请民族的议会以背叛民族的叛国罪尤，逮捕和惩罚
他们的领导人。"[23]

雅各宾俱乐部对这封信的回应是迅速而高调的。德穆兰说：
"你们都知道，我两年来都在各个省份拼命呼喊：拉法耶特先生是
个大坏蛋。今天，当我看到这封信时，我第一次说：他是个大笨
蛋……但他笨吗，他当然不笨。"[24]他们提出了新说法，即拉法耶特
勾结欧洲各国，企图推翻大革命。丹东怒吼道："毫无疑问，拉法
耶特是贵族的领导者，他们与欧洲各国的暴君结盟。如果真正的自
由是天赋人权，那么自由必将帮助我们消灭**所有**敌人。"[25]罗伯斯庇
尔不需要求助于上天，他决定求助于具有美德的法国公民。"打倒
拉法耶特，民族就能得救，"他说，"等到这条法令得以通过，整个
民族都将付诸实施。"[26]

1792 年 6 月 20 日，一群愤怒的民众冲向杜伊勒里宫。他们要
求国王召回吉伦特派大臣，并撤销搁延否决。王宫守卫无法阻止他
们闯入王宫。国王故作镇定地说："我已经受到上天眷顾。我无所
畏惧。我应该按照宪法规定行事。"[27]但愤怒的民众并不是来刺杀王
室的，他们只是来恐吓王室，以迫使王室服从。他们强迫路易戴上
三色徽和红色自由帽，并在示威者经过时举杯庆祝。示威者一路走
来，要么冷嘲热讽，要么骂骂咧咧。当示威者终于离开时，没有人
受伤，但示威者留下了堆积如山的垃圾、支离破碎的家具，以及大
受震撼的王室。一个心满意足的参与者提到 6 月 20 日事件时说：

289

"人民站起来了。要么我们种植的自由之树平静地开花结果，要么血流成河。祖国的敌人以为 7 月 14 日起义的民众睡着了吗？只要民众醒来，他们就麻烦了。"[28]

当拉法耶特听说 6 月 20 日事件后，他飞身上马，奔向巴黎。显而易见的是，一封言辞激烈的信件是不够的，因此，他于 6 月 28 日进入立法议会，亲自重申他对雅各宾派的谴责。

拉法耶特说："针对杜伊勒里宫的暴力行为，激起了全体公民的愤慨和警觉，尤其是军队的愤慨和警觉。"

> 先生们，我很荣幸以一名公民的身份在这里向你们讲话，但我要表达的意见是，所有爱国的法国人，都爱这个国家的自由、和平，以及自行订立的法律，我并不害怕被剥夺上述权利……第一，我请求议会颁布法令，将 6 月 20 日在杜伊勒里宫进行暴力活动的策划者和领导者，作为民族罪人进行起诉和惩罚；第二，摧毁一个宗派，这个宗派侵犯民族最高主权，暴力对待这个民族的公民，此宗派的公开辩论毫无疑问地证明了其领导人的暴虐；第三，我以我的名义，以及王国所有诚实民众的名义，请求你们采取行之有效的措施，确保人们尊重所有合法机构的权威……并向军队保证，宪法不会在国内受到攻击，因为勇敢的法国人正在边境线上抛洒热血以保卫宪法。[29]

毫无疑问的是，拉法耶特非常勇敢。从白兰地溪到约克镇，从巴黎街头到凡尔赛走廊，他从未表现出丝毫胆怯懦弱。他在 6 月 28

日发表的演讲进一步证明了他的勇敢无畏。当拉法耶特在立法议会攻击雅各宾派时，他实际上清楚意识到会议厅里全是雅各宾派人士，但他并未停止当面谴责雅各宾派。此举很有胆识，但并不明智。拉法耶特在立法议会的敌人并未被侯爵的大胆言辞折服或吓倒。议会主席要求知道，拉法耶特为何在战争期间擅离职守。他在立法议会并无立法事务，代表们从未授权他来到巴黎。他必须马上返回前线。

尽管受到指责，拉法耶特还是设法出席在杜伊勒里宫举行的最后一次招待会。他遇到古弗尼尔·莫里斯，莫里斯告诉拉法耶特，他"必须做出决定，是为一部好宪法而战，还是把这份只印着宪法名称的文件撕成碎片。要知道六个星期后，一切都来不及了"。拉法耶特问莫里斯，他所说的是不是把民众排除在外的贵族制度。莫里斯说是的，而且拉法耶特肯定也看到了，"平民政府对法国来说一无是处"。但即使到了这个时候，拉法耶特仍然捍卫他的原则，捍卫大革命。拉法耶特告诉莫里斯，自己想为法国争取"一部美国式的宪法，只不过行政权是世袭的"。[30]莫里斯摇着头离开了。

拉法耶特知道国王预计将于第二天检阅巴黎国民自卫军。他主动提出陪同国王前去，并提醒国民自卫军成员，他们的职责是捍卫宪法和保卫国王。拉法耶特在前线的部队或许会讨厌他，但国民自卫军与他亲如一家。他们在一起经历了太多，而且他们的忠诚纽带仍然坚不可摧。拉法耶特勇敢直言，甚至建议国王在国民自卫军的保护下前往位于贡比涅（Compiègne）的王家城堡。在那个安全的地方，国王能够"发布一个宣言，禁止国王的兄弟们及其他流亡者

291

做出更加出格的行为……并且宣布国王对宪法的支持毫无疑问是出自真心的"。[31] 但这又引出一段荒唐的对话：王后立即扑灭了这个离开巴黎并接受拉法耶特保护的念头，因为"对于我们来说，亏欠他两次救命之恩实在是太糟糕了……我们还不如把自己锁在塔里"。[32] 王后很快就有机会决定，对于她自己来说，是接受拉法耶特的保护更好，还是被锁在塔里更好。

计划举行的国民自卫军检阅并未发生。巴黎的领导者们取消了这次检阅，因为拉法耶特可能会重申他对国民自卫军的权威。拉法耶特只好回到前线部队中去。当他离开时，他错过了改变历史进程的最后机会。政治斗争的战场在巴黎，而非在前线。最忠诚于他的武装力量在巴黎，而非在前线。大革命的未来将在巴黎决定，而非在前线。尽管有这些无可辩驳的事实，但拉法耶特还是回到了前线。他回到那些并不了解他也不爱戴他的官兵中间，许多人把他视为背叛祖国的恶棍，而非故事书里的英雄。很有可能，拉法耶特腹背受敌、进退两难。莫里斯在给杰斐逊的信中写道："我的确认为，如果拉法耶特先生准备回到巴黎，而身边没有他自己的部队，他将会被撕成碎片。"[33]

拉法耶特曾经与卢克纳将军通气，甚至公开讨论过，如果叛乱的民众威胁国王和宪法，两人率兵进军巴黎的可能性。卢克纳不仅拒绝了这个建议，甚至让两人的通信也落入拉法耶特在雅各宾俱乐部的政敌手中。7 月 21 日，立法议会发起动议，指控拉法耶特犯有叛国罪和密谋罪，这终于为他的政治生涯画上了阴暗而荒诞的句号。他从引领潮头的大革命弄潮儿，变成受到叛国指控的民族罪人。但他从未改变过他所坚守的信念。

针对拉法耶特的指控暂时被搁置，因为在 7 月 25 日发生了一 　292
个爆炸性事件。反对法国的普奥联盟发布《布伦瑞克宣言》
（*Brunswick Manifesto*），声称两国的敌人并不是法国，而是疯狂的激
进派，他们夺取政府权力，威胁王室，打破欧洲和平。宣言以对巴
黎人赤裸裸的威胁作为结尾："如果杜伊勒里宫被强行进入，或受
到袭击，如果国王陛下、王后以及王室其他成员受到哪怕是最轻微
的暴力对待，如果王室的安全和自由无法得到确切保证，我们会发
起让人刻骨铭心的报复，对巴黎这座城市采取军事行动，并把这座
城市彻底夷为平地。"[34]《布伦瑞克宣言》的本意是确保王室的安
全，结果却适得其反地锁死了他们的厄运。

❦

当《布伦瑞克宣言》传到巴黎时，乔治·丹东及其他左派领导
人立即策划了一场起义。随着战局每况愈下，全国政府已因为潜在
的叛国指控而陷入瘫痪，而普奥联军威胁要夷平巴黎，更让他们断
定必须采取激烈行动。从 7 月底到 8 月初，激进雅各宾派、科德利
埃俱乐部成员、劳动阶层居住区的男男女女，以及爱国的国民自卫
军连队，都已决心发动起义。与之前的革命起义不同，之前的起义
都是意外的、自发的、临时的，而这次起义则是精心策划和实
施的。

1792 年 8 月 10 日上午，警报钟声响彻全城，数千名武装起来
的公民冲出家门，在市政厅集结。丹东及其助手们解散了巴黎市政

委员会，声称他们自己成为这座城市的新任领导者。大约在上午 9 点，听从新市政机关调遣的国民自卫军连队打头阵，带领数万名武装起来的巴黎市民冲向杜伊勒里宫。王室意识到危险逼近，他们逃出王宫，并寻求立法议会的保护。当王室在卫兵保护下瑟瑟发抖时，起义者冲进杜伊勒里宫，瑞士卫队进行了短暂的浴血抵抗。卫队寡不敌众，许多卫兵试图投降，但起义者没有丝毫克制。他们杀死了投降的卫兵，然后追上和杀死那些试图逃走的卫兵。及至下午，王宫里已经横七竖八地躺着 900 具尸体，其中 600 具尸体属于惨遭屠杀的瑞士卫队。王室成员被搜寻和逮捕，他们之所以还能够苟全性命，只是因为他们将要因叛国罪站在审判台上。

在前线，从巴黎传来的消息迅速而杂乱。拉法耶特听说一群暴怒的民众屠杀了瑞士卫队，并逮捕了国王和王后。野心勃勃的恶棍让巴黎成为反对宪法的叛乱深渊。拉法耶特认为他的职责愈加清晰了。他命令部下准备进军首都。拉法耶特多年以来一直否认自己是恺撒或克伦威尔，此时他的部队却让他陷入最为尴尬的境地。拉法耶特集结士兵，要求他们宣誓效忠。有两个营的士兵当场拒绝。当拉法耶特下令以违抗命令的罪名逮捕这两个营的士兵时，大家纹丝不动。当拉法耶特需要人们毫不犹豫地表示忠诚时，他却发现人们以蔑视的态度对抗他的权威。他从未赢得恺撒和克伦威尔所赢得的爱戴和忠诚，因为那是他们多年以来与部下出生入死、同甘共苦才能赢得的。**恺撒和克伦威尔的**军队可以跟随他们上刀山下火海。拉法耶特的军队却纹丝不动。

8 月 10 日起义是对拉法耶特的 1789 年革命的最后一击。王室被关押在巴黎北部郊区的神殿（Temple）监狱。立法议会投票决定把权力移交给紧急状态政府。这个临时执行机关将会执掌统治权力，直到人民选举出国民公会，并且国民公会为法国制定出一部**新**宪法为止。乔治·丹东成为紧急状态政府的司法部长。他此时掌握了无限的权力，对那些曾经冒犯他的人握有生杀大权。8 月 17 日，丹东签署通缉令，逮捕对象是他的老对头拉法耶特侯爵。这份通缉令写着："莫捷-拉法耶特，曾任北方军团司令，以叛乱反对法律，以阴谋反对自由，以叛国反对民族。"[35]丹东命令拉法耶特返回巴黎接受指控。拉法耶特只剩下两个选择：返回巴黎面对难以逃脱的处决，或者立即逃亡。

这的确是一个面对现实的艰难时刻。在这一生中，拉法耶特每次铤而走险、孤注一掷，几乎总是能得到回报。挫折总是暂时的：胜利或许会迟到，但从不会缺席。自从他于 1777 年登上"胜利号"以来，这条定律屡试不爽。甚至直到 1792 年 7 月，拉法耶特也认为自己能够全身而退。如果他坚持到底、努力抗争，他最终会取得胜利。但此时他有一种全新感觉：挫败。全都结束了。他已经输了。这一次，他**未**能经受住挑战。他不够优秀，不够坚定，不够聪明。在这个面对现实的时刻，拉法耶特写道："服从命令的最好办法是交出自己的头颅，这是所有自由的敌人求之不得的，而我是绝对不会向任何专制屈服的。这种无能为力的状况让我悲痛欲绝，在这个时刻，为了给国家保留有用之身，我只能希望自由和平等的神圣事业，被派系斗争所亵渎的神圣事业，不会，至少不会长期蒙受屈辱。让我重温誓言……忠诚于赋予我整个生命的原则。"[36]然后，拉法耶特准备率领大约 50 名忠诚的军官离开军营。1792 年 8 月 19 日夜间，拉法耶特及其伙伴们穿越边境，进入奥属尼德兰。

在得知拉法耶特逃亡时，古弗尼尔·莫里斯以略感宽慰但最终沮丧的心情写信给托马斯·杰斐逊。莫里斯写道："于是，他终于完成了他的闭环。他曾经把他的财富投到大革命之中，此时却被他所推动的车轮碾压过去。"[37]对于拉法耶特侯爵来说，法国大革命已成过去。是时候承受新的痛苦考验了。

幕间剧二

奥洛穆茨的囚徒

（1792—1797）

拉法耶特侯爵原本以为，离开不会有任何困难。毕竟一年多　　**297**
来，一直有流亡者军官跨越边境线。普奥联盟不仅允许他们通过，
而且还**鼓励**这些变节的军官抛弃大革命。但拉法耶特不同于任何意
义上的流亡者军官。当他与大约 50 名军官，以及副官和仆役，于
1792 年 8 月 19 日夜间进入罗什福尔时，一名依附于普奥联军的法
国流亡者军官向奥地利当局告发了拉法耶特。拉法耶特及其伙伴们
随即被扣押，并被关进拘留所。

拉法耶特原本以为，他被扣押只不过是例行公事，只要他解释
原委，就能得到释放。毕竟，他不是敌人。他是从敌人那里**逃跑**出
来的。在拘留所被关押三天后，拉法耶特给阿德里安娜写了一封报
平安的家书，并为自己的举动辩护。拉法耶特说："无论对孩子们，
还是对你，对于我毁掉整个家庭的举动，我毫不愧疚。你们当中的
任何人，都不会愿意看到我做违背自己良知的事情。来英国找我
吧；让我们在美国重建新生活吧；我们会在那里找到自由，自由在
法国已经不复存在了，而我的爱将会弥补你们失去的所有快乐。再
见了，我亲爱的。"[1]显而易见的是，他以为自己将要被释放。

然而，他并未被释放。奥地利人提出，如果拉法耶特透露他所　　**298**
知道的法国军队的所有情况，他将被允许安全离开这个国家。拉法
耶特拒绝了。他或许正在逃离法国现政府的追捕，但他仍然是个爱
国者。当拉法耶特意识到自己被扣押并非例行公事时，他向美国朋
友寻求帮助。拉法耶特写信给此时正在担任美国驻荷兰大使的威
廉·肖特，请求肖特声称他是"美国公民、美国军官，已不再为法
国军队服役"。[2]拉法耶特的请求给美国驻欧洲外交使团带来很大麻

烦。在这场法国对阵普奥联盟的战争中，美国是中立国。声称拉法耶特是美国公民，将会有引发外交冲突的风险，奥地利人也许会追问，为何美国作为中立国，竟然允许其公民在法国军队中担任将军。古弗尼尔·莫里斯在给同事们的信件中，总结了美国外交使团的最终结论："尽管出于私人友谊和人道考虑，作为个人的我们会有所动摇，但作为公职人员，我们需要履行更高职责，不能因为对某个人的情谊而感情用事。"[3]他们不会声称拉法耶特是美国人。

不幸的是，对于拉法耶特来说，这种深感遗憾的态度延伸到了大洋彼岸、他最亲密的朋友当中。总统乔治·华盛顿断定，他的政府爱莫能助。华盛顿指示国务卿托马斯·杰斐逊"要不失时机地以**非正式**的方式表达某种关切和希望，希望这个国家善待拉法耶特侯爵"。[4]华盛顿放下私人感情，不再亲自插手此事。拉法耶特只能靠自己了。

拉法耶特也的确只能**靠自己**。年轻有为的、奥地利派驻荷兰的外交官克莱门斯·冯·梅特涅（Klemens von Metternich）认为，拉法耶特在大革命中的角色"决定了无论拉法耶特落在哪个政府的手中，都只能被当成国事囚徒"。[5]奥地利帝国确认，"国事囚徒"（prisoner of state）不同于"战争俘虏"（prisoner of war），两者属于完全不同的法律类别，国事囚徒适用于构成政治危险的外国人。这个司法定性，把拉法耶特及另外三名不幸的随行人员置于困难境地，他们被排除在对待被俘军人的国际条约之外。另外三名随行人员是亚历山大·拉梅特（Alexandre Lameth）、塞萨尔·德·拉图尔-莫布尔（César de La Tour-Maubourg），以及让·比罗·德·普

西（Jean Bureaux de Pusy），他们都是跟随拉法耶特穿越边境的自 299
由派贵族军官。奥地利人认为他们都犯有相同的罪行：参与煽动这
场他们正在逃离的革命。

　　奥地利人把拉法耶特以及另外三名国事囚徒，从罗什福尔转移
到深入腹地的奥地利领土，并对他们严加看守。拉法耶特起草了一
封信，以义正词严的语气描述他们的处境："我们受到严格限制，
一名哨兵就站在我的门前，我们甚至不能到楼梯尽头的小花园去散
步。我们只能在庭院里走动。这种做法，既不公正，也不适当。"[6]
拉法耶特这封信是寄给阿黛拉伊德·德南公主（Princess Adélaïde
d'Hénin）的，她是拉法耶特的老朋友（可能也是他的旧情人），此
时正以流亡者的身份居住在英国。德南成为拉法耶特被囚禁期间最
频繁的收信对象，因为从德意志邦国发出的信件，寄往英国会比寄
往法国容易得多。

　　1792 年 9 月第一个星期，一场小型审判决定了拉法耶特的最终
命运。他后来说："在每一名审判庭成员以其政府名义对我恭维一
番后，审判庭做出决定，拉法耶特先生……没有资格得到欧洲各国
政府的庇护。"[7]9 月 8 日，一位奥地利资深法官做出最终裁决：拉法
耶特，作为国事囚徒，将会被无限期监禁。裁决书上写道："遗憾
的是，我已做出决定，不能给予你所要求的自由，因为你是这场革
命的煽动者，而这场革命颠覆了法国；因为你给国王套上枷锁，在
剥夺他所有合法的权利和权力后，又让他身陷囹圄；因为你是罪魁
祸首，让国王承受种种屈辱，最终压垮了这位闷闷不乐的君主。"[8]
拉法耶特永远去不了英国，也无法在美国重建新生活。正好相反，

他将会被转移到普鲁士境内的拘留所，深埋在欧洲腹地，最终作为被遗忘的无名氏彻底烂掉。9 月 16 日，拉法耶特又给德南公主写了一封信，描述自己的处境："他们在我们前和房子附近布置了双倍的哨兵。"在这封信的结尾，拉法耶特发出最后的绝望呐喊，他用英语写下一句"我插翅难逃"，并给这句话画了下划线。[9]

⊰⊱

300　　拉法耶特被囚禁，很可能挽救了他的性命。在法国，他的离开引发了一场骚动。雅各宾派成员和记者纷纷谴责拉法耶特。有人说："拉法耶特逃脱了法律的制裁，但他逃脱不了民族的憎恨，也逃脱不了后世的唾骂！"[10]还有人说："拉法耶特最终还是摘下了他的面具！"[11]他们现在只能喷洒愤怒的言辞，但如果拉法耶特身在法国，他们会采取更加过分的行动。

　　考虑到 8 月 10 日起义可能会重演，新近成立的紧急状态政府逮捕了数百名反革命嫌疑人。巴黎各处监狱人满为患。当普奥联军向巴黎进发时，政府号召所有身体健全的男性公民报名参军，准备打一场伟大的爱国主义的民族自卫战争。但列名参军的被征召者不敢离开城市，他们确信，如果他们离开城市，被逮捕的嫌疑人就会越狱，进而引发反革命的暴力反扑。为了动员巴黎市民参军上战场，当局想出一个血腥但有效的办法。当局在每所监狱设立临时法庭，对囚犯逐一做出简易死刑判决。这些袋鼠法庭一气呵成地发布了起诉书和判决书。被宣判有罪的囚犯随即被推进法庭旁边的横街窄巷，在此恭候的行刑者们一拥而上，将囚犯乱刀捅死。这次事件后来被称为"九月屠杀"（September Massacres），秋风扫落叶般的处决持续了整整四天，据说有 1000 人至 1500 人罹难。拉法耶特或许成了国事囚徒，但总好过在横街窄巷里被乱刀捅死。

9 月 19 日，奥地利人把仍然活着的拉法耶特移交给普鲁士人，普鲁士人将会负责对他严加看管。普鲁士人把拉法耶特以及另外三名国事囚徒（拉梅特、比罗·德·普西和拉图尔-莫布尔）转移到韦塞尔（Wesel）要塞。与拉法耶特一起被囚禁的还有两名贴身男仆，他们是让-皮埃尔·孔特（Jean-Pierre Comte）和名叫德芒热（Demanges）的年轻人，除此之外，还有年仅 16 岁、忠心耿耿的秘书费利克斯·蓬托尼耶（Felix Pontonnier）。但他们相互之间从未见过对方。一旦进入囚室，他们就被禁止与其他囚犯沟通，也被禁止与外部世界联络。六个月后，拉法耶特终于能够给德南公主写信，描述他在韦塞尔要塞的监禁生涯。"我需要花费很长的时间才能告诉你，他们到底采取了多少种防范措施来切断囚犯与外部世界的交流，他们对我们严密监视，他们让我们倍感匮乏。"囚犯们被告知，"即使死到临头，也无法看见彼此"。要塞里的状况只能让人勉强生存，拉法耶特的健康也濒临崩溃。"我饱受肺病和神经衰弱的折磨，我发高烧，又睡不着。"[12]拉法耶特与其他囚犯处境相当悲惨，可谓命悬一线。

国事囚徒并没有在韦塞尔要塞逗留多久。1792 年 9 月 22 日，经过大规模动员的法国军队变成由志愿兵组成的铜墙铁壁，在瓦尔密战役（Battle of Valmy）的枪林弹雨中奇迹般地守住了阵地。普奥联军没预料到法国人的抵抗竟然如此激烈，入侵行动不仅停滞不前，还引发了普奥联军最高司令部对法国人可能会发起反攻的担忧。由于害怕拉法耶特及其他囚犯可能会被解救，普鲁士人把国事囚徒向东转移到 400 英里外的马格德堡（Magdeburg）要塞。

经过一段艰难旅程后，1793 年 1 月 4 日，囚犯们被重新安置到马格德堡。这里将会是他们在这一年里的居所。到达此地三个月后，拉法耶特在给德南的信件里描述了监牢里的状况。拉法耶特写道："进入监牢要经过四道大门，每一道大门上都有铁链、铁锁和铁栅，经过几番曲折和喧嚣，才到我这间牢房。这间牢房有三步宽、五步半长……靠近沟渠的墙壁上，满是渗水的痕迹，另一面墙能够通过一扇有格栅的小窗户透进一点白天的光线，但不是阳光。"[13]拉法耶特在给一位普鲁士老朋友的信中写道："在这里，所有用于审讯的发明，以及好几间地下室环列在我们周围……我们被剥夺了新鲜空气和行动自由，而所有精神折磨就像慢性毒药。"[14]在他那间阴暗而污浊的牢房里，拉法耶特的健康状况进一步恶化。他继续受到持续高烧和胸腔感染的折磨。他的体重不断下降。有一次，拉法耶特无意中看见瘦得只剩皮包骨头的比罗·德·普西，然后说："他的容貌发生了巨大变化。"[15]可想而知，比罗·德·普西同样会看见拉法耶特的巨大变化。

尽管巴黎市民巴不得拉法耶特被掩埋在匿名的坟墓中，但他在法国、英国和美国的朋友们为了他到处游说。古弗尼尔·莫里斯筹集到 10000 弗罗林，通过荷兰银行汇给了囚禁中的拉法耶特。其他朋友要么写信，要么抗议，要么发表公开演讲，呼吁人们关注拉法耶特承受的可耻虐待。在英国，德南代表拉法耶特向英国政府提出请求。她成功争取到英国议会中同情拉法耶特的议员为他发声。让人感到意外的是，在为拉法耶特发声的议员中还包括康沃利斯勋爵，在 1781 年弗吉尼亚决战期间，他与年轻的侯爵有过激烈的对决。这种讽刺的忠诚反转局面，直到埃德蒙·柏克（Edmund Burke）发声才终于扭转过来。柏克支持美国革命，但讨厌法国革命，他指控拉法耶特才是"所有这些大灾难的动乱根源和始作俑者"，并愤怒地说："把非同寻常的悲天悯人，用于这个罪孽深重的人身上，简直是搞错了地方，荒谬可笑得很。"[16] 英国政府最终没有采取任何行动。

与此同时，1793 年的春天，拉法耶特在监狱里的处境有了轻微改善。拉法耶特能够提取莫里斯提供的资金，去购买更好的食物。更加宽宏大量的马格德堡典狱长，也允许囚犯们购买图书。拉法耶特也用自己的钱收买狱卒，让狱卒把信件偷运到要塞外面，或在囚犯之间偷偷传递纸条，那些纸条是用墙灰和牙签写成的。拉法耶特在给德南的信中写道："我拥有图书，但所有空白页面均已被撕去。这里没有新闻，没有报纸，没有沟通渠道，没有墨水，没有羽毛笔，没有纸张，没有铅笔。完全是出于奇迹，我找到了这张纸，在这张纸上，我用牙签给你写信。"[17] 他也终于破天荒地被允许到外面走动，从而结束了他在地下室里的漫长禁锢。1793 年 6 月，拉法耶特在给德南的信中写道："在超过五个月后，我终于不无惊讶地感受到外面的空气了，我再次看见太阳，我感到非常快乐。"[18]

在囚禁期间，拉法耶特有了充足的时间担心被他抛在身后的人们。他没有收到阿德里安娜或孩子们的任何消息，也不知道他的离开对朋友和家人造成了多大冲击。他甚至用他有限的纸张关心他那高贵的解放奴隶试验。拉法耶特写道："我不知道他们如何处置我在卡宴的房子，但我希望我的妻子能够设法安排好大小事宜，好让在那片土地上劳作的黑人能够重新获得自由。"[19]拉法耶特完全不知道，法国政府早就宣布，他是背叛国家的流亡贵族，并已充公了他的所有财产。为了筹集金钱，政府出售了规模较小的卡宴种植园，在那里工作的黑人奴隶，被政府一并打包转卖给了投机商人。至于规模最为庞大的拉贝尔·加布里埃尔庄园，则仍然是获利丰厚的国有地产。卡宴的奴隶暂时未能获得解放，直到法国政府于 1794 年 2 月发布解放奴隶宣言、宣布在法国境内全面废除奴隶制为止。拉法耶特购买奴隶是为了释放奴隶，而他们却在拉法耶特失去所有权时，才最终获得释放。

拉法耶特重新与外部世界恢复联系，但他所接收到的关于法国局势的消息却非常少。在 8 月 10 日起义后，人们选举出国民公会以制定新宪法。他们迅速废除了君主制，并宣布法国成立共和国。为了让这场伟大的革命神圣化，国民公会对被废黜的国王路易十六进行叛国罪审判，并于 1793 年 1 月 21 日将其处决。拉法耶特对此无能为力，只能为路易的悲剧结局默默哀悼，虽然路易有许多悲剧是自作自受，但拉法耶特仍然忠诚于他，自两人十几岁在凡尔赛时起，拉法耶特已经效忠国王二十几年了。

尽管拉法耶特还能收到一点消息，但无论从字面意义还是从比喻意义来说，他仍然处于一团漆黑之中。他几乎不知道在国王被处决后席卷欧洲的大规模冲突。路易被处决后，几乎所有欧洲强国都向法国宣战。尽管面对国内起义和派系冲突，法兰西共和国政府在雅各宾派首领，如罗伯斯庇尔和丹东等人的领导下，仍然能够组织整个国家挽救大革命。及至 1793 年底，法国军队已经击退联军进攻。普鲁士人断定对法战争只是毫无意义的困境，他们开始与法国谈判，试图退出这场冲突。普鲁士国王不想以拉法耶特以及其他国事囚徒的释放作为谈判条件，他请求奥地利皇帝弗朗茨一世接受继续关押拉法耶特的安排。

在马格德堡逗留刚好一年后，拉法耶特于 1794 年 1 月 4 日被狱卒们带出监狱，与其他国事囚徒一起被转移到尼斯（Neisse）要塞，此地位于普鲁士与奥地利的边境线上。这已是拉法耶特忍受过的第三间令人作呕的监狱牢房了。拉法耶特在给德南的信中写道："我的处境除了几条新的隔离措施之外，与在马格德堡完全一样。　304
尼斯的空气特别糟糕……我向你保证，我会尽可能在这个对我的健康特别不友好的地方坚持下去。"[20]拉法耶特将会在这里的地下室逗留五个月，在此期间，官吏们会准备好文书，正式将拉法耶特交回给奥地利的拘留所。拉法耶特知道拉梅特病得太重，不能承受这段路程，因此只有拉法耶特、拉图尔-莫布尔和比罗·德·普西被移交，他们的仆人也将同时被移交。

被囚禁在尼斯要塞期间，拉法耶特才第一次得知法国国内的可怕情形。为了镇压国内起义和赢得对外战争，国民公会设立了一个执行机构，叫作公安委员会（Committee of Public Safety），这个委员会越来越受到罗伯斯庇尔的强势领导。1793 年 10 月，公安委员会开始实行恐怖统治，其目的既在于清除共和国的敌人，也在于净化整个民族。拉法耶特得知革命法庭（Revolutionary Tribunal）把他许多老朋友、老战友和老对手变成胃口极大的"断头台夫人"（Madame la Guillotine）的牺牲品。王后玛丽·安托瓦内特，曾经与拉法耶特勉强维持着复杂的主仆关系，于 1793 年 10 月 16 日被送上断头台。雅克-皮埃尔·布里索及其他吉伦特派成员，曾经在 18 世纪 80 年代与拉法耶特具有相似的理想主义社会改革理念，于 10 月 31 日被集体处决。奥尔良公爵，曾经在 1789 年被视作为民请命的英雄，甚至把自己的名字都改成了"菲利普·平等"（Philippe Egalité），于 11 月 6 日被处决。巴黎前任市长让-西尔万·巴伊，于 11 月 12 日被斩首，断头台就架设在马尔斯校场血案发生的地点。如果拉法耶特留在法国，即使之前出于奇迹而**未**被处决，到了此时此地也将在劫难逃。拉法耶特写道："这些恐怖的消息让我再次失眠，让我遭受更多的痛苦，而这些痛苦比正在迫害我的人所带来的还要多。我拥有更多力量去忍受我的处境，反抗施加在我身上的报复行为，但我没有力量去对抗威胁我所爱之人的种种危险。"[21]

　　尽管与担心其他任何人相比，拉法耶特更加担心家人的安危，但他只收到零零星星的关于阿德里安娜、阿纳斯塔西、弗吉妮娅、乔治以及老姑妈夏洛特的消息，他们仍然生活在沙瓦尼亚克。他还收到零零星星的关于诺瓦耶家族的亲友们的消息。拉法耶特只知道他们有生命危险，而他却无能为力。1794 年 1 月底，拉法耶特满怀希望地写道："拉法耶特夫人，如果她仍然居住在她的房子里……那将会是自由而宁静的，然而，当我想到她那些友善的邻居未必能够有效地保护她，让她免受暴君的走狗迫害时……我就感到尤为痛苦焦虑。"[22]他的确有理由感到焦虑。就在那一刻，阿德里安娜正在独自承受令人紧张而危险的考验。

☙❧

1792 年 8 月 24 日，当阿德里安娜第一次听说拉法耶特逃离这个国家时，她和孩子们正在沙瓦尼亚克。阿德里安娜意识到拉法耶特正在遭受叛国罪指控，因此她在确认拉法耶特逃离法国之后大感宽慰。数日后，阿德里安娜收到拉法耶特的来信，信中说她和孩子们应该前往英国，然后他们将会一起移居美国。但他们谁都没有走成。9 月 10 日，一名坚定的雅各宾特派员来到沙瓦尼亚克，他是带着命令来的，命令中写道："拉法耶特夫人及其孩子们，将会被逮捕，如果孩子们与她在一起的话，务必将他们关押到拘留所。"[23]阿德里安娜设法把乔治和弗吉妮娅藏匿起来，但阿纳斯塔西此时已经 15 岁了，她拒绝离开妈妈。年老的夏洛特姑妈也明确表示拒绝离开。那名特派员逮捕了这三位女士，并把她们押送到勒皮昂沃莱（Le Puy-en-Velay，又译作沃莱地区勒皮，后文简称"勒皮"），勒皮是这个地区最大的城镇。

在勒皮的拘留所，阿德里安娜给巴黎当局写了好几封信，声称她的丈夫不是叛国者，要求政府停止对她一家人的迫害。阿德里安娜给布里索写了一封长信，布里索当时仍然是法国最有影响力的政治领袖之一。多年以来，布里索与拉法耶特私交甚好，还在政坛上通力合作；这封信肯定能派上点用场。阿德里安娜写道：

我实在无法说服我自己，一个充满热忱的黑人之友，怎么可能是暴君的追随者。我确信您会尊重，我甚至会说尊敬，拉法耶特先生，把他作为勇敢而忠诚的自由之友，就算您因为政见分歧而迫害他……我不知道您的答案是什么。显而易见的是，如果凭借正义精神来判断是非，那么就应该无条件恢复我的自由……如果能够满足我内心的渴望，那么就应该允许我前往英国，与我的丈夫会合，这也是他的心愿，他也许很快就会被释放，那么当前往美国的交通再次恢复正常时，我们就能一起移居美国。[24]

但在勒皮，阿德里安娜得知她的丈夫**不会**被释放。前往英国和美国的短暂美梦就此破灭。

多亏了布里索出面说情，地方当局把阿德里安娜从监禁改为在沙瓦尼亚克被监视居住。但那是唯一的好消息了。丈夫的政敌把拉法耶特的名字放在流亡者名单里，进而充公了他的所有财产。他在布列塔尼及其他地方的那些利润丰厚的庄园，包括卡宴的种植园，全部都被没收了。其至连沙瓦尼亚克城堡也被没收和拍卖，虽然一家人还被允许以房客身份住在里面。阿德里安娜写信给乔治·华盛顿，请求他干预，但华盛顿回信说，他也无能为力。华盛顿唯一**能**做的就是，以个人名义给阿德里安娜寄来2310荷兰盾以供其使用。华盛顿写道："这笔钱，是为了报答拉法耶特先生在军中服役时所做的贡献，是我亏欠他的，仅以此聊表心意，这笔款项肯定不及他所提供的服务，但他从来没有给过我账单。"[25]古弗尼尔·莫里斯同

306

样向阿德里安娜保证，美国永远不会忘记她的丈夫，并以个人名义借给她 10 万里弗尔，帮助这个家庭度过财政困难时期。这笔个人贷款的确是生死攸关时刻的救命钱，但美国朋友们不可能在官方层面出手干预。

　　然后情况就越发糟糕了。1793 年 9 月，公安委员会颁布《惩治嫌疑犯条例》（Law of Suspects），允许以简单手续逮捕政治犯，此举标志着"恐怖统治"的开端。一位本地神父愿意收养乔治，并以假名字掩护这个男孩，作为叛国者拉法耶特的独生子，乔治当然处境危险。11 月 13 日，一个连的士兵抵达沙瓦尼亚克，带来另一份针对拉法耶特妻子的逮捕令。士兵们首先要求阿德里安娜交出家中所有债券账目和地产账目，这样他们就能以革命的篝火焚烧这些账目，然后士兵们逮捕了阿德里安娜，并把她关押在小城镇布里乌德（Brioude）的临时监狱。在那里，阿德里安娜与其他从周边农村地区搜捕来的贵族关押在一起。阿德里安娜在布里乌德被关押了六个月。在关押期间，阿德里安娜得知巴黎当局逮捕了她的姐姐路易丝、她的母亲达延公爵夫人，以及她的祖母诺瓦耶元帅夫人，她们被关押在卢森堡宫。拉法耶特小时候住过的套房，此时成为关押嫌疑贵族的牢房。

　　1794 年春天似乎带来了一点希望的曙光。公众意见转向反对"恐怖统治"。就连老激进派，比如丹东和德穆兰，都利用他们无懈可击的革命威望，谴责罗伯斯庇尔以及恐怖政策。但罗伯斯庇尔打击报复，下令逮捕丹东、德穆兰以及科德利埃俱乐部的其他领导人，并于 1794 年 4 月把他们全部送上断头台。恐怖政策在短期内将不会结束。

1794 年 5 月 27 日，阿德里安娜收到可怕的消息。公安委员会命令把全体政治犯集中到巴黎。发布这种命令的唯一理由是把他们赶尽杀绝。在阿德里安娜离开以前，她的孩子们设法来见了她最后一面，相互做了让人垂泪和心碎的告别。一家人都认为，把政治犯集中到巴黎，意味着阿德里安娜走向死亡。

1794 年 6 月 10 日，阿德里安娜抵达巴黎。卢森堡宫此时已经人满为患，因此她未能与家人团聚。阿德里安娜被关押在一座临时监狱里，这座临时监狱正好就是普莱西学院，那个她丈夫年轻时上学的地方。每天早上，一名官员都要来宣读囚犯名单，名单上的囚犯要到传达室去报到，这是走进革命法庭之前的最后一步。而走进革命法庭是登上断头台之前的最后一步。法庭不再宣告无罪判决。它只宣告死刑判决。

每天早上，阿德里安娜都在紧张地听取名单，但官员们从来没有念到她的名字。阿德里安娜不知道，古弗尼尔·莫里斯和新任美国大使詹姆斯·门罗正不惜一切代价为她上下打点。门罗是托马斯·杰斐逊的年轻门徒，也是拉法耶特的老战友，两人曾经在大陆军一起服役。尽管门罗仍然有公职在身，但他还是与莫里斯一起对法国政府的同行明确透露，拉法耶特在美国非常受人爱戴，如果他的妻子被处决，听闻此噩耗的美国人将会非常不安，这种不安可能会导致美国放弃中立政策，进而对某个国家宣战。莫里斯告诉法国官员："拉法耶特一家在美国深受爱戴……因此拉法耶特的妻子如果遭遇不测，恐怕会削弱美国人对法兰西共和国的支持。这只会有利于亲近英国的党派，因为他们肯定会歪曲报道这里正在发生的事情。因此我不得不认为，让这位女士活着，会对这个政府造成最小的影响。"[26]尽管美国人无法确保阿德里安娜被释放，但革命法庭还是不敢把她提交审判。正是革命法庭的这种忌惮救了她的性命。

阿德里安娜的其他家人就没有如此幸运了。1794 年 7 月 21 日，阿德里安娜的姐姐、母亲、祖母都受到革命法庭的审判。荒唐可笑的是，检察官指控她们与被关押在卢森堡宫的其他囚犯密谋推翻政府。正式的指控是"计划瓦解国民公会、刺杀公安委员会成员"。[27]当检察官审问阿德里安娜的祖母时，她回答道："你到底在说什么？你必须体谅我，我的耳朵很聋，我听不到你说什么。"检察官反驳道："所以你是个耳聋的密谋者！"[28]旁听者哄堂大笑。三位女士都被判处死刑。

当天晚上，她们被带到御座广场（place du Trône，如今的民族广场），这一批总共有 45 个不幸的灵魂。押送车停下来，车上的犯人逐一被领上断头台。一位忠诚于诺瓦耶家族的年轻神父见证了她们的死亡。那位神父写道："达延夫人是第十个。她抬头看着我，仿佛她很高兴，因为她总算是死在她女儿之前。"在达延公爵夫人被处斩后，"她亲爱而高贵的女儿紧随其后。当我看着那位年轻女士时，我有一种感觉，她穿着一身白衣，看上去比她实际的年龄要年轻很多，就像一只甜美的小羊羔将要被割断喉咙。刚才发生在她母亲身上的事情，此时就要发生在她身上了：大量鲜红的血液从她的头颈处喷涌而出！我悄悄对自己说，她终于得到解脱了"。[29]

在她们被处决后的几天内，日益增加的恐惧、厌恶、愤怒、害

309 怕以及愤慨终于沸腾。断头台此时被用来处决偷钱包的小孩子和人畜无害的老妇人。这种处决有何意义？这种处决何时结束？答案将会是……就在此时。1794 年 7 月 27 日午夜，公安委员会在一次政变中被推翻。在短短 36 小时内，罗伯斯庇尔及其党羽被逮捕、审判，并被他们自己设立的革命法庭宣判有罪。7 月 28 日，他们全部被送上断头台。在他们死后，新政府叫停了进一步的处决。阿德里安娜被释放，她发现自己终究还是活下来了，然后她伤心欲绝地发现，她的家人未能得救。生与死，仅仅相隔不到一个星期。

❧❧

　　1794 年春天，当阿德里安娜在生死边缘备受折磨时，她的丈夫也终于被移交到奥地利人手中。1794 年 5 月 18 日夜间，拉法耶特及其狱友抵达设防城市奥洛穆茨（Olmütz，如今捷克共和国的奥洛莫乌茨）。午夜过后，他们被带入监狱，此地曾是耶稣会神学院的宿舍。抵达后，奥地利人极力抹去拉法耶特存在的痕迹。按照奥地利人的惯例，这种做法的目的是"对待如此危险的人物，务必使其完全隔绝于外部世界，同时维持其性命即可，就当其不存在，让其被人遗忘"。[30]囚犯们被剥夺财产和身份，因此拉法耶特仅仅被称为"第二号国事囚徒"，而他被关押在奥洛穆茨这一事实将被彻底否认。

　　在奥洛穆茨，他们不用再住地下室了，但环境还是很糟糕。最让人难以忍受的，是奥洛穆茨监狱臭气熏天。他们的房间紧挨着警卫室的厕所，到处弥漫着恶臭难闻的气味。除了这种怪异的恶臭，还有另一种难闻的气味：紧挨监狱侧翼的那段河道正好是城市下水道的汇集处。拉图尔‐莫布尔形容这里到了夏天特别糟糕，因为"所有下水道都把城市垃圾冲到我们窗前……总是带来让人难以忍受的味道……到处弥漫着恶臭和瘟疫的味道"。[31]

最初，典狱长不允许国事囚徒走出牢房，也不允许他们拥有任何写字工具。但在几个月后，情况有所改善。他们被允许阅读经过审查的书籍清单中的书。拉法耶特还获悉，他将能够负担得起更好的食物和待遇，因为在 1794 年 3 月，美国国会通过了一个法案。美国国会对于未能争取到拉法耶特获释而感到尴尬和羞愧，因此通过了《为拉法耶特少将发放酬金法案》（An Act Allowing to Maj. Gen. Lafayette His Pay and Emoluments）。[32]这个法案为拉法耶特补发了他在大陆军服役数年间的薪酬，这是一种既能帮助拉法耶特，又不至于在法国或奥地利引发外交争端的办法。讽刺的是，拉法耶特当年加入大陆军的前提条件是自备薪水，而到最后，他却成了少数几位领到全额薪金的将军之一。这笔酬金将会存放在荷兰银行，以供拉法耶特在奥洛穆茨期间随时支取。

尽管美国国会已经帮助拉法耶特改善处境，但拉法耶特几位更加大胆的朋友还想为他做更多。由于外交努力遭遇挫折，拉法耶特在英国的几位忠实朋友组成了一个小团体，他们在德南公主的资助下，决定组织一次越狱。他们把这份差事交托给年轻的汉诺威医生尤斯图斯·博尔曼（Justus Bollmann）。博尔曼能说流利的英语、法语和德语，他伪装成懵懂无知的、在德意志乡间游历的年轻人，实际上已成为拉法耶特的秘密信使。1794 年 7 月，博尔曼第一次抵达

310

奥洛穆茨，并确认拉法耶特就被囚禁在此地。博尔曼转道前往维也纳，在那里找到一位自愿帮忙的助手：21 岁的南卡罗来纳学生弗朗西斯·休格（Francis Huger），他是休格少将的儿子，而休格少将曾经在拉法耶特抵达美国第一天晚上收留了拉法耶特。年轻的小休格正在维也纳学医，但为了与休格家族有过交情并让休格家族引以为傲的著名法国侯爵，他愿意放下一切，投身于一场冒险。

回到奥洛穆茨后，博尔曼和休格开始直接与拉法耶特联络。他们的中间人是监狱医生，此人同意传递看上去毫无问题的信件，密谋的细节将用肉眼看不见的柠檬汁以英语书写，而拉法耶特只要把羊皮纸对着火焰就能看见。拉法耶特相信奥地利人想让他死在监狱里，因此他渴望这次密谋能够成功。拉法耶特透露，此时狱卒允许他们每周乘坐一次四轮马车穿越乡间。由于他们置身于奥地利的腹地，当局认为乘坐这种四轮马车出行是安全无害的。然而，这种出行方式提供了绝佳的逃脱机会。

1794 年 11 月 8 日，星期六，博尔曼和休格跟上了拉法耶特的四轮马车，马车上有一名平民马车夫、一名士兵和一名士官。大约下午 3 点，那辆马车停在空地上。拉法耶特与那士官下车，而那辆马车继续前往附近的客栈。拉法耶特与那名士官预计会步行到那家客栈，这样他就能顺便活动筋骨了。但当马车走远，已经来不及返回增援时，博尔曼和休格出现了。他们是骑马冲过来的，博尔曼跳下马，拔出手枪，用德语喝道："把这个人交给我们！"那名士官并未服从，反而一把抓住拉法耶特的衣领，暂时控制住了犯人，拉法耶特用英语喊道："干掉他！干掉他！"两个年轻的营救者并不想杀害任何人，因此他们上前拉开那名士官，试图解除他的武装。四个人经过短暂的打斗，拉法耶特受伤倒地，身上流着血。博尔曼把一匹马的缰绳递给拉法耶特，然后吆喝道："去霍夫（Hof）！"这是主干道上的下一座城镇。但拉法耶特并不了解这个地区，还以为博尔曼说的是："离开吧！"于是他就赶紧骑马离开了。休格拿着地图和钱袋留在原地，这些东西原本是要给拉法耶特的，结果休格由于太兴奋，竟然把这件事情给忘了。

拉法耶特向北骑行，错过了通向霍夫的路口，他身上带着伤，转入一条返回的小路。拉法耶特遇到一名当地的制革工人，工人后来如此描述这段偶遇：这个陌生人身上带着可疑的创伤，身上脏兮兮的，说着"非常生硬而蹩脚的德语"，带有浓重的法语口音。[34] 制革工人把拉法耶特带到下一座城镇，并立即告知了镇长。镇长把这个陌生人叫来盘问，并由当地一名意大利人充当翻译，此人认出了拉法耶特，因为他们之前见过面。当拉法耶特被指认时，拉法耶特给镇长提供了一笔贿赂金，想趁机夺窗而逃。但镇长可不想因为一名形迹可疑的法国逃亡者而掉脑袋。镇长转而向奥洛穆茨要塞传话，报称拉法耶特已被扣押。要塞派来了一个连的士兵，前来护送逃亡的侯爵返回监狱，当时已是凌晨 4 点。拉法耶特作为自由人的时间还不到 12 小时。

休格和博尔曼也迅速被逮捕。休格试图步行逃跑，但不到 1 小时就被抓住了。博尔曼骑马逃跑，但当他按时抵达霍夫时，却找不到拉法耶特的踪迹。博尔曼沿着普奥边境骑行了一个星期，直到 11 月 16 日，他被认出并被逮捕。在接下来的审讯中，拉法耶特坚持

312

这一切都是自己的主意，这两个年轻人都只是听从命令行事。接下来的判决出人意料地轻微：博尔曼和休格得在监狱里待上好几个月，然后就会被释放，条件是永远不得踏足奥地利领土。

与此同时，因为试图逃跑，拉法耶特面临严重后果。就因为那几个小时的短暂自由，他失去了所有特权。在将近一个星期里，他甚至不被允许看医生，而他与那名士官搏斗留下的伤口还感染了，他的健康濒临崩溃。这只不过是为期一年单独监禁的开端而已，这场监禁几乎要了他的命。

━❦━

当丈夫在奥洛穆茨的越狱计划失败时，阿德里安娜仍然被关押在巴黎的普莱西学院。1794 年 9 月，许多狱友已被释放了，但阿德里安娜没有。负责阿德里安娜这桩案子的特派员与拉法耶特有私人恩怨，他坚持要让"拉法耶特的老婆"继续受到监禁。门罗和莫里斯继续为阿德里安娜到处游说。两人最终在督政府（Directory）内部找到拉法耶特的同情者，督政府是公安委员会垮台后重新建立的政府。这位同情者同意释放阿德里安娜，作为对美国的友好姿态。阿德里安娜在监狱里被关押了 14 个月，其中至少一半的时间里，她每天都觉得这天是生命中的最后一天。1795 年 1 月 21 日，阿德里安娜走出监狱。她的半数家人已被杀害，她的丈夫被藏匿在奥地利的活死人墓之内，但她自由了，而且还活着。

阿德里安娜被释放后，搬进了安托瓦内特姨妈的家。安托瓦内特是达延公爵夫人最小的妹妹，只比阿德里安娜大 3 岁，虽然在族

谱上她们是"姨妈"和"外甥女"，但她们就像表姐妹那样彼此相
待。安托瓦内特熬过了恐怖统治时期，因为她嫁给了拉法耶特的老 313
朋友塞居尔伯爵，塞居尔伯爵已成为技巧娴熟的外交官。他比自己
其他同胞更平稳地度过了革命的动荡时期，此时为曾经在恐怖统治
中受到迫害的破落贵族提供庇护。在与塞居尔一家生活时，阿德里
安娜也跟丈夫以前的情人西米亚纳夫人建立了友谊，西米亚纳也在
恐怖统治中死里逃生。尽管两位女士之间总是有点拘谨，但在经历
过大革命后，那些从旧时光里幸存下来的人总是更为亲密，往事如
烟，已经随着许多亲朋好友一起消散。

　　为了让拉法耶特一家恢复合法身份，塞居尔、詹姆斯·门罗，
以及两人各自在政府内部的联络人，为阿德里安娜及其孩子们争取
到了合法护照，这次他们采用了更加低调的家族姓氏"莫捷"。阿
德里安娜坚持让乔治首先离开欧洲。乔治设法熬过了恐怖统治时
期，但如果政治风向再次改变，他将会首先置身于危险之中。阿德
里安娜要求乔治前往相对安全的美国，她亲自写信给乔治·华盛
顿："先生，我把我的儿子交给您……尽管我未能亲耳聆听您的教
诲和感受您的善意，但我知道您的善意帮助，对于把我的丈夫从敌
人手中拯救出来是必不可少的……我对您的信任从未消减半分，正
是这种深厚而真诚的信任，让我此时把我疼爱的儿子置于美国的保
护之下……置于美国总统的特殊照顾之下，我深知总统阁下对我丈
夫的深情厚谊。"[35]乔治于1795年夏天抵达美国，这的确给美国总统
华盛顿带来了外交难题，但他的个人情感最终超越了外交考虑。他
邀请乔治到弗农山庄居住，这个十几岁的年轻人将会在那里居住

两年。

阿德里安娜自己返回沙瓦尼亚克，与阿纳斯塔西和弗吉妮娅团聚，这是劫后余生的快慰。她们曾经以为，母女之间再也无法相见了。门罗给她们汇来了更多款项，让阿德里安娜能够买回沙瓦尼亚克城堡，这座城堡原本已由一名特派员在拍卖中买下。门罗还给母女三人签发了美国护照，护照上列明她们是"莫捷一家"，是康涅狄格州哈特福德市户籍公民，哈特福德就是给拉法耶特**及其整个家族**授予公民资格的那座美国城市。不过，阿德里安娜及其两个女儿不会追随乔治的行迹跨越大西洋。正好相反，1795 年 9 月底，阿德里安娜及其两个女儿登上一艘开往汉堡的美国船。从汉堡出发，她们将会走陆路前往维也纳，阿德里安娜打算亲自在那里向皇帝陛下请求宽容和怜悯。

"莫捷一家"于 1795 年 10 月第一个星期抵达维也纳，然后开始拜访亲朋故旧。在维也纳，诺瓦耶家族不仅颇具知名度，而且颇受欢迎，阿德里安娜的一位叔父就是法国常驻大使，而且已在任超过 10 年。通过上述关系，阿德里安娜终于在 1795 年 10 月 10 日得以面见皇帝弗朗茨一世。当阿德里安娜被领到皇帝所在的房间时，皇帝颇感意外，因为面对面站着的竟然是拉法耶特的妻子。皇帝允许阿德里安娜说出她的请求，但在阿德里安娜说完后，皇帝却说："我同意你的请求，［但］关于他的自由，于我而言绝无可能，因为就连我也受到掣肘。"[36]阿德里安娜勇敢反驳道："没什么比把丈夫还给他的妻儿更简单的了。"[37]

但这**的确**是一个复杂的问题。皇帝从普鲁士人手上重新接收国事囚徒的条件是，他永远不得释放这些国事囚徒。由于无法确保丈夫的自由，阿德里安娜退而求其次，请求获允在她看来最好的安排：把她与拉法耶特关押在一起。皇帝并未拒绝这个请求，而是说："我同意。你会发现拉法耶特营养状况良好，而且受到良好对待……你的出现将会让他更加愉悦。你会与典狱长友好相处。在监狱里，人们只知道囚犯的号码；但我们都知道你丈夫的盛名。"[38]

带着皇帝本人亲笔签名的文件，阿德里安娜、阿纳斯塔西和弗吉妮娅于 10 月 15 日抵达奥洛穆茨的监狱。当三位女士走进牢房的门时，拉法耶特简直不敢相信自己的眼睛。自从上次失败的逃跑计划后，已经过去整整一年了，而且他在这一年里完全与世隔绝。片刻震惊过后，就是涕泪交流的欢喜团聚，但弗吉妮娅后来回忆道："历经三年的囚禁——最后一年是彻底的单独禁闭……父亲承受了所有形式的痛苦，这严重影响了他的健康。父亲脸上的表情是惊恐万状的。"[39]阿德里安娜给一位关心他们的朋友写道："我会告诉你，我们发现他在绝对的单独禁闭中，他甚至不知道我们所经历的可怕厄运。据说监狱里禁止向他提及我们是否还活着，包括孩子和我的近况都不能提，因此他只能在担惊受怕中日渐消瘦，他的胸口承受着可怕的疼痛。"[40]不过，阿德里安娜也说："你知道，虽然他的精神和肉体都承受着折磨，但他的灵魂是坚定而甜蜜的……他的个性没有丝毫改变，他的脾气也没有丝毫失控。"[41]

一家团聚是快乐无边和充满关爱的，但弗吉妮娅说拉法耶特害怕她们会带来可怕的消息。弗吉妮娅说："我的父亲，在这突然团聚所带来的短暂快乐后，便再也不敢问任何问题了。他知道法国经

315

历了一个恐怖时期，但他并不知道受害者的名字。一天下来，父亲什么都不敢再问，而母亲也没有勇气解释。直到晚上，当牢房上锁时，姐姐和我睡在相邻而独立的房间，母亲才告诉父亲，她失去了祖母、母亲和姐姐。"[42]

家人的到来，结束了拉法耶特三年的持续孤独状态。熬过了这几年，还能够身心无损地坚持下来，足以证明拉法耶特的临危不惧和坚韧毅力，但他认为没有人应该遭受或忍耐这样的折磨。拉法耶特后来说，"孤独禁闭是一种残酷的惩罚，那些为这种惩罚叫好的人应该亲身体验一下"，而他"把孤独禁闭视为所有痛苦的极致"。[43]拉法耶特把自己所遭受的不可修复的伤害，视为这种惩罚无法使人改过自新的证明。拉法耶特说他"看不出这种惩罚有任何改造意义，他之所以被监禁，是因为他希望人民以革命反对专制，而经过他孤独反思后，他的想法没有任何改变"。[44]拉法耶特倒是**学会了**一样东西：单独禁闭是一种异常残酷的惩罚，这种惩罚完全于事无补。

阿德里安娜很快便发现，皇帝关于拉法耶特所处的囚禁环境的描述完全是误导。阿德里安娜写道："无论皇帝说得多么天花乱坠，这里只有昆虫、恶臭和污垢。"[45]过了几天，在亲眼看到这里的环境有多么糟糕后，阿德里安娜要求改变现状。这些要求最终传到了维也纳。几个月后，拉法耶特一家收到皇帝的回复："拉法耶特夫人及其女儿们是自愿去体验监狱环境的，这种环境是法律规定好的，她的丈夫与其他所有国事囚徒都应该遵守法律规定。"[46]如果女士们不喜欢这个环境，女士们可以在任何时候自由离开。但如果离开就是选择，那等于没有选择。阿德里安娜回应道："我们的感觉是相同的，我们三个都真心认为，我们与拉法耶特先生在一起会更开心，即使是在监狱里，也比在其他没有他的地方更好。"[47]

因此，一家人就这样安顿下来。阿纳斯塔西和弗吉妮娅睡在另一个独立的房间，但在醒来后，她们就来到拉法耶特的房间，与父母待在一起。一天又一天，一周又一周，一月又一月，一年又一年。奥洛穆茨的夏天闷热得让人窒息，冬天寒冷得让人冻僵。一家四口都经常生病。拉法耶特的胸腔感染继续折磨着他，他现在已经完全消瘦了。1796 年春天，阿德里安娜病得奄奄一息，她承受着皮疹、偏头痛、关节炎和胃痛的折磨，所有病情相互叠加。这些症状时好时坏，但永远无法痊愈。有一次，阿德里安娜生命垂危，家人请求允许阿德里安娜离开监狱，去看真正的内科医生。典狱长允许了，但又提出离开了就不许再回来。阿德里安娜清楚地表明了自己的立场："他们不能让我单独离开这里，除非与拉法耶特先生一起走，或者，他们把我的尸体拖出去。"[48]

❧

有好几次，拉法耶特一家相信，他们将要死在监狱里了。但多亏了仅有的几次通信，他们知道朋友们正在外面为他们到处奔走。拉法耶特一家受到阴险狡诈的欧洲君主的残忍囚禁，这让一家人成为大西洋两岸家喻户晓的著名人物。"奥洛穆茨的囚徒"的困境成为一系列歌曲、戏剧、诗篇和绘画的灵感来源。热尔梅娜·德·斯塔尔（Germaine de Staël）是雅克·内克尔的女儿，此时已成为大受欢迎的作家，比她的父亲更有名气，她把笔触转向拉法耶特的事业，要求法国政府记得他们被抓捕的子民。

317 终于，就连乔治·华盛顿也试图出手干预。华盛顿说他对拉法耶特继续被囚禁而感到激愤，这种情绪"因拉法耶特儿子有目共睹的悲伤升温。他现在在我身边，每天为父母的悲惨命运而悲伤苦恼。目睹此情此景，我也感到心酸不已，这促使我采取进一步的行动"。[49]华盛顿给皇帝弗朗茨起草了一封私人信件，并向皇帝强调，自己并不是以美国总统的身份写这封信的。华盛顿说："我国民众普遍存在这样的感受，而我也保持着这种强烈而热诚的感觉，感谢拉法耶特侯爵为我国民众所提供的服务，而我与他的友谊也是持久而真诚的。因此，自然而然地，我应该对正经历种种不幸的他以及他的家人报以同情，并尽力减轻他们的痛苦。在这些不幸中，又以他目前所承受的监禁最为不幸。陛下，请允许我……向您提出恳求，请允许他来到我国，至于允许他离开的前提条件和后续限制，还请陛下认真考虑并明确示下。"[50]

不过，华盛顿的恳求完全无用。皇帝并不打算交出拉法耶特，而与他平起平坐的欧洲各国君主也不会对他施加非官方的压力，以迫使他回心转意。当拉法耶特在英国议会的朋友向英王乔治三世陈情，请求他为拉法耶特说句公道话时，国王反驳道："且不论这位绅士针对我国的所作所为有多让人反感，他的那些行为本身就不允许我为他辩护，而且我看不到有任何理由，让我国或其他任何国家，去动用政府权力为一个外国人出头。"[51]于是，一切还是老样子。

通常情况下，当有人对人道主义的呼吁充耳不闻，就不得不动用武力手段来匡扶正义了。武力手段最终打开了奥洛穆茨监狱。欧洲战争已经持续了五年之久。法国从阵脚大乱的绝望防守，发展到建造起强大的战争机器。及至此时，全民动员、军功晋升、统制经济，这些为了赢得战争而采取的措施，终于见到成效。1794 年，普鲁士在法国的反击中退出战争。法国军队此时在莱茵河东岸对奥地利人作战。对于拉法耶特一家来说，法国在战场上赢得胜利，可能是他们离开奥地利的唯一希望。1796 年 7 月，阿德里安娜在给德南公主的信中写道："只有法国军队的成功，才能迫使这些人接受和平，让我们有望借助一则法条，甚至一纸法令……离开这里。"[52]

最终把拉法耶特一家解救出狱的是一位年轻的将军，他的名字　318
是拿破仑·波拿巴。波拿巴是现代战争新纪元的典型奇才。波拿巴于 1769 年出生于科西嘉岛（Corse）的小贵族家庭，年轻的波拿巴天资聪颖，这让他得以前往法国本土接受教育，然后在声望卓著的巴黎军事学校（École Militaire）接受军官教育。当大革命于 1789年爆发时，年轻的波拿巴成为狂热的雅各宾派。在战争于 1792 年开始后，他得到罗伯斯庇尔的兄弟的赏识，这让他崭露头角，但在公安委员会垮台后，他也几乎受到致命的牵连。但波拿巴幸存下来了。1795 年 10 月，他驻扎在巴黎，当保王派叛乱威胁到督政府时，波拿巴将军负责保卫政府。他凭借著名的"葡萄弹攻势"粉碎了叛乱，作为回报，督政府授予他北意大利战役的指挥权。[53]

在接下来这一年里，时年 26 岁的波拿巴将军打了一连串漂亮仗，积累了勇气、胆识、战术素养、战略眼光，以及不惜一切代价赢得战争的无情与决心。波拿巴的军队以急行军快速通过阿尔卑斯山区，直扑奥地利，并于 1797 年 1 月赢得决定性的里沃利战役（Battle of Rivoli）的胜利。奥地利政府不得不面对严峻的现实：法国军队已在通往维也纳的大道上虎视眈眈了。皇帝弗朗茨别无选择，只能求和。

波拿巴在战场上的胜利，意味着他能够任意提出谈判条款。例如，他能够坚决要求对方释放法国的战争俘虏和国事囚徒。波拿巴从未见过拉法耶特，但被关押在当地的人们告诉拉法耶特："从谈判的第一天起……波拿巴就提到我们了。"[54] 法国政府支持这个要求，指示波拿巴道："如果有可能的话，当场提出恢复拉法耶特、比罗-普西和拉图尔-莫布尔的自由……此事关乎民族尊严，他们应该离开关押他们的地下室，他们是因为发动革命而身陷囹圄的。"[55]

皇帝弗朗茨有他自己的民族尊严需要考虑。当谈判拖延到 1797 319 年夏天，皇帝终于同意释放拉法耶特及其他囚犯，但坚持说他之所以这样做，不是回应法国政府的要求，而是为了对美国表示友好。释放拉法耶特的命令解释道："由于皇帝陛下并未与法国人就释放以上犯人达成任何明确协议，因此美国的特殊利益就成为皇帝陛下做出以上慈善举动的最大动机；但除此之外，皇帝陛下总是非常乐意借助此次机会，向美国表达真正的友谊和善意。"[56]然而，囚犯们都知道谁才是他们的解放者。拉法耶特后来在给杰斐逊的信中写道："如果没有［法国］军事机构的辉煌胜利，以及征服者们的非凡努力，我们将永远无法离开监狱，我们最终只会步向绞刑台。"[57]

1797 年 9 月 19 日，自从在罗什福尔被关押后，已经过去将近五年了，奥洛穆茨监狱的大门终于打开，而拉法耶特侯爵也作为自由人走向外面的世界了。敌人企图把他埋进坟墓，但他活下来了。他的生命远未终结。

第三幕

共和派之吻

第十八章

拉格朗日
（1797—1814）

拉法耶特获得自由了，却是孤魂野鬼般的自由。1792 年 8 月，
当他穿越边境时，他是身家丰厚、位高权重的拉法耶特侯爵。五年
后，当他从监狱里出来时，他已经身无分文、无家可归。在法律
上，法国政府仍然把他视为违法者、叛国者、流亡者。在督政府看
来，只要他们能够确保拉法耶特从监狱里被释放，民族荣誉就恢复
了，但他们禁止拉法耶特回到法国。与此同时，他从奥洛穆茨被释
放也有一个约定条件，就是他必须离开奥地利领土，而且永远不得
回来。在逻辑上，他应该移居美国，这是地球上唯一愿意接纳他的
国家。但经过漫长的监禁后，拉法耶特一家人都有各种各样的健康
问题。拉法耶特和阿德里安娜都不适合进行跨大西洋长途旅行。即
使没有健康问题，拉法耶特也认为自己是蒙冤受屈的受害者，他的
家族声望和个人荣誉都要求他讨回公道。

还在奥洛穆茨时，被释放的囚犯及其家人们就已收到泰塞伯爵
夫人的邀请。她此时在丹麦行省荷尔斯泰因（Holstein）拥有一座
府邸，愿意为所有人提供一处安全的康复场所。抵达荷尔斯泰因

324 后，拉法耶特立即起草了一封致拿破仑·波拿巴的正式答谢信。拉法耶特在信中说："公民将军阁下，奥洛穆茨的囚徒们欣喜地知道，他们能够重获自由，完全有赖于您的威武之师，早在他们仍然身陷囹圄时，他们就已欣慰地意识到，他们的生命和自由取决于共和国的胜利，取决于您本人的光荣。他们今天怀着最为欣喜的心情，向他们的解放者致敬。"[1]这封信就是拉法耶特与波拿巴多年纠葛的开端，事实证明，两人的关系将几乎与拉法耶特同波旁家族的关系那样令人焦虑、错综复杂。

拉法耶特一家、拉图尔-莫布尔一家和比罗·德·普西一家，在泰塞伯爵夫人的府邸暂住了一段时光，等他们筹措到足够的资金，他们就在附近自行租用了一座城堡。三个家庭住在一栋大房子里，包括丈夫、妻子、孩子，还有其他亲戚。他们曾被分开关押，现在想一起度过自由的时光。一起搬进这栋房子的，还有拉图尔-莫布尔未结婚的弟弟夏尔。夏尔迅速与时年21岁的阿纳斯塔西坠入爱河，虽然两家都缺少贵族联姻所必需的金钱和地产，但这对恋人还是于1798年春天结为连理。乔治在美国待了两年，听说家人被释放后，他立即登船返回法国。拉法耶特上次看见乔治时，他还是一个12岁的小男孩。当乔治于1798年2月推开家门时，拉法耶特眼前已是一个18岁的年轻人了。

尽管仍然被各种各样的健康问题所困扰，阿德里安娜仍然不遗余力地为一家人到处奔走。阿德里安娜并**不在**流亡者名单上，而且她仍然持有在有效期内的美国护照，因此能够自由进出法国。随着1798年初夏天气回暖，阿德里安娜就带着弗吉妮娅回到巴黎，开始为家中每一个人恢复名誉。拉法耶特一家还想搬到荷兰，此时的荷兰依附于法国，被称为巴达维亚共和国（Batavian Republic），奥地利人一直试图把这个地方抢回来。阿德里安娜和弗吉妮娅收到许多礼貌的官方答复，这些答复都提到，虽然**不能**把拉法耶特的名字从流亡者名单中划去，但政府将会允许他出现在荷兰。

最终的计划仍然是前往美国。1798 年 8 月，拉法耶特在给华盛顿的信中写道："情感、责任和财富都指明，我深爱的美国海岸自然而然会是我的退隐之地。"[2] 但不幸的是，就在此时，塔列朗几乎凭借一己之力，亲手毁掉法美两国关系。在被任命为督政府的外交部长后，塔列朗竟然向美国外交官索取贿赂，以作为订立更优惠条约的价码。很难说谁在这一个过程中更感到意外：到底是美国人对于塔列朗公然索贿更感到意外，还是塔列朗对于美国人断然拒绝更感到意外？在美国，这次意外变成人所共知的"XYZ 事件"（XYZ Affair），它以卷入丑闻的三名法国官员的代号命名，从 1798 年到 1800 年，此事让美法两国心照不宣地进入准战争状态。

拉法耶特的美国朋友们劝他打消移居美国的念头，并告诉他美国国内的反法情绪日益高涨。在写于 1798 年圣诞节当天的信件中，华盛顿提醒道："你可能会陷入尴尬局面，因为美国可能会与你所属的国家公开决裂，就算事态维持现状，你也可能会陷入孤立无援的境地，这种尴尬的困境不是靠谨言慎行就能使你摆脱的。"[3] 亚历山大·汉密尔顿也在数周后的信件中确认道："在我看来，你现在最好置身事外……你将会很难开展事业，因为你在这里很难找到位置，而且难免会被边缘化，不像你在欧洲那样处于中心位置。"[4]

325

随着移居美国的梦想破灭，欧洲的事态也让拉法耶特在荷兰的处境岌岌可危。1798 年，波拿巴将军领导了一次旨在征服埃及的大规模远征，结果这次远征变成灾难性的惨败。不仅英国人彻底摧毁了波拿巴的海军舰队，而且由于法国人出现在东地中海，俄罗斯帝国和奥斯曼帝国都加入了反法同盟。随着战局逆转，及至 1799 年，反法联军终于等到入侵荷兰并再次活捉拉法耶特的大好时机。在给华盛顿的最后一封信中，拉法耶特重申："尽管要面对重重困难，我仍衷心渴望能够前往美国。"拉法耶特还提到，他可能不得不在不提前告知的情况下登船前往美国。拉法耶特在信中说："在极端情况下，我可能会突然出现在您的面前，当然，我亲爱的将军，请您相信，如果我这样做，肯定是到了非走不可的紧急时刻。"[5] 迟至 1799 年 8 月，美国驻荷兰大使威廉·默里（William Murray）在报告中提到，拉法耶特仍然认为逃往美国是迫在眉睫的选择。默里在给华盛顿的信中写道："我发现他仍然很想离开荷兰。如果他离开，他的打算就是永远留在美国。他会在弗农山庄附近购买一处农场——在切萨皮克湾上岸，然后直接去您的家中，您对他来说就如同父亲……他确信他能够说服您，他已经走投无路了，无论是现在还是将来，他在欧洲已无法立足了。"[6]

然而，当欧洲所有大门似乎都已关上时，巴黎却打开了一扇小小的窗。1799 年 6 月，西耶斯神父成为督政府五位督政官之一。西耶斯是拉法耶特的老朋友和旧盟友，他们的友谊可以追溯到黑人之友协会、三十人会和 1789 年的三级会议。西耶斯一进入政府，就单独会见阿德里安娜。阿德里安娜告诉西耶斯，拉法耶特一家害怕被重新送进监狱，请求政府允许一家人返回法国。西耶斯提醒阿德里安娜，虽然他自己抱有同情态度，但拉法耶特踏足法国的后果将会非常严重。尽管开始时并不顺利，事情却逐渐有了转机。

及至 1799 年中，塌方似的腐败和战场上的失败，让督政府越来越不得人心。像西耶斯这样的野心家正在密谋推翻督政府。1799 年 9 月，波拿巴将军戏剧性地从埃及返回法国，迅速展开密谋，打算与西耶斯、塔列朗以及其他密谋者发动政变。1799 年 11 月 9 日，阿德里安娜正好在巴黎，当时密谋者成功发动了几乎不流血的"雾月十八日政变"（Coup of 18 Brumaire）。这场政变催生了新的政府系统，即执政府（Consulate），执政府由波拿巴领导，他被称为第一执政（First Consul）。为了洗脱政变只是为了争权夺利的指控，新政府的支持者歌颂自由、平等和 1789 年原则。阿德里安娜感觉到，黄金机会来了。她立即写信给丈夫，催促丈夫立即返回法国。拉法耶特后来回忆起这次有贵人相助的经历："雾月十八日给了我一线生机，有人给我带来了以假名字签发的护照，来人告诉我，他是代表我的妻子过来的，如果我接受前往法国的安排，就必须在数日之内给他答复。"[7]拉法耶特根本就不需要什么数日之内。拉法耶特回忆道："我甚至连一秒钟都不需要考虑，2 小时后，我已经动身上路了。"[8]

1799 年 11 月，拉法耶特返回巴黎，这是他数年以来第一次踏足这座城市，上次还是 1792 年夏天他公开谴责雅各宾派的时候。拉法耶特奉行请求宽恕好过请求批准的原则，他写信给波拿巴，告知对方自己已回到法国，然后又与塔列朗私下会面，此人留任新政府外交部长。波拿巴和塔列朗都气急败坏地要求拉法耶特返回荷兰。但在阿德里安娜再次向波拿巴求情，西耶斯也支持让拉法耶特一家留在法国的情况下，执政府妥协了。拉法耶特被通过非官方渠道告知，他可以居住在法国，但必须远离巴黎，而且必须远离政坛。如果拉法耶特不给对方制造任何麻烦，对方也就不会给他制造任何麻烦。拉法耶特愉快地接受了这桩交易。他根本没兴趣制造任何麻烦，他只想回家。

※

对于拉法耶特一家来说，首选是搬到沙瓦尼亚克，但拉法耶特向年事已高的夏洛特姑妈解释道，他与执政府达成的默认协议，意味着他不能回到祖先的故乡。拉法耶特写道："一抵达此处，我就马上写信给波拿巴和西耶斯，告诉他们，我这次回来，只是为了看望您。"拉法耶特继续写道："但我回到自己出生的省份，几乎不可能不引起波澜，而这正是我要极力避免的。"[9]群众将为他回家而欢呼，这与他尽量低调、处于别人的视线之外的想法正好相反。幸运的是，阿德里安娜想尽办法，终于干脆利落地赢回了一处庄园的所有权，这处庄园是阿德里安娜的母亲留给她的，坐落在巴黎东南面大约 50 英里处，被称为拉格朗日（La Grange）庄园。由于多年无人居住，庄园里的城堡已经年久失修，但拉法耶特一家筹措到足够的资金，更换了屋顶，重新装修了房间，然后又彻底更换了地板。

从 1800 年 1 月起，拉法耶特一家就住在拉格朗日了。在其中一栋塔楼里，拉法耶特给自己设计了一个环形图书馆，这里能够俯瞰田园，他计划全身心投入耕作、育种和农业科学。他对政府承诺远离政治，这个承诺是发自真心的；而对阿德里安娜来说，这个承诺更是严肃庄重的。拉法耶特告诉阿德里安娜："我的爱人，我以我的荣誉对你发誓，我以我们所哀悼的灵魂为见证，在这个世界上，没有任何事能够说服我放弃退隐计划，既然我已经制订了退隐计划，我们就将在隐居中平静地度过我们的余生。"[10] 拉法耶特准备信守这个诺言。拉格朗日成为拉法耶特第一个真正的永久居所，多年以来，拉法耶特总是在庄园、公寓、帐篷、旅馆、营房和牢房之间跳来跳去，如今总算是安定下来了。在这个世界上，比起任何其他地方，甚至比起沙瓦尼亚克，拉格朗日更像是拉法耶特的家。

　　拉格朗日成为所有人的家。由于拉法耶特一家的财务状况和法律地位仍然摇摇欲坠，阿纳斯塔西、夏尔以及夫妻俩的新生儿都搬了进来，这个小婴儿是大家族的第一个孙辈，而且乔治和弗吉妮娅也已经搬了进来。他们也欢迎亲朋好友前来长住。然而，这种平和快乐、欣欣向荣的日子没过多久，他们就收到晴天霹雳般的噩耗，乔治·华盛顿于 1799 年 12 月去世。拉法耶特总是心怀希望，认为自己能够与亦师亦友、如父亲般的华盛顿见最后一面。让拉法耶特感到遗憾的是，他与华盛顿最后几封书信都在谈论法美两国之间的政治分歧。同样让他感到遗憾的是，自己未能参加对这位良师益友的公开悼念。华盛顿的去世掀起了一轮公开悼念和书信吊唁活动，并以大规模的国民纪念仪式为高潮，这一仪式是由波拿巴在巴黎亲自组织的。但第一执政仍然忌惮拉法耶特的潜在影响力，并未邀请他前往出席。因此，尽管拉法耶特最为珍惜"华盛顿挚友"（Friend of

Washington）这个荣誉称号，但当他的祖国向华盛顿致敬时，这位比全体法国人都更了解华盛顿的人物，只能留在家中。华盛顿曾经在大陆军营地里对拉法耶特言传身教，在大西洋彼岸通过书信为拉法耶特出谋划策，此时却只能在精神上指引拉法耶特了。

从这个令人沮丧的低谷开始，拉法耶特的社会地位有了稳步提升。随着自身的权力逐渐得到巩固，第一执政同意从 1800 年 3 月 1 日起，把拉法耶特的名字移出流亡者名单，恢复他作为法国公民的合法权利。此举为乔治获得法国陆军中尉的任命铺平道路，因为正好赶上法国陆军对奥地利人发动新一轮进攻。第一执政率军返回阿尔卑斯山区，随即于 1800 年 6 月在马伦哥（Marengo）赢得一场重大胜利。波拿巴所取得的众多军事胜利，永久地确保了他在法国本土的政治地位，也让他得以从容考虑对待拉法耶特的态度。波拿巴不再希望把两个世界的英雄推入阴影，正好相反，他准备把此人重新拉到聚光灯下。毕竟，拉法耶特既是 1789 年的英雄，也是恐怖统治的牺牲品。在波拿巴团结所有政治派系、一劳永逸地终结大革命的计划中，拉法耶特能够发挥异于常人的作用。波拿巴邀请拉法耶特到杜伊勒里宫参加招待会，以庆祝马伦哥战役的胜利。这是两个人第一次真正面对面地交谈。

1800 年 10 月，第一执政再次召来拉法耶特，这一次是为了庆祝美法两国签订新和约从而结束准战争状态。拉法耶特回忆道："出席那次活动的有美国的外交使团、好几位我的法国同事、许多位将军、波拿巴家族成员以及第一执政本人，在那两天时间里，我终于有机会与他深入交谈。"拉法耶特继续描述其中一次交谈。拉法耶特回忆道："他首先对我提及的一件事情，就是我肯定已经发现，法国人以非常冷淡的态度看待自由。我回答：'是的，但在某种条件下，他们会接受自由的。'他却说：'他们根本就是厌恶自由，比如，你们巴黎人。小店主根本就不想要自由。'"[11]拉法耶特转身离去，他相信波拿巴关于自由和平等的承诺极端可疑。在这次招待会上，拉法耶特还见到波拿巴的兄长约瑟夫（Joseph），两人建立了持续终生的长久友谊，约瑟夫试图为波拿巴家族的事业争取拉法耶特，而拉法耶特试图为自由事业争取波拿巴家族。

在与美国签订和平条约后，塔列朗问拉法耶特，是否有兴趣成为新任法国驻美国大使。拉法耶特拒绝了。他从心底里不认同执政府与日俱增的专制独裁倾向。除此之外，他还说："我告诉他们，我太像美国人，不适合在美国扮演外国人的角色。"[12]拉法耶特将会坚守原本的约定，远离政治。他不会公开批评政府，但也不会公开支持政府。这一次，当拉法耶特回到拉格朗日继续隐居时，他已下定决心，要过一种平和宁静、隐姓埋名的村居生活。

尽管两人存在政治分歧，但波拿巴与拉法耶特仍然保持诚恳的私人书信往来。拉法耶特继续敦促波拿巴坚持1789年的启蒙思想和自由理念，而波拿巴请求拉法耶特面对现实，并支持波拿巴在后革命时代实现繁荣秩序和民族光荣的计划。两人的交流坦诚而直率，以至于当有人提醒拿破仑，注意拉法耶特在政治上的敌对立场时，第一执政却说，拉法耶特"永远不会当面一套，背后一套"。[13]拉法耶特的确永远鲜明而直率地表达自己的立场。有一次，在与约瑟夫·波拿巴和康沃利斯勋爵共进晚餐时，拉法耶特为法国政治自

330

由的现状而痛心哀叹。约瑟夫面对此情此景，对拉法耶特说："我
得提醒你，康沃利斯勋爵声称你的想法仍然不合时宜。"拉法耶特
反驳道："有什么不合时宜呢？对自由的热爱吗？他以什么来反驳
我呢？以恐怖暴君的罪行和恶行来反驳我吗？他们只会让我更加痛
恨独断专行的制度，让我更加坚持我的原则。"拉法耶特向约瑟夫
保证，他不会卷入任何暴力煽动活动。"在这个国家里，我已是个
退隐的人了，"拉法耶特说，"我尽可能避免谈论政治。"但当别人
问及他对执政府的个人看法时，拉法耶特同样拒绝撒谎。他告诉约
瑟夫："无论何时何地，如果有人问我，你们的政权是否符合我的
自由理念，我只能说不。"[14]

为了争取拉法耶特，第一执政首先想到的就是暗中收买。波拿
巴知道拉法耶特债台高筑，他指示政府确认拉法耶特对拉贝尔·加
布里埃尔的所有权，那是拉法耶特在卡宴的最大一处种植园。自从
1792 年充公以来，政府从未出售这处种植园，因此如果要把它还给
拉法耶特，也只不过是填几份表格的事情而已。波拿巴立即告诉拉
法耶特，一旦种植园过户完毕，政府将会立即以 14 万里弗尔的收
购价将它买回。所有这些文书手续，一个下午就能办妥，而拉法耶
特将会带着这笔急需的意外之财离开。这份收购协议，正是拉法耶
特以贵族身份实施解放黑人奴隶试验的部分结局，这个结局相当黑
暗。按照 1794 年的解放黑人奴隶法令，他所拥有的奴隶已被释放
了，但他在阅读收购协议时，却发现他"将要放弃'那些黑人'，
以确认包括种植园土地上'所有物品'的财产权"[15]拉法耶特说：
"这第一条附注等于是要我恢复奴隶制。"拉法耶特试图删去这个条

款，他在给阿德里安娜的信中写道："我声明我不会成为任何奴隶制度的帮凶。"但律师告诉拉法耶特，这笔交易的前提条件是放弃全部所有权。拉法耶特告诉阿德里安娜："长远来说，我终究要放弃我在卡宴的所有权利和所有财产，无论这种财产的形式是什么。"[16]拉法耶特急需用钱，因此他收下了这笔钱。数周后，波拿巴颁布法令，在法国殖民地重新建立奴隶制。拉法耶特买来奴隶，想让他们获得自由，他们却在拉法耶特不再拥有他们的时候才被解放；当拉法耶特重新拥有他们时，他又只能把他们重新贩卖为奴。这就是这次高尚试验的可耻结局。

　　如果说购买拉贝尔·加布里埃尔种植园是变相贿赂，那么这次贿赂是不奏效的。在成功签订《亚眠和约》（Treaty of Amiens）后，欧洲终于自 1792 年以来首次实现普遍和平，波拿巴进一步巩固了与日俱增的专制独裁权力。1802 年 5 月，波拿巴举行全民公投，表决票上的问题是："第一执政是否应该终身任职？"公布出来的结果明显是被人为操纵的，赞成票为 3568000 张，反对票仅有 8374 张。但在微不足道的反对票中，就有拉法耶特及其儿子乔治投的。在官方登记其投票结果时，拉法耶特额外解释道："我不能投票支持这样一位执政官，除非公共自由得到有效恢复。只有到了那个时候，我才会支持拿破仑·波拿巴。"[17]拉法耶特又起草了一封致第一执政的信件，表达他个人对法国的美好祝愿和对爱国主义的支持，但他明确表示，他不能与明显转向专制独裁的政体相伴而行。在表面上，波拿巴无动于衷。当有人问到是否只有死硬的雅各宾派反对全民公投，波拿巴面无表情地说："不，有一些热情追逐自由的人也反对全民公投，如拉法耶特。"[18]但在私底下，波拿巴极为震怒。他与拉法耶特的书信往来也停止了。从那时起，这两个人会成为剑拔弩张的对手。

❦

拉法耶特反对波拿巴，既是真心的，也是务实的。反对第一执政，并不意味着试图推翻他。正好相反，拉法耶特信守对阿德里安娜的诺言：他会留在拉格朗日，投身到农耕劳作和他日益壮大的家庭中。乔治邂逅并爱上了埃米莉·德斯蒂·德·特拉西（Émilie Destutt de Tracy），埃米莉是杰出的自由主义哲学家安托万·德斯蒂·德·特拉西（Antoine Destutt de Tracy）的女儿，安托万成为这个家庭的伟大朋友，以及拉法耶特的政治盟友。这两位自由主义盟友，共同度过了长达数年的、在政治上无所作为的岁月，两人为孩子们的结合感到高兴。一年后，弗吉妮娅嫁给了年轻军官路易·拉斯泰里（Louis Lasteyrie），组成了她自己的小家庭。不久后，拉格朗日就住满孙辈了。尽管他从未放弃在公共舞台上扮演伟大角色的愿望，但拉法耶特非常满足于他的私人生活，他是农夫、丈夫、父亲和（外）祖父。

1803年2月，拉法耶特平安喜乐、无忧无虑的生活被短暂地打断。那天，他刚刚从巴黎的海军部办公室走出来，就踩在一坨冰碴上摔了一跤，把大腿骨摔断了。拉法耶特不愿意像当时绝大多数伤者那样，以残疾人的身份度过余生，他同意佩戴一个试验性的装置来帮助骨头复位。这个装置足足让他疼痛了40天，当支架终于被移除后，他的大腿上留下了深深的瘢痕。但矫正的过程大体上是成功的，他又能行走了。在其余生中，拉法耶特都是拄着拐杖慢慢行走的，这倒非常符合他作为战争老兵、革命老将的声望。而让他拄着拐杖走路的，其实是湿滑路面上的一坨冰碴，而非他作为革命军人在某处战场上所受的旧伤。

与此同时，随着波拿巴的权力越发根深蒂固，他采取了一系列激进措施，按照他的想法塑造法国。1801 年底，波拿巴派出大规模的侵略军，试图夺回加勒比海地区的殖民地圣多明各，而在大革命期间，杜桑·卢维杜尔（Toussaint Louverture）以及其他被释放的奴隶已经成功解放了这个地方。及至 1802 年底，这次远征变成几乎全军覆没的灾难，拿破仑果断决定撤出美洲。1803 年春天，拿破仑把法国声称占有的路易斯安那领地（Louisiana Territory）卖给美国。

美国总统托马斯·杰斐逊马上询问他的老朋友拉法耶特，是否有兴趣成为路易斯安那州的首任州长。杰斐逊写道："我衷心希望你此时就在此地，这样我们就能请你出任路易斯安那州州长了，州政府的驻地就在新奥尔良，这里现在是我国境内最有趣的地方，这也是我们现在所能给予的最重要的任命。我也相信，你会发现这里是一个宜居之地。"[19]1804 年 3 月，杰斐逊再次提及这次任命："我宁愿只靠你一人，而非千军万马，来保障这个地区的平静和安宁……你可以在一瞬间让这里原有的全体法国定居者忠诚于你，忠诚于美国。"[20]

拉法耶特在考虑这次任命时，看到法国闪烁的自由烛光越发黯淡了。1804 年 4 月，波拿巴踏出了权力之路上的最后一步。第一执政波拿巴帝制自为，摇身一变为皇帝拿破仑一世（Emperor Napoleon Ⅰ）。拉法耶特亲眼看着法国变成专制独裁的帝国，对此感到极端厌恶。这似乎是对 1789 年以来所有希望和梦想的最后重击，拉法耶特所参与的革命，最终留下的不是自由和平等，而是旨在征服世界的、毫不留情的军事独裁。

因此，杰斐逊让他搬到路易斯安那的建议似乎是最佳答案，但拉法耶特最终拒绝了。他回信道："你似乎相信，我到路易斯安那去能够发挥作用。我……每当想起到美国去追求不断进步的自由，就与 30 年前同样兴奋。以地方长官、宣传员或军人的身份，为这个国家服务，将会让我直到生命最后一天都感到快乐。"然而，拉法耶特不能接受这个职务，既是考虑到阿德里安娜每况愈下的健康状况，也是因为他不愿意把他的祖国抛诸脑后。这就等于承认，自由事业在法国失败了。拉法耶特说："宣布承认失败，就等于宣布去国怀乡、自我流放，以我始终怀有希望的天性，这是我万万难以接受的……我不能理解，我要如何在没人将我强行驱逐出境的情况下离开这片土地，无论它多么不堪。况且，我要如何放弃这仅存的微末希望呢？……我告诉我自己，作为革命的首倡者，我决不甘心承认，重新建立革命的真正根基已无可能，这真正的根基就是公正而慷慨的自由，一言以蔽之，就是美国那种自由。"[21]拉法耶特在新世界开始他对自由的求索，但他将会在旧世界完成这个任务。

当拉法耶特就像十几岁时那样、重新开始他对自由的求索时，那些曾经与他一起求索的友人却陆续故去。拉法耶特震惊地获悉，

他交往最久的老朋友，也是他第一位**真正的**朋友，诺瓦耶子爵，于
1804 年 1 月在军事行动中阵亡。在妻子路易丝被杀害后，诺瓦耶子
爵曾经移居费城，并在费城居住了将近 10 年，然后又回到法国军
队中服役。他是在与英国人在加勒比海地区交战时阵亡的。仅仅在
几个月后，拉法耶特又获悉，他在美国交往最久的老朋友，亚历山
大·汉密尔顿，在与阿龙·伯尔（Aaron Burr）的决斗中死去。拉
法耶特写信给早已成为汉密尔顿政治对手的杰斐逊说："我的朋友
汉密尔顿的悲惨死亡，让我深受创伤。我深信，无论你们二人的党
派有多少分歧，你总是尊敬他，而且与我一样，对他的离去深感失
落。"[22]拉法耶特的绝大多数老朋友已躺在坟墓里了。他感觉到自己
成为一个不合时宜的人了。

ᴴᴵ

　　1805 年、1806 年、1807 年，拿破仑·波拿巴几乎是在接连不
断的军事胜利的道路上一路狂飙，使拉法耶特一直处于不合时宜的
隐居状态中。总而言之，法国皇帝开始变成欧洲皇帝。拿破仑让他
的同胞兄弟充当欧洲大陆上新近创建的行省领导者和王国的国王。
例如，约瑟夫·波拿巴成为西班牙国王。在旧世界，再也没有拉法
耶特这样老道的自由捍卫者的容身之地。拉法耶特的家族成员也同
样难以立足。出于爱国者的责任，乔治和路易·拉斯泰里继续在法
国军队中服役，但拿破仑知道如何给他们使绊子。皇帝仍然对拉法
耶特投票反对他出任终身执政（Life Consulate）耿耿于怀，拒绝批
准乔治和路易的每一次晋升推荐。这两个年轻人的晋升屡屡受挫，

甚至在 1807 年初，乔治在埃劳战役（Battle of Eylau）中因挽救一位将军的性命而立下大功，也得不到晋升。两个年轻人承认，他们的职业前景因为皇帝的震怒而受到诅咒，于是双双退役。

　　然而，这也意味着他们要回家迎接这个家族最大的悲剧。阿德里安娜始终没有从奥洛穆茨的牢狱生活中完全恢复过来。她在囚禁期间患上的各种疾病总是发作，让她只能卧病在床。1807 年底，阿德里安娜的病情急转直下。她病得更重了，而且这次完全没有好转的迹象。她的孩子们把她带到巴黎，方便她去看医生。拉法耶特正在沙瓦尼亚克处理事情，但此时也赶紧北上，回到阿德里安娜身边。一家人照顾了她好几个星期，都为她最终的病情而感到忐忑不安。弥留之际，阿德里安娜告诉拉法耶特：“我将要死去了。你还有什么不满意的地方要对我说呢？”拉法耶特答道：“我亲爱的，哪里会有什么不满意呢？你总是如此可人，如此美好。”阿德里安娜问道：“所以我一直是你的好伴侣吗？”拉法耶特答道：“你一直都是。”阿德里安娜请求道：“那么，请为我祈祷吧。”拉法耶特照做了。[23] 在她生命中的最后时光，她对拉法耶特低语道：“我完完全全属于你。”[24] 阿德里安娜·德·诺瓦耶，拉法耶特侯爵夫人，于 1807 年圣诞节前夕去世，去世时年仅 48 岁。

　　阿德里安娜去世，对拉法耶特打击极大。拉法耶特写信给在奥洛穆茨的狱友塞萨尔·德·拉图尔-莫布尔：

> 在这 34 年的婚姻中，她的温柔、善良、高洁、精致和慷慨，点亮和装饰了我的生命，她为我的生命增光添彩。我已经

335

习惯了她带给我的一切，我无法在她与我之间划出界线。当她的心与我的心开始彼此交融、不可分割时，她才 14 岁，我才 16 岁。我当时就已非常确定，我爱她，也需要她，但只有到了这个时候，在失去她以后，没有了她的甜蜜陪伴、独自面对这余下的充满忧心琐事的生活时，我才意识到，我再也不可能快乐和幸福了。[25]

拉法耶特对托马斯·杰斐逊也提起过类似的感觉："在这 34 年婚姻的每时每刻，我的内心都得到极大的满足，我所遭遇的广为人知的挫折也都得到极大的补偿……在遭受这次打击以前，我承认我并不知道什么是不快乐……但此时此刻，我感觉我自己被压倒了，无法反抗。"[26]

⚜

拉法耶特此时已是鳏夫，但他仍然不太愿意参与公共生活。他已经 50 岁出头，他的生活聚焦于拉格朗日的各种计划、他的几个孩子，以及他的十几个孙子。拉法耶特说："我已成为一个相当出色的农学家了，虽然我腿脚不灵便，在走路的时候，我节约体力，设法判断和集中力量去完成那些必须完成的事。"[27]尽管他过着退隐生活，但他的政治观点是众所周知的。"我的邻居们，尤其是与我一样的农夫们，总是习惯来看我从土地所有者的视角来分析问题……不过，我总是坦率地表达我对这个皇帝的著名政体的看法，以及对看到这个政体走向终结的热切期盼。"[28]

336

　　拿破仑仍然坚信，拉法耶特是在玻璃缸里伺机而动的蛇。有一天，他在国务会议上说："先生们，我知道你们对于皇权的忠诚。全体法国人也都服从我。我知道只有一个人不服从，那就是拉法耶特：他从来不知进退。你们看他安静下来了，我告诉你们吧，他可是在等待时机呢。"[29]

　　拿破仑帝国于 1808 年达到顶峰。在拿破仑征服普鲁士和奥地利后，年轻的俄国沙皇亚历山大一世（Alexander Ⅰ）就随时准备成为拿破仑的搭档，两人构筑起从马德里到莫斯科的帝国同盟。但在达到顶峰后，拿破仑就开始盛极而衰。在西班牙，此起彼伏的起义，就像血流不止、无法痊愈的溃疡。接着，沙皇亚历山大对拿破仑的示好变得冷淡，而且对法国盟友提出的种种要求感到恼怒。这些冲突导致沙皇与拿破仑决裂，进而导致拿破仑于 1812 年做出入侵俄国的致命决定。在这场决战的前夕，拉法耶特写信给杰斐逊，分析亚历山大击败拿破仑大军的胜算："亚历山大会展开激烈战斗吗？他会请求和谈吗？无论做出何种选择，他都存在被击败或被俘虏的风险；但他如果把战争时间拖长，就很可能会让他的对手陷入进退两难的尴尬境地。"[30]

　　这是很有先见之明的见解。极端严酷的冬天，以及俄国军队实施的焦土政策，拖死了拿破仑的大军。入侵俄国变成尸横遍野的惨剧。无名无姓的尸体倒毙在田野里面和道路两旁，当拿破仑的军队向后撤退时，俄国军队就向前追击。1813 年，奥地利和普鲁士挣脱法国的枷锁，再次对法国宣战。

　　拿破仑在法国本土的合法统治，永远取决于他在法国境外的军

事胜利。在俄国遭遇挫败进而惨遭失败的消息，导致蛰伏多年的政
治反对派闻风而动。拉法耶特也开始反思自己坚决远离政治的态
度，思考是不是终于到了把拿破仑赶下御座的时候。拉法耶特提及
这个时期时说道："至于我，自从我投票反对拿破仑出任终身执政，
我就与他闹翻了，从那时起，我就不可能在这个专制政府内部参与
政治了，因为我拒绝与其同流合污。我敢说，当政府内外的人们纷
纷拜倒在他脚下时，我坚定不移地站立了 12 年。通过这种特立独
行的举动，我表明了拒绝服从、心存希望的态度。"[31]

　　拉法耶特仍然是个爱国者，他会对法国军队的失败感到痛惜。
虽然他也对拿破仑的命运感到高兴——拿破仑的狂妄自大终于遭到
复仇女神的反噬，但他也有种无能为力的感觉。他说："当我看见
拿破仑让法国落入下风，我就感到无比煎熬，因为我既无力对抗国
内的暴君，也无力对抗外国的入侵。"[32]当拿破仑黯然退出历史舞
台，拉法耶特意识到重振旗鼓的机会。他曾经答应阿德里安娜，与
她在退隐中共度余生。然而，阿德里安娜已经永远离去。是时候回
归伟大的历史舞台了。

337

第十九章

王政复辟
（1814—1815）

　　1813 年 12 月，拉法耶特来到巴黎，处理令人痛苦的私人事务。泰塞伯爵夫人去世了。泰塞伯爵夫人与其丈夫在数周之内相继去世，拉法耶特只能留在巴黎为这对老夫妻料理后事，包括继承安茹街（rue d'Anjou）8 号的房产，这处房产将会成为拉法耶特在巴黎的主要住所。

　　即使在料理完家族事务后，拉法耶特也还是盘桓在巴黎。每天都传来消息，反法同盟军队逼得拿破仑的军队节节败退。近 20 年来，战火第一次蔓延到法国本土。拿破仑颁布了全民动员法令，准备全力以赴地投入民族自卫战争，但及至此时，人们已经厌倦了这位皇帝及其战争。拉法耶特察觉到公众舆论的转向，他留在巴黎等待时机。拉法耶特写道："在 1814 年，法国已经厌倦了波拿巴的野心、专制，以及他那些永无休止的战争；他自己绞尽脑汁去扼杀公共精神……等到危险到来之日，他已成了孤家寡人。"[1]

　　尽管拿破仑在 1814 年 2 月的"六日战役"（Six Days' Campaign）中取得了辉煌胜利，但他的处境已经完全无望。拉法耶特说："拿

破仑皇帝长期以来刚愎自用，已经耗尽了法国人的忍耐力、欧陆各
国的服从性，以及上天眷顾的好运气。"[2]好运气此时已经用光了。 **339**
英军将领威灵顿（Wellington）率领的反法同盟军从西班牙北上。
与此同时，由普鲁士人、奥地利人以及俄国人组成的反法同盟大军
则从东面逼近巴黎。随着反法同盟军队步步进逼，阴险狡猾的政治
幸存者，如前任外交大臣塔列朗和长期担任警务大臣的约瑟夫·富
歇（Joseph Fouché）开始串联，他们并不打算组织最后的光荣抵
抗，而是正在组织带路党。通过秘密渠道，他们与反法同盟达成谅
解，即欧洲各国参与这场战争，只是为了打击拿破仑，并不针对法
国人民。尽管同样憎恨拿破仑，但当反法同盟军队进入巴黎，并于
1814 年 3 月 31 日在香榭丽舍大街阅兵时，拉法耶特仍然感到震惊。

　　沙皇亚历山大一世是反法同盟军占领巴黎的中心人物。从 1812
年的莫斯科，到 1814 年的巴黎，俄国以及沙皇是最早击败拿破仑
的力量。亚历山大的思想相对开明，他是叶卡捷琳娜大帝的孙子，
决心实行宽容政策。他始终坚持，只有拿破仑是敌人，法国并不是
敌人。在一则致巴黎市民的声明中，亚历山大宣布："我是法国人
民的朋友。正确和明智的做法是，支持法国建立符合当下潮流的、
强大而自由的政府机构。同盟军和我本人来到这里，只是为了保护
你们自己做决定的自由。"[3]他们是作为解放者来的，而非征服者。

　　当巴黎抛弃皇帝时，元帅们也抛弃了皇帝。元帅们把帝国军队
的残部撤退到位于枫丹白露（Fontainebleau）的王家城堡，此处位
于巴黎东南面约 50 英里处。拿破仑想继续战斗，但军官们拒绝服
从。拉法耶特说："元帅们是军队的天然代言人，他们建议波拿巴

接受自己的命运。"[4]1814 年 4 月 6 日，拿破仑宣布退位。沙皇亚历山大以及反法同盟军队为法国和拿破仑提供了极为优厚的和平条件。皇帝将会被放逐到地中海上的小岛厄尔巴岛（island of Elba），他能够保留一批人数众多的随员，而且能够享受一笔数额丰厚的年金。之所以要提供如此舒适的待遇，是为了说服拿破仑接受命运，如果他胆敢卷土重来，那将会面临更加严厉的惩罚。

340　　在拿破仑倒台后，问题来了，谁来当他的继任者呢？的确有相当多的选项。任何具有影响力的人物都不愿意恢复共和国，这个名字已经成为对内实行恐怖统治、对外实行侵略扩张的代名词。奥地利人倾向于由拿破仑的奥地利妻子玛丽-路易丝（Marie Louise）担任摄政太后，代表年仅 3 岁的儿子摄理国政，儿子成年后将会成为拿破仑二世（Napoleon Ⅱ）。但法国和其他反法同盟国家都不愿意。也有人提及，让年轻的奥尔良公爵（duc d'Orléans）路易·菲利普（Louis Philippe）担任国王，但他的父亲老奥尔良公爵在 1789 年大革命爆发时相当高调，随后又在 1793 年掉了脑袋。沙皇亚历山大个人倾向于选择让·贝纳多特（Jean Bernadotte），他曾经是拿破仑的元帅，但在继承瑞典和挪威王位后改换门庭，加入反法同盟。塔列朗则附和英国，极力推荐他们认为最为稳妥的选项：让合法的波旁王朝回来执政。波旁王朝复辟，意味着原本的普罗旺斯伯爵（comte de Provence）变成国王路易十八（King Louis ⅩⅧ）。

自从 1791 年 6 月 20 日以来，普罗旺斯伯爵就再也没有踏足过法国，当天晚上**他**设法逃脱了，而他的兄长路易十六、嫂子玛丽·安托瓦内特以及兄嫂的孩子都被扣押在瓦雷讷镇。由于兄长于 1793 年被处决，而兄长的儿子、年仅 10 岁的"路易十七"（Louis XVII）又因为革命期间得到的照料不佳而于 1795 年死去，普罗旺斯伯爵便自称为国王路易十八。在过去 20 年间，他坚持让别人称呼他为路易十八，这的确像个悲哀又可怜的笑话。在欧洲各国的城市游历过一遍后，他选择英国作为他的永久流放地并安顿下来，他在那里变得愈加肥胖，而且因为饱受痛风折磨，几乎成了残疾人。多年以来，他似乎注定要在异国他乡苟且偷生、孤独终老，他只不过是白金汉郡（Buckinghamshire）乡间一个自称为法国国王的怪人而已。但革命的车轮终于走完了闭环。经过多番劝诱哄骗和讨价还价，法国以及云集巴黎的反法同盟各国领导人终于同意，召波旁家族回国复辟。

　　塔列朗作为务实的政治家，深知 1789 年以来法国经历了太多事情，不能简单地全盘恢复旧制度。法兰西民族及其公民已经习惯了他们所拥有的权利。如果波旁家族回国执政，他们必须接受某些宪法约束。拉法耶特希望重新确立 1791 年宪法。拉法耶特写道："事实证明，这不仅是最好的方案，而且是唯一能够回到革命最初原则的方案。我们曾经确保国王及其家族并肩前行，总体而言，他们当时的言行是符合宪法主张的。回国的国王将要决定是否接受这种宪法秩序的现状、组织和演进。"[5]

　　有一句相当古老的、诙谐的话，叫作波旁家族重新掌权后，什么都没有忘记，也什么都没有学会。这个说法的意思是，波旁家族的唯一目的，就是重建被大革命所摧毁的一切，并为 25 年来的新仇旧恨来一次彻底的反攻倒算。但事实并非如此。路易十八本人就

341

是一个务实的人。他明白巨大的改变**已然**发生。他明白自己回来掌权也需要某种形式的宪法支持。因此，1814 年 5 月 2 日，在即将进入巴黎以前，路易发表声明，就其意图进行说明，他计划起草某种形式的"政府宪章"（Charter of Government）。政府宪章不会马上出台，但这份声明确保了路易于次日进入巴黎时不会遇到任何麻烦。实际上，不仅没有任何麻烦出现，大批群众还涌上街头，欢迎国王回归。人民想要的只不过是和平，而路易十八的回归就意味着和平。

❋

进入巴黎后，路易十八回到杜伊勒里宫，从 1791 年起，他就再也没有来过这里了。当新国王在宫廷里举行招待会时，拉法耶特不由自主地向他致敬。他记录道，路易"非常礼貌地接受了我的致敬"。[6]拉法耶特还记录道，他的老同学阿图瓦伯爵也礼貌地回应了他，从 1789 年起，两人就再也没有见过面了。考虑到两人曾经长期讨厌对方，波旁家族兄弟俩引人注意的礼貌表现，自然就让人受宠若惊了。但这将会是拉法耶特仅有的一次到访宫廷，兄弟俩并不是真心希望拉法耶特在场，而拉法耶特也并不是真心想去。

就是在这次招待会上，拉法耶特初次遇见奥尔良公爵路易·菲利普。相对年轻的奥尔良公爵是个高大壮实的中年人，他于 1793 年春天逃离法国，他的父亲在恐怖统治期间被斩首，而他也因此继承了公爵头衔。在逃离法国后，奥尔良公爵辗转居住在瑞士和英国，其流亡岁月的最后两年则是在美国度过的。在美国期间，奥尔

良公爵访问弗农山庄时，与年轻的乔治·拉法耶特成为朋友。拉法 342
耶特侯爵说："出于礼貌，奥尔良公爵还问及我儿子的情况，他曾
经在美国见过我的儿子……这让我不得不去拜访他……他提到我们
的流亡岁月，提到我们类似的观点，提到他对我及我的原则和个性
的各种看法，这让我改变了对其家族的固有看法。"拉法耶特离开
时，已对奥尔良公爵有了深刻印象，他把奥尔良公爵称为"唯一能
够与自由宪法共存的波旁家族成员"。[7]拉法耶特所怀有的信念，将
在多年以后开花结果。

　　拉法耶特对波旁家族复辟的谨慎态度，以及对奥尔良家族的考
虑，在与沙皇亚历山大会面之后进一步加深，当时沙皇也参加了拉
法耶特好友斯塔尔夫人的沙龙。当拉法耶特提到波旁家族似乎有所
改正时，亚历山大哈哈大笑。"改正?"他说，"他们不仅不可能改
邪归正，而且简直是无可救药。他们当中只有一个人，那就是奥尔
良公爵，具有自由主义思想，至于其他人，永远不要指望他们能做
出什么好事来。"拉法耶特回应道："陛下，如果这就是您的见解，
那么您为何要把他们带回来呢?"亚历山大说："这可不是我的错，
至少我已经尽量拖延他们回国的时间，让法兰西民族能够有时间为
他们准备一部宪法。他们像洪水一样把我淹没了。"[8]

　　拉法耶特与沙皇还谈到对即将到来的维也纳会议（Congress of
Vienna）的共同期待，包括是否有可能宣布奴隶贸易不合法。拿破
仑也许会为 1802 年在法兰西帝国境内重新恢复奴隶制而感到羞耻，
但英国人于 1807 年宣布奴隶贸易不合法，因此欧洲其他国家有可
能会跟随英国的脚步。拉法耶特说他与沙皇还"就立即废除奴隶贸

易展开讨论"。亚历山大也支持废除奴隶制，但不无伤感地说："我能够猜到［殖民地居民的］想法，他们会认为，我作为一个承认农奴制的国家的领袖，根本就没有发言权；但我国有许多地主已经准备废除农奴制了。"[9]拉法耶特在与亚历山大见面后说："他的确是一个伟大、善良、敏感、高贵的人……他还是真诚的自由之友。"[10]

　　在亚历山大颇具影响力的仁慈之举和塔列朗技巧娴熟的谈判磋商的推动下，反法同盟国家与法国终于在 1814 年 5 月 30 日签订了《巴黎条约》（Treaty of Paris）。条约的规定极为宽松。法国将会恢复到1792 年的边界，但不需要做出金钱赔偿，也不需要被长期军事占领，**并且**在即将到来的维也纳会议上，法国也将拥有一个席位，而维也纳会议将要解决后拿破仑时代欧洲所有领土争端和财政争端。反法同盟国家，尤其是亚历山大，把这种宽大仁慈视为欧洲永久和平的开端，毕竟在过去 20 年间，欧洲各国都争相把刺刀捅入对方的胸膛。

　　数日后，路易十八颁布了他多达 79 个条款的《政府宪章》。对于拉法耶特这样的自由主义者来说，这是一份相当糟糕的文件。从一开始，这份文件就把宪章的颁布日期定为国王陛下统治的第 **19** 年，这实际上是宣布，这 19 年间的历届法国政府都是非法政权。宪章的序言更加强化了这个定位："在试图重续被灾难性错误打断的时间链条的过程中，我们将我们缺席期间，祖国遭受过的所有罪恶都从记忆中抹除了，因为我们希望它有可能被从历史中抹去。"[11]让拉法耶特感到高兴的是，这份宪章包含了两院制的立法机关，议会被分为选举产生的众议院（Chamber of Deputies）和任命产生的贵族院（Chamber of Peers），宪章还承诺承认言论自由、宗教自由和出版自由。但宪章并未把上述自由定义为"权利"。立法机关也不允许自行提出法律草案：他们只能同意或反对君主提交的法律草案。

至关重要的是，拉法耶特对这份宪章所体现的政治哲学感到恼火。它根本就不是一部真正的、植根于人民主权的宪法。这份宪章被当成是路易送给臣民的免费礼物，而非国王本人也必须要遵守的宪法。拉法耶特向杰斐逊表示，"这份宪章最不符合法理之处就在于直截了当地否定了人民主权"。[12]随着事态渐趋明朗，拉法耶特后来道："我在开头几个好句子里读到几个赏心悦目的字眼，但当我看到'钦定赐予'这种立法形式时，我就看见他们走上反革命的第一步了。"[13]但拉法耶特仍然希望法国能够为权利而斗争，而又不至于沦落到爆发恐怖的革命："如果抵抗波旁家族及其党羽将会再次导致一个7月14日，那么我宁愿抗争在维护民政当局的前提下进行，并由革命中用心良苦的人们组织实施。"[14]

及至1814年夏天，巨大的危机似乎已经被和平解决。拉法耶特返回拉格朗日，他在私底下还会批评波旁复辟王朝，同时也承认的确没有更好的选择了。然后，才过了几个月，法国民众就对他们的复辟君主不再抱有任何幻想了。路易或许是个务实的人，但在他的宫廷里，许多廷臣并不务实，尤其是路易的弟弟阿图瓦伯爵。国王认为，王室必须向现实低头，而阿图瓦伯爵却带着一帮极端保王派瞎起哄，他们想恢复特权、惩办政敌。他们认为自己是历史上最大罪行的受害者，要求补偿和报复。

344

尤其特殊的是，阿图瓦伯爵及其朋友想收回他们以前的地产。但这是一个问题。历届法国政府都把没收而来的地产转卖给新主人，如果没收新主人的地产，那些新主人将会奋起反抗。国王路易试图在敌对双方间找到平衡。路易承认满腹委屈的贵族们提出的要求是正当的，但如果只是反过来没收新主人的地产，那么势必会引发一场起义，而波旁王朝将会不复存在。拉法耶特也提到这场争议，说："我们必须回想起西塞罗在马略和苏拉相继被流放后所说的话……迟到的补偿只会产生新伤害。"[15]任何试图收回昔日地产的举动，都将是愚蠢的，甚至可能是致命的挑衅行为。

然而，最大的问题还不是物质上的，而是精神上的：伤害民族自信。拉法耶特回想过去，在对大革命和拿破仑帝国辉煌成就的长篇总结中描述了这个首要问题。法国大革命不仅引入了新权利，而且让法国成为世界上最强大的国家之一。法国人民取得了以下成就：

他们推翻了所有君主，130 万人的共和国军队驱散了欧洲各国的联军；然后他们开始一系列征服行动……欧洲各国君主在这位意大利方面军的下级军官面前瑟瑟发抖，他摇身一变成为伟大民族的皇帝……让人难以置信的辉煌胜利变得习以为常，法国签发的法令通行于欧洲各国的首都；凭借欧洲被征服或被保护民族进贡的金钱，法国建造出让人惊叹的建筑；来自所有世纪、所有国家的艺术杰作，纷纷被送到巴黎的博物馆；与此同时，由于特权缠绕而成的戈尔迪乌姆之结被砍开，前途无可限量的事业向全体民众打开，那些有能力、有野心、会投机的人能够一展所长；在农业、工业、科学、艺术、思想研究、有效的卫生措施和政治观念领域，这个民族有六分之五的成就是在这短短 25 年间积累下来的，这个比例是人类历史上前所未有的！

345

在列举了法国人民取得的所有成就后，拉法耶特说："突然之间，这个民族不得不走向收缩，就像巨人被迫睡在普洛克路斯忒斯（Procrustes）的短小铁床之上，被迫在反革命者营造的屈辱环境和轻蔑偏见面前低头，这太让人难以忍受了。"[16]

在品尝到被波旁家族反攻倒算的滋味后，人们自然会渴望回到波拿巴家族统治的那些光荣的日子。拿破仑感受到这种渴望，而他就在离海岸不远处的流放地等待时机。

⚜

拉法耶特后来写道："波旁王朝的政府只花了短短 10 个月，就让这个被法国人痛恨已久的人恢复了民望。"[17]深知公众舆论转向反对波旁家族，被流放的皇帝离开厄尔巴岛，并于 1815 年 3 月 1 日在戛纳（Cannes）附近登陆，决心夺回他的皇位。一如拉法耶特所说，拿破仑代表着民族的伟大和胜利，而波旁家族代表着民族的耻辱和失败。当拿破仑抵达法国，他发现许多曾在他麾下服役的军官和士兵前来投靠他。当拿破仑向北前往巴黎时，每支被派去拦截他的军队都改旗易帜，宣布他们忠于昔日的皇帝。

当消息传来时，拉法耶特还在拉格朗日。他写道："告警的呐喊传来时，我正在拉格朗日。自从我第一次探访国王［和阿图瓦伯爵］之后，我就与宫廷再无联系了……但在最近出现的危机中，虽然选择两个阵营当中的任何一个都非我所愿，但我还是需要出现在新闻的中心，站在触手可及的范围内，如果可能的话，借此机会为美好的事业奔走呼号。"[18]拉法耶特马上赶往巴黎，他仍然认为波旁家族是两个坏选择当中没有那么坏的一个。城市中的自由派心急火燎地想阻止拿破仑的回归，在 1815 年 3 月这些让人焦头烂额的日子里，自由派举行过多次会议。拉法耶特提议，召集**所有**曾经在**任何**一届国民议会中服务的议员，按照 1789 年的原则，组成一个代表全体国民的超级代表议会。但他的建议因太不现实而被忽略了。

346 拉法耶特及其朋友们的深思熟虑根本无济于事。守卫巴黎的最后一支守备部队也倒向拿破仑，从而扫清了拿破仑通向首都的障碍。国王路易断定他毫无胜算，便于 1815 年 3 月 19 日逃往比利时城市根特（Ghent）。拿破仑于次日进入巴黎。

两个显而易见的选项摆在拉法耶特面前：要么证明他对波旁王朝的忠心，跟随国王前往根特；要么继续退隐回拉格朗日。但拉法耶特以他 20 年前的政治冲动，投身于一个危险的游戏。拉法耶特选择了第三个选项：留在巴黎，从内部对抗拿破仑。皇帝回到巴黎后，保证制定新宪法，承认政治自由，这是皇帝在之前的统治期间拒绝给予的权利。拉法耶特提醒其他自由主义者，要对拿破仑声称自己已经改变的说法保持怀疑态度。

拉法耶特最为关注他的朋友邦雅曼·贡斯当（Benjamin

Constant）。拉法耶特与贡斯当最初相识于 18 世纪 80 年代后期的自由派沙龙，但在当时并未成为朋友。18 世纪 90 年代中期，贡斯当与斯塔尔夫人开始一段错综复杂的关系，并帮助斯塔尔夫人到处游说，以争取拉法耶特被释放出狱。雾月十八日政变后，贡斯当曾经暂时服务于新组建的执政府，但在波拿巴巩固权力后就被排挤出政府了。斯塔尔夫人曾经是波拿巴最激烈的批评者之一，因此她与贡斯当离开法国，作为拿破仑专制政权的著名放逐者到欧洲各国游历。在拿破仑于 1814 年第一次退位后，贡斯当回到法国，与拉法耶特重新认识对方，进而建立了持久的友谊。

　　与拉法耶特相同，当拿破仑回归时，贡斯当留在巴黎。但不同于拉法耶特，贡斯当接受了拿破仑那虚伪的自由主义表态。拉法耶特为贡斯当的盲从轻信而感到担忧，他提醒他的朋友："只有在共和国里面，一个人才有可能成为自由人民的领导人，要么是作为总统，要么是作为督政官，他要接受持续不断的批评，也要承担法律规定的责任……在一个国家里面，自由不是无条件的，必须要有自由选举产生的代议机构，通过代议机关筹集和支配公共资金，制定所有法律，组建和解散军事力量，在报纸等完全自由的媒体上公布议会辩论记录，［并］得到所有被赋予自由权利的个人的支持……我希望确保皇帝本人能够把权力让渡给这样的代议机构；但迄今为止，我看不到他有这方面的举动。"[19]不过，贡斯当并未理会。正好相反，贡斯当与拿破仑合作，起草了《附加法案》（Additional Act），这个法案旨在使帝国宪法实现自由化。

　　就在《附加法案》颁布前夕，约瑟夫·波拿巴找到拉法耶特，

347

表示愿意帮助他在新政权里担任贵族院议员。拉法耶特拒绝了。他说自己是"人民当中的普通一员……只有人民选择了我，才能让我结束退隐状态"。[20]拉法耶特表示，他不会允许自己被**任命**到任何政治岗位上，但如果他在选举中当选，他将会为选民服务。约瑟夫满意地离开，拉法耶特还是不抵触成为议员。5 月 8 日，在新一届众议院（Chamber of Representatives）选举中，拉法耶特在他的选区获得了最多的选票。然后，6 月 3 日，当新一届众议院首次开会时，拉法耶特当选为众议院四位副主席之一。

拉法耶特与波拿巴家族的合作，让他的某些老朋友感到震惊。但拉法耶特衷心期盼拿破仑在回归权力的道路上有所忌惮，如果有机会的话，他还要把拿破仑推下悬崖。但在当时，拉法耶特首要的考虑是防止反法同盟入侵法国。拉法耶特写信给老朋友德南公主，公主此时也跟国王一起逃到根特，拉法耶特提醒公主，反法同盟的入侵也许正中拿破仑下怀。入侵将会让拿破仑"无可避免地成为护国英雄，但如果反法同盟不侵犯法国边界，让拿破仑自行面对国内问题"，他也许自己就会崩溃。[21]拿破仑需要借助军事权力来确保政治权力。如果他不需要面对战争，那么他就会暴露出作为独夫民贼的真面目，因为他正在谋取他不应享有的权威。然而，反法同盟并不打算让拿破仑未经战斗就顺利回归，他们准备动员再战。

1815 年 6 月 7 日，拿破仑抵达众议院，准备发表就职讲话。当看见拉法耶特走近时，拿破仑说："这就是拉法耶特，那个已经对我宣战的人。"[22]自从拉法耶特于 1802 年投票反对拿破仑就任终身执政以来，两人已经多年未见了。拿破仑说："自从上次有幸见到你以来，我们已经有 12 年没有见面了。"拉法耶特答道："是的，先生，已经很久没见了。"皇帝说："我发现你变年轻了，乡村的空气对你很好呀。"拉法耶特答道："乡村的空气对我很有好处。"当他们进行这番对话时，他们打量着对方。拉法耶特道："由于我们两个人都不愿垂下眼睛，我们就在那里解读对方的想法，但我发现他脸上的肌肉抽搐了，五官甚至都有点扭曲了。"[23]至于拿破仑所发表的演讲，通篇都是关于自由的陈词滥调和尊重自由民权的空洞承诺，拉法耶特形容这就像一场表演："一个老暴君正在卖力扮演着他所面对的形势迫使他扮演的角色。"[24]

拉法耶特并不是众议院里唯一敌视皇帝回归的议员。尽管众议院在皇帝的庇护之下开展工作，但他们决心看看拿破仑到底允许他们拥有多少独立性。由于战争显然无可避免，拉法耶特及其同事们表达了对为了保护"一个人，却要一个民族付出代价"的忧虑。拉法耶特说："让人感到巨大痛苦的是，如果他不在了，就能避免战争了。"[25]但避免战争是不可能的。拿破仑的元帅、军官和士兵们已经准备战斗了。他们收集大炮、刺刀、步枪、马匹和车辆，然后向北进军，力求阻止反法同盟军队会合，后者正为重新开动战争机器而匆忙行动。双方很快就会在滑铁卢（Waterloo）相遇。

〰️

1815 年 6 月 20 日，巴黎方面接到反法同盟击败拿破仑的消息。皇帝于当天深夜仓皇撤回巴黎，法兰西战役随即打响。拿破仑要求众议院和贵族院授予他独裁权力，直到他把侵略者赶出法国、结束民族危亡局面。但绝大多数众议员和参议员断定，这并非**民族**危亡之时，只不过是**拿破仑**危在旦夕。议员们拒绝授予他所要求的权力。

第二天早上，拉法耶特登上众议院讲坛，开始把拿破仑推下悬崖。拉法耶特说："此时此刻，是时候团结在旧的三色旗下了。1789 年的三色旗，是维护自由、平等和公共秩序的三色旗。只有这一面三色旗，才是我们需要去捍卫，以免外国觊觎者和国内野心家侵蚀的。"[26]他提出了一个应对目前危机的方案，其中最后一条写道："陆军大臣、外交大臣、内政大臣和警务大臣，请你们立即来到议会。"[27]拉法耶特建议解除拿破仑的权力，并以议会为中心改组民族政府。

拉法耶特的演讲，让拿破仑不得不派出他的弟弟吕西安（Lucien）前来镇服众议院。吕西安指控议员们胆小怯懦、忘恩负义、背叛国家。拉法耶特从座位上站起来，当场回应道："我们刚刚听到的讲坛上的言论简直是恶意中伤。演讲者凭什么胆敢指控国民反复无常，仅仅因为我们对拿破仑皇帝不够死心塌地吗？整个民族跟随他前往埃及的千里黄沙，跟随他进入俄国的万里荒原，跟随他打了约 50 场战役，无论他身处逆境还是顺境……仅仅是为了追随他，我们不得不为 300 万法国人哀悼，他们已全部血洒疆场！"[28]

当天晚上，拉法耶特参加了一个委员会，大约 30 名高级官员和各部大臣讨论当前危机。拉法耶特坦率地说："我建议我们全体去找皇帝，并当面告诉他，考虑到目前的事态，为了拯救这个国家，他有必要再次退位。"[29]但在当时，其他人都拒绝走到这一步。

　　然而，第二天，众议院就发起了对抗，当场宣布："要么解散众议院，要么拿破仑退位。"[30]议员们进一步下定决心，如果皇帝**拒绝**主动退位，议会将会宣布皇帝不称职，进而将其废黜。当天下午，拿破仑承认失败。1815 年 6 月 26 日，拿破仑宣布正式退位。拉法耶特作为一个小型代表团的成员，被派往感谢拿破仑和平退位。拉法耶特后来回忆道："我们发现他平静而安详，他以虚弱而亲切的笑容迎接我们。他既没有假装维护伟人跌落的可悲尊严，也没有表现出壮志难酬的忧郁沮丧。"[31]拿破仑只是收拾行李，前往罗什福尔，他计划在那里登上一艘护卫舰，然后自我放逐到美国。

　　在法律层面上，拿破仑主动退位，有利于他年幼的儿子，但议会两院彻底无视退位皇帝挽救其皇朝的意图。正好相反，议会两院组成了五人临时政府。拉法耶特后来说，他原本以为，他会当选为临时政府五位成员之一。但约瑟夫·富歇利用其在贵族院的地位，抢占了先机，并阻止总是爱管闲事的拉法耶特当选。

　　然后，拉法耶特又试图控制国民自卫军，他直到临死时都相信，如果议会举行公开投票，"一如在过去那样，身为国民自卫军首任司令，他很有可能会得到大部分选票，毕竟是他指导和组建了这个伟大的机构"。[32]但在议会举行这样的投票以前，富歇成功诱使议会两院把任命权授予他一手操纵的五人政府。他们迅速选出一个可靠得多的同盟者。邦雅曼·贡斯当在日记中评论道："他们就是要把拉法耶特排挤出去。"[33]

　　为了把拉法耶特彻底排除出去，临时政府任命他为代表团成员，代表将会与步步进逼的反法同盟军队接触，试探对方的意

350

图。拉法耶特说："我有理由感到不高兴：不如意的事太多了，而且他们还把我排挤到这个位置上；更让人气愤的是，我本来宁愿留在议会，全身心为宪法提出更多更好的条款……然而，我接受了特命全权大使的任命，因为我的朋友们确信，我在那里能够发挥作用。"[34]

拉法耶特和一个小型使节团骑马前往反法同盟军队的司令部，而邦雅曼·贡斯当就是这个小型使节团的秘书。特使们有理由相信，反法同盟军队将会宽大仁慈。拉法耶特说："既然他们曾经声称，他们拿起武器只是为了反对拿破仑，那么既然民族已经拒绝承认拿破仑了，他们也应该停止与拿破仑敌对了吧？"[35]然而，当特使们于 6 月 30 日抵达反法同盟军队的司令部时，他们大失所望。尽管沙皇亚历山大曾经表现出宽大仁慈的态度，也与拉法耶特私交甚好，但沙皇拒绝与拉法耶特或其同事见面。实际上，没有任何国家的首脑将会与他们见面。正好相反，特使们被带去参加由低级官员组成的会议。

在这次会议中，与拉法耶特同行的一位特使据理力争道："战争的唯一目的已经不复存在了……波拿巴已经再次成为政府监督下的一介平民，他只要求拿到一本护照，前往美国或英国。"[36]英国代表说："先生，我必须提醒你，除非你们把波拿巴交给我们，否则你们与反法同盟国之间就不可能有和平。"拉法耶特回应道："我感到非常惊讶，你们竟然对法国人民提出如此胆小懦弱的提议，你们还是跟奥洛穆茨的囚徒去说吧。"[37]拉法耶特并非波拿巴的朋友，但他并不打算让波拿巴被丢弃在奥地利人的监狱，拉法耶特知道那里意味着什么。

拉法耶特的使命失败了。使节团未能延缓反法同盟军队进逼的步伐，也未能赢得任何保证。他们被当成不受欢迎的人。与此同时，法国军队的残部向南撤过卢瓦尔河（Loire river），当地人开始谈论继续进行爱国的民族自卫战争。当拉法耶特于7月5日回到巴黎时，他似乎支持这个想法，说如果他还在政府内部，"我将会宣布奋战到底，而非屈膝投降，我将会跟随我们勇敢的军队，驻扎在卢瓦尔河两岸"。[38]但他并不在政府内部，而且也没什么民族自卫战争。

拉法耶特甚至未能为拿破仑安排一本移居美国的护照。正好相反，英国人把拿破仑关押到位于罗什福尔的拘留所。他们不会把他送到美国，而是会把他送到南大西洋上的小岛圣赫勒拿岛（Saint Helena），1821年，前皇帝将会在孤独中死去。

当议会两院等待反法同盟军队进入巴黎时，他们起草了一部新宪法，徒劳无功地希望新宪法能够得到批准。站在自己的角度，拉法耶特能够明白，他们是想为了子孙后代而写这部宪法。1789年7月11日，当他认为反动的反革命势力将会随时推翻三级会议时，他也是用了同样的字眼描述他呈献人权宣言这一举动的。此时是1815年，拉法耶特催促他的同事们撰写一部具有远见卓识的宪法："如果我们被推翻了，人民必须知道，他们到底失去了什么，他们必须夺回什么。"[39]

然而，这次他们**的确**被推翻了。反法同盟军队于7月7日进入巴黎。当众议院试图于7月8日继续工作时，议员们发现那里大门紧锁、戒备森严。拉法耶特大声问道："是英国摄政王下令锁门的吗?"[40]然后，拉法耶特召集其他众议员到他家继续开会。在很大程度上，此举是试图重演网球场宣誓，至少拉法耶特是如此希望的。但当众议员在拉法耶特家重新集合时，他们只是投票决定自行解散。

352　　当路易十八于当天晚些时候回到巴黎时，这已是他自3月19日逃离这座城市以来的第112天了。历史将这个数字四舍五入，称这个时期为"百日"（The Hundred Days）。这100多天把波旁家族的回归分为两个阶段：非常短暂的第一次复辟和较为漫长的第二次复辟。再也不会有第三次复辟了。等到下一次波旁家族被赶出法国时，他们将会一去不复返。

第二十章

古老信条
（1815—1820）

当路易十八在反法同盟军队的护送下再次返回巴黎时，拉法耶特却发现自己的社会处境和政治处境更加岌岌可危了。一方面，当路易逃往根特时，拉法耶特决定留在巴黎，这就标志着拉法耶特已成为百日政权的合作者。他可不要指望波旁家族会给他什么恩宠、礼遇或友善的言辞。但同样明显的是，拉法耶特在百日政权内部致力于推翻拿破仑。因此尽管他参与了百日政权，但没有人会把他当成波拿巴派。拉法耶特并不会受到严厉惩罚。

其他人就没有那么幸运了。如果说第一次复辟还有宽宏大量的和解精神，那么第二次复辟就以严厉报复为开端了。波旁家族的党羽为法国民众轻易重投拿破仑的怀抱而感到震怒。正如一名党羽所说，极端保王派和极端保守派断定："为了制止他们的罪恶密谋……我们需要铁腕手段、极刑处决、酷刑折磨。死亡，只有死亡，才能震慑他们的同谋、终止他们的密谋……只有在叛乱者的头脑中植入有益的恐怖，你才能防止他们的罪恶计划。只有砍下他们领袖的头颅，你才能孤立这个派系。"[1]

354　　在第二次复辟的最初几个月，法国经历了一场"白色恐怖"（White Terror），这个说法来自波旁家族的白色王旗，现在通常用来形容保王派或反动派的暴力。那些参与迎回拿破仑密谋的人，成为首当其冲的清算对象。自发形成的保王派和天主教行刑队动用私刑处死了数百人。白色恐怖随后扩大，以解决进一步的遗留问题。任何被认定为共和派、雅各宾派或波拿巴派的人，都可能遭到毒打、房屋被毁、财产充公。在南方，极端天主教徒追杀他们的新教徒邻居。政府从民政机构当中清洗了政治上不够可靠的 7 万名工作人员。当国王大权在握后，他列出了一份 54 人名单，名单上面的人在任何情况下**都不会**得到赦免。

波旁家族并非唯一感到震怒的。1815 年的《巴黎条约》就明显比 1814 年的《巴黎条约》严厉得多。所有反法同盟成员国都认为，他们之前的宽大仁慈，只换来法国人重投拿破仑的怀抱。他们此时认为，全体法国人，而不仅仅是拿破仑，需要被责打、惩罚和严加看管。新条约要求法国支付 700 万法郎赔款，以补偿反法同盟国家的损失，并进一步缩小法国的版图，15 万外国军队将会占领这个王国五年之久。

拉法耶特设法躲过了严厉清算。他并未被处死、迫害、没收财产或驱逐出境。在最近的战斗中，普鲁士人曾经占领了拉格朗日，但在撤军之后就把庄园还给拉法耶特了。最严重的、永久性的后果是他与西米亚纳夫人 30 年情谊的终结。两人的关系始终掺杂着政治：西米亚纳始终是个传统的保守主义者，而拉法耶特始终是个支持革命的社会改革者。两人的观点分歧总是导致各种问题，但拉法耶特参与百日政权的决定实在是太过分了。当路易十八逃离巴黎时，西米亚纳一路跟随。当拉法耶特**拒绝**跟随时，西米亚纳就再也不愿意回到拉法耶特身边了。两人几乎没有再说过话。

拉法耶特甚至感觉到足够安全，可以参与 1815 年 8 月举行的新一届众议院投票。尽管如此，在白色恐怖的氛围下，任何在政治光谱图上比阿图瓦伯爵更靠近左边的人，都不敢在大庭广众之下露面。于是，新一届众议院里面全都是被认为"比国王本人还要更保王的人"。国王本人称其为"无双议院"（Chambre introuvable），在英语里通常被表述为"令人难以置信的议院"（Incredible Chamber）或"难以获得的议院"（Unobtainable Chamber），但更加符合字面意思的应该是"难以再得的议院"（Irretrievable Chamber）。他们想推翻 1789 年以来发生的**一切**，而且没有任何人能够阻止他们。在参与这次毫无意义的投票后，拉法耶特再次引退到拉格朗日，重新拾起他作为农学家的私人生活，然后等待革命的车轮再次转动。

❊

1816 年夏天，西德尼·摩根夫人（Lady Sydney Morgan），一位爱尔兰小说家和旅行作家，来到拉格朗日拜访拉法耶特。她说她来到两个世界的英雄的家，"怀着朝圣般的心情，就像在不知不觉间踏进了圣殿"。拉法耶特把她请到家中，她如此形容这里的主人："当我见到拉法耶特本人，时间仿佛凝固了：他那分得较远的双眉之间没有皱纹；他那笔直、高贵的身躯透露着正直、自信和活力，如同他的思想一样。优雅、有力、体面，仍然是这个杰出人物的非凡特质。"[2]这是充满诗意的描述，但并不符合事实。时间在拉法耶特身上**留下了**印记。他走路明显有一点瘸，头上戴着假发以遮掩他的秃顶，而且比年轻时胖了很多。但考虑到他在监狱里被关了五年，其间面黄肌瘦，濒临饿死，他现在胖一点也是可以理解的。

拉法耶特乐于接待来访者，无论是朋友，还是慕名而来的崇拜者，人们把他视为自由主义原则的鲜活象征，毕竟这正是后拿破仑时代欧洲各反动国家想极力埋葬的。年轻有抱负的历史学家奥古斯丁·梯叶里（Augustin Thierry）是拉格朗日的常客，他形容拉法耶特是从被遗忘的时代里射出的一缕亮光："他仍然忠诚于自由的行为习惯，像华盛顿那样培育自己的田园，默默地践行着真正的公民美德，保持质朴与勤勉。"[3]梯叶里在晚年还回想起拉法耶特："那是我如此敬爱的人，我也如此敬重他的个性。正是在拉格朗日，我接受了关于公民实务的教育，直到我生命中的最后一次呼吸，我都会忠诚于那些伟大而高贵的原则，它们将永垂不朽。"[4]

356　　　拉法耶特尽可能远离巴黎，但他还是心满意足地看到，当极端保王派企图凭借其在众议院的压倒性多数，敢冒天下之大不韪尽可能恢复旧制度时，公众舆论瞬间被引爆了。国王路易十八倒是比他那些铁杆支持者要务实得多。国王认为，如果他们继续堂而皇之地倒行逆施，波旁家族迟早要被再次赶出法国，1816年9月，国王解散了无双议院，准备再次举行大选。

为了防止再次出现无双议院，路易放宽了选民资格。只是稍微放宽。因此，任何年满30岁、每年缴纳超过300法郎税金的成年男子，都可以享有选举权。任何年满40岁、每年缴纳超过1000法郎税金的成年男子，都可以享有被选举权，能够被选举为众议员。拉法耶特能够轻易达到这两个要求，但像他这样的人毕竟是极少数。在一个有大约3000万人口的国家里面，只有不到10万人能够成为选民。但在1816年秋天的大选中，由于白色恐怖热度消退，更多温和而明智的候选人赢得选举。在1816年大选后，接下来就要举行众议院的年度改选，更换其五分之一的席位。此举将会有望为政府创造出某种稳定性和持续性。这也让选举更加易于被操纵。

随着国王、各部大臣以及众议院转向温和行事，他们发出了放宽审查法的信号。此举让新出版的报纸杂志如同雨后春笋般在巴黎涌现。拉法耶特并非伟大的作家、哲学家或辩论家，但他想**扶持**那些比他自己更能表达他的理念的作家。由于没有其他公共角色可以扮演，拉法耶特决定投身于新闻行业。他为一份半年刊提供资金支持，这份刊物名叫《欧洲观察家》（*Le Censeur Européen*），于1817年春天出版了第一期。这份刊物主要刊登从自由主义角度分析政治问题和经济问题的文章，刊登经济学家让-巴蒂斯特·萨伊（Jean-Baptiste Say）和自由主义历史学家奥古斯特·梯叶里的作品，还用化名刊登年轻的奥古斯特·孔德（Auguste Comte）的作品。《欧洲观察家》主张自由市场经济和政治自由，这使其成为19世纪传统自由主义的中坚力量。

这份刊物同样直截了当地抨击世袭贵族的概念，这是拉法耶特坚持了30年的观点。拉法耶特鄙视贵族概念，这就意味着他此时并不喜欢别人公开称呼他为"拉法耶特侯爵"。他此时宁愿别人公开称呼他为"拉法耶特将军"，并且这最终变成他强力坚持的一个原则。他同样摒弃了所谓的贵族时尚，采用资产阶级的处事方式。低调的套装、长裤和大衣，取代了奢华的丝绸服饰。拉法耶特侯爵是衣着华丽、穿着套裤的 18 世纪花花公子；拉法耶特将军是形象沉稳的 19 世纪乡村绅士。

1817 年秋天，拉法耶特将军留意到朋友们呼吁他站出来参加众议院选举。但政府仍然**无意于**容忍自由派。波旁家族仍然害怕和讨厌**拉法耶特**这个名字。1817 年 9 月，当拉法耶特亲自在巴黎选区递交候选人申请时，政府代理人不惜动用一切代价，贿赂、恐吓、哄骗选民反对拉法耶特。拉法耶特说："毫无疑问，为了让我变得不受欢迎，他们不惜诋毁我，说我就是三色旗的化身。他们还添油加醋地说，我的候选人提名，将会导致外国部队撤军谈判失败。他们竟然还说，如果自由派选民成功了，反法同盟军队将会向巴黎进军。而这些夸大其词的造谣，简直是对我的最大夸奖，不仅在沙龙和咖啡馆里被人反复提起，甚至在选举会议上也被大声传颂。"[5]数年后，拉法耶特哀叹道："自由、平等、博爱、共和、民族和公民，这些名词并没有被用来唤醒大众，反而被我的反对者们用来唤醒记忆和恐惧，我的反对者们知道如何最大限度地利用它们。"[6]拉法耶特最终陷入低落情绪，甚至感到有些屈辱。

⸙

拉法耶特并未灰心丧气，在 1817 年的挫败后，他变得更加雄心万丈。他与一小群自由主义者密切接触，商讨如何更好地组织起来，准备参加下一次大选——其中既有坚持到底的共和派，也有波拿巴派，还有像他那样，从 1789 年至今初心不改的自由派贵族。在他们当中，有银行家雅克·拉菲特（Jacques Laffitte），他是个民望甚高的保守自由主义者，与拉法耶特具有相似的政治观点和经济观点；有马克-勒内·德·瓦耶·达让松（Marc-René de Voyer d'Argenson），他是拉法耶特 1792 年的副官，此时是拉法耶特在《欧洲观察家》的助手；还有雅克-夏尔·杜邦·德·勒尔（Jacques-Charles Dupont de l'Eure），他从第一共和国以来担任过多个政府官员职务，也曾经是特使之一，于 1815 年跟随拉法耶特出使反法同盟军队的司令部；最后还有布罗伊公爵（duc de Broglie）维克托（Victor），他是夏尔-弗朗索瓦·布罗伊的侄孙，老布罗伊曾经想当美洲总督，还曾经帮助拉法耶特前往新大陆。

在拉法耶特周围，稍微右倾的派系是迂腐地讲求合法性的自由主义者，他们被称为空论派（doctrinaires）。空论派最为著名的人物是崭露头角的历史学家、新闻记者和偶尔出任政府大臣的弗朗索瓦·基佐（François Guizot），他的父亲在恐怖统治时期被送上断头台。基佐自由主义的立论基础是务实的改革能够**防止**社会滑向革命，基佐反对拉法耶特，因为拉法耶特认为改革只是更加宏观的革命行程的第一步。上述所有人的意见各不相同，但他们总体构成了一个宽松的左派，站在政府的对立面。

为了运作 1818 年大选，乔治说拉格朗日的生活不再是那种归隐田园的场景，而是类似于一个政党的总部。乔治在给朋友的信中写道："两个多月以来，我们在拉格朗日过着像在巴黎那样的生活，我们每天都要接待很多访客，唯一不同的是我们每天早上就已开始聚集。"[7]时年 21 岁的夏尔·德·雷米萨（Charles de Rémusat）也加入这个热火朝天的群体，他最近刚刚迎娶拉法耶特的一个孙女。雷米萨比他妻子的爷爷更聪明、更洒脱、更玩世不恭。他说拉法耶特"在这个群体中有点像个专制君主，但是那种爱护别人也备受爱戴的专制君主"。[8]雷米萨还如此形容拉格朗日："［这里］缺少意见自由和个性自由所产生的多元性。这些崇高而自由的理念，曾经有幸盛行于此，但早已停滞不前，需要通过辩论来刷新……人们几乎不敢表达自己的个人主张和原创见解……在自由派当道的帝国里，基本不存在独立性。"[9]年轻的雷米萨钦佩妻子爷爷的观点和品格，但他也发现人们的信念有点食古不化、墨守成规。他在拉格朗日说："这里很有可能把人闷死。"[10]

随着新一届大选临近，摩根夫人形容道："此时此刻，法国的自由主义和公共精神比爱尔兰多了 20 倍，甚至比英国还要多。每家商店都摆满了拉法耶特及其他爱国者的画像。"[11]与此同时，梯叶里为拉法耶特写了一本简明扼要、热情洋溢的小传，它可被视为现在颇为常见的候选人小传的早期形式。梯叶里写道："您的确是对自由理解最深刻、为自由服务最热切的人物。当我思考政治理性和政治美德时，我从未能想起任何人能够与您的事迹相提并论。当我阅读您对 1789 年美好岁月的回忆时，我热泪盈眶。"而且，拉法耶特总是被与华盛顿一同提起。这本小册子的标题页写着："你们永远不要相信别人的诋毁，一个热爱自由的人，怎么可能会让公民感到害怕呢？华盛顿还把自己的军刀赠送给他呢。"[12]

信奉自由主义的独立派（indépendants）已经为 1818 年大选严

阵以待，但政府仍然把拉法耶特视为令人不安的威胁。路易十八对他最为宠信的大臣埃利·德卡兹（Élie Decazes）说："那些人已在谈论禽兽不如的拉法耶特当选的可能性了，而且这种胜券在握的言论让我烦恼不堪。"[13]国王首要的考虑是，如果法国选民开始投票给老革命者，那么说服反法同盟军队结束占领法国的计划将会被搁置。1818 年底，聚焦于外交问题的五国高峰会在亚琛（Aix-la-Chapelle）举行，五国包括：英国、普鲁士、俄国、奥地利和法国。拉法耶特的当选，可能会严重冲击关于撤走外国军队的、小心翼翼的谈判。当拉法耶特在拉格朗日附近的城市默伦（Melun）向选民提交候选提名时，乔治说政府运用了"一切手段，包括威胁、承诺、劝诱等"，以防止他的父亲当选。[14]这些手段奏效了。拉法耶特再次落选。

　　但这一次，拉法耶特还有后备计划。乔治说，主要问题是，"这个省份太靠近巴黎"。[15]在这里，政府太容易收买和恐吓选民了。但在外省，政府将会很难控制选民。在法律层面上，没有任何规则禁止选民投票给任何候选人。当然，按照惯例，候选人通常会参加家乡省份的选举，主要是因为在那里更容易找到朋友、盟友和支持者。然而，这并不是法律规定。

　　拉法耶特的后备计划在于萨尔特（Sarthe），这里是下卢瓦尔河谷（Lower Loire Valley）的一个地区，位于法国西北部。拉法耶特从未去过那里，但那里有一位自由派活动家、律师和记者——夏尔·戈耶（Charles Goyet）。1818 年夏天，他一直在那里努力动员自由派选民。在努力动员选民的同时，戈耶还联系了拉法耶特，请求允许他把拉法耶特提名为这个省份的候选人。拉法耶特自然是倾向于代表家乡当选，但按照戈耶的办法操作，如果拉法耶特在默伦落选，戈耶还能把拉法耶特的名字填在萨尔特的候选人名单上。拉法耶特在给当地一位政治盟友的信中写道："一旦默伦的选举结束，骑马信使将会出发通知我的儿子和您。在任何情况下，无论当选还是落选，我们都必须通知戈耶先生，您必须派出一个可靠的人传递消息。我们绝对不能让萨尔特的良好选民处于犹豫不决的状态。"[16]拉法耶特在默伦落选后，马上派出快马信使启动后备计划。戈耶马上让他雀小脏全的政党竞选机器开动起来。

戈耶有理由感到信心十足。在 10 月 27 日的选举中，戈耶精心选择的四名候选人得票最多。三名候选人得到绝对多数，而最近加入的拉法耶特排第四，也拿到了 48% 的选票。尽管远远超过其他候选人，但拉法耶特未能确保第二轮选举的多数。选举委员会的保守派主席试图通过推迟第二轮投票来阻止拉法耶特竞选，希望戈耶动员起来的选举团队能够各自回家。不过，戈耶有备而来，他开始散发小册子，上面写着："公民选民们，留下来，为了参与选举，留下来，直到星期五早上。如果有要紧的事情让你不得不回家，那么在星期五当天回来：直到下午 3 点，你都能保留你的投票资格。选民们！不要让你自己被阴谋诡计击败！"[17]选民们都听见了。星期五当天，即 1818 年 10 月 30 日，拉法耶特在 1055 票中获得 596 票，正式当选众议员。这是一个让政府感到震惊的转变，他们还以为一个星期之前已经把拉法耶特埋葬了。

在亚琛，首相担心拉法耶特当选将会影响他与反法同盟国家的谈判。首相说："拉法耶特……真是太过分了。他在这里造成了可怕的后果，不止一位绅士将会婉拒签署撤军协议。"[18]国王感到震怒，他害怕他的王国可能再次走向革命。第二年，一位评论家说："拉法耶特先生的当选，不仅震动了法国，而且几乎震动了整个欧洲。"[19]

　　但这未免言过其实了。反法同盟国家承认，他们继续占领法国非常不得人心。如果继续在法国驻军，他们也许就要面对真正的起义了。阿图瓦伯爵最近丑闻缠身，他在一份备忘录里面乞求反法同盟军队留在法国——因为他把外国驻军视作波旁家族统治的唯一保障——而这份备忘录竟然被泄露给媒体了。阿图瓦伯爵的奴颜婢膝冒犯了民族尊严，公众舆论变得更加反对占领。所谓反法同盟国家会因为拉法耶特当选而改变计划，未免夸大其词了。当反法同盟军队准备于1818年冬天撤出法国时，拉法耶特准备开始他在众议院的五年任期。

✦

　　1818年12月10日，在众议院开幕式上，拉法耶特是最引人瞩目的人物。摩根夫人说："当拉法耶特进入会场时，每一双眼睛都转向他，每个人都以敬佩、恐惧或期待的语气默念他的名字。"[20]在即将到来的补缺选举中，邦雅曼·贡斯当将会同样当选为萨尔特选区的众议员，从而加入拉法耶特的行列，他热心地提到拉法耶特对于自由毋庸置疑的贡献。贡斯当问道："他是否服务过或赞颂过反复无常的专制主义呢？我认为他从来没有。他在1789年想实现的，

正是他今时今日想实现的。他的见解可以归结为古老的信条，所谓
'突如其来的对话'和'突发奇想的热情'是完全不适用于
他的。"[21]

　　法拉耶特进入议会，是希望选举结果能够代表某种自由主义倾
向。当国王把他宠信的廷臣埃利·德卡兹提拔为首相时，这种希望
也得到某种支持。德卡兹认为，合理的政策，应该是争取自由反对
派的合作，而非依赖极端保守派的支持。这就意味着 1819 年将会
是适度自由化的一年，对待媒体尤其如此。拉法耶特本人对于媒体
自由的坚持如此坚定，以至于当书报审查官认定一名极端保王派记
者关于拉法耶特的丑闻报道是谣言时，拉法耶特竟然反对书报审查
官的认定。拉法耶特说："在过去 42 年里，我的生活都接受着公众
的评判。我从未要求任何作家为我说好话，也没有阻止任何人说我
的坏话，而且，虽然我对别人的好意极为感念，但我从来不回应对
我的中伤诽谤。"[22]这是拉法耶特对原则的坚守，他早在 1792 年法国
大革命期间，就受到过论敌在媒体上的中伤诽谤。

　　1819 年晚春，拉法耶特及其政治盟友成功通过一系列法律，扩
大了媒体自由。但除了在媒体立法方面取得成功以外，他们在其他
方面取得的进展相当有限。1819 年 5 月，拉法耶特在给戈耶的信中
写道："我们前进道路上遭遇的障碍实在是让人沮丧。我并不埋怨
各部大臣，我认为问题出在各省省长及其他地方官身上；但通常有
事发生就是因为他们无能为力。"[23]也就是说，即使政府**想要**更加自
由化，他们也难以推行改革。

　　眼看着波旁家族、政府官员以及更加保守的议员还在坚持死板

僵硬的保守主义原则，而非支持更为迫切的改革，拉法耶特提醒议员们，他认为毫不妥协地反对改革，正是法国大革命爆发的主要原因。在 1819 年 6 月的一次演讲中，拉法耶特道："我亲眼看见杜尔哥和马尔泽布提出深得人心的改革方案。他们却被告知，'法国民众天生就要交税，天生就爱服徭役'，因此这些爱国的大臣就成了牺牲品。"然后在 18 世纪 80 年代初期，"以做好事为荣的雅克·内克尔来了，他说：'赏赐给一位廷臣的 1000 克朗，相当于一个村庄的收入了。'国王是听进去了，但廷臣们把内克尔赶走了"。内克尔走后又来了卡洛纳，他"冒险召开了显贵会议；显贵们以捍卫特权来反对国王，然后显贵们又以捍卫特权来反对人民"。就算后来卡洛纳被解职了，他的继任者布里耶纳"又经历了更为激烈的反对"。等到三级会议终于召开了，事情已经积重难返了，而"国民议会发现自己不可能进行任何改革，除非改变一切"。²⁴数十年的彼此对抗，意味着 1789 年只能爆发革命了。

拉法耶特试图重新把法国大革命描述为可怕的灾难。没有人比 363 拉法耶特更加清楚作为个人的革命者的罪行，但他并不认为"大革命"是一件坏事。拉法耶特说："虽然说这次对历史的重构并不完美，但大革命的主要原则还是无可置疑的……因为，尽管无政府主义和恐怖政策造成了巨大损失……比如，财政破产和国内战争。尽管法国与其他所有欧洲国家进行了可怕的战斗，大革命仍然留下了无可置疑的事实：法国的农业、工业和公共教育，四分之三人口的生活舒适程度和自主性，以及……公共道德都得到了巨大提升，这是史无前例的成就。"²⁵拉法耶特的观点是，**如果没有**无政府主义、恐怖政策和国内战争，大革命那些无可置疑的积极结果本来是可以巩固下来的。如果那些拥有特权和权力的人不那么贪婪，也更加开明，结局就完全不一样了。

但站在保守派的角度，对于自由主义和大规模改革的默许，才是大革命再次降临的诱因。在 1819 年选举中，当伊泽尔省（Isère）的选民选举年纪老迈的格雷瓜尔神父时，保守派被吓坏了。格雷瓜尔是拉法耶特另一位从 1789 年起就并肩作战的老盟友，还是三十人会和黑人之友协会的成员。但当拉法耶特于 1792 年被大革命抛弃时，格雷瓜尔还是坐在国民公会里。最具爆炸性的是，格雷瓜尔曾经投票赞成处决国王路易十六。国王路易十八极为震怒，因为杀害他兄长的一名凶手竟然当选了。国王要求各部大臣动用一切权力，阻止格雷瓜尔就职。大臣们成功找到理由，取消了这次选举结果，堵住了格雷瓜尔进入众议院的道路，但这次操作真可谓千钧一发。

格雷瓜尔当选，只是让国王越来越意识到自由派的可怕。国王拒绝拉法耶特的革命史理论，他此时更加相信，开启改革的大门意味着开启革命的闸门。拉法耶特及其朋友随即受到审判，罪名是违反政治集会人数上限规定。当法官问拉法耶特，他是否认为法律适用于他所出席的集会时，拉法耶特鼓起勇气答道，这种情况从未发生在他身上，"因为这些条款与任何宪政体制都格格不入，如果把这些条款用于这些会议，或其他任何性质的会议，我都认为这是对宪章的违反和对政府的讽刺"。[26]

꠹꠹

意识到格雷瓜尔当选的后果，政府计划修订选举法，以防止以后还有这种事情发生。拉法耶特仍然保持乐观，认为形势没有那么糟糕，但到了 1820 年 2 月 13 日，整个国家都受到巨大震动，因为贝里公爵（duc de Berry）被刺杀了。贝里公爵是阿图瓦伯爵的长子，也是王位第三顺位继承人。尽管刺杀是独来独往的疯子所为，保守派却直指凶手为狂热的新雅各宾派革命者。

反动派很容易就能把贝里公爵遇刺与更大范围的自由主义革命联系起来，因为当时在西班牙也发生了爆炸性的事件。1820 年新年当天，西班牙军队在加的斯爆发兵变。自由派军官受够了国王斐迪南七世（Ferdinand Ⅶ）的反动专制统治，率兵向马德里进军，迫使国王在枪口下接受一部自由主义宪法。很容易就能把这些事件与贝里公爵遇刺联系起来，因为这两件事情仅仅相隔几周而已。

面对突如其来的、在欧洲各地风起云涌的自由主义革命威胁，国王路易十八果断终止与左派合作。国王解除了德卡兹的职务，重新建立一个右倾政府。这届新政府迅速引入了流传已久的选举法案。这个法案比拉法耶特所能想象的还要糟糕。它被称为《双重投票法》（Law of the Double Vote），法案规定在众议院设立 172 个附加议席。这些新设立的议席将会由各省的特别选举团选举产生，各省的特别选举团只会包括顶级纳税人。但参与新设立的特别选举团，并不意味着这些最富有的选民被排除在常规选举之外。于是，他们就能投两次票：一次投票给正常选举的候选人，另一次是在新设立的各省选举团内部，投票给第二批只供他们遴选的候选人。所以，这个法案被称为《双重投票法》。这项新制度能够确保选举产生压倒性的保守派多数。

1820 年春天，拉法耶特奋起反抗这种对国民自由的威胁。他认为反动派操纵选举，违反了《政府宪章》。1820 年 3 月，在一次演讲中，拉法耶特说："违反宪章就是为了取消宪章，就是为了解除国民与国王之间的相互保证。"这种违法行为将会"让我们反求诸己，让我们自行实现我们的权利和责任"。[27]拉法耶特提醒他的听众，如果一个国家的统治者违反了国民主权的根本原则，人民有可能会自行采取任何非选举手段，以恢复这些原则。

1820 年 5 月，拉法耶特继续斗争，他呼吁"回到民族、宪法、和平与宽厚的道路……我们这一代人已经厌倦革命、厌倦光荣；但人们不会容忍自己好不容易才赢得的权利和利益被任意剥夺"。拉法耶特还特别提醒年轻的激进主义者，不要眼睁睁地看着别人攻击他们的自由权利。拉法耶特说："不要强迫他们，不要威胁他们，不要让他们失去所有有用的革命成果，这只会迫使他们再次拿起神圣的束棒，捍卫永恒真理和最高正义的原则，捍卫所有自由政府都适用的原则，即任何个人和政治实体，都不得凌驾于具有良好意愿的民族之上。"[28]

这并不只是空洞的口号。在议会会场之外，大批学生被官方禁止参与政治，他们欢呼、怒骂、大张挞伐。政府指责拉法耶特这样的自由派人士煽动叛乱。自由派则谴责政府命令部队袭击和逮捕任何高呼"宪章万岁"而非"国王万岁"的人。但政府并没有搞错：拉法耶特就是在鼓动他们。

1820 年 6 月 12 日，《双重投票法》被通过。拉法耶特相信，政府犯下了巨大错误。这部法律或许能够确保众议院产生保守派多数，但公然操纵选举势必激怒公众。拉法耶特花了好几个月来告诉那些愿意听取他意见的人，公然忽略人民意愿，必然招致人民清算。此时此刻，这场清算就要到来。

第二十一章

烧炭党人
（1820—1824）

　　19 世纪 20 年代初，当自由主义革命浪潮横扫欧洲时，拉法耶特也从一名合法反对派变成一名非法密谋者。1820 年 1 月在西班牙发生的成功的自由主义起义，也于同一年夏天稍晚时候在意大利激起了类似的起义。这些起义反过来又引发了之后十年中最大的一场革命：希腊独立战争（Greek War of Independence）。拉法耶特及其朋友对这些事件感到高兴，拉法耶特也尽可能鼓励西班牙、葡萄牙、意大利、波兰和德意志邦国的革命者们。他们仿佛证明了，欧洲各国反动政府的统治已经危如累卵。诸如《双重投票法》之类的东西确保了众议员里面的保守派多数，但那些众议员几乎无法代表整个民族的意志。拉法耶特留意到，只需要人数甚少的革命者，就能在西班牙和意大利推翻专制统治。拉法耶特说："只需要几个团的士兵就能恢复科尔特斯（Cortez）政权，反过来，150 个人也可以在那不勒斯举事……三杯啤酒就能在柏林聚集起群众，并让国王长长记性。"[1]

　　拉法耶特相信自己和朋友们代表着人民的**真正**意愿，他开始卷

入旨在迫使波旁家族接受自由主义宪法的密谋活动。又或，如果波　　367
旁家族拒绝接受宪法，那就推翻他们。由于参与密谋活动，年事已
高的拉法耶特与一群更为年轻的政治活动家有了接触，这些男男女
女在 1789 年甚至还没有出生。拉法耶特不再像过去那样，批评年
轻人成事不足败事有余，此时他更关爱发展中的青年学生和青年军
官群体。拉法耶特甚至在众议院中声称：“我必须承认，关于我年
轻时法国社会的道德状况好于今日的说法是不正确的。正好相反，
我承认，公共美德、夫妻恩爱、父亲对孩子的爱、孩子对父母的
爱，这些方面在过去 30 年间不仅没有大幅退步，反而有了显著进
步。”[2]拉法耶特相信，大革命**以后**出生的世代，更加活跃，更加执
着，更能捍卫大革命的原则，也更能突破古老的偏见。

　　人们总是难以衡量，拉法耶特与 19 世纪 20 年代初期的自由派
武装起义者到底有多少联系。这是可以理解的，因为拉法耶特与他
的战友们是用密码通信的，他们甚至把可能会泄露秘密的纸张全部
烧掉。在拉法耶特六卷本的笔记、手稿和书信集中，只有少数几份
文件透露出他作为革命密谋者在 1820 年、1821 年和 1822 年的活
动。[3]但是，根据目击者证词、警方审讯记录和拉法耶特自己的记录
来看，仍有相当多的间接证据表明，他不仅参与其中，而且还展现
了卓越的领导能力。

　　即便如此，拉法耶特的确**不太**可能卷入《双重投票法》投票通
过后第一波突然爆发的自由主义革命风暴。1820 年夏天，一群激进
学生和年轻军官想复制西班牙加的斯兵变。1820 年 8 月 19 日早上，
学生们聚集在巴黎索邦区（Sorbonne），这里正是原来的科德利埃

区的中心地带，与此同时，他们在军队里的同盟者在城市东部边缘
的万塞讷城堡集结力量。士兵们原本计划向巴黎进军，与学生们会
合，然后一起冲击杜伊勒里宫。不幸的是，这场起义甚至在正式发
动之前就已失败了。一名告密者在起义发动前夕告了密。他们没有
向杜伊勒里宫进军，而是各自散去，以逃避严阵以待的当局的大规
模抓捕。尽管拉法耶特并未参与策划或执行这场失败的起义，但他
的确允许少数年轻的嫌疑人藏匿在他家中，直到他们能够安全逃脱
为止。

8月19日这场流产起义产生了两个主要后果。第一个后果是，
这场起义完全事与愿违。政府和公众舆论都更加右倾。保守派断
言，表面上平淡无奇的自由主义改革，实际上是为崇尚暴力的雅各
宾派提供掩护。即使是温和派，此时也更能容忍专制反动政策了，
一切都为了维护秩序。

第二个后果将会在接下来这一年凸显出来。少数参与8月19
日起义的密谋者穿过边境到了意大利。在那里，他们与近期在意大
利策动自由主义革命的秘密社团取得了联系，这些秘密社团将会成
为法国下一场革命起义的骨干力量：烧炭党（Carbonari）。

⚜

烧炭党人的真正起源被包裹在似是而非的神话传说中。这个称
谓是指"烧炭的人"（charcoal burners），即中世纪欧洲那些住在深
山密林里的人。他们游离在常规的法律和秩序之外，同时受到为非
作歹的土豪劣绅和无恶不作的土匪强盗的威胁，最初的烧炭党人因

此发誓相互支持、彼此帮助、共同防卫。经过好几个世纪，这种宣誓及其彼此识别的暗号，某种程度上逐渐脱离与森林居民的连带关系，如同 18 世纪共济会逐渐脱离与石匠行会的连带关系。实际上，近代形式的烧炭党也受到共济会的巨大影响，同样以神秘的仪式、森严的内部等级以及绝对保守秘密的誓言为其特色。

烧炭党人的革命特性，于 19 世纪初期发展起来，是对拿破仑占领意大利的反应。意大利的自由战士利用烧炭党的网络，组织反法抵抗斗争小分队。其成员必须随身携带手枪和子弹，无条件服从上级下达的命令，决不透露涉及行动的只言片语。如被敌人抓捕，他们也会守口如瓶。烧炭党人率先使用松散的网络节点，即"支部"（vendite），以防止敌方渗透和己方暴露。每一名烧炭党人只能叫出其所在支部成员的名字。即使是在网络最顶端的领导人，也不知道其领导下的整个组织的所有成员。

在拿破仑时代，甚至在法兰西帝国崩溃后，烧炭党的势力不断壮大。意大利烧炭党人支持自由主义宪法原则，反对维也纳会议在意大利半岛上到处扶植反动君主。1820 年 7 月，意大利烧炭党人成功发动起义，驱逐了那不勒斯的专制主义国王费迪南多一世。8 月 19 日起义失败后，少数法国逃亡者抵达意大利，对他们抱有同情的意大利战友，教这些法国逃亡者使用烧炭党的方法、战略和战术。1821 年初，当这些法国起义者潜回法国，他们带回了一套全新的蓝图，着手在法国组建烧炭党组织，这个组织规模足够庞大，纪律足够严明，足以发动一场成熟的革命。

然而，法国的烧炭党组织略有不同。意大利烧炭党人花费好几十年从底层开始搭建他们的网络。但法国烧炭党的领导人反其道而行之，他们首先建立中央委员会，**然后**自上而下地招募成员。法国烧炭党人回到法国后，首先建立了中央支部（vente supreme），以协调招募行动。大约 20 名核心成员组建了中央支部，成员分为年轻的行动队员和年长的领导者，领导者能够为行动队提供资金、合法掩护和后勤支持，两方力量均衡。领导团队包括七名众议院自由派议员：拉法耶特的亲密朋友瓦耶·达让松和杜邦·德·勒尔，以及自由主义的忠实拥护者雅克·克什兰（Jacques Koechlin）、雅克-安托万·曼努埃尔（Jacques-Antoine Manuel）、皮埃尔-弗朗索瓦·奥德里·德·皮拉沃（Pierre-François Audry de Puyraveau）和雅克-克洛德·德·科尔塞勒（Jacques-Claude de Corcelle）。当然，还包括他们当中最为著名的自由主义拥护者：拉法耶特将军。

　　拉法耶特及其朋友们放弃选举政治，让夏尔·戈耶这样仍**未放**弃合法斗争的人士感到沮丧。在 8 月 19 日起义失败后，戈耶向邦雅曼·贡斯当抱怨道："只能指望我们这些从来不搞密谋的人了，我们永远不搞密谋，以捍卫我们亲手撰写的宪章……迟早开明的公众舆论会达到密谋永远达不到的目的。"[5]戈耶本人不得不面对针对其政治活动的持续骚扰。当警察监视戈耶这样的自由主义组织者时，考虑到他与拉法耶特以及其他形迹可疑的自由主义者的密切关系，很难不相信他是某个阴谋的地下组织者。

　　在自由派于 1820 年大选中大获全胜后，警察逮捕了戈耶，并搜查了他的房屋。当戈耶被带到法庭上时，检察官传召拉法耶特到法庭做证人。当检察官要求拉法耶特解释某些据说涉及犯罪的信件时，拉法耶特拒绝就他认为非法搜集的证据发表任何评论。拉法耶特说："就这些信件进行更加详细的解释，恐怕会给这种武断的行为和警察的阴谋提供把柄，我宁愿付诸公论。"但拉法耶特又热心地补充道："如果，我是说如果为了公共利益，信件中这些见解需要澄清的话，那么我愿意到民族的讲坛上去澄清。"[6]这是当局最不愿意看到的，因为这将会给拉法耶特以机会，让他能够为自己的事业博取同情。法官认为拉法耶特藐视法庭，并说这些有问题的信件"包含着瓦解公共秩序的破坏性原则"。拉法耶特对此答道："你持有那样的看法，我持有相反的看法，就让整个欧洲来评判我们吧。"[7]

1820 年 12 月，有 20 多名牵涉到 8 月 19 日起义的密谋者被逮捕，并在贵族院接受审判。但让人感到意外的是，贵族院议员们竟然对检察官抱有敌对态度。具有影响力的贵族院议员，极力让审判局限于有限的范围，以免尴尬地牵连到地位突出的亲朋好友。布罗伊公爵出力最多。布罗伊极力运作，让唯一能够证明拉法耶特参与密谋的证人在最后时刻被移出证人名单。这宗案件最终因为证据不足而结案。在 29 名被关押的被告人中，有 23 人被无罪释放。检察官只能致力于证明那些已经逃出国外的被告人有罪。

由于受到免予起诉、免予调查的保护，再加上作为众议员所享有的某种司法豁免权，拉法耶特在整个 1821 年间都致力于建立一个成功的革命组织。在 1821 年 6 月的一次演讲上，拉法耶特表白心迹。他指责同胞们已经忘记了旧制度的可怕，说自己曾经希望《政府宪章》能够防止政治绝对主义回归，但"这个希望已被彻底

371 摧毁"。拉法耶特说："我相信我必须声明，而且我已经指出，反革命的入侵，已经侵犯了我们所有的权利，在我看来，建立在责任基础上的新秩序只能指望我们自己了；我们曾经在议会万能论的信条之下，在现存体制内进行抗争，如今反革命已经绑架了体制，到了这个阶段，我只能承认，那些力量已无法拯救民族了。"[8] 显而易见的是，拉法耶特就差没有公开呼吁革命了。

❧❦❧

当拉法耶特呼吁全国范围内的自由派起义时，他遇到一位重要的新朋友：人称"范妮"的弗朗西丝·莱特（Frances "Fanny" Wright）。范妮及其妹妹卡米拉（Camilla）是一个富有的苏格兰家族的孤儿。她们所继承的财富，能让她们过上随心所欲的生活。作为少年老成的理想主义者，范妮为美国而着迷，她认为美国代表着人类进步的前沿。1818 年，范妮和卡米拉在美国进行了一次长途旅行，当她们返回英国时，范妮撰写了一部关于美国社会和风土民情的畅销书。范妮美丽、聪明而性急，她加入了伦敦的自由主义沙龙，并进入了杰里米·边沁（Jeremy Bentham）的朋友圈子，边沁与拉法耶特有书信往来。边沁把范妮及其著作介绍给拉法耶特，因为拉法耶特总是与任何喜欢美国的人有共同语言。

1821 年夏天，范妮·莱特访问巴黎，此行表面上是为了把她的著作翻译成法语，但更重要的是为了约见传奇人物拉法耶特将军：两个世界的英雄，以及华盛顿的朋友。范妮在给边沁的书信中描述了与拉法耶特初次见面的情形。范妮写道："我们的会面不乏喜极而泣的时刻（至少在我而言是这样的）。或许这位人类自由的可敬朋友，在看见我时就回想起了他年轻时某些最为愉快的回忆（我是指那些与美国有关的回忆），又或许他在见到我时被当时我身上的某种情绪所触动。他停留了大约 1 小时，并答应傍晚的时候再过来。"晚饭过后，两人长谈到深夜："我们面对面地聊到半夜。我们谈论的主要话题是关于美国的，虽然中间也夹杂着许多不相关的话题和插曲。"[9]两人有许多相同的见解，包括奴隶制的不道德性，以及对废奴主义的看法。二人由此开启了一段持续多年的深厚友谊。

范妮·莱特与拉法耶特的关系，引起了人们许多猜测。范妮是年轻女子，她明显仰慕拉法耶特，而拉法耶特虽然年纪渐长，但仍然具有男子气概。人们不难得出结论，两人之间肯定暗生情愫。但范妮和拉法耶特的传记作者都认为，两人的关系称得上情同父女，而不太像所谓的伴侣。范妮从未见过自己的父母，而拉法耶特同样身为孤儿，他能够对莱特的情绪感同身受。在其信件的不少段落中，拉法耶特亲切地称其为"我所偏爱的宝贝女儿"。[10]范妮则在回信中写道："您知道我就是您的孩子，被您所偏爱的孩子，被您所接纳的孩子。您给了我这个我永远不会舍弃的爱称。拥有这个爱称是我最崇高的愿望，是让我最为自豪的抱负。"[11]即便如此，在重门深锁背后，两人的真实关系仍然是个谜。

1821 年整个夏天，范妮和卡米拉一直与拉法耶特生活在拉格朗日。她们搬进了大房子，这里有乔治、埃米莉以及他们的孩子，还有弗吉妮娅及其丈夫路易·拉斯泰里以及他们的孩子。阿纳斯塔西及其丈夫夏尔·拉图尔-莫布尔住在不远处，她们的长女刚刚诞下婴儿，这让拉法耶特第一次荣升曾祖父。拉法耶特的亲生孩子最初欢迎范妮和卡米拉的到来，但不久之后就对她们的出现感到懊恼，认为她们夺去了拉法耶特的爱。

与此同时，拉法耶特对于即将到来的议会大选毫无兴趣，这次选举无非是把更多的保守派送进议会而已。实际上，他几乎已经不再对保守派的胜利感到遗憾。拉法耶特此时更加支持某种革命催化剂理论：他认为得意忘形的极端保王派难免会惹得天怒人怨，极端保王派的胡作非为，将会确保拉法耶特计划发动的全民族起义取得成功。1821 年秋天，当意料之中的选举结果出炉时，拉法耶特和乔治正忙于策动起义，他们与极少数亲密朋友和支持者密谋。范妮也参与了密谋，她很快就成为自愿的信使，奔走于英国的自由主义同情者之间。经过好几个月的策划，他们预计于年底发动起义。

⁂

373　　从现有的证据可以看到，法国烧炭党在 1821 年迅速招募了大量会员。法国军队中的上校、中尉和军士都纷纷渴望加入，要么因为他们是年轻的理想主义者，要么因为他们怀念帝国时期的光荣日子，而对波旁家族的统治感到尴尬和窒息。在平民当中，愿意加入的多数是被迫退役的卸任军官，以及渴望光荣的理想主义学生。尽管法国烧炭党网络甚广，其根基却很浅。大量感兴趣的成员并不是真正的死忠。烧炭党领导人渴望让组织尽可能迅速地扩张，这也就意味着向人们泄露组织的详情和计划，而这本来是应该绝口不提的。在这艘革命航船上有太多破洞，当这艘船开始下沉时，法国烧炭党绝大多数新招募的成员将弃船逃命。

及至 1821 年底，拉法耶特及其烧炭党战友们，认为他们已经准备好发动起义了。他们举事的地点将会是贝尔福（Belfort），这是一座在法国东部边境上的、与瑞士接壤的设防城市。当地民众已经准备好支持起义。两位主要的运动领袖，雅克·克什兰和瓦耶·达让松，是该地区的主要雇主，并在当地有较大的影响力。12 月，当地一名治安官警觉地留意到，克什兰从瑞士回来，随身带着大量硬通货。与此同时，充斥着大量烧炭党人的第 29 步兵团，最近刚刚移防到贝尔福要塞。所有细节似乎都太巧合了。最终计划倒是相对简单：第 29 步兵团的烧炭党军官将会发动兵变，而当地民众将会群起响应。然后，拉法耶特将会来到此地，宣布自己成为临时政府领导人。其他烧炭党支部被告知，把贝尔福起义视为信号，随即各自发动兵变和起义。如果足够幸运的话，在国王路易十八反应过来以前，整个国家就将全部卷入起义了。

尽管贝尔福**似乎**是个完美的机会，但这个计划其实是极为不成熟的。然而，王国另外一边的事态更是错综复杂。1821 年 12 月 23 日，法国西部城市索米尔（Saumur）的地方行政当局，在当地的骑术学校发现了某些密谋发动起义的迹象。警察和军事当局倾巢而出，并于次日布下天罗地网，此举打乱了原本正在索米尔酝酿的起义计划。由于如此众多的潜在嫌疑人纷纷潜逃，警察和当地治安官试图搞清楚哪里出了差错。他们不知道这是一个庞大的全国性组织的支部，还是一小群心怀不满、单打独斗的人。

在索米尔被破获的密谋，让当局保持高度戒备，也妨碍了贝尔福的起义。那些还在城市里的起义者想尽快转移，但拉法耶特还没有动身上路。他在拉格朗日过完了圣诞节，这始终是一件让人悲伤的事情，因为阿德里安娜在圣诞前夕去世的记忆笼罩着全家。但即使在圣诞节过后，拉法耶特还是担心贝尔福的哗变者夸大了他们对局势的把握能力。事实证明，拉法耶特的担心完全是有道理的，但他同意在1月1日继续推进起义。拉法耶特和乔治爬上四轮马车，一路向东前往贝尔福。就在父子俩动身上路前夕，一开始就参与密谋的范妮·莱特给拉法耶特写信道："目前的局面让我手足无措、提心吊胆……然而，我并不是想让您放下手头上重要的事情，来回应我空洞的言辞……写信给我吧，我的朋友——我的父亲。只言片语便已足够。但要让我尽快和经常得到您的音讯。"[12]很有可能，拉法耶特要么成为法国总统，要么被当成叛国者枪决。

直到最后，这两种可能都没有发生。拉法耶特有理由对等待他前往贝尔福的安排感到焦虑。普通士兵们向上级汇报了第29步兵团部分军官之间极为可疑的对话。然后，在1月1日，有几个连的起义者集结起来，一名忠于政府的上校刚好碰见他们，要求他们返回各自的营房。与此同时，另一名忠于政府的上校，正在与一群形迹可疑的、游荡在城门内外的武装平民紧张对峙。当那名上校试图盘问这些武装平民时，他被子弹击中受伤，而在现场的其他人随即作鸟兽散。城市立即戒严，贝尔福密谋还没开始就已破产了。事实证明，这场起义并不是星火燎原，而是容易被吹灭的风中残烛。

随着一切土崩瓦解，一名骑士飞身上马，尽快沿着主干道向西疾行，成功地在拉法耶特和乔治抵达贝尔福之前将其截住。拉法耶特父子俩绕道前往附近一位朋友家中，以免任何人问起，为何他们会正在朝已经破获秘密起义的贝尔福方向前进。但在父子俩放松下来以前，他们派出一名仆人赶往前方，让他小心翼翼地把已经提前上路的行李拦截下来，那些行李里面就有父子俩的军服。那名仆人找到行李，并带着行李穿过边境到瑞士巴塞尔（Basel），在那里把它们全部烧掉。几乎可以肯定，等到拉法耶特接下来安全返回拉格朗日时，所有泄露秘密的纸张已经全部被付之一炬了。

然而，事情至此仍未完结。1822 年 2 月，随着对索米尔密谋参与者的审判开始，名叫让-巴蒂斯特·贝尔东（Jean-Baptiste Berton）的充满理想主义的将军发动了一场堂吉诃德式的起义，导致局面彻底逆转。贝尔东声称自己领导着一支"西部国民军"（National Army of the West），呼吁爱国者团结到他的旗帜之下。但没有人响应。数天后，贝尔东及其手下的中尉们四散逃离。拉法耶特并没有明确卷入西部密谋，但在 3 月，一名候补军官被抓获，由他牵扯出拉罗谢尔要塞里的四名士官。他的供词与已经缴获的文件吻合，那些文件提到了"L 将军"（General L）。当警察在 6 月最终设计诱捕逃亡中的贝尔东时，警察利用了一名暗探，让他假扮成拉法耶特将军信任的密使。在 1821 年和 1822 年法国烧炭党的密谋中，到处都能发现拉法耶特的名字。

尽管当局尽了最大努力，但还是无法证明拉法耶特参与了密谋。在审判贝尔东将军时，一名证人证实，要进入这个群体，"需要借助烧炭党人用来沟通的卡片……拉法耶特侯爵付钱给他，要他完成这趟旅程；然后他从这些绅士那里得到指令，改道前往索米尔参与新行动"。这名证人进而形容拉法耶特是"新一轮密谋中最重要的人物之一"。[13]不过，当这名证人形容拉法耶特是一名50多岁的、留着黑色络腮胡的矮胖男子时，他就丝毫没有可信度可言了。这个荒唐可笑、相去甚远的描述，让法官不得不提醒陪审员："证人只是为了给我们留下这样的印象，即他没有接触过拉法耶特先生。这就是为何他今天修改了最初的证词，以及为何他只想提供部分真相。"[14]1822年10月，贝尔东被判犯有叛国罪，并因此被处决，但拉法耶特甚至没有受到指控。

贝尔东审判之后就是对拉罗谢尔四名士官的审判。在人们得知警察对他们严刑逼供后，这些年轻的候补军官成为受到人们同情的殉道者。人们也普遍认为，这四名士官只是被牵扯进了烧炭党的高级军官的密谋，而那些高级军官并**没有**被抓捕或起诉——在1821年和1822年所有的烧炭党审判中，这是反复上演的常态。尽管如此，这四名士官还是在1822年9月被定罪并处决，共计11名被逮捕的烧炭党人员遭到处决。其他十几名嫌疑人被关进监狱，逃往国外而永久流亡的人数则可能是这个数字的三倍。

上述审判绝大多数是针对年轻的低级军官的，而上述审判的最终结果是人们纷纷指责拉法耶特让年轻人白白送命。拉法耶特在其是否卷入密谋的问题上撒谎，躲藏在众议员的伪装背后，与此同时却让其他人付出了代价。名叫埃米尔·吉戈（Émile Gigault）的左派记者后来严厉指责拉法耶特。吉戈说："在复辟王朝的基座之下，流淌着烧炭党人的鲜血，他是其中一名主要领导人，却在绞刑台下逃脱……在［拉法耶特］所参与的众多密谋中……他总是懂得如何以别人的头颅来玩这个麻烦的游戏。"[15]但一名当时在场的烧炭党密谋者却说，拉法耶特是真心对待他的工作的，他并不是马基雅维利式的阴谋家。"他以真诚的良知参与密谋，接受扮演这个角色所要面对的一切，全身心投入他所要达成的目标。他本来会在公共广场上鼓动人们参与密谋。"如果说有什么问题的话，拉法耶特的问题在于，"他自己也被那些疯狂而危险的人欺骗了，而这些人又是他吸纳进他的核心圈子的"。[16]

受到人们喜爱的银行家雅克·拉菲特后来回想起一段对话，对话的对象是谨守教条的众议员皮埃尔·保罗·鲁瓦耶-科拉尔（Pierre Paul Royer-Collard）。拉菲特说拉法耶特不仅是密谋活动的领导人，实际上他还*想*受到公开指控。鲁瓦耶-科拉尔问道："他疯了吗？"拉菲特说，正好相反，拉法耶特是"你所遇到过的最聪明、最理性、最敏锐的人……对他来说，起义是他最神圣的责任"。鲁瓦耶-科拉尔回应道："我不太确定。拉法耶特就像一个到处寻找基座的雕像。如果他能在半路上找到一个绞刑台或共和国总统的宝座，他根本不会在乎这两者的区别。"拉菲特后来把这段对话转述给拉法耶特，拉法耶特哈哈大笑，说这么形容倒是很贴切。[17]

另一名密谋者阿尔芒·卡雷尔（Armand Carrel）同样认为，每个人都知道自己正在做什么，拉法耶特也并没有做错什么。

所有在 8 月 [19 日] 事件中牺牲自己的年轻人，无论在贝尔福，在马赛，还是在索米尔，都是自愿参与的，他们都知道自己正在做什么，也知道为什么要牺牲自己……如果他们因为自己不够成熟而暴露了自己，那也只是因为他们缺乏经验而已……领导人没有站在他们的对立面，年轻人没有受到别人的劝诱，曼努埃尔、拉法耶特，或任何他们的政治盟友，都没有雇用士官、年轻军官、学生，然后再任由他们将自己的性命断送在复辟王朝的断头台上。[18]

但卡雷尔还说过，回想起来，他们都是傻瓜："为何我们会愚蠢地认为，凭借学生和少尉的密谋，我们就能推翻受到法律和3000万法国人默认支持的政府呢？"[19]

※

随着烧炭党的威胁已被暴露和摧毁，政府将注意力转向1822年大选，决心把拉法耶特清除出众议院。拉法耶特和邦雅曼·贡斯当作为萨尔特选区众议员的五年任期即将届满，他们即将面临一场艰巨的连任竞选。当局继续骚扰戈耶和任何与他进行交易的印刷商人。当局起诉贡斯当，理由是他所申报的婚姻状况不符合事实，此举成功阻止贡斯当再次成为候选人。由于仍然未能给拉法耶特扣上任何实质性的罪名，拉法耶特在政府内部的政敌们转而梳理他的税务记录，宣称他没有资格成为候选人或投票人，因为他所声称的财产在法理上并不归入他的名下。乔治说拉法耶特"面对着五六名政府雇员的坑蒙拐骗，对方极力想证明父亲是靠喝西北风活着，在这个世界上，父亲并不拥有任何财产，甚至并不拥有任何收入"。[20]这实际上就是给拉法耶特使绊子，迫使他重新提交最新的税务记录。

政府的努力奏效了。他们解散了戈耶的自由派选举团，保守派候选人因此在萨尔特扫清障碍。拉法耶特和贡斯当都未能赢得连任竞选。不过，他们没那么容易排除拉法耶特。尽管在萨尔特输掉了竞选，但他在莫城（Meaux）当选。因此，虽然拉法耶特这次代表另一个选区，但他仍然当选为众议员。

很难为此而庆祝胜利。对于拉法耶特来说，欧洲各国的政治形势变得让人极端沮丧。仅仅在几年前，自由主义浪潮似乎横扫欧洲。但在那以后，奥地利军队挺进意大利，镇压了各地的革命，专制主义统治者复辟。德意志境内无数小型城邦的自由主义者们，不得不面对奥地利首相梅特涅盖过来的沉重的灭火毯。法国和意大利的烧炭党运动都面临全面退潮。但最为痛苦的打击来自1823年。欧洲五大国断定，西班牙的自由主义政府必须被推翻，并指定由法国来完成这个任务。拉法耶特及其战友们长期以来设想，法国军队将会成为他们发动自由主义革命的基石。但他们惊讶地发现，法国军队的军官和士兵全都服从命令，入侵西班牙，并于1823年4月推翻了西班牙的自由主义政权。拉法耶特所有的希望和期待似乎都只是海市蜃楼。或许是他未能跟上时代精神，又或许是他超越了他所生活的时代。

拉法耶特感到灰心丧气，1823年的绝大多数时日里，他只是平静地生活在拉格朗日，被他的儿女、孙辈和曾孙辈环绕着。范妮和卡米拉经常过来小住，其他挚爱的老朋友如塞居尔伯爵也会过来，他算是拉法耶特最早的朋友了。他们两个是极少数经历过那么多大风大浪还活下来的人，而他们许多亲朋好友已经死于非命了。既然

诸事不顺，而且还活在随时受到叛国指控的阴影下，拉法耶特开始
收到友善的提议，别人建议他出去走走，或到美国去走走。一位美
国友人在信件中写道："不要让你对这个国家的爱绑架了你，直到
所有高贵、伟大、有用的事物都被埋葬在狂热和罪恶的废墟之下。
在这里，人们会对你张开双臂，因为你是华盛顿的朋友、我们的权
利和自由的早期捍卫者，以及所有国家自由主义政党的荣誉领
袖。"[21]但拉法耶特回复道，他仍然是众议员："只要职责甚至荣誉
为我指明我的战场所在，作为一个正在冲锋的老哨兵又怎能轻言撤
退呢？"[22]

拉法耶特不需要担心自己轻言撤退，因为他很快就会被清扫出
战场了。保守派政府乘胜追击，于 1824 年初突然重新举行大选。
政府再次瞄准拉法耶特，务必使其落败。拉法耶特怀疑政府在莫城
选民名单中加入不符合资格的选民，同时又抹掉那些支持拉法耶特
的、明明符合资格的选民。他把自己的败选归咎于"政府的一个绝
妙办法，即拒绝给 40 多名选民发卡片、登记，甚至拒绝将他们的
证件还给他们，并在最后几天引入新选民，从而让这 40 多人失去
资格"。[23]这样做是不道德的，但奏效了。1824 年大选是对自由派的
总清算，用尽了资格审查、伪造选民名册、威逼利诱、收买贿赂以
及公然舞弊等手段。自由派只赢得 34 个议席，此时在众议院仅占
8%的席位。拉法耶特落选。这一次，再也没有后备方案。他也不
再是众议员。

当旧世界抛弃拉法耶特时，他打开美国总统詹姆斯·门罗于
1824 年 2 月 24 日寄来的信件。门罗写道："我亲爱的将军，国会已

经通过决议……全国民众向您表达了最为真挚的情感，他们热切期盼您能够再次来到他们中间……无论您的决定是什么，请您随时告知我，一艘政府公务船将会奉命立即出发，前往您所指定的任何港口，并在那里恭候您登船。"[24]当拉法耶特收到这封信时，他认真审视了法国当时的氛围，断定一次悠长的美国假期正是他所需要的。是时候走出保守主义的沉闷氛围、回到那个人们热爱他也支持他的理念的地方去了。是时候让拉法耶特回到美国去了。

第二十二章

国家宾客
（1824—1825）

　　自从收到门罗总统的来信，拉法耶特就开始安排他的回访美国之行。乔治计划陪伴父亲同去，随行的还有个名叫巴斯蒂安（Bastien）的忠实仆人。拉法耶特还请来富有理想的年轻军官奥古斯特·勒瓦瑟（Auguste Levasseur）担任秘书。勒瓦瑟渴望得到这份邀请，以便加入拉法耶特的行列；他正好是出身于声名受损的第29步兵团的烧炭党军官，而且深度卷入了那场失败的贝尔福要塞起义。勒瓦瑟将会成为此行的旅行秘书和记录人。在他们返回法国后，勒瓦瑟把他的笔记改写成两卷本的旅行记录，标题为《1824年和1825年，拉法耶特在美国：或曰，美国纪行》（*Lafayette in America in 1824 and 1825: Or, Journal of a Voyage to the United States*），这本记录部分是游记，部分是经济报告，部分是社会评论，还有部分是政治宣言。[1]

　　范妮·莱特及其妹妹卡米拉也非常渴望跟随拉法耶特前往美国，而拉法耶特的子女们为此争吵不休，毕竟让两位尚未婚配的年轻女子跟随他们的父亲去旅行，怎么说都是不合适的。范妮提出与拉法耶特结婚，这样她就能作为拉法耶特的妻子随行了。但拉法耶特曾经发誓，在阿德里安娜去世后，他将永不再娶。范妮又建议让拉法耶特把她收为养女，但阿纳斯塔西和弗吉妮娅极力反对这个想法。尽管如此，拉法耶特其实**的确**想让范妮和卡米拉随行，因此他们最终达成妥协。范妮和卡米拉将会单独前往美国，在盛大的欢迎仪式过后，她们再与拉法耶特会合。

381

　　1824 年 7 月，拉法耶特、乔治和勒瓦瑟动身前往勒阿弗尔，那里有专船在等待他们。仿佛是为了提醒他们到底为何离开，地方当局取缔了拉法耶特的支持者们在城市里临时召开的欢送会。在接下来的 18 个月里，这将是拉法耶特最后一次进入一座地方当局不欢迎其到来的城镇，等到了美国的城镇，方圆 500 英里内的人们都会纷纷赶来，为拉法耶特欢庆、祝酒、欢呼。在法国，地方领导人迫不及待地想让拉法耶特赶紧滚蛋。而在美国，地方领导人迫不及待地恭候拉法耶特的到来。

　　在海上悠闲地度过了四个星期后，拉法耶特等人于 1824 年 8 月 15 日驶入纽约港。报纸早就公布了两个世界的英雄即将抵达的消息，因此当他到达曼哈顿时，大大小小的船只塞满了港口。在岸上，数万人沿着街道、船坞和码头列队等候。一位纽约记者说：“这位杰出的公民自由之友，再次来到我们的海岸上，他已经离开我们太久了……他的离开，让我们陷入弱小无助、缺乏组织甚至倒退回婴儿期的状态；他回到我们身边，发现我们的海岸上都是热情洋溢的亲切笑容，我们的海面上则是来自世界各国的点点白帆，我们的城市有所扩张，繁荣而富有，而我们的自由政府，他自己艰苦奋斗才得以建立的自由政府，美丽自豪、紧密团结、经验丰富。"[2]
当拉法耶特在曼哈顿登岸时，一名参加过美国独立战争的光荣老兵
向这位大陆军最后健在的少将敬礼。拉法耶特已经有 40 年没有踏
足过美国的土地了，他已经可以颐养天年了。再次被人爱戴的感觉
真是太好了。

这趟伟大的旅行将从纽约城一个盛大的纪念仪式开始。拉法耶
特登岸后，一个欢迎委员会把他请到一支庞大的游行队伍的正中
央，他们沿着百老汇大道，从海岸边走到市政厅。勒瓦瑟说："所
有街道都插上了旗帜、挂起了帐幔，所有窗户上都插满了鲜花、挂
满了花环，他们以此来欢迎将军。"[3]在百老汇大道上的拉法耶特欢
迎游行开创了先例，从此以后，这类游行反复上演，直到成为纽约
382 城公共生活的惯例，并最终演变为著名的彩带游行（ticker-tape）。
当拉法耶特抵达市政厅，他看到一条巨大的欢迎横幅，上面写着
"国家宾客"（The Nation's Guest）。

拉法耶特在纽约如同旋风般穿梭于各处舞会、招待会和宴会。
每天下午，他都会把时间空出来，向排队登门祝福的人们表达谢
意。有些是素未谋面的陌生人，来这里只是为了见见他，有些则是
他上次在美国停留时便已认识的老朋友和老战友。拉法耶特总是能
够迅速地记住某人，无论以前是否认识。他也很高兴再次见到弗朗
西斯·休格，30 年前，在那次功败垂成的、逃离奥洛穆茨的越狱
行动中，两人见过一次，那次碰面不过 5 分钟。那段经历他当然记
得。拉法耶特终于有机会与他详谈，而不仅是互相吆喝几个模糊不清
的单词，同时与一名奥地利狱卒扭打在一起。拉法耶特还认识了负责

安排庆典的詹姆斯·费尼莫尔·库珀（James Fenimore Cooper），以及有抱负的艺术家塞缪尔·F. B. 莫尔斯（Samuel F. B. Morse），他迫切想为拉法耶特画一幅肖像。

拉法耶特这次到来，恰好碰上了在这一代人里面争议最大的一次总统选举，这次选举让美国人的集体倾向更加明显。所谓的"和睦年代"（Era of Good Feelings），即托马斯·杰斐逊的民主共和党实际上一党独大的年代，走向尾声。1824 年的总统选举是四名候选人之间的激烈竞争，实际上反映了南方与北方、东部与西部之间的尖锐对立。领先的四名候选人包括：来自马萨诸塞州的约翰·昆西·亚当斯（John Quincy Adams），18 世纪 80 年代还是个年轻人的亚当斯，曾经到拉法耶特位于巴黎的家中做客；来自佐治亚州的威廉·克劳福德（William Crawford），他是民主共和党的资深党员和忠实拥护者，在波旁王朝复辟和拿破仑百日政权那段让人晕头转向的日子里曾经担任美国驻法国大使，因此拉法耶特也认识他；来自肯塔基州的亨利·克莱（Henry Clay），他是雄辩滔滔的演说家，正是他创设了众议院议长（Speaker of the House）这个职务；来自田纳西州的安德鲁·杰克逊（Andrew Jackson），他是万众瞩目、深得民心的将军。杰克逊的个性如此鲜明，以至于在 19 世纪 20 年代，就连政党也被简单地称呼为"杰克逊党"和"反杰克逊党"。

尽管 1824 年的总统竞选是一场你死我活、党争激烈的残酷斗争，欢迎拉法耶特却是所有美国人都能接受的难得共识。勒瓦瑟写道："当我们在纽约登陆时，美国人民正忙于选择新的政治领袖……我们登陆前一天晚上发行的报纸上全是激烈的口诛笔伐，以

383

为各自支持的候选人造势；突然之间，报纸收起了长篇大论的党派之争，全部换成对公众喜悦和民族感激的报道。在公开晚宴上，人们不再阴阳怪气地举杯，以讽刺和挖苦某些势均力敌的对手，现场只听到人们为国家宾客祝酒举杯，就连各党各派斗争最激烈的人物，此时也其乐融融地簇拥在拉法耶特身边。"[4]

拉法耶特唤起了美国各党各派之间的普遍博爱，这与在法国完全相反。在法国，各党各派党同伐异，他们唯一的共识就是都**憎恨**拉法耶特。而在美国，拉法耶特是活着的传奇，他是大革命最为光荣的那段日子的完美偶像。拉法耶特渴望在美国人安排他路过的每个城镇、每座城市扮演完美偶像的角色。他发现自己可谓家喻户晓，无论是在费城还是在新奥尔良，无论是在佛蒙特还是在南卡罗来纳，无论是在偏远小村庄还是在繁华大都市，无论是在杰克逊党的地盘还是在反杰克逊党的地盘。拉法耶特属于所有人，无论他前往任何地方，他都被形容为"国家宾客"。不管拉法耶特有意还是无心，他的出现都提醒了地方领导人和国家领导人，他们属于同一个民族，拥有共同的过去，开创共同的未来。拉法耶特让他们永远都忘不了这一点。

❦

从纽约出发，拉法耶特等人前往波士顿。他们所经过的每个城镇，都搭起凯旋门、挂起节庆装饰、打出"国家宾客"的欢迎横幅，这种做法在整个行程的每个停靠点都形成了一种惯例。他们同样听到地方领导人的无数次演讲，官员们称赞拉法耶特的高风亮节和坚韧不拔。乔治和勒瓦瑟已经越来越厌倦这种日复一日、永无休止的庆祝，但年纪老迈的拉法耶特则不然，他在冰天雪地的福吉谷和暗无天日的奥洛穆茨幸存下来，无论这些仪式多么雷同、无聊，他都不会对这些汹涌而来的美国祝福者感到厌倦。

在波士顿，马萨诸塞州州长接待了他们，就像他们到访的几乎每一个州那样。拉法耶特及其随行人员在波士顿城市内外停留了一个星期，约见老战友、认识新朋友。有一份报纸报道了晨间接待会的情景："在这个场景中，无数的时刻让许多男子汉也不禁垂泪。有一位垂垂老矣的退役老兵，只能拄着拐杖行走，将军认出他了，他曾经在约克镇那场让人终生难忘的总攻中与将军并肩作战；其他老兵各自参加过蒙茅斯法院大楼战役、白兰地溪战役、西点战役、萨拉托加战役以及其他战役。还有一些老兵隶属于侯爵于 1780 年、1781 年等年份指挥过的轻步兵师。拉法耶特以最真挚的感情紧紧地握着老兵们的手，他反反复复地说：'噢！我勇敢的轻步兵们！''我英勇的士兵们！''你们是最出色的部队！'"[5]

在前往邦克山的一次参观中，拉法耶特发现活动组织者们即将在下一年庆祝邦克山战役 50 周年。这次庆祝活动的中心环节将会是为一座宏伟的纪念碑奠基。活动组织者们请求拉法耶特，这最后一位活着的大陆军将领，考虑出席这个仪式。原本，拉法耶特只打算在美国停留大约四个月，然后在冬天之前返回法国。但他被这个提议打动了，而且他很享受那种到处受到欢迎的愉悦，拉法耶特说，如果他那个时候还在美国，他将会非常期待出席这个仪式。[6]在收到这个提议后，拉法耶特改变原本的计划，这样他**就能**出席活动

384

了。他不再只用几个月走遍美国东海岸的主要城市，而是打算用超
过一年的时间走遍美国各州。

在波士顿期间，拉法耶特收到约翰·亚当斯的来信，后者此时
已经 89 岁高龄了。亚当斯写道："我想亲自来见你，但 89 岁老翁
的衰老和笨拙已经让我不可能骑马了……我请求你选定一个日期，
赏脸光临我在宝石雕刻小镇昆西（Quincy）的寒舍，与你的朋友们
一起来吧。"[7]拉法耶特前往昆西镇看望这位老人家。在拉法耶特等
人抵达时，亚当斯的孙子查尔斯·弗朗西斯（Charles Francis）在
日记中写道："侯爵很高兴能见到我的祖父，我感觉他还有点意外，
因为他没有料想到我的祖父这么虚弱……祖父比平日的兴致更高，
尤其是在交谈时，明显比平时兴致更高。"[8]亚当斯卧病在床，他的
家人只能在晚饭时给他喂饭，但拉法耶特发现亚当斯的心智就像过
去一样敏锐。

385

⊱⊰

拉法耶特等人离开新英格兰并返回纽约城，他们在那里遇见范
妮和卡米拉，两人刚刚从英国赶来。一如之前的顾虑，这两位年轻
女士的到来难免让人尴尬。她们既不能与拉法耶特一起站在讲台
上，也不能加入拉法耶特的正式随行人员，因为拉法耶特等人是经
常要停留在某地，向人们致意并发表讲话的。尤其让人感到尴尬的
是，莱特姐妹还冒犯了华盛顿的过继孙女、人称"内莉"的埃莉
诺·帕克·卡斯蒂斯·刘易斯（Eleanor "Nelly" Parke Custis
Lewis）。内莉·刘易斯不甚友好地对待这两位并非随员但总是在拉

法耶特周围的年轻女士。但她们与拉法耶特总是如影随形，而拉法耶特也对她们的出现感到非常高兴，因为只要她们在身边，拉法耶特就不用频频与人握手了。

内莉·刘易斯与范妮·莱特之间的紧张关系，部分是由于范妮坚定的废奴主义立场，而华盛顿家族仍然是顽固的奴隶主。拉法耶特进退两难，一边是他自己的废奴主义原则，另一边是他想维持的社会和谐。尽管拉法耶特从未让他在美国的蓄奴朋友们感到尴尬，但他还是不遗余力地表明自己关于解放奴隶的坚定立场。拉法耶特相信，非洲裔人口的普遍教育是成功解放奴隶的关键要素，他专程参观了非洲人自由学校（African Free School），这是一所由纽约奴隶解放协会（New York Manumission Society）创办的学校，旨在为数以百计的黑人小学生提供平等教育。一个年仅 11 岁的、名叫詹姆斯·麦丘恩·史密斯（James McCune Smith）的学生在演讲中向拉法耶特致敬："阁下，在这里，您看到数百名非洲穷孩子，他们与肤色更浅的孩子一样有幸接受教育；而且，我们感到荣幸，能够回想起您为美国立下的丰功伟业，我们同样感到高兴，能够把拉法耶特将军视为奴隶解放之友，并当作这个机构的一员。"年幼的詹姆斯·麦丘恩·史密斯长大后，将会成为第一位拥有医师职业资格的非洲裔美国人、南北战争前杰出的废奴主义者，以及弗雷德里克·道格拉斯（Frederick Douglass）的顾问。[9]

离开纽约城后，拉法耶特等人沿着哈得孙河一路北上，直到抵达奥尔巴尼。临近此行的尾声，亚历山大·汉密尔顿的遗孀伊丽莎（Eliza）及其儿子小亚历山大（Alexander Jr）加入拉法耶特等人的

386

行列。当别人问及汉密尔顿对拉法耶特的意义，拉法耶特回想起这位已经去世 20 年的故友，然后道："对我来说，汉密尔顿不仅是朋友，还是兄弟……我们的友谊形成于危险而光荣的岁月，即使时光流逝，也从未褪色。"然后，拉法耶特又忧伤地补充道："我们曾经都很年轻。"[10]

当他们抵达奥尔巴尼时，拉法耶特惊叹于这里的变化，他曾经在 1777 年底至 1778 年初的那个冬天，在这里因为粗心、狂热、受骗而险些坠入地狱。当他们参观附近的特洛伊（Troy）时，拉法耶特更加震惊，他上次看到这里只有几栋建筑，如今这里已成为拥有约 8000 人口的繁忙而兴旺的城市了。在那里，拉法耶特参观了特洛伊女子学院（Troy Female Seminary），这是一所由进步教育家和女权主义活动家埃玛·威拉德（Emma Willard）创办的学校。在旁听了歌曲、演讲、诗歌等课程后，威拉德向拉法耶特介绍她的"妇女教育计划"（Plan for Female Education），拉法耶特对此表现出浓厚的兴趣。[11]在特洛伊，勒瓦瑟也满意地评论道："在这座城市里，只有 30 名奴隶。"一位共赴晚宴的宾客告诉勒瓦瑟，纽约州的合法奴隶制预计会在三年内走向终结。勒瓦瑟满怀希望地评论道："1827 年后，自由将不再因为有色人种的现状而蒙上阴影。"[12]事实证明，这种预言还是过分乐观了。

在他们一路南行前往费城的半路上，拉法耶特专门去拜访了一位老朋友：约瑟夫·波拿巴。在百日政权倒台后，皇帝的兄长成功逃跑到美国，此时在新泽西州特伦顿的郊外过着乡村士绅的生活。尽管两人在法国属于不同的政治阵营，但拉法耶特与约瑟夫始终对彼此怀有好感。9 月 25 日，拉法耶特等人在约瑟夫的家中停留，约瑟夫打开大门，让邻居们也能加入进来，一如他在 7 月 4 日等特殊场合那样。两人交谈了好几个小时，然后约瑟夫护送拉法耶特前往费城。当他们抵达州界时，约瑟夫说："请允许我就此驻足，接下来就该让热情好客的美国人接待你了。"[13] 两人往常的角色此时掉转过来了，约瑟夫平静地过着归隐田园的生活，而拉法耶特在整片大陆上凯歌行进。

在费城，一份当地报纸形容当地居民一大早就聚集起来，迎接拉法耶特的到来："公民们准备满足自己的好奇心，他们早早到来，就是为了占领栏杆、阳台、脚手架、屋顶等制高点，以及从阅兵场到州议会的、贯穿整个游行路线的道路和街道。"[14] 勒瓦瑟也记录下他们抵达时的情景："整座城市的居民都涌出来迎接他……街道两旁都搭起了观礼台，观礼台高到屋檐，以容纳尽可能多的观众。"[15] 拉法耶特即将到来，也促使费城的领导者们拨款修复和改建旧州议会大楼。他们把这栋大楼粉饰一新，并将其重新命名为独立厅（Independence Hall），使其成为这座城市的永久地标。这栋大楼不再有其他用途，只用于展示美国自由的诞生地，它与拉法耶特不无相似之处，都与日益神秘的过去有某种看得见摸得着的联系。

范妮·莱特在费城引发了一个小小的丑闻，因为她给拉法耶特与一个名叫若纳唐·格朗维尔（Jonathan Granville）的黑人安排了一次会面。格朗维尔是自由的海地共和国（Republic of Haiti）的代表，他来美国是为了鼓励黑人家庭移居太子港（Port-au-Prince）。格朗维尔是富有教养的、受过良好教育的间谍，曾经在法国军队中服役多年。范妮说格朗维尔"对他与将军的会面感到非常高兴"，虽然为了避免引起纷争，他们是在"［拉法耶特的］卧室私下会面的"。范妮还以赞许的口吻评价拉法耶特并不在意此举对自身的社交的消极影响："将军在会面后故意［把格朗维尔］送到挤满来访者的接待室，然后又充满关爱地与他道别，在众目睽睽之下目送他走下楼梯。"[16]尽管拉法耶特乐于表明他对种族主义社会规范的反感，但从那时起，内莉·刘易斯就动用其可观的社会影响力，设法把莱特姐妹排挤为不受欢迎的人物。

　　他们于 10 月 5 日离开费城，前往巴尔的摩（Baltimore）。在麦

388 克亨利堡（Fort McHenry）一场招待会上，拉法耶特再次见到一名已经 83 岁高龄的、名叫弗朗索瓦·迪布瓦-马丁（François Dubois-Martin）的法国军队老兵，他是 1777 年跟随拉法耶特搭乘"胜利号"前往美国的十几名军官中的一员。华盛顿的继孙乔治·华盛顿·帕克·卡斯蒂斯（George Washington Parke Custis）也赶来了，他与乔治在弗农山庄一起住了两年。

　　在麦克亨利堡期间，他们还联系上了约翰·昆西·亚当斯，此时亚当斯既是国务卿，也是总统候选人。在陪伴众人登上切萨皮克湾的渡船，准备前往华盛顿特区时，勒瓦瑟惊奇地在人群当中发现了亚当斯。这位即将成为美国总统的人物、这位美国最显赫家族之一的后裔，正准备睡在一张"破垫子上"，而这张破垫子就放在拥挤不堪的临时船舱的甲板上。[17]拉法耶特坚持让亚当斯睡到自己舱室的床上，这才为亚当斯改善了舱室环境。勒瓦瑟记录道："如果在美国有所谓贵族风范的话，那么必须承认，这种风范就是政府高官

不享受任何特权。"[18] 这的确深深触动了作为欧洲人的勒瓦瑟的内心。

在进入华盛顿特区时，他们受到詹姆斯·门罗总统的迎接，此时拉法耶特和乔治都知道，门罗是阿德里安娜的救命恩人，但拉法耶特其实早就认识门罗了，因为他们都曾经是大陆军的年轻军官。数日后，他们出席约翰·昆西·亚当斯举办的晚宴，当这位美国国务卿到场时，他还带来了从法国传来的重大消息：年老的路易十八已于 9 月 16 日去世。当拉法耶特及其随行人员返回法国时，阿图瓦伯爵已成为法国的统治者——国王查理十世（Charles X），这是波旁家族三兄弟中第三个，也是最后一个法国国王。

※

华盛顿特区只是他们短暂停留的一站，因为拉法耶特渴望尽快抵达他最期待的目的地：弗农山庄。乔治实际上比父亲更加了解这处种植园，因为他在那里生活过两年。对于父子俩来说，这都是一趟触景生情的回家之旅。勒瓦瑟说："乔治觉得心情很沉重，因为当年像父亲那样照顾他、帮助他战胜不幸的那个人已经不在了。"[19] 他们立即被带去华盛顿的墓园单独凭吊。勒瓦瑟记录道："当我们走近时，墓园的大门是开着的。拉法耶特独自走进地下墓穴，几分钟后，他出来了，眼中满含泪水。他让儿子和我搀扶着他，领着我们走进墓穴，在那里，他用手势比画了一下，向我们指示与他情同父子的良师益友的棺木……我们恭敬地在棺木周围跪下，嘴里默念着致敬的话语；我们站起来，与拉法耶特紧紧拥抱，与他一同泪如雨下。"[20] 回到房子里，拉法耶特发现了他于 1790 年送给华盛顿的巴士底狱的钥匙。时至今日，这把钥匙仍然放在弗农山庄。

从弗农山庄出发，他们做了一次短途旅行：前往约克镇，于 10 月 19 日参加纪念康沃利斯勋爵投降的一次特殊庆典。活动组织者搭建了一座凯旋门，位置就在拉法耶特的战友们多年以前发动勇敢夜袭的关键堡垒上。在仪式举行期间，活动组织者在拉法耶特的头上戴了一个公民桂冠，拉法耶特把桂冠让给尼古拉斯·菲什（Nicholas Fish），菲什是夜袭当晚的作战军官之一。在仪式的尾声，拉法耶特"感谢当年指挥夜袭堡垒行动的军官们，包括汉密尔顿、吉马、劳伦斯、菲什，并把当晚的胜利归功于**他们**……最后他才接受了人们准备的桂冠"。[21]

随着他们一路深入到南方各州，拉法耶特的随行人员也不得不面对美国自由与美国奴隶制的矛盾悖论。勒瓦瑟与拉法耶特和范妮一样，都是废奴主义者，他对自己看到的事物感到严重不适。勒瓦瑟写道："当我们认真地验证美国是否真的那么伟大和自由时，我们的灵魂会打个寒战，我们从想象中惊醒，我们知道，在这个领土广袤的共和国的许多地方，可怕的奴隶制原则仍然大行其道，制造着不幸和骇人的惨剧。"[22] 由于勒瓦瑟是在拉法耶特的总体原则指引下出版这部游记的，因此我们不难想象，游记中所倡导的政治观点，虽然是勒瓦瑟的观点，但实际上也得到拉法耶特的首肯。

他们在诺福克（Norfolk）偶遇一个法国移民社区，勒瓦瑟如此形容这次偶遇："这里有许多个法国人家庭，他们从圣多明各来到这里……这些家庭之所以选择这里作为庇护所，是因为这里距离圣多明各比较近，适合他们定居，但更是因为他们能够在这里保留和驱使那些他们从圣多明各带来的苦命的奴隶。"显而易见的是，这些家庭就靠向别人出租他们的奴隶来维持生计，勒瓦瑟把这种现象称为"让人悲伤和作呕的情景"。[23]

390

回想这几段旅程，勒瓦瑟仍然满怀希望地认为，解放奴隶是大势所趋，部分是由于每个人都同意奴隶制是可怕的这一观点。勒瓦瑟写道："对于我自己来说，我已经走遍了美国的 24 个州，在这一年里，我已经不止一次听到过人们关于这个议题漫长而热烈的讨论，我可以声明，我从未发现有哪怕是一个人在认真地捍卫奴隶制原则。这就像是一个年轻人，他的身体发育并不完全，他的头脑中充斥着各种与罗马史相关的混乱而可笑的观念，却对自己国家的历史茫然无知，那么再去复述他所发表的粗陋而愚昧的演说，也只是浪费时间。"[24]但勒瓦瑟也不得不承认：

在合众国的这个地方，针对黑人的偏见让许多奴隶主变得非常盲目……由于受到偏见的蒙蔽，有些人甚至肆无忌惮地声称非洲种族是不可能变好的，任何努力都是徒劳的，种族之间的差异就像人与动物的差异，是本质上的差异。长期以来，已经有无数事实反驳这一荒谬的言论。而且，或许应该问问那些为自己的白皮肤感到骄傲的人，问问那些纯粹以肤色而非以能力评判黑人的人，他们是否对他们几个世代之后的后裔那么了解，难道奴隶制能够突然把黑人变成白人吗？[25]

拉法耶特和勒瓦瑟都认为，这种愚昧的种族主义将会威胁到美国在世界上的地位，因为这种愚蠢之举正在不断地侵犯最基本的人权："如果奴隶主不致力于教导黑人的孩子，让他们做好享有自由的准备；如果南方各州的立法机关不确定某个或远或近的日期作为奴隶制终止的期限，那么联邦的这个部分将会理所应当地继续受到责备，因为他们始终在违反《人权宣言》第一条所包含的神圣原则：所有人生而自由平等。"[26]就像拉法耶特在自己起草的权利宣言中所说的那样，如果有人违反这条神圣原则，那就意味着暴政的受害者立即拥有了另一条基本人权：反抗压迫的权利。

391

官方安排的下一行程，是到托马斯·杰斐逊的奴隶制种植园蒙蒂塞洛（Monticello）去拜访杰斐逊本人。自从1789年以来，拉法耶特与杰斐逊就再也没有见过对方了，上次见面还是在巴士底狱陷落的满怀希望的日子里。拉法耶特等人在蒙蒂塞洛停留了超过一个星期，然后杰斐逊护送他们到夏洛茨维尔（Charlottesville）去参观杰斐逊的得意之作：弗吉尼亚大学（University of Virginia）。詹姆斯·麦迪逊也来到此地，然后带他们参观自己在蒙彼利埃（Montpelier）的家，并在那里停留四天。他们计划来年再聚一次，然后拉法耶特就将永远离开新大陆了。

勒瓦瑟提到，当拉法耶特与他在弗吉尼亚的朋友们相处时，对方其实全都是种植园奴隶主贵族，但拉法耶特从不避讳谈到解放奴隶："拉法耶特完全理解美国奴隶主的尴尬处境，也尊重他们无法

更快地彻底解放黑人奴隶的动因，但他从不放过任何机会，捍卫
'所有人不得被排除在自由之外'的权利，并与麦迪逊先生的朋友
们讨论奴隶制。正是在这些坦率的探究与讨论中……结论自然浮
现，即奴隶制不能长期存在于弗吉尼亚，因为所有开明人士都谴责
奴隶制原则，而当公众舆论谴责这条原则时，这条原则自然就不可
能长期继续存在了。"[27]然而，勒瓦瑟还是对弗吉尼亚人的高贵品质
太乐观了，也对解放奴隶的前景太乐观了。在原则上谴责某样事
物，并不意味着在现实中放弃它。

꘎꘎

拉法耶特等人在华盛顿特区度过了 1824 年底至 1825 年初的那个
冬天，因此也见证了总统竞选的激烈决战。11 月的选举并未产生清
晰的结果。安德鲁·杰克逊赢得了广泛的选民票，但没有任何候选人
能够得到选举人团（Electoral College）中的多数票。在这个年轻国家
的短暂历史上，众议院第二次决定总统人选。当国会着手处理此事
时，议员们正于 12 月 9 日和 10 日招待国家宾客，这就要求所有候选
人及其铁杆支持者在同一时间来到同一地点。

亨利·克莱也借此机会发表主题演讲，以表现他的口才。克莱
说："美国人民目睹您坚持您的固有原则……随时准备为原则洒尽
最后一滴血，在这里，您可以见证您自由而崇高的神圣事业。"克
莱继续说道，能够亲眼见证自己的毕生事业结出硕果，是罕有而特
殊的礼物："您正被这份事业所造福的后人簇拥着！"克莱兴奋地
道："在您所到之处，您肯定看到巨大的变化，物质上和精神上的

392

变化，这些变化都是在您离开之后发生的。"但克莱又补充道："您也能亲眼看见，在某一方面我们没有变化，那就是我们继续忠诚于自由事业。"[28]

他们在华盛顿停留期间，正值各党各派的支持者为确保获得众议院的多数投票而紧张角力。最终，1824 年 2 月 9 日，克莱的支持者倒向亚当斯，从而确保亚当斯赢得选举。当亚当斯接下来任命克莱为国务卿时，杰克逊的支持者高声谴责这桩"腐败交易"。

在之前的行程中，勒瓦瑟就曾在宾夕法尼亚州民兵队伍中遇到过某些杰克逊的铁杆支持者，他们威胁说，如果他们输掉选战，他们就揭竿而起。在亚当斯赢得选举后，勒瓦瑟又遇到他们。勒瓦瑟说："好吧，那么大问题来了，在形势不符合你们期望的情况下，你们打算怎么做？你们打算以多快的速度包围首都？"他们哈哈大笑。其中一位民兵说："你还记得我们的威胁呀，的确，我们曾经不遗余力地准备武装起来，但我们的对手对此若无其事，就像往常那样行事。既然如此，事情已经定了，我们将尊重这个结果。我们会热情地支持亚当斯，就当他是我们的候选人那样，但与此同时，我们会密切监督其政府的施政表现，并按照这届政府表现良好还是恶劣，来决定保卫它还是攻击它。四年很快就过去了，一次糟糕选举的结果，很容易就能纠正过来。"[29]

〰〰〰

1825 年 2 月 23 日，拉法耶特等人离开华盛顿特区，一路南行，首先到达北卡罗来纳州的法耶特维尔（Fayetteville，又作费耶特维

尔），这只是以拉法耶特命名的地名中的一个，在美国，有好几百 393
个以拉法耶特命名的县、市、镇、学院、广场、街区、街道和公
园。北卡罗来纳州的法耶特维尔自夸是第一座以拉法耶特名字命名
的城市，早在 1783 年建城时就已定名。最近一次以他的名字命名
的地方则是白宫（White House）前面那片空地，它刚刚被命名为
拉法耶特广场（Lafayette Square），以表示对他的尊敬。随着拉法耶
特继续他的美国之旅，这一模式还将继续。无论人们在美国什么地
方旅行，附近肯定会有与拉法耶特**有关**的地名。

　　范妮和卡米拉并未加入这段行程。作为坚定的废奴主义者，范
妮发现，一群奴隶主自顾自地不停歌颂自由，未免太假惺惺了。范
妮写道："在这里，人们在伟大善良、镇定自若的拉法耶特面前呈
现的热情、欢庆和凯旋仪式已经不再吸引我了。他们违背了自己国
家的自由，违背了他们尊贵的客人在他们的土地上为之挥洒财富和
热血的伟大原则，他们根本就没有资格在他们的客人面前表达喜
庆。我的灵魂对这种兴高采烈的喜庆场面感到不适，甚至对这些喜
笑颜开的面容和兴高采烈的讲话感到作呕。"[30]范妮开始追寻自己的
梦想。冬天过后，她开始出席一系列由进步社会主义者罗伯特·欧
文（Robert Owen）举办的讲座，欧文刚刚抵达美国，准备在印第
安纳州启动他的乌托邦实验：新和谐公社（New Harmony）。范妮离
开拉法耶特的队伍，前往西部会见和访问欧文主义者。此时，她已
梦想在美国西部建立她自己的乌托邦殖民地，以作为解放奴隶和种
族平等的示范点。

　　与此同时，拉法耶特等人继续南下。在南卡罗来纳州的卡姆

登，当地的共济会员邀请拉法耶特为德·卡尔布男爵的纪念碑奠基。拉法耶特对此深感荣幸，当他于 3 月 8 日奠下基石时，他说："即使在最为艰难的日子里，他仍然在采取行动，这反映了他身为美国老兵的高度荣誉感，我们也为他的这份荣誉感感到自豪。他作为司令官指挥若定，他作为爱国者战死沙场，他就是德·卡尔布将军……我非常感谢你们，你们善意地邀请我来纪念我的朋友，正如你们所说，他是我投身于美国革命事业的知己和战友。"[31] 有许多社区请求拉法耶特为美国独立战争的纪念碑和纪念物题献，但德·卡尔布的纪念碑是最特别的。要不是有男爵的鼓励，拉法耶特完全可能以诺瓦耶家族女婿的身份，懵懵懂懂地生活，浑浑噩噩地死去。

　　随着拉法耶特继续南下进入佐治亚州，他们又见识到美国另一桩巨大的原罪。在进入马斯科吉（克里克）部族［Muscogee (Creek) Nation］的领地时，他们发现土著居民正在祖先留下的土地上迎来末日。马斯科吉人刚刚输掉一场旷日持久的战役，他们已经无力抵挡白人定居者的侵占了。就在几个月前，部落首领们承认战败，并签署了《印第安泉条约》（Treaty of Indian Springs）。首领们同意把族人迁往密西西比河西岸，以换取金钱补偿以及对保留自治权的保证。勒瓦瑟说："1827 年就是他们预计被驱逐的年份，随着期限临近，印第安人无不感到悲伤。"[32] 但并不是所有人都愿意就此放弃。当马斯科吉人的首领威廉·麦金托什（William McIntosh）带着条约回到部落时，他立即被族人逮捕，并因出卖族人而被处决。

3 月 31 日，拉法耶特等人在查塔胡奇河（Chattahoochee River）遇到大批马斯科吉人。一位年轻的族人头领向他们打招呼，此人能说流利的英语，他也知道拉法耶特，并称赞拉法耶特在捍卫自由时"从不区分血统和肤色"。[33]这个年轻人原来是最近刚被处决的麦金托什的儿子。他也不喜欢他父亲签署的条约，但"意识到了族人的真实处境，他眼睁睁地看着部落渐趋衰弱，也预见到部落正在加速瓦解……他们对自身文明的坚持终究徒劳无功"。[34]年轻的麦金托什加入拉法耶特的队伍，他作为向导和翻译，帮助大家前往亚拉巴马州的莫比尔（Mobile）。

在与美国土著新朋友告别以前，拉法耶特发表了例行公事般的、过分乐观的讲话。勒瓦瑟说："他再次建议他们要谨慎和耐心，建议他们与美国人和睦相处，始终要把美国人视为他们的朋友和兄弟。"[35]勒瓦瑟实在是对拉法耶特的估计难以苟同，因为他亲眼见证过土著居民如何被逐渐渗透的白人虐待。他们路过一个新建立的村庄，"这里的居民几乎都是从世界各地移民过来的……他们为了获取利益，干脆就对不幸的土著居民巧取豪夺。这些贪得无厌的卑鄙无耻之徒，无所顾忌地在各个部落的水源里投毒，然后又通过耍两面派和出言恫吓来毁掉土著居民，而与此同时，这些印第安人最为残忍、最为危险的敌人，竟然反过来指控印第安人是盗贼、懒鬼和酒鬼"。[36]

※※

他们在与年轻的麦金托什告别后，继续前往亚拉巴马州的莫比

395

尔，由此开始了他们旅行的新阶段。他们登上了内河船"那切兹号"（*Natchez*），沿着海湾的岸线航行到新奥尔良。他们在这座城市停留了大概一个星期，与当地庞大的法裔社区联谊，并与范妮和卡米拉短暂相聚，她们刚刚结束了新和谐公社之旅，就来跟大家会合了。在各种庆祝活动期间，一个之前参加过1812年战争（War of 1812）的黑人士兵连队进行了自我介绍，拉法耶特对他们致以"尊重和关切"的问候。拉法耶特与他们当中的每一个人握手，并说："在独立战争期间，我经常看见，在我们的部队中，非洲裔战士为了美国的事业而抛头颅洒热血。"[37]

4月15日，他们重新登上"那切兹号"，然后沿着密西西比河逆流而上，开始了长达1000英里的行程，直到抵达圣路易斯（St. Louis）。在接下来的两个星期里，他们航行经过几乎完全蛮荒的地带，路易斯安那州、阿肯色州和密苏里州在船舷的左边，而密西西比州、田纳西州和肯塔基州在船舷的右边。4月29日，他们在圣路易斯受到威廉·克拉克（William Clark）州长的欢迎，克拉克因为参与领导刘易斯和克拉克探险队探索路易斯安那领地而声名大噪。在圣路易斯郊外，拉法耶特等人参观了许多科学与人种学调查点。人们告诉勒瓦瑟，密西西比河两岸的居民经常"发现最为古老的有趣遗迹，这说明我们称为**新**世界的这个地方，实际上早就孕育了文明，其历史也许比欧洲大陆还要悠远古老"。[38]

拉法耶特等人从原路返回，沿着密西西比河航行，前往伊利诺伊州的卡斯卡斯基亚（Kaskaskia），这里曾经是法国在这个地区的殖民地政府的所在地。伊利诺伊州州长爱德华·科尔斯（Edward

Coles）是从弗吉尼亚州迁来伊利诺伊州的，他这次迁居就是为了释放自己的奴隶，并把被释放的奴隶护送到卡斯卡斯基亚。勒瓦瑟记录道："他释放黑人奴隶的举动非常成功，而且有力地驳斥了那些反对解放奴隶的人。"[39] 在卡斯卡斯基亚期间，他们还遇见一名年轻的奥奈达妇女，她能说流利的法语，渴望向拉法耶特展示"一件非常亲切的遗物"——原来是拉法耶特于 1778 年 6 月写给她父亲的一封信，信中感谢对方提供的服务，她的父亲肯定是一位曾与拉法耶特并肩作战的奥奈达战士，当时拉法耶特相当漂亮地从邦克山撤了下来。[40]

离开卡斯卡斯基亚后，拉法耶特等人再次原路返回，沿着密西西比河航行，然后左转进入俄亥俄河，之后右转进入坎伯兰河（Cumberland River），前往纳什维尔（Nashville）。5 月 5 日，他们拜访了安德鲁·杰克逊。杰克逊为他们举办了招待会，并向他们展示了拉法耶特赠送给华盛顿的两把手枪，后来华盛顿的家人又将这两把手枪转赠给杰克逊。在招待会上，他们听到这样的祝酒词："当前的时代鼓励自由原则的统治。国王们被迫联合起来反对自由，专制主义已经处于守势。拉法耶特，暴君们迫害他，但自由人尊敬他。"[41] 这段祝酒词难免让拉法耶特、乔治和勒瓦瑟百感交集，他们三人都是刚刚经历过挫败的烧炭党革命家，对他们来说，这段话绝对不是空洞的说辞。

离开纳什维尔后，他们又沿着俄亥俄河返回，继续前往肯塔基州的路易斯维尔（Louisville）。但突然之间，在 1825 年 5 月 8 日大约半夜时分，他们的船紧急停下。拉法耶特及其他人立即冲上甲板，船员告诉他们船搁浅了，情况极其严重，河水已经灌进船身，船很可能即将沉没。他们必须弃船了。乔治和勒瓦瑟把拉法耶特扶上救生艇，然后试图从拉法耶特的客舱尽可能抢救物资。勒瓦瑟把行李抢运到岸上，与此同时，乔治留在甲板上帮助疏散其他人。当乘客们在河岸上安全地集合时，拉法耶特才意识到他完全找不到乔治的踪迹了。勒瓦瑟说："他非常焦虑，甚至非常慌张。他开始大喊'乔治！乔治！'但他的声音被淹没在从船上发出的呼叫中，以及蒸汽冲出发动机的可怕巨响中。"[42]但幸运的是，乔治急速跑到沉船仍然露出水面的左舷上，终于与滞留到最后的乘客们一起获救。当天晚上，整个队伍围坐在巨大的篝火旁，他们试图把衣服烘干，同时保持身体温暖。到了早上，他们拦下了一艘路过的船，歪打正着的是，这艘船正是属于被困的拉法耶特美国护卫队中一位成员的。船主命令那艘船临时改变既定航程，搭载拉法耶特将军及其随行人员前往路易斯维尔。

及至此时，已是 5 月底了，他们必须加紧赶路，以便及时回到波士顿，参加邦克山战役 50 周年的纪念仪式。他们迅速穿过肯塔基州和俄亥俄州，直达纽约州的布法罗（Buffalo）。在莱克星顿，他们在另一所致力于女子教育的学校稍做停留，这所学校已被重新命名为拉法耶特女子学院（Lafayette Female Academy），以向拉法耶特致敬。拉法耶特非常高兴，"因为我的名字与这所如此有趣的学院产生了联系"。[43]在布法罗，他们见到美国独有的自然与人工相得益彰的奇观。他们参观了尼亚加拉大瀑布（Niagara Falls），将其形容为"庄严壮丽的奇迹"。[44]但他们同样对伊利运河（Erie Canal）

印象深刻，这是工程学上的壮举，从 1818 年开始建造，此时已连接五大湖与哈得孙河。这条运河仍未正式开放，但拉法耶特等人获准搭乘一艘运河船向东航行。

拉法耶特及时赶回了波士顿，并于 1825 年 6 月 17 日参加了邦克山战役的纪念仪式。在被由六匹白马牵引的四轮马车送到现场后，拉法耶特为邦克山纪念碑奠下基石。从此以后，邦克山就在拉法耶特的心目中占据了特殊的位置。1829 年，拉法耶特请求把邦克山战场上的泥土装船运送到法国，这样他就能把自己埋葬在象征美国自由诞生地的土壤之下了。

在离开波士顿后，拉法耶特为了确保完成走遍美国所有 24 个州的旅程，又风风火火地在数日之内穿越了新罕布什尔州、佛蒙特州和缅因州。然后，他掉头往南，途经纽约城，在那里庆祝了 7 月 4 日。一位年轻的亲历者后来回忆道："我还记得，我被拉法耶特抱在怀里，他抱了我一会儿；我还记得，当他让我坐下来时，他还亲了我的脸颊一下。作为小孩子，我当时只是纳闷，也不知道发生了什么，后来才知道，这段模模糊糊的记忆有多么宝贵。"[45]这个小男孩就是沃尔特·惠特曼（Walt Whitman）。

拉法耶特等人最后一次离开纽约，然后前往费城。7 月 25 日，一队大陆军老兵护送拉法耶特前往白兰地溪战役的旧战场，那里是他的传奇事业开启的地方。勒瓦瑟记录道："在抵达旧战场时，拉法耶特将军成功辨认出，并向我们指出，1777 年 9 月 11 日两军调动和交战的所有主要地点。他走到发动第一轮冲锋的地点，并在这个自己曾经英勇负伤的地方停留了片刻；他的老战友们紧密地围绕着他，以最响亮的声音喊出那句回声不绝的口号：拉法耶特万岁！"[46]

　　然后，他们又回到华盛顿特区，并以此地作为基地，准备计划中的在蒙蒂塞洛举行的聚会，届时杰斐逊、麦迪逊和门罗都会到场。他们用了一个星期的时间追忆往日时光，知道这将会是他们之间最后一次见到对方。勒瓦瑟说："我不打算描述这次残忍告别的愁云惨雾，因为这样做并不会让我像年轻人那样感到自己的悲伤有所缓解，毕竟在这个时刻，互道永别的人们早已经历了漫长的事业生涯，而茫茫大海、远隔重洋更是让他们再难相会。"[47]

　　回到华盛顿特区，总统亚当斯说服拉法耶特在白宫停留，以便于9月6日为拉法耶特庆祝生日。第二天，亚当斯在致国家宾客的最后祝酒词中说："当自由受到挑战时，您曾自愿捍卫它；当自由受到的挑战终结时，当您客居的这个国家的自由事业大获全胜时，您又回到您的出生地，继续履行慈善家和爱国者的责任。在那里，您在长达40年间始终如一、坚定不移，虽然在事业中经历了兴衰起跌、大起大落，但始终不渝地坚持您早年献身其中的光荣事业，致力于提高人们的道德水平、改善人们的政治处境。"亚当斯说拉法耶特对法国的贡献，将会使他成为法国的伟人："日后，如果有法国人被邀请选出一位能够代表法国民族特性的法国人，他在我们所生活的时代，脸颊上流淌着爱国主义的崇高热血，眼睛里闪烁着自觉自愿的美德之火，这名法国人会喊出他的名字：拉法耶特。"

但亚当斯还说，美国永远不会忘记拉法耶特："我们和我们的孩子们也一样，无论是活着的美国人，还是已故的美国人，都会认为您能够代表我们的民族特性。"[48]

在拉法耶特永远离开美国以前，乔治·华盛顿·帕克·卡斯蒂斯想为拉法耶特引见另一位同样热爱自由的美洲人：西蒙·玻利瓦尔（Simón Bolívar）。玻利瓦尔近来打赢了一系列战役，终结了西班牙对委内瑞拉和哥伦比亚的统治，此时他正在秘鲁奋战。美国公民为"解放者"（Liberator）的丰功伟绩而欢呼，拉法耶特也认同，玻利瓦尔就是南美洲的华盛顿。拉法耶特准备的礼物包括华盛顿的两把手枪、已故总统的画像，以及一封他自己写给玻利瓦尔的信。拉法耶特向解放者总统致意："一名与您拥有共同事业的退役老兵以个人名义对您致以祝贺。"拉法耶特还提到随信附送的礼物："在我看来，对于我那位慈父般的良师益友来说，玻利瓦尔将军是所有在世和故去的人中最适合接受这份礼物的人选。我还想对这位被称为解放者的伟大南美公民说，解放者这个名号是被新旧两个世界所共同认可的，而身为解放者，他将会享有与其公正无私相匹配的影响力，毫无例外，他心中装载着的是对自由和共和国的沉甸甸的爱。"[49]拉法耶特离开美国返回法国时，心中无比自豪，因为自由事业继续势不可当地传遍南北美洲。

玻利瓦尔等了好几个月才收到这个包裹，但当收到包裹时，他回复道："我如何才能表达这份深情厚谊在我心中的分量？对我来说，这是一份如此光荣、如此庄重的证明。居住在弗农山庄的家族，给予了我远远超过我所能期望的荣誉，他们通过拉法耶特之手赠予我华盛顿的肖像，这是一个人所能渴望的最为庄严壮丽的馈赠。华盛顿是勇敢无畏的社会改革保护人，而您是公民的英雄、美国和旧大陆追求自由的健将。"[50]

400　　　　在收到玻利瓦尔的回信时，拉法耶特已经回到法国了。1825 年 9 月 8 日，一艘新建的、为了向拉法耶特致敬而被命名为"白兰地溪号"的美国海军三桅快速战舰扬帆起航，搭载着拉法耶特前往欧洲。他此后再也未能回到美国。当他满意地启程回国时，他知道他的光荣遗产将会在新大陆得到永生，他希望**未来**仍有最后的一些荣耀在旧大陆等着他。

第二十三章

七月革命
（1826—1830）

拉法耶特及其随行人员在赶回拉格朗日的路上，于 1825 年 10
月 5 日晚上在鲁昂稍做停留。这座城市的居民得知拉法耶特回来
了。勒瓦瑟叙述道："晚餐临近结束时，有人进来告诉将军，一群
人在街道上聚集，来者还带着一队乐队，想向将军致敬。"由于在
过去 18 个月间，这几乎是他们日常生活的惯例，因此拉法耶特
"迫不及待地走到阳台上，想回应鲁昂居民的爱戴之情。但让人感
到惊讶的是，街道上的人们几乎还来不及喝彩，就有大队王家卫兵
和宪兵从街道尽头冒出来，在没有任何事先警告的情况下开始驱散
群众……宪兵们似乎急于证明自己是当局的得力工具，他们对手无
寸铁的居民发起冲锋，妇女和儿童的惨叫都不能阻挡他们的铁
蹄"。[1]拉法耶特似乎忘记他已经不在美国了。

当拉法耶特回到拉格朗日时，他才知道形势比他离开法国时还
要糟糕。路易十八的去世，意味着阿图瓦伯爵此时作为国王查理十
世统治法国。不同于路易十八尝试以秉中持正的态度治国，查理打
消了自由派关于温和与妥协的任何奢望。早在 1789 年 7 月，他就

是第一名逃亡者。35 年来，他念念不忘、孜孜以求的就是摧毁大革命的成果。此时，他终于找到机会。

新国王倒不至于威胁拉法耶特的人身安全。实际上，拉法耶特与查理由始至终都知道对方的所思所想。尽管两人处于政治光谱的两个极端，但国王对于这位老同学还是念点旧情的。查理曾经打听过，拉法耶特正在做什么，当国王的随从对国王如此关注拉法耶特感到讶异时，国王说："啊，你看啊，我对他还是非常了解的。他曾经为我们家族殷勤服务，这点我是不会忘记的。我们是同一年出生的，在凡尔赛学院时，我们还一起学过骑马呢。"[2] 查理相信拉法耶特是个谨守原则的人，虽然他认为那些原则简直就是胡扯。国王曾经说："自从大革命以来，在法国，只有两个人是从未改变的，一个是拉法耶特先生，另一个就是我自己了。"查理说他与拉法耶特拥有"两个思维方式完全相同的大脑。唯一不同的只是头脑中的理念，仅此而已"。[3] 尽管两人彼此尊重对方，但他们各自的信念是根本不可能共存的。两人都是体面的人物，他们此时绕着对方走来走去，就像自古以来在露天旷野里剑拔弩张的决斗者那样。

在物质上，查理十世登基称王，其实有利于拉法耶特收回财产。国王的一个执念，就是归还所谓大革命受害者的财产。由于国王的顾问说服查理，他不能简单直接地夺回所有地产，于是在 1825 年 4 月，政府通过了名为《关于补偿流亡贵族 10 亿法郎》（Émigrés Billions）的法令。根据这则新法令，在大革命期间被剥夺财产的家庭，可以提交文书，大致说明其损失，国家将以等值的国债作为补偿。拉法耶特的财务经理尽职尽责地提交了文书，拉法耶特所有的损失大约为 325000 法郎。《关于补偿流亡贵族 10 亿法郎》法令，同样为拉法耶特在卡宴已经失败的解放奴隶计划画上了不幸的句号。拉法耶特的会计人员提交的损失清单，包括 1789 年拉法耶特所拥有奴隶的大致价值，这些损失后来经过核实，都由国家予以补偿了。

然而，尽管拉法耶特重新致富，但反革命的政治气候并不适合他。他回到法国的第一年就在拉格朗日深居简出了。他与英国的自由派盟友，如杰里米·边沁和托马斯·克拉克森等人，保持着密切的书信往来。范妮·莱特仍然在美国，拉法耶特尽可能地为她提供支持，包括为她在田纳西解放奴隶的乌托邦试验筹集资金。他同样与美洲各国领袖保持通信，如约翰·昆西·亚当斯、西蒙·玻利瓦尔，以及海地总统让-皮埃尔·布瓦耶（Jean-Pierre Boyer）。拉法耶特长期以来一直主张与法国的前蓄奴殖民地保持积极关系，这些殖民地都是为了自身的自由、平等和独立而通过战争脱离法国的。为了给损失财产的物主追讨补偿，查理坚持海地应该偿付法国在前殖民地的财产损失，其补偿总额，参照拉法耶特所申报的损失，也应该包含自行获得释放的奴隶的价值。

拉法耶特同样为每一位向他求教的希腊、波兰、意大利、西班牙或俄国革命者寄去支持勉励的信件，这些革命者向两个世界的前辈英雄寻求建议或指引。拉法耶特知道自己的同龄人正在迅速凋零，因此他鼓励世界各地年轻的理想主义者重新捡起自由和平等的事业。1826 年秋天，拉法耶特同时为杰斐逊和约翰·亚当斯的去世而悼念，两人都死于 1826 年 7 月 4 日，即《独立宣言》发表 50 周年纪念日当天。

　　拉法耶特仍然远离国内政治，但他以事不关己的态度旁观国王查理的表演，查理发现成为国王并不意味着可以为所欲为。议会两院通过了《关于补偿流亡贵族 10 亿法郎》法令，但驳回了其他旨在恢复旧贵族权力的反动提案。查理尤其对抱有敌意的媒体震怒，他认为媒体滥用了王权慷慨赐予的自由。不依不饶的年轻煽动者，如阿道夫·梯也尔（Adolphe Thiers），从来都是毫不留情地批判政府。身为作家、历史学家和政治家的阿尔方斯·德·拉马丁（Alphonse de Lamartine）非常了解梯也尔，拉马丁说："在他个性中蕴含的炸药足以炸毁六个政府。"[4] 在 1827 年初，国王的首相提出后来被群嘲的《正义与爱法案》（Justice and Love Bill），其唯一目的就是让报纸再也不能批判政府。当议会两院驳回这个法案时，查理的愤怒达到顶点。如果人人都不肯听命令行事，而且人人都在时时刻刻批评你，那么即使让你当上国王，又有什么意义呢？

　　然后，在那年春天，查理犯下一个巨大的错误。每年 4 月 29 日，他都要庆祝他于 1814 年当天光荣回归巴黎。这一庆祝活动总是包括检阅巴黎国民自卫军，大约 2 万名现役成员将会接受检阅。但国王最近的所作所为使他未能得到自卫军成员的敬爱，**这一次**，当国王于 4 月 29 日检阅他们时，部分自卫军成员拒绝脱帽致敬，在队伍当中甚至有些士兵高声叫骂。查理屈辱又愤怒，结果严重反应过度。他颁布敕令，下令解散国民自卫军。因为几声叫骂而突然解散国民自卫军，只会让他们更加痛恨国王。此时查理犯下了更严重的错误，他竟然没有做任何努力去解除这些**前**国民自卫军成员的武装。1830 年夏天，这些人手头上仍然拥有军刀、枪械和弹药。

拉法耶特在拉格朗日退隐两年后，于 1827 年底重返政坛。8月，拉法耶特以前在众议院的自由派同事雅克-安托万·曼努埃尔突然去世。曼努埃尔生前是莫城众议员，正好是 1824 年拉法耶特被迫退选后的继任者。当地反对派领导者们极力游说拉法耶特将军于 1827 年秋天竞选这一席位。拉法耶特轻易胜出。即使政府在几个月后再次举行大选，拉法耶特仍然再次参选并再次胜出。

在众议院，拉法耶特与左派反对派坐在一起，当国王、各部大臣与议会两院的政治关系渐趋紧张时，拉法耶特也参与到论战当中。如果查理的意图得逞，就不会有《政府宪章》了，也不会有政治自由了，而且肯定没有自由媒体了，查理认为上述所有自由都是荒唐透顶的僭越之举，是违反自然秩序的。拉法耶特则当然认为上述所有自由都是神圣目标，值得人们誓死捍卫。

1829 年，时机开始成熟。19 世纪 20 年代中期，自由反对派曾经处于低潮，但如今他们每年都会在议会两院赢得更多席位，此时已经形成强大的政治力量。1829 年夏天，当众议院投票通过对国王现任首相的不信任动议时，国王只能解除其职务。但查理并未提拔自由派认可的首相，他顽固地认为，自己身为国王，有权任命**他**所认可的大臣，议会两院的意见简直可恶。因此，查理拔擢了自己的密友、毫不妥协的极端保王派朱尔·德·波利尼亚克（Jules de Polignac）。选择波利尼亚克无疑是不顾后果的挑衅举动。让人难以置信的是，波利尼亚克竟然集一切惹人讨厌的缺点于一身：傲慢自大、冥顽不灵、鼠目寸光。所有这些缺点都加剧了人们的恐慌，人们担心愤怒的国王执意擢升波利尼亚克，是彻底废除《政府宪章》的先兆。

❧❧

拉法耶特感觉到，自从波利尼亚克被擢升为首相后，政治能量开始酝酿。1829 年，拉法耶特回到奥弗涅，聚集起大量群众，这让他敢于说出自从领导烧炭党起义以来再也没有说过的话语。在一场由支持者们于勒皮举行的宴会上，拉法耶特说："我知道，人们对众议院有诸多不满，因为众议院在确保自由权利的提升方面总是动作迟缓，但请相信，只要众议院发现危害公共自由的阴谋，它作为凝聚民族意志的代表，将会有足够的能量粉碎阴谋。"[5]在里昂，拉法耶特说："长期以来，专制主义凯歌行进、陈陈相因，而我们对宪法的希望也仍未泯灭，我发现我正与你们一起经历一个关键时刻，这是我在这趟旅程的其他地方并未遇到的……这个冷静沉着的伟大民族，始终知道他们的权利，也感知到他们自己的力量。"[6]拉法耶特仍然相信法国想要宪法和《人权宣言》，如果国王拒绝给予这两样东西，民族自然知道该怎么做。

关于国王查理准备废除《政府宪章》的传言，在 1830 年 2 月 20 日举行的议会两院公开集会上达到高潮。国王的发言极具挑衅意味。他说："如果罪恶的密谋者为我的政府制造障碍，虽然我希望这种情况并不存在，我将会凭借力量压制他们，我已决心维护公共秩序，我对法国人民抱有信心，我热爱他们，他们总是站在国王这边。"[7]查理与拉法耶特同样自信，都认为法国人民站在自己**这边**。

作为国王眼中的"罪恶密谋者"，拉法耶特似乎天生就注定要引起国王的反感。

来自国王的威胁，让221名众议员，包括拉法耶特，迅速于3月15日签署了一份抗议书。他们在这份抗议书的开篇提醒查理，宪章"赋予了国民参与讨论公共事务的权利"。众议员们对于国王和波利尼亚克坚决无视民选代表的意志感到灰心失望。众议员们说："您的政府的政治观点与您的人民的政治意愿应该永远保持一致，这是公共事务得到良好运作的必要条件。"无视议会两院的意志，破坏了这一必要合作，使《政府宪章》无法发挥作用。众议员们说："我们的忠诚，我们的虔诚，驱使我们告诉您，这种一致此时已不复存在……您的人民对此感到苦恼，因为这是对他们的冒犯；他们对此感到担忧，因为这是对他们自由的威胁。"[8]对于这份"221人声明"（Address of the 221），国王的反应不是留意他们的警告，而是宣布解散议会，并于1830年7月重新举行大选。

宣布重新举行大选，在法国各地引发了一波抗议浪潮，法国各地都开始进行政治动员。拉法耶特写道，波利尼亚克展现出"对反革命和狂热分子的同情"，而且"首相轻浮愚蠢、专横冒失、愚昧无知，认为自己的使命是支持王权和教权……他因为其党羽赋予他的重要角色而自我膨胀"。[9]

出于转移话题的需要，波利尼亚克和国王决定入侵阿尔及尔（Algiers）。其目的在于通过发动一场速战速决的小型战争，调动选民的高涨情绪，让选民投出有利于政府的票数。法国政府抓住一件与阿尔及利亚人的微不足道的外交事件作为发动战争的借口。反对派媒体请求选民不要被欺骗："他们企图孤注一掷，既赢得征服阿尔及尔的胜利，又赢得剥夺我们自由的胜利。"[10]在 1830 年 7 月 5 日，一支法国侵略军登陆北非海岸，控制了这个国家，开始了长达 130 年的殖民占领，而这原本只是一次战争表演而已。

国王甚至采取了前所未闻的步骤，亲自提名他自己喜欢的候选人。君主本来是应该超然于各方各派之上进行统治的，而不应成为政党领袖。但查理毫不在乎。他发表了一份致选民声明，这份声明说："法国人，你们的福祉就是我的光荣，你们的快乐就是我的快乐。在王国各地选举团即将集结的时刻，请你们倾听你们国王的建议……不要让你们自己受到包藏祸心的公共秩序之敌的误导。拒绝无根据的怀疑和无理由的恐慌，因为这会动摇公众信心，造成严重混乱……这是你们的国王在发出请求，这是一位父亲在对你们发出呼吁。"[11]

然而，这并不奏效。在 1830 年 7 月 5 日至 19 日举行的选举中，自由派大获全胜。他们选出了比以往更多的众议员，此时在议会中形成了明显多数。国王气得发疯，但波利尼亚克几乎无动于衷。政治反对派基于对自由抽象概念的呼吁或许能够动员一部分受过教育的精英，但他们终究是少数。波利尼亚克告诉国王："普罗大众关注的只是他们的物质利益。"[12]与此同时，国王的表亲奥尔良公爵正在巴黎西南边沿的城堡内密切留意选举结果。奥尔良公爵说："至少那不是我的错。我不会因为未能让国王睁开眼睛看看现实而怪罪自己，你还能怎样呢？他们闭目塞听、充耳不闻。只有上帝知道六个月后他们会在哪里！"[13]

在选举结果出来后，反对派相互拥抱庆祝。查理试图击败他的政治反对派，却让他们变得比过去更为强大。自由派对国王搁置宪章的恐惧达到近乎疯狂的程度，一份报纸嘲笑他们的歇斯底里和这个预测。他们讽刺地说："和宣告世界末日的天文学家一样，政变的预言家也没有气馁。宪章寿终正寝的日子本来预计为 22 日，他们甚至还为这个日期打赌。此时又变成 26 日，然后又变成下一个星期一……政变总是在明天发生。明日复明日，政变总是被推迟，直到明天变成很久以后。政变将会被推迟到永远，直到我们承认，政变既无作用，亦无可能，永远不可能！"[14]国王**实际上**并没有打算发动政变。所有人都需要冷静下来。

拉法耶特本人并不认为即将会发生事变。国王及其大臣们退回位于圣克卢的王家城堡，因此拉法耶特也返回拉格朗日，等待 8 月 3 日议会开幕。形势当然会很紧张，因为新近产生的自由派多数将会要求国王解除波利尼亚克的职务。在至关重要的 1830 年 7 月 26 日上午，拉法耶特写了一封短信，认为迄今为止，国王也好，反对派也好，都不太可能采取进一步的行动。"在之前的会议上，人们都在热烈讨论可能的政变，就连国王都发话了……然而，此时此刻，似乎我们都放弃了这个想法。"[15]拉法耶特有所不知，国王查理此时正准备发动他的政变。

✣❦✣

1830 年 7 月 27 日，拉法耶特收到来自巴黎的每日信件。在这捆信件中，还有一份前一天的《总汇通报》（*Le Moniteur Universel*,

下文简称《通报》），这是官方发行的通报。拉法耶特还发现这份通报上附着孙女婿夏尔·德·雷米萨的便笺。雷米萨是自由反对派的坚定捍卫者，目前还是《环球报》（Le Globe）的撰稿人，这是一份总是踩到国王尾巴的报纸。这张便笺告诉拉法耶特阅读《通报》，然后立即赶往巴黎。政变已经上演。

在 7 月 26 日的《通报》首页上，拉法耶特读到国王独断专行地颁布的《四条敕令》（Four Ordinance）。第一条是搁置媒体自由。第二条是解散最近选举产生的众议院，虽然这届众议院还未开幕。第三条是彻底改变选举规则：减少众议员人数，改变投票资格，除了最富有的选民，其他人一律被排除在外，此举总共剥夺了四分之三选民的选举权。第四条是在 9 月按照新选举规则重新举行选举。

拉法耶特读到的内容让他感到震惊。《通报》附带的编辑评论解释道，国王完全有正当的理由颁布敕令。国王并没有**推翻**《政府宪章》，而是在**捍卫**宪章，使其免受疯子的煽动性的威胁。那位编辑援引宪章第 14 条作为依据，第 14 条规定："国王是国家的最高元首……为了实施法律、保卫国家，国王可以颁布必要的规则和敕令。"国王声称，他只是颁布必要的法律以保卫法国，以免新闻记者和自由派政治家无事生非。那位编辑说："必须承认……这些煽动性的言论……几乎都是由媒体自由产生和激发的……周期性出版物天然就成为制造混乱和骚动的工具……一言以蔽之，其目的就是开启一场新革命，他们的原则已经呼之欲出了。"那位编辑断定：

409 "第 14 条赋予［国王］足够的权力……紧迫局面意味着不能再推迟使用这一最高权力。是时候采取契合宪章精神的措施，而非死守法律秩序了，这种法律秩序早已成为徒劳无益的虚耗。"[16]这最后一段话很可能是从拉法耶特的讲话中抽取出来的。但它歪曲和替换了拉法耶特的原意，变成为反动政变寻找借口，而非为自下而上的民众革命进行辩护。

拉法耶特绝不浪费时间。他收拾行装奔赴巴黎。他于 7 月 27 日夜间抵达巴黎，大约是在臭名昭著的《四条敕令》在首都公布的 36 小时后。他发现城市完全陷入混乱。拉法耶特给留在拉格朗日的家人写信道："来到这里后，我发现好几个步兵团正在装卸武器，国王卫队的炮兵部队也在这里，公民当中也有许多行动。工人与年轻人联合起来；各个街区都修筑了街垒；已经有几名宪兵被杀，但被杀的公民更多，因为绝大多数公民的武器只是石头。"[17]

雷米萨及其他朋友告知了拉法耶特在此期间发生的种种事情。7 月 26 日，当《通报》传遍大街小巷时，反对派领导人和新闻记者陷入恐慌和愤怒。雷米萨当时就在《环球报》的办公室，一位同事突然冲进来叫喊道："你们知道吗？《通报》上已经宣布政变了！"[18]雷米萨大惊失色，冲出大门口，急于与《民族报》（National）的编辑和记者碰头，《民族报》是猛烈批判政府的报纸之一，并由自由派阿道夫·梯也尔担任编辑。梯也尔说："然而，除非能够确保告知拉法耶特先生，否则我不会外出行动。"梯也尔匆忙写了一张便笺，附在一份《通报》上，然后派人将其送到拉格朗日。然后，梯也尔便冲出门去了。

在《民族报》办公室，阿道夫·梯也尔提出所有记者都应该团结一致投入战斗。雷米萨与其他记者阅读并同意抗议声明，声明开篇写道："在过去六个月里，人们经常提起，法律将被破坏，政变将会爆发。常识让我们拒绝相信这种说法。政府也认为这种说法是造谣中伤。然而，《通报》最终刊发了这些引人注目的敕令，这些敕令是对法律最为直接的侵犯。法律的统治因此被打断，力量的统治由此而展开。在这种情况下，遵守敕令不再是人们的责任。"[19]

410　　当天晚上，示威者聚集在王宫周围，一如 1789 年 7 月那样。然后，他们涌上街头，推倒路灯，并以石头、砖块和铺路石攻击国家建筑。在某个地方，愤怒的群众发现了波利尼亚克和海军大臣奥塞男爵（Baron d'Haussez），在两人拼命奔向警察总部时，砖石瓦砾如雨点般向他们飞来。当两人进入警察总部时，波利尼亚克告诉奥赛，也许是时候让国王卫队进入巴黎戒严了。奥赛对此将信将疑："难道卫队还没有准备好吗？"波利尼亚克以其独一无二的淡定口吻回应道："你总是太忧心忡忡。"[20]然而，随着夜幕降临，群众**的确**散去了，这让警察长官乐观地报告道："首都各地恢复到风平浪静的状态。我这边没什么值得注意的情况需要在报告中记录。"[21]

　　7 月 27 日早上，当拉法耶特在拉格朗日读到《四条敕令》时，反对派众议员、城市领导者和新闻记者聚集在好几处办公室和沙龙，商讨应对措施。绝大多数人对于跨越公开发动起义的红线颇为犹豫，尤其是当他们发现，国王派遣奥古斯特·德·马尔蒙（Auguste de Marmont）将军进驻巴黎，并命其指挥正规常备军恢复秩序。马尔蒙本人是政治温和派，他认为那几条敕令简直是痴人说梦。当马尔蒙在报纸上读到那几条敕令时，他说："噢！你们看吧，正如我所预见的，那帮神经病把事态推向极端了。如果要我违心地采取行动，我也需要被迫自杀了。"[22]但当他接到控制巴黎的命令时，他服从了命令。

当天下午，马尔蒙发现政府并未对可能出现的大规模抗议做任何准备。军官和士兵在休假。没有人提前接到通知。没有任何准备。当马尔蒙迅速集结他所指挥的各个步兵师时，真实的战斗已在王宫附近爆发。当骑兵冲击抗议群众时，他们在冲撞中造成了第一批伤亡。示威者抬起遇难者的尸体，游行穿过大街小巷，就像给殉道者送行，以此向人们证明政府蓄意杀人。当天晚上，巴黎市民在巴黎市中心所有横街窄巷里筑起街垒，以便相互照应、帮助彼此防卫。这就是拉法耶特于 7 月 27 日夜间进入巴黎时的气氛。

与此同时，雷米萨还参加了另外一个反对派领导人会议，他发现会议沉闷不堪，而且不相信他们能够成事。雷米萨后来写道："在这种会议上，人们到底说了多少无补于事的废话，不出席会议的人是无法想象的。人们并不缺乏热情与冲动，他们说着一些迎合气氛的话来相互满足，并随意说些大话、空话来自我安慰。那里都是些愚不可及的笨蛋，人们只是在说着自己的所见所闻，并认为这些见闻非常重要，因为这就是他们所知道的一切了。他们都是些只尚空谈、自以为是的人，总是坚持自己的所作所为多么正当。"[23]当他们听说警察发布了逮捕令，准备逮捕绝大多数反对派记者时，他们就作鸟兽散了。雷米萨可能会对这场会议冷眼旁观、鄙夷不屑，但当逮捕令的消息传来时，他也像其他人那样夺门而出。

在圣克卢，国王查理始终关注着 7 月 27 日晚间街头战斗的消息。但他坚持认为，形势没那么糟糕。当一位忧心忡忡的贵族院议员前来请求国王撤回那几条敕令时，国王却说："你简直疯了，我亲爱的公爵。我对你们说过上百次了，没什么好担心的，也不需要采取什么行动。平底锅里的一点火苗，最终只会化成一缕青烟。"[24]天色已晚，国王想要就寝了，他认为一切都会好起来的。他没有意识到，1830 年革命（Revolution of 1830）已经开始了。

❧❧

　　熬过一个枪声大作的不眠之夜后，拉法耶特于 7 月 28 日早上出门，参加反对派领袖的会议，与会者包括银行家雅克·拉菲特和空论派自由主义者弗朗索瓦·基佐。会议在奥德里·德·皮拉沃（Audry de Puyraveau）家中举行，他是拉法耶特在烧炭党时代的同人。拉法耶特告诉与会领袖："我承认，26 日的《通报》与这两天的枪炮齐鸣，两者之间基本不可能调和。"[25]在拉法耶特看来，当务之急是任命一个临时政府，并且他们不能再退缩或犹豫了。拉法耶特的副官贝尔纳·萨朗（Bernard Sarrans）说，将军告诉大家："这是一个革命问题……他的名字早已成为革命的符号，巴黎市民信任这个名字，他就是当仁不让的起义领袖；正因如此，他迫切地想得到同事们的认可，但也正因如此，如果他们到明天早上还不做出决定，他就相信自己可以凭个人意愿行动了。"[26]

　　与此同时，在大街上，巴黎起义者冲进市政厅，15 年来第一次升起了三色旗。马尔蒙将军宣布军事戒严，并派出三个纵队，以控制城市的不同部分。但这三个纵队发现，巴黎市民筑起了**数百个**街垒，它们把巴黎市中心围了个水泄不通。这三个纵队迅速被分割包围，并被钉在原地，街头战士使用从步枪到盆盆罐罐等各种武器，从屋顶上袭击街道上的士兵。有一个纵队设法夺回了市政厅的控制权，但他们没有后勤补给，无法抵挡市民的包围。经过激烈战斗，三个纵队都安全撤回卢浮宫。巴黎仍然在巴黎市民手中。

当天晚上，拉法耶特带着一小队副官外出检查街垒。当他蹒跚地走向一处街垒时，一名武装市民喊道："站住！告诉我们，你这个时间还在大街上游荡，到底意欲何为？"拉法耶特回答道："上尉，你能看见，我内心的情绪都被你们呈现在我面前的这番景象调动起来了；来吧，拥抱我吧，你们会知道我是你们的战友。"哨兵仍然将信将疑，直到另外有人惊呼："他是拉法耶特将军！"拉法耶特很高兴还有人能把他认出来，道："来拥抱吧，先生们！"拉法耶特上前检阅他们，就像回到大陆军那样。[27]

7 月 29 日，上午 11 点，这是起义的第三天，也是后来所说的"光荣的三天"（Three Glorious Days）的第三天，拉法耶特在拉菲特家参与另一个会议。拉法耶特提到，一个巴黎市民代表团请求他接手指挥国民自卫军。他说他准备接受，因为"一个来自 1789 年的老名字，将会在目前的严峻形势中派上用场"。[28]另一位反对派领导人表示同意。然后，他们选举了一个五人委员会，这个委员会将以人民的名义管理这座城市，并指导人民夺回市政厅。

当他们穿过人群时，萨朗形容他们的脚步"既像是凯旋，又像是走向战场"。在他们周围，人们高喊："民族万岁！""拉法耶特万岁！"萨朗形容道："男人、女人和孩子，在街道上排成行列，在窗户里探头张望，在屋顶上争相围观，他们挥舞着手帕，整座城市洋溢在希望和快乐之中。"萨朗说，如果有人不在现场，也可以想象现场的景象，人们"大致可以想象，群众如疯似狂地向走过的拉法耶特致敬"。[29]当拉法耶特抵达市政厅时，一位热心的公民向他指出通向会议室的路。拉法耶特面带微笑，委婉地说"我熟悉这里的每一级台阶"，然后登上这段他已经走过无数次的大楼梯。[30]

在接手指挥重新动员起来的国民自卫军后，拉法耶特庄严宣告："我亲爱的公民们、勇敢的战友们……巴黎市民的信任，再次召唤我前来指挥这支民众的武装力量。我已经怀着忠诚和快乐的感情，接受你们交托给我的重任，一如在1789年那样，我的同事们近日都聚集在巴黎，在我可敬的同事们的赞许中，我感觉自己充满力量。我从来不把我的毕生信念当成权宜之计，而我的感情也是众所周知的……自由必将取得胜利。否则我们就慷慨赴死！"[31]国民自卫军曾于1827年被国王解散，他们此时重新拿起武器，并向市政厅集结。但革命从来就不是妙趣横生的游戏和冠冕堂皇的宣言。拉法耶特获悉，在前一天夜间的战斗中，勒瓦瑟受了重伤。这位曾一起前往美国的旅伴最终活了下来，但这也提醒拉法耶特，在外面战斗和死去的都是有血有肉的人。暴力越早结束越好。

拉法耶特随即向政府军的士兵们发出一封公开信，号召他们倒戈："勇敢的士兵们，巴黎市民并未因为你们接到的命令而怪罪你们，来投奔我们吧，我们会把你们视为兄弟而接纳你们……拉法耶特将军以全体巴黎市民的名义宣告，巴黎市民并不痛恨也不敌视法国士兵，巴黎市民准备对所有弃暗投明、回归国家事业和自由事业的士兵报以博爱之情。"[32]当一队守桥士兵问他们意欲何为时，拉法耶特回答道："所有妥协退让都是不可能的……王室不再统治法国了。"[33]

士兵们开始动摇。在卢浮宫周围，整条防线倒向起义者。其余仍然忠诚于国王的士兵，在面对潮水般涌来杜伊勒里宫的起义者时，彻底陷入恐慌，他们在混乱中撤退到香榭丽舍大街。星形广场（place de l'Étoile）是今天凯旋门（Arc de Triomphe）的所在地，从星形广场的有利地形中，马尔蒙清楚地看到三色旗已经飘扬在王宫上空。及至1830年7月29日夜间，战斗已经结束。巴黎已经赢得胜利。

在圣克卢，国王查理这才意识到他犯下一个巨大错误。他试图通过撤换波利尼亚克和撤销《四条敕令》来挽回局势。但国王妥协退让的消息也需要时间来传播，而且等到那个时候，民众已经认定国王自己造成的伤害是致命伤了。无论如何，他的统治已经结束了。

如果查理不再统治，那么有谁能够取代他呢？拉法耶特身为国民自卫军司令，马上成为各种各样的王位觊觎者的游说对象。一名波旁王朝支持者乞求拉法耶特支持国王年仅9岁的孙子。一名老波拿巴派来到市政厅，力求为拿破仑的儿子谋取空缺的王位，拿破仑之子目前正在奥地利过着舒适的流放生活。来者被护送到一个房间，并被告知，拉法耶特很快就会来见他。他花了好几分钟才搞清楚，自己被他们关进了一个带有铁窗的房间里，而且房门被从外面锁上了。许多武装学生和街头战士呼唤革命，于是革命来了，这标志着王政和帝制的终结，以及共和国的回归。他们要求拉法耶特出任法国总统。

然而，拉法耶特不喜欢上述任何选项。他拒绝支持波旁王朝，在这个问题上他甚至连想都不用想。事实反复证明，他们根本没有能力统治一个自由的民族。他也不支持波拿巴家族的回归，正如他后来在给约瑟夫·波拿巴的信中所写的："拿破仑体制无疑是光辉灿烂的，但它同样意味着君主专制、贵族制和奴隶制。"[34]此外，波拿巴家族的回归，将会意味着与欧洲各国的战争。共和国也同样会燃起战火。1830 年，共和国仍然是独裁、战争和恐怖的同义词。它将会在国内外唤起人们对断头台的记忆。宣布成立共和国，将会挑起与欧洲各国的战争，还很可能会引发内战。

415　　那么，拉法耶特想要什么呢？他此时想要的，与 1789 年想要的相同，对此他总结过一条公式："一位受到人民爱戴的君主，以民族主权的名义，得到共和派的辅佐。"在拉法耶特看来，这一目标"显然是我们能够达到的；这是我在街垒上的计划，也是我在市政厅的计划，而我将会是这个计划的诠释者"。对于为何不支持成立共和国，拉法耶特还补充了一个理由，即他并不认为成立共和国是绝大多数法国人的想法。拉法耶特写道："共和派的首要原则是尊重公共意志。我要抑制我自己，以免我提出一部纯粹美国式的宪法，虽然在我看来那是最好的宪法。提出美国式宪法意味着无视绝大多数法国人的意愿，将冒国内动荡的风险，甚至引发对外战争。如果我的选择错误了，我的错误至少与我始终珍视的原则相去不远，甚至可以说，如果别人认为我野心勃勃，我的选择至少可以摆脱这种自私自利的嫌疑。"[35]

拉法耶特对形势的分析，让他只剩下一个现实的选择：奥尔良公爵。自从 1814 年初次见面后，拉法耶特与公爵共处的时间并不多。但拉法耶特仍然记得，自己与沙皇亚历山大曾经有过共同的看法，即奥尔良公爵是波旁家族中唯一能够与自由宪法共存的人物。萨朗后来说："尽管……对［奥尔良公爵］了解不深，但拉法耶特欣赏他的个人品格，以及他简单率直的行为举止……拉法耶特曾经见过年轻的奥尔良公爵，当时的他是一个满腔热血的爱国者；除了在三色旗下，他从未在其他颜色的旗帜之下战斗过。"[36]

这是拉法耶特许多自由主义反对派盟友早已达成的结论。雅克·拉菲特已经聚焦于如何确保奥尔良公爵成为新国王了。拉菲特让阿道夫·梯也尔去试探公爵的意愿。当梯也尔抵达奥尔良公爵的府邸时，他才知道公爵正在隐居，因此他转而与公爵的姐妹阿德莱德（Adelaide）进行简短但深入的详谈。无论如何，阿德莱德都被人们普遍视为这个家族的大脑，她同意让其家族在背后支持巴黎的革命者们。

7 月 30 日早上，巴黎街头到处张贴着梯也尔撰写的海报，他极力宣传奥尔良公爵那忠贞纯洁的爱国主义，海报上写道："查理十世再也无法进入巴黎了，他造成了民众的流血。共和国将会让我们陷入可怕的分裂，共和国将会让我们卷入与欧洲其他国家的战争。"与此同时，"奥尔良公爵是一位投身于大革命事业的贵族……奥尔良公爵曾经在三色旗下投身于枪林弹雨之中……奥尔良公爵已经证明了自己；他接受宪章，这是他一直以来的意愿。正是来自法国人民的认可，让他愿意戴上王冠".[37]当雷米萨来到市政厅，前来试探拉法耶特的意愿时，他说："我们对奥尔良公爵谈得够多的了，顺便说说，如果我们打算更换政府，也就只有您或他能够领导政府了。"对此，拉法耶特迅速回答道："我吗？不！如果你们来问我，那么奥尔良公爵将会成为国王，而我肯定不会领导政府。"[38]

⚍⚍

为了让奥尔良公爵成为国王，他的支持者们克服了一系列实际困难。首先，他们说服尽可能多的众议员，宣布奥尔良公爵出任"王国中将"（Lieutenant-General of the Realm），这是一个古老的职务，能够允许公爵合法地行使最高权力。在历史上，这个职位是在国王年幼不能治国，或者国王昏聩不能视事的情况下才设立的。这一次，国王的"昏聩"是指国王愚蠢地惹得天怒人怨，以至于大家都不想让他继续当国王了。

接下来的问题就是占据着街垒的巴黎市民了。他们会接受奥尔良公爵吗？据守在市政厅周围的武装学生和街头战士已经下定决心，要确保这次革命不只是简单地把波旁家族换成另一个家族。因此，当7月31日，新近被任命为王国中将的奥尔良公爵鼓起勇气，在王宫上马出发，率领着大队人马前往市政厅接受官方确认时，过程可谓惊心动魄。当他抵达市政厅时，整个广场上挤满了武装人员，在他们当中，有许多人叫喊着"共和国万岁！""拉法耶特万岁！"。在这种前途未卜的气氛中，拉法耶特亲自向奥尔良公爵致意，并护送其进入市政厅大楼。

　　几分钟后，两人出现在市政厅阳台上，共同手持一面三色旗，以表示拉法耶特支持奥尔良公爵。伟大的作家、历史学家和政治家夏多布里昂（Chateaubriand）后来如此描写他目睹的场景："拉法耶特先生看着人群越来越骚动……将三色旗交给了奥尔良公爵，并向前走了一步，在公爵挥舞三色旗时，他于目瞪口呆的群众面前亲吻了公爵。拉法耶特的共和派之吻造就了一位国王。在两个世界的英雄这一生中，这真是让人感到意外的结果！"[39]

　　第二天早上，拉法耶特在王宫拜访了奥尔良公爵，以打消人们的疑虑，人们害怕奥尔良公爵会像他的堂亲查理那样统治国家。拉法耶特说："您知道我是共和主义者，我把《美国宪法》所规定的视为现存体制中最为完美的体制。"奥尔良公爵回答道："这点我也认同。任何在美国生活过两年的人，都不可能没有这种想法。但您是否认为，在法国目前的形势下，在目前的公众舆论中，我们能够冒险在这里实行这种体制呢？"拉法耶特说："不。法国人民目前想要的是一位深得人心的国王，并由共和派予以辅佐。"奥尔良公爵道："这正是我所想的。"[40]

　　既然巴黎已经有了新国王，旧国王也就放弃了。1830 年 8 月 2 日，查理十世签署退位诏书。他等了超过 30 年才等到机会，准备摧毁大革命的成果，当他终于等到机会这样做时，他的所作所为却挑起了另一场革命，永远终结了其家族对法国的统治。查理十世是法国波旁王朝的最后一个国王。自 40 年前作为心酸的流亡者离开

417

法国后，他又流亡了一次。查理开始慢慢地向北方海岸进发，踏上他的第二次也是最后一次流亡英国之路。他于 6 年后去世，至死都不悔改。

8 月第一个星期，拉法耶特正忙于指挥国民自卫军和维持巴黎的秩序，反复地在抗议者打断议会两院会议时出面调解。与此同时，一小群由基佐领衔的奥尔良派人士打造出一个自由派版本的《政府宪章》。拉法耶特本人想由特别选举的议会来编写新宪章，而非由一个在重门深锁背后自行召集的委员会来匆匆写就。但留给确保 1830 年革命不要变得**太**激进的时间已经不多了。拉法耶特也对废除《双重投票法》和重写第 14 条款等事项以防止滥权的成果感到满意，但对修订后的宪章仍然保留世袭特权观念感到不满意。

418 大街上，学生们和工人们正在街垒旁浴血奋战，他们为革命成果被窃取而感到愤怒。8 月 3 日，众议院第一次全体会议开幕，"来势汹汹的群众挡在议会门前，明显企图以武力解散议会"。[41] 由于他们当中有许多人是拉法耶特的年轻支持者，拉法耶特也只能站出来会见他们。拉法耶特告诉他们："我的朋友们，我的职责是采取措施保卫议会，使其免于受到任何袭击，这是为了维护议会的独立性……我没有力量去反对你们，但如果议会的自由受到侵犯，这将会成为我的耻辱……因此，我把我的荣誉交到你们手上，把希望寄托于你们对我的友谊，以此确保你们和平地离开。"[42] 他们冷静下来，没有冲进议会两院。

在所有细节敲定后，奥尔良公爵于 8 月 9 日出席议会两院联席会议，正式登基为法国国王路易·菲利普一世（Louis Philippe I）。

拉法耶特后来对路易·菲利普和"七月王朝"（July Monarchy）大失所望，他对自己许多决定感到后悔。但在1830年夏天，一切似乎都充满希望。拉法耶特是国民自卫军司令，他相信自己正在警惕地护卫着共和体制下的人民的君主。这个过程耗费了超过40年，但似乎1789年的梦想总算实现了。

第二十四章

水中灯塔
（1830—1834）

　　1830 年夏天是光荣的夏天。拉法耶特达到比 1789 年更高的高度，就连普通民众也注意到这一点。年轻的大仲马（Alexandre Dumas）写道："人们异口同声地高喊'拉法耶特万岁'，证明这位 1789 年的风云人物即使到了 1830 年，也没有失去半点支持……这位于 1789 年从国王手中为民众争取到自由的人物，到了 1830 年发现自己就是人民心目中的国王。"[1] 历史学家司汤达（Stendhal）说："敬爱的拉法耶特就是我们自由的船锚。"[2] 司汤达后来又称他为"从普鲁塔克的记载中走出来的英雄"。[3] 在 8 月 29 日，拉法耶特出席了一场精心策划的检阅活动，为公民国王路易·菲利普在马尔斯校场检阅 6 万国民自卫军。检阅结束后，国王给拉法耶特写了一封热情洋溢的信："他们不仅远远超出了我的期望，而且给了我难以置信的喜悦和快乐。我是 1790 年结盟节的见证者，而且同样是在马尔斯校场……因此我能够做出比较……我刚刚所见到的，比起我当时所见到的还要出色很多。"[4] 对于这一夸张的赞美，拉法耶特不禁喜形于色。

炎热的夏天随秋天的到来冷却下来了。国王在街垒遍地时做出了承诺，等到街垒被拆除时就食言了。拉法耶特对此有点后知后觉。雷米萨说妻子的爷爷"继续为国王及其家族感到高兴……国王非常擅长把自己打扮成一个叛逆者，这让他自己时常显得慷慨激昂，但如果仔细分析，你会发现他根本对此满不在乎，但这种慷慨激昂却欺骗了拉法耶特先生，让拉法耶特沉浸在两人观点完全一致的幻想中"。[5]

在 7 月的混乱局势中，拉法耶特接受了权宜处置和妥协退让，但他仍然期待"市政厅方案"（Program of the Hôtel de Ville）能够成为新秩序的组成部分。对于拉法耶特来说，这意味着废除贵族世袭，改革司法制度，以及普遍放宽选民资格限制。这些改革是"共和体制下的人民的君主"的实际要素，拉法耶特相信奥尔良公爵的承诺，他报之以"共和派之吻"。经过修订的《政府宪章》在 8 月初迅速通过，涵盖了好几个必要的改革，包括承认民族主权作为宪政基础，但它仍然有许多未尽完善之处。

拉法耶特指责一群过于谨慎小心的众议员和顾问，认为他们要为这种延误负责。拉法耶特告诉雷米萨："我喜欢国王多于喜欢他的臣僚，喜欢臣僚多于喜欢众议院。"[6]拉法耶特此时才意识到，许多支持七月革命（July Revolution）的政治领袖只是**阻止**反动派滑向右边，而非**推动**革命派转向左边。及至 1830 年秋天，七月革命的胜利者已经分成两派：运动派（Party of Movement）和抗拒派（Party of Resistance）。前者认为七月革命标志着深入自由改革和扩大政治自由的开端。后者则认为七月革命标志着改革**结束**和回归常态。拉法耶特当然与运动派站在同一阵线。

由于对改革的步伐感到失望，拉法耶特告诉国王，如果他再不拿出真心实意推行改革的姿态，他迟早会失败。拉法耶特曾经对武装起来的共和派好言相劝，让他们与奥尔良派站在一起，然后他们就各自散去了。此时情况不再像那样了。在 7 月，通过保证奥尔良派将会支持共和体制的承诺，拉法耶特成功劝服了共和派，但拉法耶特也告诉国王："如果继续抵赖，拒绝承认您曾经答应的原则，那么我的回答将会是，共和国，或者说蛊惑人心的制度，将会比陛下更得人心。"[7]如果路易·菲利普还不醒悟过来，那么激进的新雅各宾派将会发动二次革命。

421　　拉法耶特在好几条战线上推动政府有所作为，包括在法国殖民地废除奴隶贸易，确保有色人种自由民享有平等公民权。拿破仑犯下的罪恶仍然需要被纠正。在众议院的一次演讲中，拉法耶特说，拿破仑"把我们最精锐的部队送到圣多明各，令他们在那次灾难般的远征中白白送命，他在重建奴隶制和重新开始奴隶贸易方面犯下双重罪恶"。迄今为止，这些事情已经过去几乎 30 年了。拉法耶特要求海军大臣"明确告诉我们，政府在解决奴隶贸易问题上到底有多大决心，在解决殖民地有色人种自由民平权问题上有多大决心"。[8]一位大臣说："政府已经制定惩罚海盗行为的法令，这条法令将同样针对贩卖人口罪，而且已有立法计划把有色人种的权利视为神圣不可侵犯的，承认所有自由人的权利一律平等。"[9]拉法耶特把这些立法视为阶段性的胜利，但直到 1848 年七月王朝被推翻后，奴隶制才被宣布为非法的。

及至 10 月，一场与愤怒的年轻共和派的对垒已经若隐若现了。查理十世退位时，他的大臣们四散逃离。但有四位大臣被逮捕了，其中就包括最为惹人讨厌的朱尔·德·波利尼亚克。他们被迫接受叛国罪审判，但路易·菲利普并不愿意他们被判死刑。此举强烈刺激了街道上的人们，其中许多人的亲朋好友死于对抗专制主义的血腥战斗，他们要求波利尼亚克等大臣血债血偿。在 1830 年 10 月至 11 月间针对被捕大臣命运的游行示威中，街头冲突持续不断。

在这种动荡气氛中，国王授权拉法耶特指挥全城所有武装部队，不仅是国民自卫军，还包括正规常备军。国王命令拉法耶特确保 12 月 21 日当天城内不能发生任何暴乱，因为那天是法官宣布判决的日子，已经做出的判决是监禁而非处决。路易·菲利普不想在赦免他们后，却眼睁睁地看着暴怒的民众将他们以私刑处死。

拉法耶特明白，这是一个需要政治秩序的政治时刻。他告诉部下，不能容许无法无天的趁火打劫行为发生，更不允许民众将犯人以私刑处死。大家必须高度警惕"被人误导的公民好心办坏事，他们可能会自以为正义而做出最严重的冒犯行为，包括威胁法官、私刑处死，即他们所谓的亲手实现正义的行为；他们用以实现自由的手段，很可能是在滥用自由"。[10] 这不仅仅是关乎这一天的安危。在拉法耶特看来，暴怒的民众于 1789 年动用私刑处死富隆和贝尔捷，现在看来其实是恐怖统治的预演。"我要提醒［你们］，在以前，当法国人民陷入无政府主义和嗜血成性的恐怖统治、破产、饥荒，以及外国人强加给我们的、令人讨厌的专制复辟就会发生。"[11]

他接下来以第三人称发布命令：

　　然而，巴黎市民信任总司令，信任七月革命中勇敢而慷慨的胜利者，信任朝气蓬勃的年轻人，信任那个始终与巴黎市民为友的人，信任他们亲爱的武装兄弟国民自卫军，这种信任从未动摇。巴黎市民会发现，他永远都秉持他19岁那年的信念：他在1789年时怎样，在1830年时也怎样，他已时日无多，但他将至死不渝。那个自由和公共秩序的代言人，他爱名声甚于爱生命，但如果他未能履行职责，他将会不惜牺牲名声和生命。[12]

当决战时刻到来时，国民自卫军忠诚地遵守纪律。这足以帮助政府在法官正式宣读判决以前，把波利尼亚克和其他被告人偷偷运出法庭侧门。但即使没这点预防措施，拉法耶特的国民自卫军也维持了秩序。尽管发生了几场争执，还有几场群情激愤的游行示威，但没有发生暴动，也没有私刑处死。人们没有筑起任何街垒。国王、政府以及拉法耶特都长舒了一口气。

⁑

随着危机过去，联合起来的抗拒派成员开始转而反对拉法耶特，虽然拉法耶特为国王提供了忠诚的服务，但抗拒派把他视为一个动摇政府稳定的狂热分子。拉法耶特意识到自己被政敌盯上了。他说："我知道我就像王宫里的梦魇，我不是国王和王室的梦魇，他们都喜欢我，他们是世界上最好的人，而我也爱戴他们，但对那些环绕着他们的人来说，我就是个梦魇。"[13]拉法耶特身为全体国民自卫军的司令，与国王有深厚的私人关系，并且他已证明，自己在捍卫自由的同时，还能维持秩序，因此他很放心。

因为拉法耶特的影响力主要体现为对国民自卫军的指挥权，他的政敌就抓住这一点作为突破口。修改后的《政府宪章》有一个条款，规定任何人都不得指挥超过一个市镇的国民自卫军。与此同时，拉法耶特仍然是**整个王国**境内全体国民自卫军的司令，这让他成为大约 300 万大军的总司令。1830 年 12 月 24 日，拉法耶特的反对者在众议院指出这一职务有违法律："拉法耶特将军不能永远把自己当成活着的法律，除非现存的政治法律已经名存实亡。"[14]他们以《政府宪章》的名义投票决定执行这一条款，并授予拉法耶特"国民自卫军荣誉司令"的头衔，以作为对他的补偿。

圣诞节前夕的这次突然袭击，让拉法耶特极为沮丧，尤其是因为那天刚好是阿德里安娜的忌日。拉法耶特知道自己的指挥权有违法律，也不打算无限期地保留这个职务，毕竟他不是波拿巴派，但他认为他有权留任，直到**他**选择主动退出。拉法耶特以为自己是不可或缺的，他高估了他自己，他给国王发去了一封颇为伤感的信："委员会主席友善地提议授予我'荣誉司令'的头衔……这种名义上的、装饰性的头衔并不符合自由民族的体制，也不符合我的意愿。"[15]拉法耶特威胁道，如果他不被允许留任现在的职务，他将会彻底退出国民自卫军。

国王邀请拉法耶特进宫面谈。当拉法耶特当着国王的面反复提及辞职时，国王提出需要时间与大臣和顾问们协商，而大臣和顾问们则清楚地告诉国王，是时候让拉法耶特离开了。大臣和顾问们确信，国民自卫军不是拉法耶特的执政官卫队，他们将会仍然忠诚于政府。拉法耶特的共和派之吻已经无足轻重了。国王拒绝介入此事，他提到拉法耶特的威胁，并迫使他主动辞职。

12 月 26 日，国王发布公告："你们将与我同样感到遗憾，拉法耶特将军经过郑重考虑，已经决定辞职了……他的引退让我感触颇深，就在不久前，尊敬的将军还光荣地维持了公共秩序。"[16]

第二天，拉法耶特在众议院发表演讲，为自己的行为辩护："我始终认为，就一般原则而言，这个王国的国民自卫军总司令部与君主立宪制的体制，其实是不可兼容的。因此，在 1790 年，当 300 万公民把指挥权授予我，并通过结盟节阅兵场上的 14000 名代表宣布这种授权时，我立即拒绝了，并通过议会的禁止令拒绝了。"[17]但 1830 年的形势完全不同："在市政厅的授权是很不同的，当时是王国中将，即后来的国王，提议我接过指挥权。我认为我必须接受，同时我随时准备辞职，如果实现和平则尽快辞职，如果出现战争则稍缓辞职，当我认为不再必要时，我就会主动辞职。"[18]

然后，拉法耶特的辩护演讲，变成对国王的保守派顾问的抨击，他们以牺牲自由为代价来维持秩序：

> 我本来是不需要提出辞职的，但国王已经收到我辞职的消息了，并多番慰问我，因此我们已经渡过了危机。我对于公共秩序的考虑已经得到充分满足了，但我对自由的考虑则未能被满足。我们都知道市政厅的格言——共和体制下的人民的君主——这句格言曾被接受，但并非人人都遵从它：国王的政务

委员们就不像我那样遵从这句格言，我已经对此感到不耐烦了。[19]

然后，拉法耶特向他心爱的国民自卫军通报了他的辞职令，感谢他们的爱国主义奉献，并明确表示他并非心甘情愿地推门而去。

贝尔纳·萨朗是拉法耶特于 1830 年革命期间的副官，他总结出拉法耶特的严重问题所在。萨朗说："［拉法耶特］早已习惯于在危机中稳操胜券，但他总是犯一个错误，即他不屑于摆弄阴谋诡计，尤其鄙视那些针对他自己的阴谋诡计，但这对政治家而言并不是一个小错误。完全无视王宫摆弄的那些阴谋诡计，是他犯下的重大错误，随着革命结束，这些阴谋诡计就既对事也对人了。"[20]即使在多年以后，拉法耶特还是不自觉地把政治视为戏剧，品德高尚的演员们在其中各安其位、各司其职，而非把政治视为由各路兵马协同发起的战争。因此，他注定要输给那些不犯同样错误的人。

尽管如此，拉法耶特还不是唯一被踢出局的人。弗朗索瓦以及抗拒派的其他成员还把矛头指向雅克·拉菲特。拉菲特是把奥尔良公爵变为国王的造王者，也是路易·菲利普第一位实际上的首相。但拉菲特此时已成为运动派的领导人。1831 年 3 月，拉菲特也曾以辞职为要挟，要求法国大力支援处于困境中的意大利自由运动，国王接受了他的辞职。后来遇到拉法耶特时，拉菲特说："你承认你是个大白痴吧。"拉法耶特反驳道："我是个大白痴，但如果我是第一大白痴，那么你就是第二大白痴，所以我们彼此彼此。"[21]

⌘

尽管由于路易·菲利普拥抱保守主义，拉法耶特走向了反对派的阵营，但拉法耶特仍然活跃在众议院。弗朗索瓦·基佐以及抗拒派此时极力推销所谓"中庸政府"（juste milieu）的政策，这是一种在任何议题上都小心翼翼地不偏不倚的策略。拉法耶特认为这种策略相当讽刺。在一次众议院演讲中，拉法耶特说："先生们，我们听得够多了，什么温和策略，什么中庸政府……我们应该如何理解这些字眼呢？温和策略就是在两点之间取中间值吗？当我们说四加四等于八时，有人夸张地说应该等于十，难道我们也要相应地说四加四等于九吗？"[22]这不是温和策略。这是神经错乱。

拉法耶特同样为扩大选民范围而努力奋斗。在一次演讲中，拉法耶特支持把选民年度纳税下限从 250 法郎降低到 200 法郎，他说："选举权不是自上而下赐予的，它是属于全体公民的，唯一的例外只有那些没有能力行使选举权的人。"拉法耶特补充道："我不需要……回家核实，我的那些只交了 200 法郎的邻居和朋友是否有能力投票选举众议员。我很肯定，不仅他们有能力投票，就连那些交更少钱的公民也有能力投票，他们就像我们一样，完全有能力做出合理的选择……我感觉自己处于非常尴尬的境地，因为我之所以有权投票，仅仅是因为我交了 200 法郎。"[23]

尽管拉法耶特仍然活跃于政坛之上，但身为众议员可不像身为国民自卫军司令那么繁忙，因此他能够更多地关注家庭生活和社交生活。拉法耶特把他的时间分配在巴黎和拉格朗日两边，把日程排得满满的，全然不顾自己已经 70 多岁高龄了。有一天，拉法耶特在给儿媳埃米莉的信中写道："现在已是下午 2 点钟，自从我早上醒来，我还没时间刮胡子呢。大约有 20 位朋友在这里与我讨论孤独和静默的好处。但我仍然抽时间寄出了 32 封信件，同时还读了差不多数量的信件。"[24]历史学家司汤达评价拉法耶特以一种超然的态度管理着他的沙龙："拉法耶特先生非常有礼貌，甚至对每一个人都给予了足够的关爱，但礼貌得像个国王。"[25]然而，司汤达也注意到，每当有年轻女士陪伴，拉法耶特就会显得很活跃。司汤达说拉法耶特"尽管年纪老迈……却经常从漂亮女孩身后撩拨她们的衬裙，而他自己却不觉得尴尬"。[26]

拉法耶特还继续扮演着自封的角色，即所有到访巴黎的美国人的庇护人。任何持有美国护照的人都知道，如果他们需要帮助和建议，甚至需要帮忙安排住处，都可以去找拉法耶特将军。拉法耶特每周都会举行晚宴，接待所有来访者，包括像詹姆斯·费尼莫尔·库珀这类知识渊博的常客，库珀于 1826 年移居法国。当塞缪尔·莫尔斯于 1831 年抵达巴黎，开始在卢浮宫接受艺术训练时，他也拜访了拉法耶特。莫尔斯说："当我走进他家时，他当场就认出了我，握着我的双手，说他已在美国报纸上读到我登船的消息，正期待着在法国见到我。"[27]

当进步主义教育家埃玛·威拉德抵达巴黎时，她告知了拉法耶特她抵达的消息。威拉德是女子学院的创始人，拉法耶特去纽约州的特洛伊拜访过她。威拉德以为老将军只会例行公事地敷衍她，毕竟对方是显赫而繁忙的人物。但让她震惊的是，第二天早上，老将

军来到她的旅馆门前，欢迎她造访巴黎。威拉德只记得两人愉快而

427 热烈地谈论教育和政治，"他就像对亲姐妹那样袒露心扉"。[28]但当
然，威拉德是年轻女子的事实也起了作用。

1831 年夏天，当拉法耶特遇见年方 21 岁的意大利难民克里斯
蒂娜·贝尔吉奥乔索（Cristina Belgiojoso）时，他把政治与私人感
情混为一谈了。尽管贝尔吉奥乔索是小贵族之女，但她来到巴黎的
时候身无分文。她是激进的理想主义者，曾经在米兰加入一个烧炭
党支部，当上司收走她的护照和财产时，她被迫去从事一些游走在
法律边缘的勾当。拉法耶特对她从政治上到私人生活上的事都很感
兴趣。从欧洲反动国家逃出来的自由派难民，这个身份在众议院里
是引发激烈争论的议题。拉法耶特自然认为，法国应该成为欢迎难
民的安全天堂。如果他无法说服政府这样做，那他就自己做这件
事情。

贝尔吉奥乔索后来说："逐渐地，我得到拉法耶特先生无微不
至的照顾，他成为我最好的父亲。"[29]拉法耶特定期造访贝尔吉奥乔
索居住的公寓，而贝尔吉奥乔索回忆道，两人曾经友善地争论怎么
煮饭最好吃。"在友善地拌嘴后，我们开始争论平底锅的用法和炉
子摆放的位置。我抗议他总是不听话，抱怨两个世界的英雄给我打
下手为我带来了严重的不便。"[30]

就像范妮·莱特那样，克里斯蒂娜·贝尔吉奥乔索也成为拉法
耶特身份不明的所谓养女，以及在拉法耶特的晚年经常造访拉格朗
日的常客。但拉法耶特迎来了新女伴并不妨碍他继续与范妮保持联
系，拉法耶特继续仰慕、鼓励和帮助范妮的事业。1831 年，当范

妮·莱特回到巴黎结婚时，拉法耶特就在那里充当把新娘送进教堂的长辈。

⚓

及至 1832 年，拉法耶特及其朋友采取了一次预备行动，以抵抗七月王朝越来越明显的保守倾向。抗拒派正在取得一个接一个的胜利。这种局面不仅让拉法耶特这样的自由派众议员感到烦恼，而且让年轻的政治活动家感到愤怒——他们是 1830 年在街垒上战斗的激进派，对保守派背叛革命感到愤怒。这些年轻激进派没有像拉法耶特等武装自由派那样加入烧炭党。这些新世代并不害怕第一共和国的记忆，他们敬重这种记忆。对于他们来说，罗伯斯庇尔和丹东不是坏蛋，而是英雄。在老科德利埃区的中心地带，他们组建了名为"人民之友社"（Society of the Friends of the People）的地下政党。如果七月王朝继续背叛 1830 年革命，人民之友社将会继续进行革命。在街垒上进行革命。

1832 年，一场灾难性的霍乱横扫整个巴黎。及至 5 月底，首都的死亡人数已经接近 2 万。疫情的暴发让巴黎市民，尤其是底层市民，陷入恐慌、痛苦、偏执和愤怒。6 月初，这场传染病夺走了深受民众爱戴的让·马克西米利安·拉马克（Jean Maximilien Lamarque）将军的生命。拉马克的军旅生涯可以追溯到 1792 年，他始终提倡平等、民主与共和原则。拉马克迅速成为法国军队中最受欢迎的将军，至少是最受平民欢迎的将军。此时他病死了。人民之友社为他哀悼，同时也在伺机而动。

1832 年 6 月 5 日，拉马克的送葬队伍穿过巴黎的街道，后面跟随着大批群众，其中也包括人民之友社的武装成员。送葬队伍在抵达奥斯特里茨桥（pont d'Austerlitz）时停了下来。那里搭起了一个舞台，拉法耶特计划在那里致悼词。当拉法耶特开始讲话时，却发生了暴动。人们高喊："武装起来！"一队龙骑兵冲进人群，然后枪声大作。六名士兵坠马身亡。这又引起更多人高喊："武装起来！""到街垒去！"有人往拉法耶特手里塞了一顶红色自由帽，但他一脸嫌弃地将那顶帽子扔到地上。这正是他所憎恨的事物的象征。

一如在 1830 年 7 月那样，武装起来的街头战士在 6 月 5 日晚上连夜筑起街垒，收集武器，挖掘战壕，准备战斗。他们的要求不是"共和体制下的人民的君主"，而是建立共和国。一个**真正的**共和国。但 1832 年 6 月不是 1830 年 7 月。国民自卫军仍然忠诚于政府。国王亲自骑马到场鼓舞士气，而非像被废黜的前任国王那样躲在城堡里。而且，自由主义反对派的领导者们不愿意支持这些崇拜罗伯斯庇尔、丹东和马拉的小屁孩。拉法耶特当然也不支持。有人诬告他在人群中戴着红色的自由帽，他当场反驳道："我始终真诚地反对 1792 年和 1793 年的罪恶暴行，而且我的同胞们也都知道，在法国，这顶红帽已成为嗜血的象征；我从来也没有向反革命复辟低头，因为他们转变方向、倒行逆施，违背了 1789 年的原则。"[31]

经过 6 月 5 日的通宵战斗，以及持续到 6 月 6 日晚上的零星交火，1832 年的"六月起义"（June Rebellion）迅速被粉碎。这将会是拉法耶特最后一次遭遇类似于革命的事件。但他并未参与。他只为**自己的**原则发动革命。他对复活第一共和国的原则毫无兴趣，他坦率地承认，第一共和国是所有共和国当中**最糟糕的**例子。

⸙⸙

从 1832 年到 1833 年，拉法耶特仍然活跃在政坛上。他与美国和欧洲的仰慕者和同盟者互通书信。他对波兰的独立事业尤其感兴趣，游说政府大力支持波兰。他继续推进自由派改革，并继续资助各种形式的慈善事业。

然而，拉法耶特也在反思自己的生平和事业。1832 年 7 月，拉法耶特写了一部为自己辩护的简短自传，自传讲述的是一个人的生平，他生活于新旧两个世界，曾经服务于三场伟大的革命。拉法耶特写道："在我漫长的人生中，自从我进入路易十五统治下的世界，我的同胞们经历了如此众多的困境、偏见和分歧，上述种种始终毁誉参半，我总是避免各种批评和争论，有时独自隐居，但人们总是络绎不绝地来找我。"³²拉法耶特矢志不渝地坚守少数几条基本原则，这让他受到保守保王派、激进雅各宾派和专制波拿巴派的攻击，上述所有派系出于各种不同的原因都把他视为威胁。

然后，拉法耶特从头回顾自己的人生："于是，我投身于美国革命，激怒了政府和我的家族，两年后，这一事业同样变成法国的事业，而这个年轻的傻瓜也成为无比热情和极度自信的人物。"³³回想起当初前往美国的经历，拉法耶特仍然感到自豪，人们笑话他的疯狂壮举，但当他回国时，人们只是欢庆他的壮举。

随着法国大革命开始，拉法耶特目睹他的原则陆续受到从传统

430

保守派到激进共和派的批评。拉法耶特继续写道："当我的共和事业和设想在 1789 年得到推行时，首先是在上流社会、在法国宫廷以及其他场合……被视为非常不适合欧洲的美好乌托邦……早在革命以前，已有许多人不知自由为何物，他们谴责我想让革命停下来，在我的设想中，革命应该在 1791 年的君主制阶段停下来。"[34]拉法耶特难免遭遇挫折，因为世界改变得太快。多年以来，人们总是告诉他，他已经**走得太远**；然后，当他取得成功时，一群新人又聚集起来，对他大声叫骂，指责他**走得不够远**。

在大革命将他排挤出去，并让他在奥洛穆茨深受戕害时，拉法耶特远远地看着在罗伯斯庇尔倒台后，雅各宾派的激进理想主义让位于督政府的玩世不恭、及时行乐。"在监狱里，我并没有像欧洲其他共和派那样，对这场漂亮的政变感到得意忘形……我仍然反感而非同意这种侵犯公民权利和政治权利的行为，我反感在拯救宪法的背景下，却给予宪法致命一击。"[35]但在这里，拉法耶特实则篡改了他自己的历史，以塑造更加正直的形象。他从未甘心继续流放。在 1797 年至 1799 年，拉法耶特持续不断地到处游说，只求返回法国。

在这种文过饰非中，拉法耶特继续陈述他自己版本的历史。"我不得不承认第一执政是个天才，但当第一执政开始走向专制，并利用 1793 年的恐怖记忆逐步取消 1789 年的各种自由时，当我的宪法之友、我的雅各宾派政敌、我在沙龙里的贵族敌人，以及欧洲各国的君主，群起指责我的共和主义原则时，我仍然坚定不移地独自坚守这一大原则。"[36]这倒是完全真实的。拉法耶特从未让其他人的行动左右**他的**信念。波拿巴成功刻画大革命的混乱和恐怖场景，以便为威权主义的专制独裁张目。拉法耶特拒绝参与这场闹剧，虽然他自己就是"1793 年恐怖记忆"的受害者。

拉法耶特同样对波旁家族的主动示好无动于衷，即使他们代表 **431**
着拿破仑专制独裁的唯一替代项。他目睹拿破仑帝国的崩溃，"然而，我并不像其他法国人那样，寄希望于'免费赠予'的宪章和新的君主立宪制；正如在百日政权期间，我参加波拿巴政权以捍卫我们的独立，然后又反对他解散众议院的图谋"。[37]在这里，拉法耶特再次讲述了一个难以自圆其说的故事，但他仍然抓住了一个本质事实：波拿巴家族和波旁家族同样反对拉法耶特在 1789 年倡导的原则。对于拉法耶特来说，他们不是处于两个极端的政敌，而是同一个专制硬币的两面。

当 1830 年革命到来时，每一个政治派系都试图借此机会控制法国。在市政厅，拉法耶特作为国民自卫军司令，选择了他认为最能代表 1789 年原则的选项。拉法耶特写道：

在 1830 年 7 月这场漂亮的革命期间，当绝大多数战士围绕着我，想宣布建立共和国时，当波拿巴派想建立帝国总统制时，当波旁家族向我提出相当自由的立法方案时，当市政厅比众议院更强大时，我宁愿让众议院与奥尔良派团结起来，我希望我曾经选择的王国中将，能够允许真正的国民公会编写宪法。我甚至牺牲了我的希望来迁就我的同事们的意愿，以适应国内安定和国外和平的需要，但我也是在将人民主权原则和武装全民族的原则置于不可动摇的位置后，才做出我的牺牲的。[38]

对于拉法耶特来说，奥尔良派方案从来就不是**最好的**方案。但他相信这已是**尽可能最好**的方案。

在经历过被驱逐出国民自卫军并目睹抗拒派歪曲他的原则后，拉法耶特站在 1832 年的视角上回顾道："路易·菲利普并不亏欠我什么。我并不忠诚于他，与他也并无友谊。"[39]拉法耶特明显是在驾轻就熟地把最近发生的事情改写成了古代史。他与奥尔良公爵过去**曾**是朋友。最初，拉法耶特极力歌颂公民国王，绝对相信奥尔良公爵正是在他的干预下才戴上了王冠。但拉法耶特也承认，他最近的错误判断的确值得反思。"在 1830 年 7 月和 8 月的行动后，我与他及其家族建立了友谊，这只是因为我从他身上看到，他同时热衷于自由福祉和民族利益；但条件是他能够推行所谓的市政厅方案。"[40]因为市政厅方案并未得到推行，拉法耶特转而批评政府，一如他批评旧制度、雅各宾派共和国、执政府、拿破仑帝国和波旁复辟王朝那样。这是一个终其一生只坚守自由原则的故事，从他少年时奔赴美国追求自由开始，一直到他老年时仍旧在法国捍卫自由。

※

1834 年 2 月，在一次乘坐四轮马车的冬季长途旅行后，拉法耶特患上了严重的肺部感染。他的病情如此严重，以至于他只能在位于巴黎安茹街的府邸卧床休养。在之后几个月里，他的健康状况有所改善，然后又恶化，之后又有所改善。他的社交时间严重缩短，但他仍然渴望在家中接待朋友。他不再能够出席众议院会议，但他尽力保持书信往来。乔治、阿纳斯塔西、弗吉妮娅及其孙辈们前来照顾他，克里斯蒂娜·贝尔吉奥乔索也来了，经常陪伴在他身旁。拉法耶特的医生说："我经常发现，一位优雅的女士陪伴在他病榻旁……与那位女士的交谈让他感到快乐，并能让他暂时忘却痛苦。"[41]

直到 1834 年 5 月初，大家都没有理由认为他的病情足以危及生命。5 月 1 日，拉法耶特还在一封信的开头为自己耽误回信而致歉，都怪"我病了这么久，我都病了两个半月了，这让我无法出席众议院会议"。[42] 这封信是写给格拉斯哥废奴协会（Glasgow Emancipation Society）主席约翰·默里（John Murray）的，祝贺英国决定通过立法在其殖民地废除奴隶制。拉法耶特反思美洲各地解放奴隶的早期历史，默里也参与了这段历史。这些想法也包含某种自鸣得意的回忆："我认为欧洲人最早进行的试验是从法国殖民地卡宴开始的，比 1789 年革命还要早三年。"这实际上是指他自己的失败试验，据他自己说是"因为 1791 年被剥夺财产而被打断了，就连那些黑人奴隶也被充公并被获胜的党派贩卖了"。[43] 拉法耶特忘记了自己的错误和罪恶，这也是将死的老人在病榻上的常有之事。

致默里的信件，是六卷本的拉法耶特书信集的最后一封信，这部在他死后出版的书信集收录了拉法耶特的公函、书信和手稿。5 月中旬，他的健康终于崩溃。1834 年 5 月 20 日，拉法耶特侯爵，马里-约瑟夫·保罗·伊夫·罗克·吉尔贝·迪·莫捷将军，在病榻上离世。拉法耶特书信集中的下一个内容，是其家人发布的讣

433

告："拉法耶特将军于 5 月 20 日永远告别其家庭与国家。遵照他生前遗愿，他的灵柩将会安放于皮克普斯公墓（Picpus Cemetery），与他妻子现有的灵柩合穴安葬。"[44]

当政府获悉拉法耶特的死讯时，他们害怕会再来一场 1832 年的六月起义。一位受人爱戴的将军的葬礼，此时很可能会成为不稳定因素。路易·菲利普的政府宣布致以最深切的慰问，并声称拉法耶特将军配得上一场最高规格的军事葬礼。20 万人在街道两旁列队，想再看一眼穿过巴黎的拉法耶特将军灵柩，却被大批武装护送灵柩的步兵和骑兵远远隔开。

夏多布里昂以浪漫的笔触，描写了拉法耶特送葬队伍的场景："我当时在人群中……护送拉法耶特灵柩的车队在我面前经过：当车队走到街道尽头时，灵车停下来了；我仿佛看见他，浑身散发着太阳般的金色光芒，就连盔甲和武器也都金光闪耀；然后现场回归漆黑，接着他就消失了。"[45]但美国作家和艺术家纳撒尼尔·帕克·威利斯（Nathaniel Parker Willis）所看到的场景略有不同。他所见到的场景气氛肃杀，完全不符合拉法耶特的原则，威利斯说："他们就像埋葬罪犯那样埋葬了这位老爱国者。他们在灵车前后竖起刺刀。他自己的国民自卫军被解除了武装，而沿途护送的大批部队却足以围攻这座城市，这就是他一手造就的公民国王给他的荣誉！"[46]另一位美国朋友对此表示同意："他们把自由与拉法耶特一起葬进了坟墓。"[47]

434　在送葬仪式结束后，拉法耶特的灵柩被安葬在私人性质的皮克普斯公墓，与阿德里安娜的灵柩安放在一起。当他的灵柩被安放妥当后，人们把从邦克山装船运送回来的泥土覆盖在灵柩上。在经历过战争和革命的一生后，拉法耶特此时永远安息在巴黎，安息在阿德里安娜身旁，安息在代表着美国自由的神圣泥土之下。

━╬━

当拉法耶特的死讯传开，两个世界的英雄受到大西洋两岸的交口称赞。约翰·昆西·亚当斯在美国众议院发表官方纪念演说。亚当斯说："他是这个时代第一流的人物，而且你很难给予他公正的评价……让我们的双眼浏览历史记载吧：自从人类创世以来，直至今天，每一个时代、每一个地方都有故去的伟人，但在已经故去的伟人当中，我们在哪里能找到这样的人呢？有谁能找到像他这样慷慨无私的人呢？历史上有过像拉法耶特这样的人吗？"[48]

亚当斯继续道：

> 拉法耶特没有发现政治或道德的新原则。他在科学上没有发明创造。他也没有揭示自然法的新现象。[但是]他出身和受教于高等封建贵族家庭，生活在欧洲最专制君主的统治下，享有丰厚的财富，拥有各种优良品质，而在他长大成人之时，共和正义和社会平等却占据了他的内心和灵魂，仿佛受到上天的启示那样。他把他自己、他的生命、他的财富、他的世袭荣誉、他的勃勃雄心、他的美好希望，全部奉献给了自由事业。[49]

在英国，自由主义哲学家和政治家约翰·米尔（John Mill）说：

那些无法在拉法耶特的个性中找到其他缺点的人，总是指责他爱慕虚荣：世界上爱慕虚荣的人有像他这样的吗？不妨想一下，从来没有一个被两个伟大国家当成神一样崇拜的人，对自己的地位跃升如此不在意。他从不避讳承认自己的错误；他从不羞于撤回错误的步骤；当形势需要他为了国家利益而做出牺牲时，他从不吝啬牺牲自己的雄心、财富、自由以及人身安全，甚至放弃对他更为重要的以下两点：他所认同的意见占据优势，以及人民的热爱——他们真诚的拥护曾是他生命中的亮光。[50]

然而，并不是**每个人**都把拉法耶特当成神来崇拜。在他漫长的人生中，他有过许多敌人。回到法国大革命那些日子，米拉波称他为"优柔寡断的人，无能又恶毒的饶舌之人"。[51]拉法耶特的老对手马拉说他"满脑子糨糊，却没多少抱负"。[52]丹东称他为"卑鄙无耻的革命阉人"。[53]布耶侯爵是拉法耶特的表亲，参与策划了逃往瓦雷讷镇事件，布耶说"他有野心，但没有实现野心所必需的个性和天赋：他沦落到只想在世界上发出自己的噪声，以便让人们都来谈论他的地步"。[54]在死于圣赫勒拿岛的流放地以前，拿破仑也曾说："拉法耶特只不过是另一个傻瓜，他无法割舍他自己想要扮演的角色。他在政治上的善良意愿，总是让他反反复复地上当受骗。"[55]

夏多布里昂对拉法耶特做了颇具争议性的论断："拉法耶特先生只有一个理念，不幸的是，对于他来说，这个理念是百年不变的；对于这个理念的执着缔造出一个理念帝国；它就像一块遮眼布，让他从来不看左右两边；他始终如一地走在一条直线上；他在前进的路上没有掉下两侧的深渊，不是因为他能够看见，而是因为他根本看不见；盲从取代了天赋：无法变通的必将致命，致命的必将伏虎降龙。"[56]

克里斯蒂娜·贝尔吉奥乔索是在拉法耶特生命的最后阶段陪伴在他身边的人，她看着拉法耶特的名誉受到像夏多布里昂这样玩世不恭的评论家的诋毁。1850 年，克里斯蒂娜说："如果要在历史上给他寻找定位，那么我可以肯定地说，历史将会承认，他所犯下的政治错误，都是由于他对人类这个物种估计过高，他以君子之心度小人之腹。人们不难理解，他到底犯了多大的错误，他竟然以为别人像他那样诚实、正直、真诚。"[57]

但在法国，拉法耶特的名誉仍然光辉灿烂。1861 年，反对奴隶制的参议员查尔斯·萨姆纳（Charles Sumner）如此评价拉法耶特："他很早就投身于人类自由事业，在他漫长的人生中，他成为这一事业上的侠士、英雄、门徒、烈士。寻遍历史，没有人像他那样奋斗。他承受过没有多少人承受过的痛苦，他长期从事这一事业，当别人还在读书时，他就已开始了，而当他自己走进坟墓时，他才终于止步。"[58]

其实早在 1832 年夏天，就有人对拉法耶特的生平做了最佳总结，当时拉法耶特正在出席 7 月 4 日宴会。这个侨居在巴黎的美国人每年都会举行的庆典，是年纪老迈的两个世界的英雄在这一年中颇为重要的事件。在这个场合，塞缪尔·莫尔斯为拉法耶特念了一段祝酒词。莫尔斯表示："我们非常荣幸和高兴，能够请到我们高贵的客人与我们共进晚餐，而且他就坐在我的右手边，对于这位英雄，两个世界都声称他属于自己一边。是的……他属于美国，也属于欧洲。他是我们的公民同胞，我们国家的民众异口同声地对我们呐喊道，难道他个人和他的品格还不足以代表我们的国家利益吗？"

莫尔斯继续说道：

总有一些人，想左右公共舆论，他们就像潮水中的浮标。他们跟着潮汐涨退，随波逐流。如果你问我们，在遇到危急情况时他们在哪里，我们也没法告诉你；我们必须首先对照历法，参照月相，观望风向，观测潮汐，然后才能大致猜测，你可能会在哪里找到他们。

但我们的客人绝非此等反复无常的人物。他是屹立在水中的灯塔，他的根基建立在磐石之上，他绝不随着潮汐涨退和风暴吹袭而摇摆。风暴也许会聚集，潮水也许会侵袭，甚至会漫过他的头顶，但有时又匍匐在他的脚下……可他仍然屹立不倒。我们知道他的眼界和事迹，我们怀着坚定不移的信心，朝向他56年前屹立不倒的地方。他至今仍然屹立在那里。大风从他脸上吹过，大浪从他身边打过，冬天的冰雪点亮了他，但他仍然屹立在那里。正因如此，我请求你们……与我共饮此杯，向拉法耶特将军致敬。[59]

祝君安康……与君永别。

致　谢

如果没有我的妻子布兰迪（Brandi）无微不至的爱与支持，这　437
本书是根本不可能写就的。我所完成的一切都应该归功于她。我同
样依赖我的两个孩子——埃利奥特（Elliott）和奥利芙（Olive），
我依赖他们的勇气、力量和幽默感，他们发现自己毫无预兆地迷上
了法国，这完全超出了我的预期，让我对他们倍感自豪。我深深地
爱着他们。我要把这本书献给我的父母，他们始终鼓励和支持我去
做任何事，包括我把他们的孙辈带到巴黎。

如果没有世界上最好的图书经理蕾切尔·沃格尔（Rachel
Vogel），以及世界上最好的图书编辑科琳·劳里（Colleen Lawrie），
这本书也是不可能面世的。我还有幸得到一个公关团队的大力支
持，他们是林赛·弗拉德科夫（Lindsay Fradkoff）、雅伊梅·莱费
尔（Jaime Leifer）、米格尔·塞万提斯（Miguel Cervantes）、布鲁
克·帕森斯（Brooke Parsons）和克莱夫·普里德尔（Clive
Priddle）。

在巴黎工作期间，我在巴黎市历史图书馆（Bibliothèque
historique de la Ville de Paris）投入了大量时间。那里的图书管理员
对我非常友善，他们乐于助人，而且总是无比耐心。我同样热爱和
感谢公共信息图书馆（Bibliothèque Publique d'Information）的工作
人员，那是我的第二个家。我必须承认，我过去总是把蓬皮杜中心

（Centre Pompidou）视为恐怖的怪物，它丑化了周围漂亮的历史建筑，但在那里花费了那么多个小时后，我也深深地爱上它了。蓬皮杜中心万岁，你这个大怪物。

如果不是为了研究法国历史而去学法语，这份工作原本也是不可能完成的。感谢威斯康星大学麦迪逊分校（University of Wisconsin, Madison）的法语之家（French House），那里为我提供了优秀的指导和美味的每周晚宴。感谢我在巴黎法语联盟（Alliance Française）的各位老师，他们从我抵达巴黎开始就给了我各种各样的指导。最后，感谢我的两个孩子，他们在短短数月之内就能说流利的法语，在接下来的时光里，他们总是开心地纠正老爸蹩脚的发音和混乱的句法。这不为别的，恐怕是为了不让老爸在别人面前出洋相。

438　　我们在法国这三年间被照顾得很好。达娜（Dana）和克莱芒（Clement）是巴黎最好的房东。生活总是周而复始，但如果生活中没有一些引人入胜的漂亮彩蛋，我们是不可能独自熬过这段日子的。在奥弗涅探访拉法耶特的儿时故乡时，我们的车在一场突如其来的暴风雪中抛锚了。我们在马泽圣瓦（Mazet-St-Voy）的太阳客栈（Auberge du soleil）暂住了三天，这是一家小旅馆。对于我们这个突然出现门前的"美国难民"家庭，客栈给予了无微不至的照顾。后来，当我在布瓦勒鲁瓦（Bois-le-Rois）完成手稿时，我深受肾结石的折磨，不得不反复前往医院，最终做了两次外科手术。当我在法国的医疗系统中痛苦彷徨时，房东夫妇以及他们的儿子尼古拉斯（Nicholas）为我充当司机、护工和译员。法国人总是显得很高傲，但这其实只是伪装。实际上，他们是杰出的、热心的、慷慨的民族。

我还必须感谢在巴黎的侨民社区。莱斯（Rhys）每天都在激发我的智慧，让我成为远超自己想象的更好更强的作家。吉姆（Jim）、洛伦（Loren）、贝丝（Beth）、安迪（Andy）、莫妮卡（Monica）、弗兰西斯（Frances）、埃米莉（Emily）、劳伦特（Laurent）以及其他所有人，每逢周五晚上都会坐在一起聊天。他们的温暖、热情和幽默，是维持我生命的不可估量的源泉。

2019 年 10 月，我访问了康奈尔大学（Cornell University）的迪恩文献馆（Dean Collection）。非常感谢劳伦特·费里（Laurent Ferri）以及珍稀资源与手稿部（Division of Rare and Manuscript Collections）的档案管理员，感谢他们的帮助、对谈和辛勤工作。档案管理员和图书管理员是最棒的。在伊萨卡（Ithaca）期间，我同样在特鲁莱德之家（Telluride House）受到内特·赛宾加（Nate Sibinga）的照顾。约瑟夫·弗里德曼（Joseph Friedman）则友善地向别人介绍我。我喜欢与学生们在一起，与他们共进午餐时的对话让我获益良多。隆德尔（Londell）每天都要请我吃饭，而他自己就像个充满智慧、洞见和幽默的蓄水池。同样非常感谢布里塔尼·鲁宾（Brittany Rubin）以及约翰逊艺术博物馆（Johnson Museum of Art）的工作人员，他们带我参观地下贮藏室，那里有拉法耶特家族收藏于拉格朗日府邸的绘画和其他物品。

我还要感谢在我之前的所有拉法耶特传记作者，他们是路易斯·R. 戈特沙尔克（Louis R. Gottschalk）、玛格丽特·马多克斯

（Margaret Maddox）、艾蒂安·沙拉韦（Étienne Charavay）、沙勒迈恩·托尔（Charlemagne Tower）、布兰德·惠特洛克（Brand Whitlock）、斯图尔特·杰克逊（Stewart Jackson）、莫里斯·德·拉富耶（Maurice de La Fuye）、埃米尔·阿尔贝·巴博（Émile Albert Babeau）、康斯坦丝·赖特（Constance Wright）、安德烈·莫洛亚（André Maurois）、诺埃尔·热尔松（Noel Gerson）、萨卜拉·霍尔布鲁克（Sabra Holbrook）、奥利维耶·贝尔耶（Olivier Bernier）、保罗·皮亚卢（Paul Pialoux）、西尔维娅·尼利（Sylvia Neely）、劳埃德·克雷默、哈洛·贾尔斯·昂格尔（Harlow Giles Unger）、詹姆斯·R. 盖恩斯（James R. Gaines）、大卫·克拉里（David Clary）、保罗·斯波尔丁（Paul Spalding）、劳拉·奥里基奥（Laura Auricchio）和莎拉·沃韦尔（Sarah Vowell）。我希望我能够与他们比肩。

最后，致我的整个播客团队，致所有每周收听的听众，正是你们让这一切变得可能。非常感谢你们。我爱你们所有人。

关于直接引文的说明

如何从 200 年前的信件、公函和急件中直接引用文字，给本书作者提出了一个特殊的问题。当时的拼写规则、标点符号和大写规定尚未规范化，以至于用现代人的眼光来看，当时的文献看上去就像一团乱麻。有时候，这种书写混乱，会让原本聪明睿智、深思熟虑的通信者，显得像个粗通文墨的小孩子。对于以英语为母语的人来说，这已经足够糟糕了；而这种情况在拉法耶特身上尤其严重。拉法耶特在与美国朋友通信时使用英语，但他习惯了几乎每个单词首字母都要大写，当他兴奋的时候更是如此。为了让他们的话语可读性更强，我在呈现直接引语时，采用了现代的拼写规则和标点符号。

比如，1792 年 6 月 16 日，拉法耶特给乔治·华盛顿写了一封信，提及近期发生在巴黎的骚乱。信件的原始手稿是这样写的："I Rejoice and Glory in the Happy Situation of American Affairs—I Bless the Restoration of Your Health, and wish I Could Congratulate You on Your Side of the Atlantick—But we are not in that State of tranquillity which may Admit of My absence."

我把这段引文呈现为："I rejoice and glory in the happy situation of American affairs. I bless the restoration of your health, and wish I could congratulate you on your side of the Atlantic, but we are not in a state of tranquility which may admit of my absence. ”

　　引文内容并未改变。我只是对拼写和标点进行修饰，使这段引文更加具有可读性。如果这意味着拼写和标点不够准确，那么我们不妨反过来设想，当时的收信人在读到这段文字时，可能也不会觉得这段文字刺眼、生硬和怪诞。

注 释

尾注只包含直接引用第一手资料的引文。正文论述中所用资料的详细信
息见参考文献概述。

重要的缩略语

[AP-AFC]	*The Adams Papers: Adams Family Correspondence.*
[AP-PJA]	*The Adams Papers: Papers of John Adams.*
[LAAR]	*Lafayette in the Age of the American Revolution: Selected Letters and Papers, 1776–1790.*
[MCM]	*Mémoires, correspondance et manuscrits du général Lafayette.*
[PAH]	*The Papers of Alexander Hamilton.*
[PBF]	*The Papers of Benjamin Franklin.*
[PGW-CS]	*The Papers of George Washington: Confederation Series.*
[PGW-PS]	*The Papers of George Washington: Presidential Series.*
[PGW-RS]	*The Papers of George Washington: Retirement Series.*
[PGW-RWS]	*The Papers of George Washington: Revolutionary War Series.*
[PTJ-OS]	*The Papers of Thomas Jefferson: Original Series.*
[SPJJ]	*The Selected Papers of John Jay.*

第一幕　有何不可

※ 第一章　孤儿侯爵（1757—1772）

1. Charavay, *Le général La Fayette*, 2.

2. Gilbert du Motier Père, marquis de La Fayette, à Madame et Madame la marquise de La Fayette, 25 Juillet 1759. Reprinted in Pialoux, *Lafayette: Trois Révolutions*, 25.

3. Charavay, *Le général La Fayette*, 532.

4. Talleyrand-Périgord, *Mémoires du prince de Talleyrand* 1:18.

5. Charavay, *Le général La Fayette*, 533.

6. Gilbert du Motier, marquis de Lafayette, "Memoir of 1779," in *LAAR* 1:6.

7. Bouillé, *Manoirs Abandonnes*, 43.

8. Charavay, *Le général La Fayette*, 534.

9. Mercier, *Tableau de Paris* 1:148. Pointed to this quote by Auricchio, *The Marquis*, 15.

10. Mercier, *Tableau de Paris* 1:148.

11. Desmoulins, *Œuvres de Camille Desmoulins* 1:4.

12. Desmoulins, *Œuvres de Camille Desmoulins* 1:5.

441　13. Charavay, *Le général La Fayette*, 531.

14. Charavay, *Le général La Fayette*, 536.

15. Charavay, *Le général La Fayette*, 535.

16. Adams, *Works of John Adams* 3:149.

※ 第二章 金笼囚鸟（1773—1776）

1. Bacourt, *Correspondance entre le comte de Mirabeau* 1:63.

2. Bacourt, *Correspondance*, 63.

3. Bacourt, *Correspondance*, 64.

4. Charavay, *Le général La Fayette*, 538.

5. Ségur, *Souvenirs et anecdotes* 1:72.

6. "Memoir of 1779," *LAAR* 1:3.

7. "Memoir of 1779," *LAAR* 1:3.

8. Ségur, *Souvenirs et anecdotes* 1:72.

9. "Memoir of 1779," *LAAR* 1:3.

10. Ségur, *Souvenirs et anecdotes* 1:72–73.

11. Quoted in Cloquet, *Souvenirs*, 105.

12. "Memoir of 1779," *LAAR* 1:7.

13. "Memoir of 1779," *LAAR* 1:6.

14. Thomas Jefferson to John Jay, July 19, 1789, in *PTJ-OS* 15:284–291.

15. "Memoir of 1779," *LAAR* 1:7.

16. Lafayette to Adrienne, June 19, 1777, *LAAR* 1:63–64.

17. Saint-Germain, *Mémoires de St. Germain*, 45–46.

※ 第三章 有何不可（1776.7—1777.4）

1. Voltaire, *Candide*, 131.

2. Secret Committee of Congress to Silas Deane, March 3, 1776, *Deane*

Papers (New York: New York Historical Society, 1887), 1:124.

    3. Deane to Secret Committee, November 28, 1776, *Deane Papers* 1:371.

    4. Deane to Secret Committee, December 6, 1776, *Deane Papers* 1:404.

    5. Deane to Secret Committee, December 6, 1776, *Deane Papers* 1:404.

    6. Ségur, *Souvenirs et anecdotes* 1:69.

    7. "Memoir of 1779," *LAAR* 1:3.

    8. "Memoir of 1779," *LAAR* 1:7.

    9. Lameth, *Mémoires*, 107.

    10. Lameth, *Mémoires*, 107.

    11. "Agreement with Deane," December 7, 1776, *LAAR* 1:17.

    12. "Agreement with Deane," December 7, 1776, *LAAR* 1:17.

    13. "Memoir of 1779," *LAAR* 1:8.

    14. "Memoirs in My Hand Through the Year 1780," in *MCM* 1:10.

    15. "Memoir of 1779," *LAAR* 1:8.

    16. "Memoir of 1779," *LAAR* 1:9.

    17. Lafayette to the duc d'Ayen, March 9, 1777, *LAAR* 1:28.

    18. Lafayette to William Carmichael, February 11, 1777, *LAAR* 1:20.

    19. Ségur, *Souvenirs et anecdotes* 1:73–74.

442   20. Baron de Kalb to Silas Deane, March 25, 1777, *LAAR* 1:28.

    21. Lafayette to Carmichael, April 19, 1777, *LAAR* 1:51.

    22. Doniol, *Histoire* 2:395.

    23. Lafayette to Carmichael, April 19, 1777, *LAAR* 1:50.

    24. Lafayette to Adrienne, April 19, 1777, *LAAR* 1:49.

※　第四章　疯狂壮举（1777）

1. Lafayette to Adrienne, May 20, 1777, *LAAR* 1:57.

2. Lafayette to Adrienne, May 20, 1777, *LAAR* 1:56.

3. "Memoir by the Vicomte de Mauroy," *LAAR* 1:55.

4. "Memoir by the Chavalier Dubysson," *LAAR* 1:73.

5. "Memoir by the Chavalier Dubysson," *LAAR* 1:75.

6. Lafayette to Adrienne, July 17, 1777, *LAAR* 1:66.

7. Lafayette to Adrienne, June 19, 1777, *LAAR* 1:61.

8. Lafayette to Adrienne, June 19, 1777, *LAAR* 1:61.

9. "Journal of a Campaign in America by Du Rousseau de Fayolle," *LAAR* 1:71.

10. "Journal of a Campaign in America by Du Rousseau de Fayolle," *LAAR* 1:71.

11. "Memoir by the Chavalier Dubysson," *LAAR* 1:77.

12. George Washington to John Hancock, February 20, 1777, *PGW-RWS* 8:381.

13. Washington to Hancock, February 11, 1777, *PGW-RWS* 8:306.

14. Washington to Major General Horatio Gates, February 20, 1777, *PGW-RWS* 8:378.

15. Washington to Major General William Heath, July 27, 1777, *PGW-RWS* 10:438.

16. James Lovell to William Whipple, July 29, 1777, Smith, *Letters of Delegates to Congress* 7:393.

17. Resolution of Congress, July 31, 1777, *LAAR* 1:88.

18. Henry Laurens to John Gervais, August 8, 1777, *LAAR* 1:88.

19. Lafayette to Jared Sparks, 1828, in Sparks, ed., *Writings of Washington* 5:454.

20. 购买奴隶的收据收录于 Brice-Jennings Papers, MS 1997, Maryland Historical Society。

21. "Memoir of 1779," *LAAR* 1:91.

22. Lord Stormont to Lord Weymouth, April 9, 1777, *LAAR* 1:44.

23. Washington to Hancock, September 11, 1777, *PGW-RWS* 8:201.

※ 第五章　狂乱地狱（1777—1778）

1. Lafayette to Adrienne, October 1, 1777, *LAAR* 1:116.

2. Lafayette to Adrienne, October 1, 1777, *LAAR* 1:114.

3. "Memoirs in My Hand Through the Year 1780," *MCM* 1:28–29.

4. Lafayette to Duboismartin, October 23, 1777, *LAAR* 1:130.

5. Ségur, *Souvenirs et anecdotes* 1:76.

6. Vergennes to Montmorin, December 11, 1777, in Doniol, *Histoire* 2:632.

443　7. De Kalb to comte de Broglie, September 24, 1777, quoted in Kapp, *Life of John Kalb*, 127.

8. Nathanael Greene to Washington, November 26, 1777, *LAAR* 1:159.

9. Lafayette to d'Ayen, December 16, 1777, *LAAR* 1:192.

10. Lafayette to d'Ayen, December 16, 1777, *LAAR* 1:193.

11. Lafayette to Adrienne, October 29, 1777, *LAAR* 1:137.

12. "Memoir of 1779," *LAAR* 1:95.

13. "Memoir of 1779," *LAAR* 1:96.

14. See editorial note for Lafayette to Henry Laurens, January 26, 1778, *LAAR* 1:256.

15. Alexander Hamilton to William Jackson, August 26, 1800, *PAH* 25:88.

16. Samuel Johnson, "Taxation No Tyranny; An Answer to the Resolutions and Address of the American Congress," (London: T. Cadell, 1775), 89.

17. "Memoir of 1779," *LAAR* 1:245.

18. "Memoir of 1779," *LAAR* 1:245.

19. Lafayette to Henry Laurens, February 19, 1778, *LAAR* 1:295.

20. Washington to Lafayette, March 10, 1778, *LAAR* 1:342.

21. "Memoir of 1779," *LAAR* 1:247.

22. Flexner, *George Washington in the American Revolution*, 287.

23. Stacy Schiff, *A Great Improvisation*, 142–143.

※ 第六章　法美同盟（1778—1779）

1. "Memoir of 1779," *LAAR* 2:6.

2. Washington to Gouverneur Morris, May 29, 1778, *PGW-RWS* 15:260–262.

3. "Memoirs in My Hand Through the Year 1780," *MCM* 1:50.

4. Custis, *Recollections*, 218.

5. General Charles Scott, quoted in Custis, *Recollections*, 413–414.

6. Lafayette to Governor Tompkins, 1824, quoted in Custis, *Recollections*, 218.

7. Lafayette to Lazare-Jean Théveneau de Francy, May 14, 1778, *LAAR* 2:49.

8. Lafayette to comte d'Estaing, July 14, 1778, *LAAR* 2:105.

9. John Laurens to Henry Laurens, August 22, 1778, Laurens, *Army Correspondence*, 218.

10. Greene to Washington, August 28, 1778, *PGW-RWS* 16:396–400.

11. John Laurens to Henry Laurens, August 22, 1778, Laurens, *Army Correspondence*, 220.

12. General Sullivan and His Officers to Count d'Estaing, August 22, 1778, Sullivan, *Letters and Papers* 2:243–246.

13. Lafayette to d'Estaing, August 22, 1778, *LAAR* 2:139.

14. Lafayette to d'Estaing, August 24, 1778, *LAAR* 2:141.

15. Lafayette to d'Estaing, August 24, 1778, *LAAR* 2:144.

16. Sullivan to Congress, August 31, 1778, Sullivan, *Letters and Papers* 2:286.

17. *Pennsylvania Packet*, September 12, 1778, *LAAR* 2:182.

18. Lafayette to d'Estaing, September 13, 1778, *LAAR* 2:182.

19. Lafayette to Lord Carlisle, October 5, 1778, *LAAR* 2:187–188.

20. Lord Carlisle to Lafayette, October 11, 1778, *LAAR* 2:189.

444

21. Lafayette to d'Estaing, September 21, 1778, *LAAR* 2:177, 176.

22. Lafayette to d'Estaing, October 20, 1778, *LAAR* 2:191.

23. "Memoir of 1779," *LAAR* 2:17.

24. Lafayette to Daniel Morgan, November 28, 1778, *LAAR* 2:204.

※ 第七章　追逐荣光（1779—1780）

1. Moré, *French Volunteer of the War of Independence*, 72–73.

2. Adrienne to Mlle. du Motier and Mme. de Chavaniac, February 16, 1779, *LAAR* 2:230, 231.

3. C. F. Adams, *Works of John Adams*, 3:149.

4. "Memoir of 1779," *LAAR* 2:26.

5. Hunolstein to Shuvalov, March 20, 1779, quoted in Gottschalk, *Lady-in-Waiting*, 54, 120.

6. Maurois, *Adrienne*, 78.

7. Maurois, *Adrienne*, 82.

8. Benjamin Franklin to Washington, March 5, 1780, *PGW-RWS* 24:626.

9. Lafayette to Franklin, May 19, 1779, *LAAR* 2:265.

10. Lafayette to Franklin, November 2, 1779, *LAAR* 2:335.

11. Lafayette to Vergennes, [May 17], 1779, quoted in Gottschalk, *Lafayette and the Close*, 17.

12. Lafayette to Franklin, October 14, 1779, *LAAR* 2:330.

13. Kapp, *Life of John Kalb*, 183.

14. Adrienne to Lafayette, December 24, 1779, *LAAR* 2:340.

15. Jacques-Philippe Morizot to Mlle. du Motier, March 25, 1780, in Gottschalk, *Lafayette and the Close*, 73.

※ 第八章　红黑羽毛（1780—1781）

1. Lafayette to Washington, April 27, 1780, *LAAR* 3:3.

2. Martin, *Narrative of a Revolutionary Soldier*, 148.

3. Kapp, *Life of John Kalb*, 182.

4. Greene to Furman, January 4, 1780, quoted in Gottschalk, *Lafayette*

and the Close, 57.

5. Ebenezer Huntington to Andrew Huntington, July 7, 1780, Huntington, *Letters*, 87. See also Gaines, *For Liberty and Glory*, 133–134.

6. Alexander Hamilton to John Laurens, January 8, 1780, *PAH* 2:255.

7. Lafayette to La Luzerne, September 10, 1780, *LAAR* 3:169.

8. Las Cases, *Memorial de Sainte Helene* 1:200.

9. Lafayette to Comte de Rochambeau and Chevalier de Ternay, August 9, 1780, *LAAR* 3:136.

10. Rochambeau to Lafayette, August 12, 1780, *LAAR* 3:140.

11. Rochambeau to La Luzerne, August 14, 1780, *LAAR* 3:141.

12. Rochambeau to Lafayette, August 27, 1780, *LAAR* 3:155.

13. Lafayette to Vicomte de Noailles, September 2, 1780, *LAAR* 3:156.

14. Thacher, *Military Journal*, 286–287.

15. Kapp, *Life of John Kalb*, 225.

445 16. Kapp, *Life of John Kalb*, 236.

17. Hamilton to James Duane, September 6, 1780, *PAH* 2:420–421.

18. Kapp, *Life of John Kalb*, 196–197.

19. Gottschalk, *Lafayette and the Close*, 131.

20. Flexner, *Traitor and the Spy*, 371, 372.

21. Flexner, *Traitor and the Spy*, 371.

22. Lafayette to Adrienne, October 8, 1780, *LAAR* 3:195.

23. Washington to Heath, September 26, 1780, quoted in Gottschalk, *Lafayette and the Close*, 141.

24. Lafayette to Rochambeau, October 4, 1780, *LAAR* 3:191.

25. Lafayette to Madame de Tessé, October 4, 1780, *MCM* 1:370.

26. Chernow, *Washington*, 389.

27. Lafayette to Adrienne, February 2, 1781, *LAAR* 3:309.

28. Hamilton to Philip Schuyler, February 18, 1781, *PAH* 2:564.

29. Lafayette to Hamilton, December 9, 1780, *LAAR* 3:253.

30. Instructions from Washington, February 20, 1780, *LAAR* 3:334.

※　第九章　戏剧落幕（1781）

1. Clausewitz, *On War*, 123.

2. Clausewitz, *On War*, 123.

3. Plutarch, "Life of Pyrrhus," *Parallel Lives* 9:417.

4. Steuben to Washington, January 11, 1781, Sparks, ed., *Correspondence of the American Revolution* 3:205.

5. Lafayette to Washington, March 8, 1781, *LAAR* 3:386.

6. Lafayette to Thomas Sims, March 8, 1781, *LAAR* 3:385.

7. Thomas Jefferson to Lafayette, March 10, 1781, *LAAR* 3:390.

8. Bonsal, *When the French Were Here*, 78.

9. Vergennes to Lafayette May 11, 1781, *LAAR* 4:92.

10. Lafayette to Hamilton, April 10, 1781, *LAAR* 4:17.

11. Lafayette to La Luzerne, April 10, 1781, *LAAR* 4:23.

12. Lafayette to Greene, May 3, 1781, *LAAR* 4:79.

13. Lafayette to Washington, May 4, 1781, *LAAR* 4:82.

14. Lafayette to La Luzerne, May 9, 1781, *LAAR* 4:89.

15. Lafayette to Washington, May 24, 1781, *LAAR* 4:131.

16. Lafayette to Vicomte de Noailles, May 22, 1781, *LAAR* 1:123.

17. Steuben to Lafayette, June 3, 1781, *LAAR* 4:166–167.

18. "Historical Memoirs on the Years 1779, 1780, and 1781," *MCM* 1:272.

19. Lafayette to Greene, May 18, 1781, *LAAR* 4:111.

20. Greene to Lafayette, May 1, 1781, *LAAR* 4:74.

21. "Historical Memoirs on the Years 1779, 1780, and 1781," *MCM* 1:271.

22. Lafayette to La Luzerne, June 16, 1781, *LAAR* 4:185.

23. Lafayette to Greene, June 21, 1781, *LAAR* 4:203.

24. James McHenry to T. S. Lee, July 11, 1781, quoted in Gottschalk, *Lafayette and the Close*, 271.

25. Robert Andrews to George Weedon, September 26, 1781, *LAAR* 4:315.

26. Lafayette to Thomas Nelson, August 12, 1781, *LAAR* 4:314.

446

27. Lafayette to Washington, September 1, 1781, *LAAR* 4:382. See also: Lafayette to Washington, April 23, 1781, *LAAR* 4:60–61; Lafayette to Greene, June 3, 1781, *LAAR* 4:165; Lafayette to Washington, July 31, 1781, *LAAR* 4:290; and Lafayette to Thomas Nelson, August 12, 1781, *LAAR* 4:314.

28. Lafayette to Noailles, July 9, 1781, *LAAR* 4:241.

29. Lafayette to La Luzerne, August 14, 1781, *LAAR* 4:322.

30. Lafayette to Henry Knox, August 18, 1781, *LAAR* 4:333.

31. Nelson, *Anthony Wayne*, 137.

32. Washington to Noah Webster, July 31, 1788, *PGW-CS* 6:413–416.

33. Benjamin Rush to John Adams, April 22, 1812, quoted in Schutz and Adair, eds., *Spur of Fame*, 212–213. See also: *PGW-CS* 6:415.

34. Chernow, *Washington*, 408–409.

35. Chernow, *Washington*, 409.

36. Chernow, *Washington*, 409.

37. St. George Tucker to Mrs. Tucker, September 15, 1781, quoted in Gottschalk, *Lafayette and the Close*, 305.

38. Flexner, *Traitor and the Spy*, 449.

39. Lafayette to La Luzerne, October 3, 1781, *LAAR* 4:415.

40. Lafayette to La Luzerne, October 12, 1781, *LAAR* 4:416.

41. Lafayette to La Luzerne, October 12, 1781, *LAAR* 4:416.

42. Lafayette to Adrienne, October 22, 1781, *LAAR* 4:426.

43. Chernow, *Washington*, 419.

44. Lafayette to Maurepas, October 20, 1781, *LAAR* 4:422.

45. De Kalb to St. Paul, November 7, 1777, quoted in Gottschalk, *Lafayette Joins*, 53.

46. Quoted in Hamilton, *Life of Alexander Hamilton* 1:230.

47. Martin, *Narrative of a Revolutionary Soldier*, 106.

48. Washington to Joseph Jones, July 10, 1781, quoted in Gottschalk, *Lafayette and the Close*, 270.

49. "Report of d'Estaing," quoted in Gottschalk, *Lafayette Joins*, 306.

50. Gérard to Vergennes, October 20, 1778, Meng, ed., *Despatches and Instructions of Conrad Alexandre Gérard*, 346.

51. Chastellux, *Travels in North-America*, 108.

幕间剧一　全体人类的自由（1782—1786）

1. Lafayette to Washington, January 30, 1780, *LAAR* 5:9.

2. Franklin to Robert Livingston, March 4, 1782, *PBF* 36:643–649.

3. John Ledyard to Isaac Ledyard, Summer 1785, quoted in Gottschalk, *Lafayette Between*, 267.

4. Lafayette to Washington, January 30, 1782, *LAAR* 5:8.

5. Lasteyrie, *Vie de Madame de Lafayette*, 203.

6. Franklin to Lafayette, September 17, 1782, *LAAR* 5:57.

7. Washington to Lafayette, October 20, 1782, *LAAR* 5:62.

8. Comte de Ségur to Lafayette, July 7, 1782, *LAAR* 5:51.

9. "Resolutions of Congress," November 23, 1781, *LAAR* 4:440.

10. Adams to James Warren, April 16, 1783, *LAAR* 5:123.

447 11. John Jay to Robert Livingston, November 17, 1782, in *SPJJ* 3:225–255.

12. Lafayette to Washington, January 30, 1782, *LAAR* 5:9.

13. Lafayette to Livingston, March 20, 1782, *LAAR* 5:21.

14. "On the Years 1782, 1783, and 1784 and the Third Voyage to America," *MCM* 2:4.

15. Lafayette to Jay, April 28, 1782, *SPJJ* 2:777–779.

16. Lafayette to Livingston, March 20, 1782, *LAAR* 5:21.

17. Lafayette to Washington, February 5, 1783, *LAAR* 5:91–92.

18. Declaration of Independence, July 4, 1776.

19. Lafayette to Washington, February 5, 1783, *LAAR* 5:92.

20. Washington to Lafayette, April 5, 1783, *LAAR* 5:121.

21. Lafayette to Adrienne, March 27, 1782, *LAAR* 5:117.

22. Charavay, *Le général La Fayette*, 97.

23. Charavay, *Le général La Fayette*, 97.

24. Lafayette to Adrienne, March 27, 1782, *LAAR* 5:117.

25. Charavay, *Le général La Fayette*, 97.

26. Lafayette to Mme. Hunolstein, March 27, 1783, quoted in Maurois, *Adrienne*, 108.

27. Abigail Adams to Mary Smith Cranch, April 15, 1785, in *AP-AFC* 6:82–85.

28. Condorcet, *Mémoires de Condorcet* 2:157.

29. Lameth, *Mémoires*, 110.

30. Boigne, *Récits d'une tante*, 25–26.

31. Lafayette to Vergennes, March 19, 1783, *LAAR* 5:112.

32. Observations on Commerce Between France and the United States, December 13, 1783, *LAAR* 5:172.

33. Gottschalk, *Lafayette Between*, 93.

34. "Laws of Maryland, Made and Passed at a Session of Assembly," December 28, 1784, quoted in Gottschalk, *Lafayette Between*, 145–146.

35. Madison to Jefferson, October 17, 1784, *LAAR* 5:273–274.

36. Barbé-Marbois, *Our Revolutionary Forefathers*, 185.

37. Barbé-Marbois, *Our Revolutionary Forefathers,* 185–186.

38. Lafayette to Adrienne, October 4, 1784, *LAAR* 5:260.

39. Lafayette to Prince de Poix, October 12, 1784, *LAAR* 5:267.

40. Madison to Jefferson, October 17, 1784, *LAAR* 5:273.

41. Gottschalk, *Lafayette Between*, 102.

42. "Voyage to the United States in 1784," *MCM* 2:100.

43. 在 18 世纪 80 年代，拉法耶特最终是否将一到两名美洲土著留在自己身边生活，仍然是一桩令人十分困扰的公案。我选择遵循戈特沙尔克的求证结果，即拉法耶特收养了两名美洲土著：更为年轻的卡延拉哈和更为年长的彼得·奥蒂斯奎特。特别留意拉法耶特于 1786 年 2 月 8 日致杰斐逊的信件，拉法耶特提到这两名美洲土著的名字，见 *PTF-OS* 9:261–262。

44. Madison to Jefferson, October 17, 1784, *LAAR* 5:274.

45. "Friday, November 19, 1784," *Journal of the House of Delegates of the Commonwealth of Virginia*, 30.

46. "Recommendation for James," November 21, 1784, *LAAR* 5:277–278.

47. Washington to Lafayette, December 8, 1784, *LAAR* 5:279.

48. Lafayette to Washington, December 21, 1784, *PGW-CS* 2:226–228.

448

49. Neuilly, *Dix années d'emigration*, 10–11.

50. Charavay, *Le général La Fayette*, 137.

51. Lafayette to Washington, May 11, 1784, *LAAR* 5:322.

52. Lasteyrie, *Vie de Madame de Lafayette*, 209–210.

53. F. A. Vanderkemp to A. G. Mappa, July 27, 1792, in Vanderkemp, "Extracts from the Vanderkemp Papers," 53. See also Auricchio, *The Marquis*, 139.

54. 关于奥蒂斯奎特之死的报道可见 *Gazette of the United States*, March 28, 1792。See also Auricchio, *The Marquis*, 139.

55. Lasteyrie, *Vie de Madame de Lafayette*, 207–208.

56. Lafayette to Adams, January 9, 1785, *AP-PJA* 18:91–95.

57. Lafayette to Washington, February 6, 1786, *PGW-CS* 3:538–547.

58. Lafayette to Knox, June 12, 1785, *LAAR* 5:330.

59. Arthur H. and Mary Marden Dean Lafayette Collection, Cornell University, Box 2, Folder 18.

60. Washington to Lafayette, May 10, 1786, *PGW-CS* 4:41–45.

61. Lafayette to John Adams, February 22, 1786, C. F. Adams, *Works of John Adams* 8:376–377.

第二幕　法国大革命

※ 第十章　我等凡人（1786—1787）

1. Lafayette to Washington, January 13, 1787, *PGW-CS* 4:515.

2. Lafayette to Washington, January 13, 1787, *PGW-CS* 4:515.

3. Jefferson to Edward Carrington, January 16, 1787, *PTJ-OS* 11:48–50.

4. Bachaumont, *Mémoires secrets*, 184–185. Directed to these quotes by Auric-chio, *The Marquis*, 147.

5. Lafayette to Washington, February 7, 1787, *PGW-CS* 5:13–15.

6. Talleyrand-Périgord, *Mémoires du prince de Talleyrand* 1:105.

7. Schama, *Citizens*, 225–226.

8. Jefferson to Abigail Adams, February 22, 1787, *PTJ-OS* 11:174–175.

9. Lafayette to Washington, February 7, 1787, *PGW-CS* 5:13–15. 黑体为作者所加。

10. *Procès-verbal de l'Assemblée de Notables*, 73.

11. *Procès-verbal de l'Assemblée de Notables*, 138.

12. Calonne, *De l'état de la France*, 439.

13. "Sur la lettre à M. d'Hennings," *MCM* 3:225.

14. Taillemite, *La Fayette*, 145.

15. Bachaumont, *Mémoires secrets* 34:301. See also Auricchio, *The*

Marquis, 156.

16. Maurois, *Adrienne*, 139.

17. Lafayette to Washington, May 5, 1787, *PGW-CS* 5:168–170.

18. "Assembly of Notables of 1787," *MCM* 2:165–166.

19. "Assembly of Notables of 1787," *MCM* 2:168.

20. "Assembly of Notables of 1787," *MCM* 2:171.

21. Lafayette to Washington, May 5, 1787, *PGW-CS* 5:168–170.

22. "Assembly of Notables of 1787," *MCM* 2:171–177.

23. "Assembly of Notables of 1787," *MCM* 2:177.

24. "Assembly of Notables of 1787," *MCM* 2:177.

449　25. "Assembly of Notables of 1787," *MCM* 2:177.

26. Lafayette to duc d'Harcourt, recounted in *MCM* 2:183.

※　第十一章　诚者密谋（1787—1789）

1. Lafayette to Washington, August 3, 1787, *PGW-CS* 5:280–282.

2. Lafayette to Washington, October 9, 1787, *PGW-CS* 5:358–365.

3. "On the Royal Democracy of 1789 and the Republicanism of True Constitutionalists," *MCM* 3:198.

4. "On Mirabeau," *MCM* 2:365.

5. "Thomas Jefferson: Autobiography, 6 Jan.–29 July 1821," January 6, 1821, Founders Online, National Archives, https://founders.archives.gov/documents/Jefferson/98–01–02–1756.

6. Lafayette to Washington, May 20, 1788, *PGW-CS* 6:292–295.

7. Lafayette to Washington, October 9, 1787, *PGW-CS* 5:358–365.

8. Maurois, *Adrienne*, 145.

9. Jefferson to Madison, January 30, 1787, *PTJ-OS* 9:247–252.

10. Lafayette to Washington, October 9, 1787, *PGW-CS* 5:358–365.

11. Schama, *Citizens*, 252–253.

12. Lafayette to Washington, October 9, 1787, *PGW-CS* 5:358–365.

13. Maurois, *Adrienne*, 147.

14. Lafayette to Washington, October 9, 1787, *PGW-CS* 5:358–365.

15. Lafayette to Washington, May 20, 1788, *PGW-CS* 6:292–295.

16. Lafayette to Washington, October 9, 1787, *PGW-CS* 5:358–365.

17. Lafayette to John Adams, October 12, 1787, C. F. Adams, *Works of John Adams* 8: 456.

18. Clarkson, *History of the Abolition of the African Slave-Trade* 1:466.

19. Brissot, *Mémoires* 2:77.

20. Clarkson, *History of the Abolition of the African Slave-Trade* 1:492.

21. "Lafayette," quoted in Perroud, *J.-P. Brissot mémoires* 2:76–77.

22. Lafayette to Hamilton, May 24, 1788, *PAH* 4:652–654.

23. Condorcet to Lafayette, quoted in Gottschalk, *Lafayette Between*, 424.

24. "Assembly of Notables of 1787," *MCM* 2:183.

25. Marquis de Condorcet to Filippo Mazzei, quoted in Gottschalk, *Lafayette Between*, 416.

26. "Thomas Jefferson: Autobiography, 6 Jan.–29 July 1821," January 6, 1821, Founders Online, National Archives.

27. Lafayette to Latour-Maubourg, August 12, 1788, quoted in Gottschalk, *Lafayette Between*, 395.

28. Lafayette to Carmichael, August 20, 1788, quoted in Gottschalk, *Lafayette Between*, 398.

29. Lafayette to Carmichael, August 20, 1788, quoted in Gottschalk, *Lafayette Between*, 398.

30. Jefferson to St. John de Crèvecoeur, August 9, 1788, *PTJ-OS* 13:485–487.

31. Jefferson to James Monroe, August 9, 1788, *PTJ-OS* 13:488–490.

32. Jefferson to Dr. Richard Price, January 8, 1789, *PTJ-OS* 14:420–424.

450　　33. Comte de Mirabeau to Duc de Lauzun, November 10, 1788, in Mirabeau, *Mémoires biographiques* 5:199.

34. Lafayette to Mme. de Tessé, in Maurois, *Adrienne*, 145.

35. "Assembly of Notables of 1787," *MCM* 2:184.

36. Sieyès, *Qu'est-ce que le tiers état?*, 27.

37. Lafayette to [Mme. Diane de Simiane], March 8, 1789, *MCM* 2:240.

38. Jefferson to Lafayette, May 6, 1789, *PTJ-OS* 15:97–98.

39. Washington to Lafayette, June 18, 1788, *PGW-CS* 6:335–339.

※　第十二章　法国答问（1789）

1. 见 Lafayette to [Simiane], "Ce Vendredi," *MCM* 2:308。有许多收信人的名字被隐去的信件，其实是寄给西米亚纳的。我遵循戈特沙尔克和马多克斯后来的考证结果。参阅 Gottschalk, *Lafayette Between*, 393。

2. Jefferson to Lafayette, May 6, 1789, *PTJ-OS* 15:97–98.

3. Maurois, *Adrienne*, 158.

4. "Account of the Events of May 5 to July 16, 1789," *MCM* 2:250.

5. *Archives parlementaires de 1787 à 1860* 8:213.

6. Morris, *Diary and Letters* 1:118.

7. Lafayette to Jefferson, July 9, 1789, *PTJ-OS* 15:255.

8. Lafayette to [Simiane], July 11, 1789, *MCM* 2:313.

9. Lafayette to [Simiane], July 11, 1789, *MCM* 2:313.

10. Lafayette to [Simiane], "Ce Vendredi," *MCM* 2:309.

11. Lafayette to Jefferson, July 9, 1789, *PTJ-OS* 15:255.

12. 最终草稿发表于 1789 年 7 月 11 日，见 "First European Declaration of the Rights of Man and Citizens," in *MCM* 2:252–253。

13. "Account of the Events of May 5 to July 16, 1789," *MCM* 2:252.

14. "On the Letter to M. d'Hennings," *MCM* 3:227.

15. "On the Letter to M. d'Hennings," *MCM* 3:227.

16. Young, *Arthur Young's Travels in France*, 153–154.

17. Morris, *Diary and Letters* 1:120–121.

18. Morris, *Diary and Letters* 1:123.

19. Condorcet, *Mémoires de Condorcet*, 2:53.

20. *Archives parlementaires* 8:220, 224.

21. "Account of the Events of May 5 to July 16, 1789," *MCM* 2:255.

22. Gottschalk and Maddox, *Through the October Days*, 102.

23. Lafayette to [Simiane], July 14, 1789, *MCM* 2:316.

24. Dury, *Petite Histoire de France*, 137.

※ 第十三章 管治巴黎（1789）

1. "Account of the Events of May 5 to July 16, 1789," *MCM* 2:255.

2. Bailly and Duveyrier, *Procès-verbal des séances et délibérations* 1:460.

3. Bailly and Duveyrier, *Procès-verbal des séances et délibérations* 1:460.

4. Bailly and Duveyrier, *Procès-verbal des séances et délibérations* 1:422.

5. Lafayette to [Simiane], July 16, 1789, *MCM* 2:317.

451   6. Bailly, *Mémoires* 2:231.

7. Morris to Washington, July 31, 1789, *PGW-PS* 3:360–363.

8. Lafayette, [unsigned/undated note], *MCM* 2:322.

9. Lafayette, [unsigned/undated note], *MCM* 2:322.

10. Jefferson to Jay, July 19, 1789, *PTJ-OS* 15:284–291.

11. "Account of the Events of May 5 to July 16, 1789," *MCM* 2:266.

12. "Account of the Events of July 16 to October 5, 1789," *MCM* 2:273.

13. Bailly, *Mémoires* 2:290–291.

14. Bailly, *Mémoires* 2:290.

15. Bailly, *Mémoires* 2:303.

16. "Extract from the Minutes of the Electors, July 23, 1789," *MCM* 2:281.

17. Lafayette to [Simiane], July 24, 1789, *MCM* 2:320.

18. "Account of the Events of July 16 to October 5, 1789," *MCM* 2:282–283.

19. "Account of the Events of July 16 to October 5, 1789," *MCM* 2:293.

20. Lasteyrie, *Vie de Madame de Lafayette*, 216.

21. Gottschalk and Maddox, *Through the October Days*, 123.

22. Gottschalk and Maddox, *Through the October Days*, 176.

23. Gottschalk and Maddox, *Through the October Days*, 176.

24. Lasteyrie, *Vie de Madame de Lafayette*, 215–216.

25. Lasteyrie, *Vie de Madame de Lafayette*, 215–216.

26. Marquis de Ferrières to M. de Rabreul, August 7, 1789, quoted in

Ferrières, *Correspondance inédite*, 116.

27. Maurois, *Adrienne*, 169.

28. Lafayette to Jefferson, August 25, 1789, *PTJ-OS* 15:354–355.

29. "Thomas Jefferson: Autobiography, 6 Jan.–29 July 1821," January 6, 1821, Founders Online, National Archives.

30. Jefferson, "Autobiography."

31. Lafayette to [Simiane], July 24 or 25, 1789, *MCM* 2:321.

32. Talleyrand-Périgord, *Mémoires du prince de Talleyrand* 1:52–53.

33. Morris, *Diary and Letters* 1:135–136.

34. Lafayette to [Simiane], July 24 or 25, 1789, *MCM* 2:321–322.

※ 第十四章　宫门灯柱（1789）

1. Thomas Jefferson to John Jay, September 19, 1789, *PTJ-OS* 15:454–461.

2. Thomas Jefferson to John Jay, September 19, 1789, *PTJ-OS* 15:454–461.

3. Morris, *Diary and Letters of Gouverneur Morris* 1:167.

4. Morris, *Diary and Letters* 1:161.

5. Gottschalk and Maddox, *Through the October Days*, 309.

6. Levasseur, *Mémoires* 1:65.

7. Levasseur, *Mémoires* 1:64–65.

8. Lafayette to [Simiane], July 24 or 25, 1789, *MCM* 2:322.

9. Morris, *Diary and Letters* 1:172.

10. "First Account of the Events of October 5 and 6," *MCM* 2:336.

11. Maurois, *Adrienne*, 170.

12. "Second Account of the Events of October 5 and 6," *MCM* 2:346.

13. "First Account of the Events of October 5 and 6," *MCM* 2:336.

452 　　14. Maurois, *Adrienne*, 170.

15. Gottschalk and Maddox, *Through the October Days*, 339.

16. Morris, *Diary and Letters* 1:173.

17. "First Account of the Events of October 5 and 6," *MCM* 2:338.

18. "Second Account of the Events of October 5 and 6," *MCM* 2:347.

19. "First Account of the Events of October 5 and 6," *MCM* 2:338.

20. "First Account of the Events of October 5 and 6," *MCM* 2:338.

21. Gottschalk and Maddox, *Through the October Days*, 356.

22. La Tour du Pin Gouvernet, *Journal d'une femme* 1:222. Pointed to this source by Auricchio, *The Marquis*, 202.

23. Gottschalk and Maddox, *Through the October Days*, 367.

24. Charavay, *Le général La Fayette*, 190.

25. Gottschalk and Maddox, *Through the October Days*, 375.

26. "First Account of the Events of October 5 and 6," *MCM* 2:341.

27. Morris, *Diary and Letters* 1:158.

28. "First Account of the Events of October 5 and 6," *MCM* 2:343–344.

29. William Short to John Jay, October 9, 1789, quoted in Gottschalk and Maddox, *Through the October Days*, 385.

30. Lafayette to [Simiane], October 6, 1789, *MCM* 411.

※ 第十五章　声望巅峰（1790）

1. Campan, *La vie privée de Marie Antoinette* 2:80.

2. Lafayette to Mounier, October 23, 1789, *MCM* 2:416.

3. "Instructions for M. de Boinville," *MCM* 2:430.

4. Campan, *La vie privée de Marie Antoinette* 2:75.

5. Maurois, *Adrienne*, 181.

6. Morris, *Diary and Letters* 2:181.

7. Taillemite, *La Fayette*, 220.

8. Lafayette to [Simiane], Undated, *MCM* 2:414.

9. Mirabeau to Lafayette, quoted in Maurois, *Adrienne*, 180.

10. Maurois, *Adrienne*, 181.

11. Morris to Washington, January 22, 1790, *PGW-PS* 5:37–40.

12. Morris, *Diary and Letters* 1:215.

13. Morris, *Diary and Letters* 1:215.

14. Lafayette to Washington, March 17, 1790, *PGW-PS* 5:241–243.

15. Morris, *Diary and Letters* 1:200.

16. "During the Month of March Until July 14, 1789," *MCM* 2:376–377.

17. *L'Ami du peuple*, August 6, 1790, quoted in Popkin, *Revolutionary News*, 146–147. Pointed to this source by Auricchio, *The Marquis*, 213–214.

18. Popkin, *Revolutionary News*, 147–148. See also Tulard, Fayard, and Fierro, *Histoire et Dictionnaire*, 970.

19. "Declaration of the Rights of Man and of the Citizen," Tulard, Fayard, and Fierro, *Histoire et Dictionnaire,* 771.

20. "Declaration of the Rights of Man and of the Citizen," Tulard, Fayard, and Fierro, *Histoire et Dictionnaire*, 771.

21. Auricchio, *The Marquis*, 214.

22. 参见 *Le Courrier de Versailles à Paris et de Paris à Versailles*, October 12, 453
1789。上述所有内容已被法国国家图书馆数字化转录，可从网址 retronews.

fr/titre-de-presse/courrier-de-versailles-paris-et-de-paris-versailles 获取原文。
另可参阅 Auricchio, *The Marquis*, 212。

23. Lafayette to Washington, January 12, 1790, *PGW-PS* 4:567.

24. Lafayette to Washington, March 17, 1790, *PGW-PS* 5:243.

25. "During the Month of March Until July 14, 1789," *MCM* 2:408.

26. Archives parlementaires 16:117–118.

27. Marie Antoinette to comte de Mercy, July 12, 1790, quoted in Auricchio, *The Marquis*, 229.

28. "Federation of July 1790," *MCM* 3:4–5.

29. "Federation of July 1790," *MCM* 3:6.

30. "Federation of July 1790," *MCM* 3:6.

31. Taillemite, *La Fayette*, 233.

32. Taillemite, *La Fayette*, 235.

33. Taillemite, *La Fayette*, 238.

34. Tulard, Fayard, and Fierro, *Histoire et Dictionnaire*, 1109.

35. Charavay, *Le général La Fayette*, 234.

36. Charavay, *Le général La Fayette*, 234.

37. Auricchio, *The Marquis*, 219. 我遵循奥里基奥的结论，即这些描述性的文字带有讽刺意味，而非其字面意思。

38. Charavay, *Le général La Fayette*, 235.

39. Charavay, *Le général La Fayette*, 235.

40. William Short to Morris, July 27, 1790, quoted in Morris, *Diary of the French Revolution* 1:565.

41. Mirabeau to King Louis XVI, July 17, 1790, quoted in Charavay, *Le général La Fayette*, 236.

42. William Short to Morris, July 27, 1790, quoted in Morris, *Diary of the French Revolution* 1:565.

1. Washington to Lafayette, August 11, 1790, *PGW-PS* 6:233.

2. Lafayette to M. de Bouillé, February 17, 1791, *MCM* 3:160.

3. Charavay, *Le général La Fayette*, 243–244.

4. Lafayette to M. de Bouillé, August 18, 1790, Bouillé, *Mémoires du Marquis de Bouillé*, 136.

5. Lafayette to Bouillé, September 3, 1790, Bouillé, *Mémoires du Marquis de Bouillé*, 164.

6. *L'Ami du peuple*, September 15, 1790, quoted in Charavay, *Le général La Fayette*, 245.

7. Charavay, *Le général La Fayette*, 246.

8. Charavay, *Le général La Fayette*, 252.

9. Lasteyrie, *Vie de Madame de Lafayette*, 218.

10. Lasteyrie, *Vie de Madame de Lafayette*, 218.

11. *L'Ami du peuple*, April 21, 1791, quoted in Maurois, *Adrienne*, 185.

12. *Journal de la Cour et de la Ville*, April 13, 1791, quoted in Maurois, *Adrienne*, 186.

13. Lasteyrie, *Vie de Madame de Lafayette*, 218–219.

454

14. Lafayette to Washington, March 7, 1791, *MCM* 3:167.

15. Morris, *Diary and Letters* 1:390.

16. Mirabeau to La Marck, September 10, 1790, quoted in Charavay, *Le*

général La Fayette, 247.

17. *Journal de la Cour et de la Ville*, April 25, 1791, quoted in Maurois, *Adrienne*, 189.

18. Lasteyrie, *Vie de Madame de Lafayette*, 223.

19. *Le Moniteur Universel*, April 21, 1791, quoted in Maurois, *Adrienne*, 189.

20. Lasteyrie, *Vie de Madame de Lafayette*, 223.

21. Washington to Lafayette, July 28, 1791, *PGW-PS* 8:377.

22. 关于"逃往瓦雷讷镇事件"，最好的英语叙述来自塔克特（Tackett）的《当国王跑路》（*When the King Took Flight*）。塔克特提供了关于这次事件的绝大多数线索。

23. Tourzel, *Mémoires*, 312.

24. "The Departure and Arrest of the King, June 21, 1791," *MCM* 3:79.

25. "The Departure and Arrest of the King, June 21, 1791," *MCM* 3:81.

26. 该声明为"Déclaration du Roi adressée à tous les Français, à sa sortie de Paris"，已被法国国家图书馆数字化转录，可从网址 gallica.bnf.fr/ark:/12148/bpt6k97515443.texteImage# 获取原文。

27. "Déclaration du Roi."

28. 参见 *Révolutions de Paris, dédiées à la Nation*, June 18–25, 1791。上述所有内容已被法国国家图书馆数字化转录，可从网址 retronews.fr/titre-de-presse/revolutions-de-paris-dediees-la-nation 获取原文。

29. "The Departure and Arrest of the King, June 21, 1791," *MCM* 3:85.

30. Maurois, *Adrienne*, 191–192.

31. "The Departure and Arrest of the King, June 21, 1791," *MCM* 3:91–92.

32. Lafayette to Washington, June 6, 1791, *MCM* 3:179.

33. Ferrières, *Correspondance inédite*, 395.

34. 请愿书见 "Champ de Mars: Petitions of the Cordelier and Jacobin Clubs"，已被世界历史常识（World History Commons）网站数字化转录，可从网址 worldhistorycommons.org/champ-de-mars-petitions-cordelier-and-jacobin-clubs 获取原文。

35. "Proclamation of Martial Law on the Champ de Mars, July 17, 1791," *MCM* 3:106.

36. Lasteyrie, *Vie de Madame de Lafayette*, 225.

37. Lasteyrie, *Vie de Madame de Lafayette*, 225–226.

38. Lasteyrie, *Vie de Madame de Lafayette*, 226.

39. Tackett, *When the King Took Flight*, 150.

40. *Révolutions de Paris, dédiées à la Nation*, July 16–23, 1791.

41. "Proclamation of Martial Law on the Champ de Mars, July 17, 1791," *MCM* 3:106.

※　第十七章　完整闭环（1791—1792）

1. Maurois, *Adrienne*, 196.

2. "Revisions of the Constitution," *MCM* 3:120.

3. "Revisions of the Constitution," *MCM* 3:121.

4. "Revisions of the Constitution," *MCM* 3:123.　　　　455

5. Maurois, *Adrienne*, 196.

6. Lafayette to [Simiane], October 20, 1791, *MCM* 3:188.

7. Lafayette to Washington, January 22, 1792, *MCM* 3:418.

8. Pauline de Montagu to duc d'Ayen, undated, quoted in Maurois, *Adrienne*, 198.

9. Lafayette to [Simiane], October 20, 1791, *MCM* 3:189.

10. Lafayette to Washington, January 22, 1792, *MCM* 3:418.

11. Lafayette to [Simiane], July 24 or 25, 1789, *MCM* 2:321–322.

12. Adrienne to M. Morizot, December 1791, quoted in Maurois, *Adrienne*, 199.

13. Adrienne to M. Morizot, December 1791, quoted in Maurois, *Adrienne*, 199.

14. Bouillé, *Mémoires*, 268–269.

15. Bouillé, *Mémoires*, 268.

16. Lafayette to Washington, June 6, 1791, *MCM* 3:179.

17. Morris to Washington, December 27–31, 1791, *PGW-PS* 9:333–338.

18. Lafayette to Washington, March 15, 1792, *PGW-PS* 10:115.

19. Lafayette to Adrienne, April 18, 1792, *MCM* 3:428.

20. Lafayette to Adrienne, April 18, 1792, *MCM* 3:428.

21. Lafayette to Adrienne, April 18, 1792, *MCM* 3:430.

22. Lafayette to Louis XVI, June 16, 1792, *MCM* 3:439.

23. Lafayette to the Legislative Assembly, June 16, 1792, *MCM* 3:325–331.

24. Charavay, *Le général La Fayette*, 304–305.

25. Charavay, *Le général La Fayette*, 304.

26. Charavay, *Le général La Fayette*, 304.

27. Maurois, *Adrienne*, 204.

28. Tulard, Fayard, and Fierro, *Histoire et Dictionnaire*, 95–96.

29. "War and Proscription," *MCM* 3:335.

30. Morris, *Diary of the French Revolution* 2:257.

31. "War and Proscription," *MCM* 3:345.

32. "War and Proscription," *MCM* 3:346–347.

33. Morris to Jefferson, August 1, 1792, *PTJ-OS* 24:274.

34. Tulard, Fayard, and Fierro, *Histoire et Dictionnaire*, 606.

35. Charavay, *Le général La Fayette*, 304.

36. Charavay, *Le général La Fayette*, 329.

37. Morris to Jefferson, August 22, 1792, *PTJ-OS* 24:313.

幕间剧二　奥洛穆茨的囚徒（1792—1797）

1. Lafayette to Adrienne, August 21, 1792, *MCM* 3:467.

2. 见 Lafayette to William Short, August 28, 1792, quoted in Spalding, *Prisoner of State*, 32。关于拉法耶特长达五年的牢狱生涯，斯波尔丁写出了具有借鉴意义的经典作品。本章大致遵循其详尽的、权威的研究结果。

3. Morris, *Diary of the French Revolution* 2:558–559.

4. Washington to Jefferson, March 13, 1793, *PTJ-OS* 25:382.

5. Metternich to Teschen, August 22, 1792, quoted in Spalding, *Prisoner of State*, 5.

6. Lafayette to Hénin, August 27, 1792, *MCM* 3:480.   456

7. "War and Proscription," *MCM* 3:413.

8. Teschen to Lafayette, September 8, 1792, quoted in Spalding,

Prisoner of State, 17.

9. Lafayette to Hénin, September 16, 1792, *MCM* 4:219.

10. Spalding, *Prisoner of State*, 3.

11. Spalding, *Prisoner of State*, 3–4.

12. Lafayette to Hénin, March 15, 1793, quoted in Sparks, ed., *Life of Gouver-neur Morris* 1:406–407.

13. Lafayette to Hénin, March 15, 1793, quoted in Sparks, *Life of Gouverneur Morris* 1:407.

14. Lafayette to M. d'Archenoltz, March 27, 1793, *MCM* 3:229.

15. Lafayette to Hénin, March 15, 1793, quoted in Sparks, *Life of Gouverneur Morris* 1:408.

16. Edmund Burke, "Debate on Fitzpatrick's Motion, March 17, 1794," quoted in Spalding, *Prisoner of State*, 40.

17. Lafayette to Hénin, March 13, 1793, *MCM* 4:222.

18. Lafayette to Hénin, June 22, 1793, *MCM* 4:233.

19. Lafayette to Hénin, March 13, 1793, *MCM* 4:223–224.

20. Lafayette to Hénin, January 27, 1794, *MCM* 4:259.

21. Spalding, *Prisoner of State*, 28.

22. Lafayette to Hénin, January 27, 1794, *MCM* 4:260.

23. Maurois, *Adrienne*, 219.

24. Adrienne to Brissot, September 12, 1792, *MCM* 3:481–483.

25. Washington to Adrienne, January 31, 1793, *PGW-PS* 12:75–76.

26. Morris to Washington, July 25, 1794, *PGW-PS* 16:433–435.

27. Maurois, *Adrienne*, 253.

28. Maurois, *Adrienne*, 253.

29. Maurois, *Adrienne*, 254–255.

30. "Orders on State Prisoners," August, 8, 1793, quoted in Spalding, *Prisoner of State*, 73.

31. "Letter Written by Latour-Maubourg Written at Olmütz," quoted in Cloquet, *Souvenirs*, 77.

32. 见"Statutes At Large: 3rd Congress",已被美国国会图书馆（Library of Congress）数字化转录，可从网址 loc.gov/law/help/statutes-at-large/3rd-congress.php 获取原文。

33. 关于这次越狱事件的细节，请参阅拉法耶特于 1794 年 10 月 10 日致博尔曼信件的编撰注释，*MCM* 4:267–270。另可参阅 Spalding, Prisoner of State, 106-107。

34. Spalding, *Prisoner of State*, 114.

35. Adrienne to Washington, April 18, 1795, *PGW-PS* 18:51–54.

36. Lasteyrie, *Vie de Madame de Lafayette*, 353.

37. Spalding, *Prisoner of State*, 143.

38. Lasteyrie, *Vie de Madame de Lafayette*, 354.

39. Lasteyrie, *Vie de Madame de Lafayette*, 360.

40. Adrienne to Thomas Pinckney, February 10, 1796, quoted in Spalding, *Prisoner of State*, 147.

41. Adrienne to Masson and Romeuf, November 30, 1795, quoted in Spalding, *Prisoner of State*, 147.

42. Lasteyrie, *Vie de Madame de Lafayette*, 360–361.

43. Levasseur, *Lafayette in America* 1:154.

44. Levasseur, *Lafayette in America* 1:154.

45. Adrienne to Hénin, September 15, 1796, quoted in Spalding,

457

Prisoner of State, 148.

46. Emperor Francis I to Chancellor Thugot, October 25, 1795, quoted in Spalding, *Prisoner of State*, 149.

47. Adrienne to M. de Ferrais, January 1796, quoted in Lasteyrie, *Vie de Madame de Lafayette*, 360.

48. Spalding, *Prisoner of State*, 150.

49. 见 Washington to Pinckney, May 22, 1796, *George Washington Papers*, Series 2, Letterbooks 1754 to 1799: Letterbook 19。上述内容已被国会图书馆数字化转录，可从网址 loc.gov/item/mgw2.019/ 获取原文。

50. 见 Washington to Emperor Francis Ⅰ, May 15, 1799, *George Washington Papers*, Series 2, Letterbooks 1754–1799: Letterbook 24。上述内容已被国会图书馆数字化转录，可从网址 loc.gov/item/mgw2.019/ 和 loc.gov/resource/mgw2.024/ 获取原文。

51. King George III to William Pitt, December 17, 1796, quoted in Spalding, *Prisoner of State*, 183.

52. Adrienne to Hénin, July 26, 1796, *MCM* 4:291–292.

53. Carlyle, *French Revolution: A History* 3:372.

54. Lafayette to Hénin, October 24, 1796, quoted in Spalding, *Prisoner of State*, 193.

55. Lazare Carnot to Gen. Henri Clarke, May 5, 1797, quoted in Spalding, *Prisoner of State*, 195–196.

56. Thugot to Buol, September 13, 1797, quoted in Spalding, *Prisoner of State*, 220.

57. Lafayette to Jefferson, April 19, 1799, *PTJ-OS* 31:94–97.

第三幕　共和派之吻

※ 第十八章　拉格朗日（1797—1814）

1. Lafayette to Citizen General Bonaparte, October 6, 1797, *MCM* 4:369.

2. Lafayette to Washington, August 20, 1798, *PGW-RS* 2:539–545.

3. Washington to Lafayette, December 25, 1798, *PGW-RS* 3:280–285.

4. Hamilton to Lafayette, January 6, 1799, *PAH* 22:404–405.

5. Lafayette to Washington, May 19, 1799, *PGW-RS* 4:54–59.

6. William Murray to Washington, August 17, 1799, *PGW-RS* 4:258–263.

7. "My Relationship with the First Consul," *MCM* 5:154.

8. "My Relationship with the First Consul," *MCM* 5:154.

9. Maurois, *Adrienne*, 380.

10. Lafayette to Adrienne, October 30, 1799, *MCM* 5:145.

11. "My Relationship with the First Consul," *MCM* 5:167.

12. "My Relationship with the First Consul," *MCM* 5:173.

13. "My Relationship with the First Consul," *MCM* 5:194.

14. "My Relationship with the First Consul," *MCM* 5:195.

15. "My Relationship with the First Consul," *MCM* 5:180.

16. Lafayette to Adrienne, April 3, 1802, quoted in Maurois, *Adrienne*, 416.

17. "My Relationship with the First Consul," *MCM* 5:198–199.

18. "My Relationship with the First Consul," *MCM* 5:200.

458

19. Jefferson to Lafayette, November 4, 1803, *PTJ-OS* 41:665–666.

20. Jefferson to Lafayette, March 30, 1804, *PTJ-OS* 43:140–141.

21. Lafayette to Jefferson, October 8, 1804, *MCM* 5:260.

22. Lafayette to Jefferson, October 8, 1804, *MCM* 5:262.

23. Maurois, *Adrienne*, 450.

24. Maurois, *Adrienne*, 456.

25. Maurois, *Adrienne*, 443.

26. Lafayette to Jefferson, April 8, 1808, Chinard, *Letters of Lafayette and Jefferson*, 272.

27. Maurois, *Adrienne*, 464.

28. "Collection of Some Items and Memories Relating to the Years 1814–1815," Introduction, *MCM* 5:302. (Hereafter, "Memories of 1814–1815.")

29. "Memories of 1814–1815," Introduction, *MCM* 5:303.

30. Lafayette to Jefferson, July 4, 1812, Chinard, *Letters of Lafayette and Jefferson*, 336.

31. "Memories of 1814–1815," Introduction, *MCM* 5:302.

32. "Memories of 1814–1815," Introduction, *MCM* 5:303.

※ 第十九章　王政复辟（1814—1815）

1. "Memories of 1814–1815," Chapter 3, *MCM* 5:480–481.

2. "Memories of 1814–1815," Introduction, *MCM* 5:295.

3. "Memories of 1814–1815," Introduction, *MCM* 5:306.

4. "Memories of 1814–1815," Introduction, *MCM* 5:301.

5. Lafayette to Joseph Masclet, April 23, 1814, quoted in Neely,

Lafayette and the Liberal Ideal, 11–12.

6. Lafayette to Jefferson, August 14, 1814, *MCM* 5:490.

7. "Memories of 1814–1815," Introduction, *MCM* 35:308–309.

8. "Memories of 1814–1815," Introduction, *MCM* 5:311.

9. "Memories of 1814–1815," Introduction, *MCM* 5:310.

10. Lafayette to William Crawford, May 26, 1814, quoted in Neely, *Lafayette and the Liberal Ideal*, 17.

11. "Constitutional Charter of 1814," reprinted in Anderson, *Constitutions and Other Select Documents*, 456.

12. Lafayette to Jefferson, August 14, 1814, *MCM* 5:488.

13. "Memories of 1814–1815," Introduction, *MCM* 5:313.

14. "Memories of 1814–1815," Introduction, *MCM* 5:353.

15. "Memories of 1814–1815," Introduction, *MCM* 5:325.

16. "Memories of 1814–1815," Introduction, *MCM* 5:350–351.

17. "Memories of 1814–1815," Introduction, *MCM* 5:325.

18. "Memories of 1814–1815," Introduction, *MCM* 5:356.

19. Lafayette to Benjamin Constant, April 9, 1815, *MCM* 5:407–408.

20. "Memories of 1814–1815," Chapter 2, *MCM* 5:418.

21. Lafayette to Mme. d'Hénin, May 15, 1818, quotes in Neely, *Lafayette and the Liberal Ideal*, 25.

22. "Memories of 1814–1815," Chapter 3, *MCM* 5:444.   459

23. Lafayette to "Family," June 8, 1815, *MCM* 5:505.

24. Lafayette to "Family," June 8, 1815, quoted in Neely, *Lafayette and the Liberal Ideal*, 27.

25. Lafayette to "Family," June 12, 1815, quoted in Neely, *Lafayette*

and the Liberal Ideal, 27–28.

26. "Memories of 1814–1815," Chapter 3, MCM 5:452.

27. "Memories of 1814–1815," Chapter 3, MCM 5:452.

28. "Memories of 1814–1815," Chapter 3, MCM 5:453–454.

29. "Memories of 1814–1815," Chapter 3, MCM 5:455.

30. "Memories of 1814–1815," Chapter 3, MCM 5:455.

31. Morgan, France 2:311.

32. "Memories of 1814–1815," Chapter 3, MCM 5:462–463.

33. Benjamin Constant, Journaux intimes, June 22, 1815, quoted in Neely, Lafayette and the Liberal Ideal, 30.

34. "Memories of 1814–1815," Chapter 3, MCM 5:463.

35. "Memorics of 1814–1815," Chapter 3, MCM 5:464.

36. "Memories of 1814–1815," Chapter 3, MCM 5:471–472.

37. "Memories of 1814–1815," Chapter 3, MCM 5:472–473.

38. Lafayette to Dupont de Nemours, October 30, 1815, quoted in Neely, Lafayette and the Liberal Ideal, 35.

39. "Memories of 1814–1815," Chapter 3, MCM 5:477.

40. "Memories of 1814–1815," Chapter 3, MCM 5:478.

※ 第二十章　古老信条（1815—1820）

1. Duvergier de Hauranne, ed., Histoire du gouvernement parlementaire en France 3:309.

2. Morgan, France 2:301–303.

3. Neely, Lafayette and the Liberal Ideal, 60. 关于拉法耶特在这段时期

的政治活动，尼利的作品提供了经典叙述，接下来的章节将以尼利的作品为指引。

4. Neely, *Lafayette and the Liberal Ideal*, 61.

5. Lafayette to Sir Charles Morgan, November 9, 1817, quoted in Neely, *Lafayette and the Liberal Ideal*, 66.

6. "Commentary on *History of the French Revolution* by M. Thiers," *MCM* 4:214. Pointed to this quote by Kramer, *Lafayette in Two Worlds*, 84.

7. Georges Washington Lafayette to Bonne Chevant, October 4, 1818, quoted in Neely, *Lafayette and the Liberal Ideal*, 78.

8. Rémusat, *Mémoires*, 61.

9. Rémusat, *Mémoires*, 60–61.

10. Rémusat, *Mémoires*, 61.

11. Morgan, *Passages from my Autobiography*, 102.

12. Augustin Thierry, *Notice biographique sur le Général La Fayette*, quoted in Neely, *Lafayette and the Liberal Ideal*, 79. 尼利最早考证出梯叶里是这部评传的作者。

13. Louis XVIII to Decazes, quote in Neely, *Lafayette and the Liberal Ideal*, 81.

14. Georges Washington Lafayette to Bonne Chevant, October 4, 1818, 460 quoted in Neely, *Lafayette and the Liberal Ideal*, 83.

15. Georges Washington Lafayette to Charles Goyet, October 22, 1818, quoted in Neely, *Lafayette and the Liberal Ideal*, 85.

16. Lafayette to M. Marchand, October 17, 1818, quoted in Neely, *Lafayette and the Liberal Ideal*, 87.

17. Published in *Propagateur*, 1819, quoted in Neely, *Lafayette and the*

Liberal Ideal, 88.

18. Richelieu to Decazes, quoted in Neely, *Lafayette and the Liberal Ideal*, 90.

19. Broglie, *Souvenirs* 2:90.

20. Morgan, *Passages from my Autobiography*, 244–245.

21. Benjamin Constant, "Aux Redacteurs de la Renommée," *La Renommée*, July 5, 1819, quoted in Kramer, *Lafayette in Two Worlds*, 69.

22. Lafayette to M. Bellart, April 27, 1819, *MCM* 6:38.

23. Lafayette to Goyet, May 14, 1819, quoted in Neely, *Lafayette and the Liberal Ideal*, 108.

24. "On the Budget of the Minister of War," June 4, 1819, *MCM* 6:50.

25. "On the Budget of the Minister of War," June 4, 1819, *MCM* 6:50.

26. Quoted in Neely, *Lafayette and the Liberal Ideal*, 129.

27. "On Press Censorship," March 23, 1820, *MCM* 6:74.

28. "On the Draft Law on Elections," May 27, 1820, *MCM* 6:84–85.

※ 第二十一章　烧炭党人（1820—1824）

1. Lafayette to "Unknown," July 27, 1820, quoted in Neely, *Lafayette and the Liberal Ideal*, 151.

2. "On Public Education Expenses," *MCM* 6:42.

3. "On Secret Societies," *MCM* 6:133–142.

4. 关于法国烧炭党的经典叙述，见 Spitzer, *Old Hatreds and Young Hopes*。关于本章提到的密谋与审判，斯皮策提供了最为详尽的细节。

5. Goyet to Constant, August 25, 1820, quoted in Neely, *Lafayette and*

the Liberal Ideal, 155.

6. "Trial of M.M. Sauquaire-Souligné and Goyet," March 14, 1821, *MCM* 6:100.

7. "Trial of M.M. Sauquaire-Souligné and Goyet," March 14, 1821, *MCM* 6:102.

8. "On the Budget," *MCM* 6:123.

9. Frances Wright to Jeremy Bentham, quoted in Eckhardt, *Fanny Wright*, 52.

10. Lafayette to Wright, April 25, 1824, quoted in Neely, *Lafayette and the Liberal Ideal*, 190.

11. Wright to Lafayette, December 29, 1821, quoted in Eckhardt, *Fanny Wright*, 59.

12. Wright to Lafayette, December 29, 1821, quoted in Neely, *Lafayette and the Liberal Ideal*, 198.

13. Duvergier de Hauranne, ed., *Histoire* 7:79.

14. Conspiracy Trial of Thouars and Saumur, quoted in Spitzer, *Old Hatreds and Young Hopes*, 180.

15. Gigault, *Vie politique*, 36–37.　　　　　　　　　　　　461

16. Pasquier, *Mémoires* 4:393.

17. Jacques Laffitte, quoted in Neely, *Lafayette and the Liberal Ideal*, 224.

18. Carrel, *Oeuvres politiques et littéraires* 3:169–170.

19. Duvergier de Hauranne, *Histoire* 6:653.

20. Georges Lafayette to Audry de Puyraveau, October 15, 1822, quoted in Neely, *Lafayette and the Liberal Ideal*, 225.

21. William Lee to Lafayette, April 20, 1823, quoted in Neely, *Lafayette*

and the Liberal Ideal, 242.

22. Lafayette to William Lee, December 20, 1823, quoted in Neely, *Lafayette and the Liberal Ideal*, 247.

23. Lafayette to Charles Petit, March 12, 1824, quoted in Neely, *Lafayette and the Liberal Ideal*, 250.

24. James Monroe to Lafayette, February 24, 1824, quoted in Levasseur, *Lafayette in America* 1:10.

※　第二十二章　国家宾客（1824—1825）

1. Lavasseur, *Lafayette in America*. 作为拉法耶特美国之行的第一见证者，勒瓦瑟提供了此行的许多细节，并在本章中被直接引用。

2. *New York Commercial Advertiser*, August 16, 1824, quoted in Brandon, *Lafayette, Guest of the Nation* 1:36. 关于拉法耶特美国之行期间的逸事掌故、演讲记录和新闻报道，布兰登（Brandon）的作品是另一个主要的引用来源。

3. Levasseur, *Lafayette in America* 1:16.

4. Levasseur, *Lafayette in America* 2:23–24.

5. *Columbian Centinel*, August 28, 1824, quoted in Brandon, *Guest of the Nation* 1:111.

6. *Columbian Centinel*, August 28, 1824, quoted in Brandon, *Guest of the Nation* 1:117.

7. John Adams to Lafayette, August 22, 1824, Founders Online, National Archives, https://founders.archives.gov/documents/Adams/99-02-02-7912. Early access document.

8. Charles Francis Adams, August 29, 1824, quoted in Amanda M. Norton, "A Revolutionary Reunion: Lafayette and John Adams," *Massachusetts Historical Society*, www.masshist.org/beehiveblog/2017/08/a-revolutionary-reunion-lafayette-and-john-adams/.

9. "The Education and Medical Practice of Dr. James McCune Smith (1813–1865), First Black American to Hold a Medical Degree," *Journal of the National Medical Association* 95, no. 7 (July 2003): 603–614.

10. Lafayette to George Washington Parke Custis, quoted in William Jones, "Rekindling the Spark of Liberty: Lafayette's Visit to the United States," *The Schiller Institute*, November 2007, https://archive.schillerinstitute.com/educ/hist/lafayette.html.

11. *Troy Sentinel*, September 21, 1824, quoted in Brandon, *Guest of the Nation* 1:250.

12. Levasseur, *Lafayette in America* 1:121.

13. Levasseur, *Lafayette in America* 1:139.

14. *The United States Gazette*, September 30, 1824, quoted in Brandon, *Guest of the Nation* 2:62.

15. Levasseur, *Lafayette in America* 1:141–142.

16. Wright to Julia Garnett Pertz, November 12, 1824, manuscript online at Harvard University Library, https://iiif.lib.harvard.edu/manifests/view/drs:434673879$2i.

17. Levasseur, *Lafayette in America* 1:162.

18. Levasseur, *Lafayette in America* 1:162.

19. Levasseur, *Lafayette in America* 1:181.

20. Levasseur, *Lafayette in America* 1:182.

462

21. Levasseur, *Lafayette in America* 1:185.

22. Levasseur, *Lafayette in America* 1:203.

23. Levasseur, *Lafayette in America* 1:195

24. Levasseur, *Lafayette in America* 1:204.

25. Levasseur, *Lafayette in America* 1:206.

26. Levasseur, *Lafayette in America* 1:208.

27. Levasseur, *Lafayette in America* 1:222.

28. Speech by Henry Clay printed in *Niles Register*, December 18, 1824, and reprinted in Brandon, *Guest of the Nation* 3:168–169.

29. Levasseur, *Lafayette in America* 2:25.

30. Wright to Julia Garnett Pertz, October 30, 1824, quoted in Kramer, *Lafayette in Two Worlds*, 162–163.

31. Kapp, *Life of John Kalb*, 250.

32. Levasseur, *Lafayette in America* 2:71.

33. Levasseur, *Lafayette in America* 2:75.

34. Levasseur, *Lafayette in America* 2:76.

35. Levasseur, *Lafayette in America* 2:80.

36. Levasseur, *Lafayette in America* 2:82.

37. *Courier de la Louisiane*, April 13, 1825, quoted in Kramer, *Lafayette in Two Worlds*, 218.

38. Levasseur, *Lafayette in America* 2:123.

39. Levasseur, *Lafayette in America* 2:148.

40. Levasseur, *Lafayette in America* 2:136.

41. Levasseur, *Lafayette in America* 2:153.

42. Levasseur, *Lafayette in America* 2:161.

43. *Kentucky Reporter*, May 23, 1825, quoted in Kramer, *Lafayette in Two Worlds*, 207.

44. Levasseur, *Lafayette in America* 2:188.

45. Whitman, *Lafayette in Brooklyn*, 4.

46. Levasseur, *Lafayette in America* 2:237.

47. Levasseur, *Lafayette in America* 2:246.

48. Levasseur, *Lafayette in America* 2:249–250.

49. Lafayette to General Bolívar, September 1, 1825, *MCM* 6:212–213.

50. Bolívar to Lafayette, undated, *MCM* 6:219–221.

※　第二十三章　七月革命（1826—1830）　463

1. Levasseur, *Lafayette in America* 2:267–268.

2. Charles X, quoted in Bernier, *Lafayette*, 275.

3. Hugo, *Choses vues*, 76.

4. Castries, *Monsieur Thiers*, 57.

5. "Speech of General Lafayette to his Fellow Citizens of Le Puy," *MCM* 6:327.

6. "Speech to the Deputation of Lyon," *MCM* 6:333.

7. Guernon-Ranville, *Journal d'un ministre*, 35–36.

8. 见 *Moniteur*, March 19, 1830。1789 年至 1901 年间所有《总汇通报》已被法国国家图书馆数字化转录，可从网址 retronews.fr/titre-de-presse/gazette-nationale-ou-le-moniteur-universel 获取原文。

9. Lafayette to "Unknown," May 4, 1830, *MCM* 6:361.

10. 见 *Journal des débats*, May 17, 1830。1814 年至 1944 年间所有《政治

与文学争鸣报》（*Journal des débats politiques et littéraires*）已被法国国家图书馆数字化转录，可从网址 https://gallica.bnf.fr/ark:/12148/cb39294634r/date 获取原文。

11. *Moniteur*, June 14, 1830.

12. Jules Polignac, "Projet de note au Roi," April 14, 1830, quoted in Pinkney, *The French Revolution of 1830*, 62.

13. Guizot, *Mémoires* 2:13.

14. 见 *Le Temps*, July 25, 1830。1829 年至 1842 年间所有《时报》（*Le Temps*）已被法国国家图书馆数字化转录，可从网址 retronews.fr/titre-de-presse/temps-1829-1842 获取原文。

15. Lafayette to "Unknown," July 26, 1830, *MCM* 6:380.

16. *Moniteur*, July 26, 1830.

17. Lafayette to "Unknown," July 28, 1830, *MCM* 6:383.

18. Rémusat, *Mémoires*, 74.

19. Duvergier de Hauranne, ed., *Histoire* 10:536–537.

20. Baron d'Haussez, *Mémoires*, vol. 2 (Paris: Michel Lévy Frères, 1897), 250–251.

21. "Bulletin de Paris," July 26, 1830, quoted in Pinkney, 93.

22. "Deposition d'Arago," October 30, 1830, quoted in Pinkney, 90.

23. Rémusat, *Mémoires*, quoted in Pinkney, 98.

24. 见 Marquis de Semonville, "Mémoire sur la Révolution de 1830," *Revue de Paris*, No. 5, September 1, 1894。所有《巴黎评论》（*Revue de Paris*）已被法国国家图书馆数字化转录，可从网址 gallica.bnf.fr/ark:/12148/cb34404247s/date 获取原文。

25. Bernard Sarrans, *Memoirs of General Lafayette and of the French*

Revolution of 1830, vol. 1 (London: Richard Bentley, 1832), 283.

26. Editorial explanation, Lafayette to "Unknown," July 29, 1830, *MCM* 6:384.

27. Sarrans, *Memoirs of General Lafayette* 1:290.

28. "Meeting of Thursday July 29 at Chez Lafitte," *MCM* 6:388.

29. Sarrans, *Memoirs of General Lafayette* 1:304.

30. Sarrans, *Memoirs of General Lafayette* 1:306.

31. "Order of the Day for July 29, 1830," *MCM* 6:391.

32. Sarrans, *Memoirs of General Lafayette* 1:309.

33. Sarrans, *Memoirs of General Lafayette* 1:317.

34. Lafayette to Comte de Survilliers (Joseph Bonaparte), November 26, 464 1830, *MCM* 6:470.

35. Lafayette to Comte de Survilliers (Joseph Bonaparte), November 26, 1830, *MCM* 6:469.

36. Sarrans, *Memoirs of General Lafayette* 1:331.

37. Duvergier de Hauranne, *Histoire* 10:590.

38. Rémusat, *Mémoires*, 94.

39. Chateaubriand, *Mémoires d'outre-tombe* 5:345–346.

40. "On the Reception of July 31 at the Hôtel de Ville," *MCM* 6:411.

41. Sarrans, *Memoirs of General Lafayette* 1:363.

42. Sarrans, *Memoirs of General Lafayette* 1:363–364.

※ 第二十四章　水中灯塔（1830—1834）

1. Dumas, *Mes Mémoires* 6:168.

2. Bernier, *Lafayette*, 287.

3. Stendhal, *Souvenirs d'égotism*, 51.

4. Louis-Philippe to Lafayette, August 29, 1830, *MCM* 6:431.

5. Charles de Rémusat, quoted in Kramer, *Lafayette in Two Worlds*, 245.

6. Rémusat, quoted in Kramer, *Lafayette in Two Worlds*, 245.

7. Sarrans, *Memoirs of General Lafayette* 2:2.

8. "On Slave Trafficking and the Rights of Men of Color," *MCM* 6:439.

9. "On Slave Trafficking and the Rights of Men of Color," *MCM* 6:440.

10. "Order of the Day for December 19, 1830," *MCM* 6:490–491.

11. "Order of the Day for December 19, 1830," *MCM* 6:491.

12. "Order of the Day for December 19, 1830," *MCM* 6:491.

13. General Philippe-Paul de Ségur, *Histoire et Mémoires*, quoted in Kramer, *Lafayette in Two Worlds*, 245.

14. Charles Dupin, quoted in Sarrans, *Memoirs of General Lafayette* 2:127.

15. Lafayette to Louis-Philippe, December 25, 1825, *MCM* 6:499.

16. "Proclamation of the King," December 26, 1830, *MCM* 6:503.

17. "Explanation Given to the Chamber of Deputies," December 27, 1830, *MCM* 6:504–505.

18. "Explanation Given to the Chamber of Deputies," December 27, 1830, *MCM* 6:505.

19. "Explanation Given to the Chamber of Deputies," December 27, 1830, *MCM* 6:505.

20. Sarrans, *Memoirs of General Lafayette* 1:389–390.

21. Mike Duncan, *Revolutions Podcast*, Episode 6.8e, "The June

Rebellion."

22. "Speech in the Session of February 20, 1831," *MCM* 6:537.

23. Sarrans, *Memoirs of General Lafayette* 2:221.

24. Bernier, *Lafayette*, 294.

25. Stendhal, *Souvenirs d'égotism*, 52.

26. Stendhal, *Souvenirs d'égotism*, 52.

27. Morse, *Letters and Journals*, 1:316. Pointed to this anecdote by McCullough, *Greater Journey*.

28. Willard, *Journals and Letters*, 39. See also McCullough, *Greater Journey*, 29.

29. 见 Cristina Belgiojoso, "Souvenirs," *Le National*, October 11, 1850, 465 quoted in Kramer, *Lafayette in Two Worlds*, 178。克雷默强调，对于踏入暮年的拉法耶特来说，贝尔吉奥乔索相当重要。

30. Cristina Belgiojoso, "Souvenirs," *Le National*, October 11, 1850, quoted in Kramer, *Lafayette in Two Worlds*, 177.

31. Lafayette to M. Madier de Montjou, June 13, 1832, *MCM* 6:673.

32. Lafayette, La Grange, July 12, 1832, *MCM* 6:682.

33. Lafayette, La Grange, July 12, 1832, *MCM* 6:682.

34. Lafayette, La Grange, July 12, 1832, *MCM* 6:682.

35. Lafayette, La Grange, July 12, 1832, *MCM* 6:682–683.

36. Lafayette, La Grange, July 12, 1832, *MCM* 6:683.

37. Lafayette, La Grange, July 12, 1832, *MCM* 6:683.

38. Lafayette, La Grange, July 12, 1832, *MCM* 6:683.

39. Lafayette, La Grange, July 12, 1832, *MCM* 6:684.

40. Lafayette, La Grange, July 12, 1832, *MCM* 6:684–685.

41. Cloquet, *Souvenirs*, 290.

42. Lafayette to A. M. Murray, May 1, 1835, *MCM* 6:763.

43. Lafayette to A. M. Murray, May 1, 1835, *MCM* 6:766.

44. "Death Notice," *MCM* 6:767.

45. Chateaubriand, *Mémoires d'outre-tombe* 6:386.

46. Willis, *Pencillings by the Way*, 346.

47. McCullough, *Greater Journey*, 129.

48. J. Q. Adams, *Eulogy, on Lafayette*, 27–28.

49. J. Q. Adams, *Eulogy, on Lafayette*, 28.

50. "Death of Lafayette," *Examiner*, May 25, 1834, printed in Mill, *Collected Works* 23:329.

51. Comte de Mirabeau, *Admirateurs & Opposants*, Exhibit, Musée de Château de Chavaniac-Lafayette.

52. Jean-Paul Marat, *Admirateurs & Opposants*, Exhibit, Musée de Château de Chavaniac-Lafayette.

53. Spalding, *Prisoner of State*, 4.

54. Marquis de Bouillé, *Admirateurs & Opposants*, Exhibit, Musée de Château de Chavaniac-Lafayette.

55. Napoleon Bonaparte, *Admirateurs & Opposants*, Exhibit, Musée de Château de Chavaniac-Lafayette.

56. Chateaubriand, *Mémoires d'outre-tombe* 6:385.

57. Cristina Belgiojoso, "Souvenirs," *Le National*, October 11, 1850, quoted in Kramer, *Lafayette in Two Worlds*, 182.

58. Sumner, *Lafayette*, 1.

59. Morse, *Letters and Journals*, 1:424–425.

参考文献概述

对于任何以拉法耶特为研究对象的历史学者来说，20 世纪的美国历史学家路易斯·戈特沙尔克都是他们绕不过去的人物。从 20 世纪 30 年代起，戈特沙尔克着意于研究拉法耶特，并穷其一生去搜罗与拉法耶特相关的所有纸质文献，最终利用这些文献写成了多卷本的拉法耶特传记。戈特沙尔克的第一卷作品是《拉法耶特来到美国》（*Lafayette Comes to America*），此书出版于 1935 年，讲述从拉法耶特诞生到他搭乘"胜利号"前往美国的经历。接下来的几卷于此后数年间陆续出版，包括：《拉法耶特加入美军》（*Lafayette Joins the American Army*，1937），讲述拉法耶特在大陆军中服役的早期阶段；《等爱的女人：拉法耶特与阿格莱·德·于诺尔斯坦》（*Lady-in-Waiting: The Romance of Lafayette and Aglaé de Hunolstein*，1939），探讨拉法耶特与阿格莱之间种种暧昧不明、纠缠不清的细节；《拉法耶特与美国革命之结局》（*Lafayette and the Close of the American Revolution*，1942），讲述拉法耶特在 1781 年约克镇大捷期间的种种活动。

20 世纪 50 年代，玛格丽特·马多克斯接手戈特沙尔克的编撰计划，并主持撰写了这一系列传记最后几卷：《美国革命与法国革命之间的拉法耶特》（*Lafayette Between the American and the French Revolution*，1965），讲述他当选三级会议代表的经历；《法国革命中的拉法耶特：十月事件期间》（*Lafayette in the French Revolution: Through the October Days*，1969），集中讲述 1789 年 5 月至 10 月这六个月间的重大事件；最终卷《法国革命中的拉法耶特：从十月事件到结盟节》（*Lafayette in the French Revolution: From the October Days Through the Federation*，1973），讲述从妇女进军凡尔赛到 1790 年结盟节之间的事件。

　　不幸的是，由于马多克斯与戈特沙尔克于 20 世纪 70 年代相继去世，这个编撰计划并未完成。两人先后编写的书稿超过 3000 页，但仍然只能涵盖拉法耶特前半生 33 年的生平。戈特沙尔克与马多克斯编写的这部事无巨细的传记，写到 1790 年夏天便突然中断。这让人想起爱德华·吉本（Edward Gibbon）在《罗马帝国衰亡史》（*Decline and Fall of the Roman Empire*）中对阿米阿努斯·马尔切利努斯（Ammianus Marcellinus）的评价，马尔切利努斯所写的历史于公元 378 年突然中断，吉本评价道："我真心对此感到遗憾，就像失去了一位准确而可靠的引路人。"

467　　　戈特沙尔克编撰计划的精神继承者是五卷本的文集《美国革命年代的拉法耶特》（*Lafayette in the Age of the American Revolution*，缩写为 LAAR），这个文集收录了与拉法耶特相关的文件、书信以及函件。第一卷的开头便是拉法耶特与西拉斯·迪恩达成的协议，协议明确拉法耶特于 1776 年 12 月加入大陆军。最后一卷的结尾则是拉法耶特于 1785 年 12 月 29 日寄给法国海军国务秘书的书信，建议法国政府购买美国商品（涵盖木材、焦油和麻布等类目）。这几卷文集是斯坦利·伊泽达（Stanley Idzerda）从 1977 年到 1983 年在康奈尔大学编撰的。伊泽达得到罗杰·E. 史密斯（Roger E. Smith）、琳达·J. 派克（Linda J. Pike）、玛丽·安·奎因（Mary Ann Quinn）、劳埃德·克雷默、罗伯特·罗兹·格劳特（Robert Rhodes Grout）、卡罗尔·戈德沙尔（Carol Godschall）、莱斯利·沃顿（Leslie Wharton）等编辑的协助。《美国革命年代的拉法耶特》是由关于拉法耶特早年生平的第一手资料结集而成的权威工具书。

要查找拉法耶特漫长生命后期阶段的文献材料，就必须转而阅读六卷本的《拉法耶特将军回忆录、书信集与手稿集》（*Mémoires, correspondance et manuscrits du général Lafayette*，1837）。在拉法耶特去世后，拉法耶特的家人收集、整理和出版了他的书信和文件，虽然这六卷书被称为拉法耶特的"回忆录"，但其实拉法耶特从未写过正式的回忆录，只是偶尔甚至有点不情愿地写过几篇自传体的文章。这六卷书涵盖其完整生平的往来书信。第一卷收录美国革命期间的材料；第二卷收录法国大革命期间的材料，包括拉法耶特在显贵会议、三级会议、巴士底狱被攻占期间的活动，以及他领导国民自卫军、妇女进军凡尔赛以及 1790 年 7 月结盟节期间的活动；第三卷收录拉法耶特盛极而衰期间的材料，包括匕首之日、逃往瓦雷讷镇事件、马尔斯校场血案，直到他于 1792 年 9 月被投入监狱；第四卷收录拉法耶特的狱中书信，以及他事后对法国大革命的反思与评论；第五卷收录拉法耶特引退到拉格朗日之后的材料，该卷结尾部分是他参与第一次复辟和百日政权的自传体文章；第六卷收录拉法耶特在担任众议员期间的政治演讲与往来书信，包括 1830 年革命期间以及之后的材料。第六卷即最后一卷的结尾是拉法耶特的家人于 1834 年 5 月公布其死讯的讣告。

在拉法耶特的家人和朋友编撰这六卷书期间，他们经常编辑、删除或者略去某些可能得罪人的书信和评论。拉法耶特曾经给长期充当其情人的西米亚纳夫人写过许多妙语连珠但令人尴尬的书信，在收入文集时收信人的名字只好留白。当代学者做了许多价值无可估量的工作，以还原和辨认那些被删节、被歪曲和被加工的编辑痕迹。尽管存在种种缺陷，这部文集仍然是最为全面的关于拉法耶特的书信和函件的合集。

这部文集所收录的文本原件，如今散落于许多图书馆和档案馆。其中，规模最大、数量最多的拉法耶特文件，收录于康奈尔大学的亚瑟·H. 迪恩与玛丽·马登·迪恩"拉法耶特文库"（Arthur H. and Mary Marden Dean Lafayette Collection，后文又称"迪恩文件"）中，包含 11000 份原始手稿、文件和书信，其中许多手稿发现于 1955 年冬天拉格朗日西北塔楼一处封闭的阁楼中。亚瑟·迪恩是美国外交官，也是康奈尔大学的校友，在他的安排下，上述文件于 20 世纪 60 年代被转移到康奈尔大学。在"迪恩文件"中，年代最为久远的文件是一份追溯到 1245 年的地契；年代最为晚近的物品是拉法耶特的政治肖像画，可能被用于 1874 年的选举活动。"迪恩文件"包括阿德里安娜与卡宴种植园在地管理人的往来书信和记录，以及关于拉法耶特拥有奴隶的记录，绝大多数文件并未公开，而且仍然处于手稿状态。2019 年秋天，我有幸在康奈尔大学花费两个星期，得以浏览全部"迪恩文件"，非常感谢劳伦特·费里主任，以及各位图书管理员和档案管理员所提供的有益、友善、有启发的指引。

　　为了填补在拉法耶特的家族文件中无法找到的必要细节和信息，人们必须转向查阅拉法耶特与其笔友、朋友、政治盟友的大量往来书信。从 19 世纪开始，美国和法国的政府和大学就已着手编辑和出版相关档案文献，将能获得的书信、手稿、新闻、条陈、论文和声明纳入正在进行的国家历史编修计划，以供研究者调用。到了 21 世纪，上述许多文件已经数字化。例如，美国国家档案馆（National Archives）的建国者在线档案馆（Founders Online），就编码和上线了 185000 份来自乔治·华盛顿、约翰·亚当斯、托马斯·杰斐逊、本杰明·富兰克林、亚历山大·汉密尔顿、约翰·杰伊以及詹姆斯·麦迪逊文集的文件，上述所有人都与拉法耶特有私人友谊，而且都是他经常通信的笔友。在法国，法国国家图书馆（Bibliothèque nationale de France）主持的 Gallica 数字图书馆扫描、编码和上线了超过 700 万份与法国历史相关的文件，包括浩如烟海的报纸、新闻、书信和议会记录。这数以吨计的第一手文献资料，此时能够被世界各地的研究者持续不断地使用，的确是令人难以置信的奇迹。

469

　　在一手文献与二手文献之间存在一个灰色地带，就是拉法耶特等人所写的自传体回忆录，他们参与过混乱无序的美国革命、法国大革命和法国 1830 年革命。每一位经历过这个时期的历史人物都认为自己拥有书写自己生平的神圣责任，他们记录自己亲身参与的事件，既是为自己的所作所为辩护，也是为自己的历史表现定评。最能反映拉法耶特早年生平的回忆录是《回忆、纪念与逸事》

（*Mémoires, souvenirs et anecdotes*，1829），由拉法耶特的儿时玩伴塞居尔伯爵写就。最能反映拉法耶特晚年生平的回忆录是《我的生平回忆》（*Mémoires de ma vie*，1874），由拉法耶特的孙女婿夏尔·德·雷米萨写就。除了这两部回忆录，还有许多对拉法耶特进行观察、记录和判断的回忆录，其作者既包括约瑟夫·普拉姆·马丁这样的大陆军底层士兵，也包括塔列朗、基佐和夏多布里昂这样的大政治家。所有这些回忆录都必须接受研究者的评判，因为这些回忆录通常都要服从作者本人的目的，里面充满自相矛盾的描述，偶尔还会有彻头彻尾的伪造之处。但这些回忆录都具有某种历史价值，而且经常能给读者带来有趣的阅读体验。

除了上述以第一人称写成的回忆录，我们还可以阅读以第三人称写成的论述，尤其是那些最了解拉法耶特的人的论述。其中就包括奥古斯特·勒瓦瑟的《1824 年和 1825 年，拉法耶特在美国：或曰，美国纪行》（1829），勒瓦瑟记录了他们的美国之行，其中包含了关于拉法耶特军事生涯和政治生涯的许多传记体论述。数年后，拉法耶特的副官贝尔纳·萨朗出版了《拉法耶特与 1830 年革命：七月革命人物与事件史》（*Lafayette et la révolution de 1830: histoire des choses et des hommes de juillet*，1832），萨朗在这部传记中为拉法耶特在 1830 年革命期间的行为辩护。拉法耶特去世后不久，拉法耶特的家庭医生朱尔·克洛凯（Jules Cloquet）写成了《拉法耶特将军私人生活记录》（*Souvenirs sur la vie privée du Général Lafayette*，1835），克洛凯首次披露了许多家庭信件和私人细节。同样极为重要的是弗吉妮娅论述其母亲事迹的《拉法耶特夫人生平》

（*Vie de Madame de Lafayette*，1869），弗吉妮娅以其婚后姓名拉斯泰里夫人（Madame Lasteyrie）为此书署名。上述所有论述，都出自拉法耶特的朋友、尊崇者和亲人的手笔，他们对传记的主人都极尽溢美之词。

在与拉法耶特相识的人们相继去世后，拉法耶特就成为历史学家、科研人员和传记作家的财富了。有人为他留下涂脂抹粉的肖像，也有人对他提出尖酸刻薄的批评。拉法耶特的传记汗牛充栋，以至于无法尽数列举，但也有部分传记值得提及。在 20 世纪的戈特沙尔克和马多克斯出现以前，最为权威、最为公允的拉法耶特传记是沙勒迈恩·托尔的《美国革命中的拉法耶特侯爵》（*The Marquis de La Fayette in the American Revolution*，1895）。但正如绝大多数美国传记作家那样，托尔完全聚焦于拉法耶特在美国的活动轨迹。最好的法国传记则是艾蒂安·沙拉韦的《拉法耶特将军，1757—1834》（*Le général La Fayette, 1757-1834*，1898）。沙拉韦是专业的档案管理员，与此前和此后的许多传记作家不同，沙拉韦就拉法耶特的整个生平写了传记，而不仅仅着眼于拉法耶特青年时期的丰功伟绩。沙拉韦还发掘了拉法耶特亲自撰写但因尚未成书而从未出版的自传体论述，这些论述反思了自己的早年岁月，成为后来所有传记中拉法耶特孩提时代内容的基础。

路易斯·戈特沙尔克和玛格丽特·马多克斯的作品自然而然在 20 世纪占据了主导地位（也在从那时起所有关于拉法耶特的作品中占据了主导地位），但有两部价值无可估量的作品是例外。安德烈·莫洛亚的《阿德里安娜：拉法耶特侯爵夫人生平》（*Adrienne:*

470

The Life of the Marquise de La Fayette，1961）不仅是关于拉法耶特夫人的独一无二的最佳作品，而且在拉格朗日遗稿于 1955 年被发现后，莫洛亚本人还是最早着手鉴别的几位参与者之一，《阿德里安娜》经常大段摘引此前从未披露、从未出版的家庭信件，同时附上妙语连珠的论述。同样价值连城的是保罗·皮亚卢的《拉法耶特：追求自由的三场革命》（*Lafayette: Trois Révolutions pour la Liberté*，1989），此书是法国大革命 200 周年时出版的纪念作品，披露了许多难以寻觅的书信和手稿。

　　为了开始我自己关于拉法耶特的研究，我首先求助于最为晚近的传记作品。劳埃德·克雷默的于 1996 年出版的《置身于两个世界的拉法耶特：革命年代的公共文化与个人身份》，对拉法耶特的生平以及他在当时的文化氛围中经常变换的象征角色有极为出色的分析。我所阅读的第一部拉法耶特传记是哈洛·贾尔斯·昂格尔的《拉法耶特》（*Lafayette*，2003），我以此书追溯和辨析文献资料，并以这些资料去论述拉法耶特的生平。大卫·克拉里的《收养之子：华盛顿、拉法耶特，以及拯救革命的友谊》（*Adopted Son: Washington, Lafayette, and the Friendship that Saved the Revolution*，2007）和詹姆斯·盖恩斯的《为了自由与光荣：华盛顿、拉法耶特与他们的革命》（*For Liberty and Glory: Washington, Lafayette, and their Revolutions*，2007）几乎不约而同地都以拉法耶特与华盛顿的关系为主题。克拉里尤其擅长交代两人在大陆军期间的种种细节。盖恩斯则更为擅长探讨法国对北美起义的秘密支持。最为晚近的拉法耶特著作则是劳拉·奥里基奥的优秀作品《侯爵：拉法耶特再反思》

（*The Marquis: Lafayette Reconsidered*，2014），此书涵盖拉法耶特从奥洛穆茨获释并返回法国后的详细生平，作者独具慧眼，对于当时的物质文化与拉法耶特本人对形象、艺术和象征主义的关注，均有独到见解。

在关于拉法耶特的作品中，一种常见的倾向是他的传记作者们总是完全忽略他的后半生。有几部特别重要的作品能够指引我们探索这些研究不足的年份。关于拉法耶特牢狱生涯的权威论述，首推保罗·斯波尔丁的《拉法耶特：国事囚徒》（*Lafayette: Prisoner of State*，2010），此书广泛引用来自法国、德国、奥地利、匈牙利、英国和美国的档案材料。西尔维娅·尼利的《拉法耶特与自由理念，1814 年至 1824 年》（*Lafayette and the Liberal Ideal 1814–1824*，1991），则是关于拉法耶特后期政治生涯的权威论述，从波旁王朝第一次复辟讲到拉法耶特重返美国为止。她的作品是我论述拉法耶特后期数十年的坚实基础。关于法国烧炭党与拉法耶特参与烧炭党运动的最佳论述则是艾伦·B. 斯皮策（Alan B. Spitzer）的《旧仇恨与新希望》（*Old Hatreds and Young Hopes*，1971）。关于范妮·莱特传奇生活的种种细节，可以参阅西莉亚·埃克哈特（Celia Eckhardt）的《范妮·莱特：叛逆者在美国》（*Fanny Wright: Rebel in America*，1984）。奥古斯特·勒瓦瑟的《拉法耶特在美国》（*Lafayette in America*，1829）指引我们经历拉法耶特那次伟大的美国之行。贝尔纳·萨朗的《回忆拉法耶特将军与 1830 年法国革命》（*Memoirs of General Lafayette and of the French Revolution of 1830*）则记述了拉法耶特在 1829 年至 1832 年的政治活动。关于 1830 年革命，最好的英语论述仍然是大卫·平克尼（David Pinkney）的《1830年法国革命》（*French Revolution of 1830*，1971）。

　　我同样感谢其他所有二手文献以及早期传记的作者，他们被列于后文冗长的参考文献选目中。如果没有他们的努力，我自己的作品是根本不可能完成的。我只能衷心希望，在关于拉法耶特侯爵和大革命年代的、不断延长的历史编纂记录中，此书将会占据一个小小的位置。

参考文献选目

Adams, Charles Francis, ed. *The Works of John Adams*. 10 vols. Boston: Little Brown & Company, 1851.

Adams, John. *The Adams Papers: Adams Family Correspondence*. 13 vols. Edited by Lyman H. Butterfield et al. Cambridge, MA: Harvard University Press, 1963-.

———. *The Adams Papers: Papers of John Adams*. 18 vols. Edited by Robert J. Taylor et al. Cambridge, MA: Harvard University Press, 1977-.

Adams, John Quincy. *Eulogy, on Lafayette: Delivered Before Both Houses of Congress, on the 31st of December, 1834*. New York: Craighead & Allen, 1835.

Anderson, Frank Maloy. *The Constitutions and Other Select Documents Illustrative of the History of France, 1789–1901*. Minneapolis: The H.W. Wilson Company, 1904.

Andress, David. *The French Revolution and the People*. London: Hambledon and London, 2004.

———. *Massacre at the Champ de Mars: Popular Dissent and Political Culture in the French Revolution*. Woodbridge, UK: Boydell Press for the Royal Historical Society, 2000.

———. *The Terror: The Merciless War for Freedom in Revolutionary France*. New York: Farrar, Straus and Giroux, 2005.

Archives parlementaires de 1787 à 1860. 102 vols. Edited by M. J. Mavidal et al. Paris: Dupont, 1867-.

Arendt, Hannah. *On Revolution*. England: Penguin Books, 1963.

Aulard, François-Alphonse. *La Société des Jacobins: recueil de documents pour l'histoire du club des Jacobins de Paris*. Paris: Jouaust, Noblet, Quantin, 1889–1897.

Auricchio, Laura. *The Marquis: Lafayette Reconsidered*. New York: Vintage, 2014.

Bachaumont, Louis Petit de. *Mémoires secrets pour servir à l'histoire de la République des Lettres en France, depuis MDCCLXII*. London: John Adamson, 1783–1789.

Bacourt, Adolphe Fourier de. *Correspondance entre le comte de Mirabeau et le comte de La Marck pendant les années 1789, 1790 et 1791*. 3 vols. Paris: Vve Le Normant, 1851.

Bailly, Jean-Sylvain. *Mémoires d'un témoin de la Révolution*. 3 vols. Paris: Levrault, Schoell et Cie, 1804.

Bailly, Jean-Sylvain, and Honoré Duveyrier. *Procès-verbal des séances et délibérations de l'Assemblée générale des électeurs de Paris, réunis à l'Hôtel-de-Ville le 14 juillet 1789*. 3 vols. Paris: Baudoin, 1790.

Bailyn, Bernard. *The Ideological Origins of the American Revolution*. Enlarged ed. Cambridge: Belknap Press, 1992.

Barbé-Marbois, François, marquis de. *Our Revolutionary Forefathers: The Letters of François, Marquis Barbé de Marbois.* Edited by E. P. Chase. New York, 1929.

Barrot, Odilon. *Mémoires posthumes de Odilon Barrot.* Paris: Charpentier et Cie, 1875–1876.

Beaufort, Raphael Ledos, ed. *Personal Recollections of the Late Duc de Broglie, 1785–1820.* 2 vols. London: Ward and Downey, 1887.

Bernier, Olivier. *Lafayette: Hero of Two Worlds.* New York: Dutton, 1983.

Bertier de Sauvigny, Guillaume de. *La Restauration, 1815–1830.* Paris: Hachette, 1977.

Blanning, T. C. W. *The Origins of the French Revolutionary Wars.* New York: Longman, 1986.

Boigne, Éléonore-Adèle d'Osmond, comtesse de. *Récits d'une tante: mémoires de la comtesse de Boigne, née d'Osmond.* 3 vols. Paris: Émile-Paul Frères, 1921–1923.

Bonsal, Stephen. *When the French Were Here: A Narrative of the Sojourn of the French Forces in America and Their Contribution to the Yorktown Campaign.* Garden City, NY: Doubleday, Doran, and Company, 1945.

Bouillé, Antoine de. *Manoirs Abandonnes.* Paris: La Société FeniXX, 2020 (1950).

Bouillé, François-Claude-Amour, marquis de. *Mémoires du Marquis de Bouillé.* Paris: Baudouin Frères, 1821.

Boutaric, M. E. *Correspondance secrète inédite de Louis XV sur la politique étrangère avec le Comte de Broglie, Tercier, etc.* 2 vols. Paris: Henri Plon, 1866.

Boyd, Julien P., ed. *The Papers of Thomas Jefferson.* 40 vols. Princeton, NJ: Princeton University Press, 1950–.

Brandon, Edgar Ewing. *Lafayette, Guest of the Nation: A Contemporary Account of the Triumphal Tour of General Lafayette Through the United States in 1824–1825, As Reported by the Local Newspapers.* 3 vols. Oxford, OH: Oxford Historical Press, 1950–1957.

Brands, H. W. *The First American: The Life and Times of Benjamin Franklin.* New York: Anchor Books, 2000.

Brinton, Crane. *The Anatomy of Revolution.* New York: Random House, (1939) 1965.

Brissot, Jacques-Pierre. *Mémoires, 1754–1793.* 2 vols. Paris: Pergamon Press, 1989.

Broglie, Achille-Léon-Victor, duc de. *Souvenirs, du feu duc de Broglie, 1785–1870.* 4 vols. Paris: Calmann Lévy, 1886.

Bullock, Steven C. *Revolutionary Brotherhood: Freemasonry and the Transformation of the American Social Order, 1730–1840.* Chapel Hill: University of North Carolina Press, 1996.

Burke, Edmund. *Reflections on the Revolution in France.* New York: Oxford University Press, 2002.

Calonne, Charles Alexandre de. *De l'état de la France, présent et a venir.* London: Chez Laurent, 1790.

Campan, Jeanne-Louise-Henriette. *Mémoires sur la vie privée de Marie Antoinette.* 3 vols. Paris: Baudoin Frères, 1826.

Carlyle, Thomas. *The French Revolution: A History.* 3 vols. London: Bell, 1902.

Carrel, Armand. *Oeuvres politiques et littéraires.* 5 vols. Paris, 1857–1859.

Castries, René de la Croix de. *Monsieur Thiers.* Paris: Perrin, 1983.

Charavay, Étienne. *Le général La Fayette, 1757–1834.* Paris: Sociéte de l'histoire de la Révolution française, 1898.

Chastellux, François-Jean, Marquis de. *Travels in North-America, in the Years 1780–81–82*. New York, 1828.

Chateaubriand, François-René de. *Mémoires d'outre-tombe*. 6 vols. Paris: Garnier Frères, 1910.

Chernow, Ron. *Alexander Hamilton*. New York: Penguin Press, 2004.

———. *Washington: A Life*. New York: Penguin Books, 2010.

Chinard, Gilbert, ed. *George Washington as the French Knew Him*. New York: Greenwood Press, 1969.

———. *The Letters of Lafayette and Jefferson*. Baltimore: Johns Hopkins Press, 1929.

Clarkson, Thomas. *The History of the Rise, Progress, and Accomplishment of the Abolition of the African Slave-Trade by the British Parliament*. 2 vols. London: L. Taylor, 1808.

Clary, David A. *Adopted Son: Washington, Lafayette, and the Friendship That Saved the Revolution*. New York: Bantam Books, 2007.

Clausewitz, Carl von. *On War*. Translated by Michael Howard and Peter Paret. Princeton, NJ: Princeton University Press, 1989.

Cloquet, Jules. *Souvenirs sur la vie privée du Général Lafayette*. Paris: A. Et W. Galignani et Cie, 1836.

Cobban, Alfred. *The Social Interpretation of the French Revolution*. Great Britain: Cambridge University Press, (1964) 1999.

Coe, Alexis. *You Never Forget Your First: A Biography of George Washington*. New York: Viking, 2020.

Collingham, H. A. C. *The July Monarchy: A Political History of France 1830–1848*. London: Longman, 1988.

Condorcet, Jean-Antoine-Nicolas, Marquis de. *Idées sur le despotisme à, l'usage de ceux qui prononcent ce mot sans l'entendre*. A. Condorcet O'Connor et F. Arago, eds. Paris: Firmin Didot Frères, 1847.

———. *Mémoires de Condorcet, sur la Révolution française, extraits de sa correspondance et de celles de ses amis*. 2 vols. Paris: Ponthieu, 1824.

———. *Réflexions sur l'esclavage des Nègres*. Neufchâtel: La Société Typographique, 1781.

Constant, Benjamin. *Mélanges de littérature et de politique*. Paris: Pichon et Didier, 1829.

Cooper, Duff. *Talleyrand*. New York: Grove Press, (1932) 1997.

Crook, Malcolm. *Napoleon Comes to Power: Democracy and Dictatorship in Revolutionary France*. Cardiff: University of Wales Press, 1998.

Custis, George Washington Parke. *Recollections and Private Memoirs of Washington*. New York: Derby & Jackson, 1860.

The Deane Papers. 5 vols. New York: New York Historical Society, 1887–1880.

Desmoulins, Camille. *Œuvres de Camille Desmoulins*. Paris: Librarie de la Bibliotèque Nationale, 1871.

Doniol, Henri. *Histoire de la participation de la France à l'établissement des États-Unis d'Amérique: Correspondance diplomatique et documents*. 5 vols. Paris: Imprimerie Nationale, 1886–1892.

Doyle, William. *Oxford History of the French Revolution*. 3rd ed. Oxford: Oxford University Press, 1990.

Drury, Bob, and Tom Clavin. *Valley Forge*. New York: Simon & Schuster, 2018.

Dumas, Alexandre. *Mes Mémoires*. 10 vols. Paris: Michel Lévy Frères, 1863–1884.

Dury, Victor. *Petite Histoire de France*. Paris: Hachette, 1883.

Duvergier de Hauranne, Prosper, ed. *Histoire du gouvernement parlementaire en France, 1814–1848*. 10 vols. Paris: Michel Lévy Frères, 1857–1871.

Eckhardt, Celia. *Fanny Wright: Rebel in America*. Cambridge, MA: Harvard University Press, 1984.

Egret, Jean. *The French Pre-Revolution 1787–1788*. Translated by Wesley D. Camp. Chicago: University of Chicago Press, 1977.

Farmer, Lydia Hoyt. *The Life of Lafayette, The Knight of Liberty in Two Worlds and Two Centuries*. New York: Thomas Y. Crowell & Co., 1888.

Ferrières, Charles-Élie de. *Correspondance inédite: 1789, 1790, 1791*. Edited by Henri Carré. Paris: A. Colin, 1932.

Flexner, James Thomas. *George Washington*. 4 vols. Boston: Little Brown, 1965–1972.

———. *The Traitor and the Spy: Benedict Arnold and John André*. New edition. Boston: Little Brown, 1975.

Franklin, Benjamin. *The Papers of Benjamin Franklin*. 42 vols. Edited by Leonard W. Labaree et al. New Haven and London: Yale University Press, 1959–.

Furet, François. *Interpreting the French Revolution*. Translated by Elborg Forster. Cambridge: Cambridge University Press, 1981.

Furet, François, and Mona Ozouf, eds. *A Critical Dictionary of the French Revolution*. Translated by Arthur Goldhammer. Cambridge, MA: Harvard University Press, 1989.

Furstenberg, François. *When the United States Spoke French: Five Refugees Who Shaped a Nation*. New York: Penguin Press, 2014.

Gaines, James R. *For Liberty and Glory: Washington, Lafayette, and their Revolutions*. New York: W.W. Norton & Company, 2007.

Gerson, Noel B. *Statue in Search of a Pedestal: A Biography of the Marquis de Lafayette*. New York: Dodd, Mead, & Co., 1976.

Gigault, Émile, *Vie politique de Marie-Paul-Jean-Roch-Yves-Gilbert Motié, Marquis de Lafayette*. Paris, 1833.

Goldstone, Jack. *Revolution and Rebellion in the Early Modern World*. Berkeley: University of California Press, 1991.

Goldstone, Jack, ed. *The Encyclopedia of Political Revolutions*. Washington, DC: Congressional Quarterly, 1998.

Gottschalk, Louis. *Lady-in-Waiting: The Romance of Lafayette and Aglaé de Hunolstein*. Baltimore: Johns Hopkins Press, 1939.

———. *Lafayette and the Close of the American Revolution*. Chicago: University of Chicago Press, 1942, rpt. 1974.

———. *Lafayette Between the American and the French Revolution, 1783–1789*. Chicago: University of Chicago Press, 1965.

———. *Lafayette Comes to America*. Chicago: University of Chicago Press, 1935.

———. *Lafayette Joins the American Army*. Chicago: University of Chicago Press, 1937.

Gottschalk, Louis, and Margaret Maddox. *Lafayette in the French Revolution: From the October Days Through the Federation*. Chicago: University of Chicago Press, 1973.

————. *Lafayette in the French Revolution: Through the October Days*. Chicago: University of Chicago Press, 1969.

Gottschalk, Louis, Phyllis S. Pestieau, and Linda J. Pike, eds. *Lafayette: A Guide to the Letters, Documents and Manuscripts in the United States*. Ithaca, NY: Cornell University Press, 1975.

Gough, Hugh. *The Terror in the French Revolution*. 2nd ed. Palgrave Macmillan, (1998) 2014.

Guernon-Ranville, Martial, comte de. *Journal d'un ministre: oeuvre posthume du comte de Guernon-Ranville, ancien membre de l'Académie des sciences, arts et belles-lettres*. 2ème édition. Caen, 1874.

Guizot, François. *Mémoires pour servir à l'histoire de mon temps*. 2ème édition. 8 vols. Paris: Michel Lévy Frères, 1864.

Hamilton, Alexander. *The Papers of Alexander Hamilton*. 25 vols. Edited by Harold C. Syrett. New York: Columbia University Press, 1961–1987.

Hamilton, John C. *The Life of Alexander Hamilton*. vol. 1. New York: Halsted and Voorhies, 1834.

Haussez, baron de. *Mémoires*. 2 vols. Paris: Michel Lévy Frères, 1897.

Hibbert, Christopher. *The Days of the French Revolution*. New York: Morrow Quill, 1980.

Hobsbawm, Eric. *The Age of Revolution*. London: Weidenfeld and Nicolson, 1962.

Holbrook, Sabra. *Lafayette, Man in the Middle*. New York: Atheneum, 1977.

Holton, Woody. *Forced Founders: Indians, Debtors, Slaves, and the Making of the American Revolution in Virginia*. Chapel Hill: University of North Carolina Press, 1999.

Horn, Gerald. *The Counter-Revolution of 1776: Slave Resistance and the Origins of the United States of America*. New York: New York University Press, 2014.

Hugo, Victor. *Choses vues*. Paris: J. Hetzel, 1887.

Hunt, Lynn. *The French Revolution and Human Rights: A Brief Documentary History*. New York: Bedford, 1996.

Huntington, Ebenezer. *Letters Written by Ebenezer Huntington During the American Revolution*. New York: C. F. Heartman, 1915.

Idzerda, Stanley J., ed. *Lafayette in the Age of the American Revolution: Selected Letters and Papers, 1776–1790*. 5 vols. Ithaca: Cornell University Press, 1977–1983.

Israel, Jonathan. *Revolutionary Ideas: An Intellectual History of the French Revolution from The Rights of Man to Robespierre*. Princeton, NJ: Princeton University Press, 2014.

Jacob, Margaret C. *Living the Enlightenment: Freemasonry and Politics in Eighteenth-Century Europe*. Oxford: Oxford University Press, 1991.

————. *The Radical Enlightenment: Pantheists, Freemasons and Republicans*. 2nd rev. ed. Lafayette, LA: Cornerstone Books, 2006.

Jardin, André, and André-Jean Tudesq. *Restoration & Reaction 1815–1848*. New York: Cambridge University Press, 1988.

Jasanoff, Maya. *Liberty's Exiles: American Loyalists in the Revolutionary World*. New York: Vintage Books, 2011.

Jaurès, Jean. *A Socialist History of the French Revolution*. Translated by Mitchell Abidor. London: Pluto Press, 2015.

Jay, John. *The Selected Papers of John Jay*. 5 vols. Edited by Elizabeth M. Nuxoll. Charlottesville: University of Virginia Press, 2010–.

Jefferson, Thomas. *The Papers of Thomas Jefferson: Original Series*. 44 vols. Edited by Julian P. Boyd. Princeton, NJ: Princeton University Press, 1950–.

———. *The Papers of Thomas Jefferson: Retirement Series*. 14 vols. Edited by J. Jefferson Looney. Princeton, NJ: Princeton University Press, 2004–.

———. *The Papers of Thomas Jefferson: Second Series*. 2 vols. Edited by James A. Bear Jr. and Lucia C. Stanton. Princeton, NJ: Princeton University Press, 1997.

Johnson, Samuel. "Taxation No Tyranny; An Answer to the Resolutions and Address of the American Congress." London: T. Cadell, 1775.

Jones, Colin. *The Longman Companion to the French Revolution*. New York: Longman, 1990.

Jordan, David P. *The King's Trial: Louis XVI vs. The French Revolution*. 25th anniv. ed. Berkeley: University of California Press, (1979) 2004.

Journal of the House of Delegates of the Commonwealth of Virginia, Session Beginning October 18, 1784. Richmond, VA: Thomas White, 1828.

Kafker, Frank A., and James M. Laux, eds. *The French Revolution: Conflicting Interpretations*. New York: Random House, 1968.

Kapp, Friedrich. *Life of John Kalb, Major General in the Revolutionary Army*. New York: Henry Holt and Company, 1884.

Klooster, Wim. *Revolutions in the Atlantic World, New Edition: A Comparative History*. 2nd ed. New York: New York University Press, 2018.

Kramer, Lloyd S. *Lafayette in Two Worlds: Public Cultures and Personal Identities in an Age of Revolutions*. Chapel Hill: University of North Carolina Press, 1996.

Kropotkin, Peter. *The Great French Revolution 1789–1793*. Translated by N. F. Dryhurst. New York: Schocken, 1909.

Lacroix, Sigismond, ed. *Actes de la Commune de Paris pendant la Révolution*. 7 vols. Paris, 1894–1905.

Lafayette, Gilbert du Motier de. *Correspondance inédite de La Fayette, 1793–1801; lettres de prison—lettres d'exil*. Edited by Paris Jules Thomas: C. Delgrave, 1903.

———. *Mémoires, correspondance et manuscrits du général Lafayette*. 6 vols. Paris: H. Fournier Aîné, 1837–1838.

Laffitte, Jacques. *Mémoires de Laffitte*. Edited by Paul Duchon. Paris: Firmin-Didot, 1932.

Lameth, Théodore. *Mémoires*. Paris: Fontemoing, 1913.

Las Cases, Emmanuel-Auguste-Dieudonné, comte de. *Memorial de Sainte Helene: Journal of the Private Life and Conversations of the Emperor Napoleon at Saint Helena*. 4 vols. London: Henry Colburn, 1836.

Lasteyrie du Saillant, Marie Antoinette Virginie de Lafayette, Marquise de. *Vie de Madame de Lafayette*. Paris: Léon Techener Fils, 1869.

La Tour du Pin Gouvernet, Henriette Lucie, marquise de. *Journal d'une femme de 50 ans, 1778–1815*. 2 vols. Paris: Librarie Chapelot, 1920.

Laurens, John. *The Army Correspondence of Colonel John Laurens in the Years 1777–8*. New York: Bradford Club, 1867.

Lawday, David. *The Giant of the French Revolution.* Great Britain: Grove Press, 2009.

Lefebvre, Georges. *The Coming of the French Revolution.* Translated by R. R. Palmer. Princeton, NJ: Princeton University Press, (1947) 2005.

———. *The French Revolution.* Translated by Elizabeth Moss Evanson. New York: Columbia University Press, 1962.

———. *The Thermidorians and the Directory.* Translated by Robert Baldick. New York: Random House, 1964.

Levasseur, Auguste. *Lafayette in America in 1824 and 1825: Or, Journal of a Voyage to the United States.* 2 vols. Translated by John D. Godman. Philadelphia: Carey and Lea, 1829.

Levasseur, René. *Mémoires de R. Levasseur, de la Sarthe.* 4 vols. Paris: Rapilly, 1829–1831.

Linebaugh, Peter, and Marcus Rediker. *The Many-Headed Hydra: Sailors, Slaves, Commoners, and the Hidden History of the Revolutionary Atlantic.* 2nd ed. Boston: Beacon Press, 2000.

Linton, Marisa. *The Politics of Virtue in Enlightenment France.* Hampshire, UK: Palgrave, 2001.

Lyons, Martyn. *France Under the Directory.* New York: Cambridge University Press, 1975.

Madison, James. *The Writings of James Madison, Comprising His Public Papers and His Private Correspondence, Including His Numerous Letters and Documents Now for the First Time Printed.* 9 vols. Edited by Gaillard Hunt. New York: G. P. Putnam's Sons, 1900.

Maier, Pauline. *American Scripture: Making the Declaration of Independence.* New York: Vintage Books, 1997.

Mansel, Philip. *Louis XVIII.* Rev. ed. Great Britain: Sutton, 1999.

———. *Paris Between Empires: Monarchy and Revolution 1814–1852.* New York: St. Martin's Press, 2001.

Martin, Joseph Plumb. *A Narrative of a Revolutionary Soldier: Some of the Adventures, Dangers, and Sufferings of Joseph Plumb Martin.* New York: Signet Classics, 2001.

Massey, Gregory D. *John Laurens and the American Revolution.* Columbia: University of South Carolina Press, 2000.

Matthews, Andrew. *Revolution and Reaction: Europe 1789–1849.* New York: Cambridge University Press, 2000.

Maurois, André. *Adrienne: The Life of the Marquise de La Fayette.* Translated by Gerard Hopkins. New York: McGraw-Hill, 1961.

McCabe, Linda. *Ardent Adrienne, the Life of Madame de Lafayette.* New York: D. Appleton & Company, 1930.

McCullough, David. *The Greater Journey: Americans in Paris.* New York: Simon & Schuster, 2011.

———. *John Adams.* New York: Simon & Schuster, 2001.

McMahon, Darrin M. *Enemies of Enlightenment: The French Counter-Revolution and the Making of Modernity.* New York: Oxford University Press, 2001.

McPhee, Peter. *Robespierre: A Revolutionary Life.* New Haven, CT: Yale University Press, 2012.

———. *A Social History of France.* New York: Routledge, 1992.

Mellon, Stanley. *The Political Uses of History: A Study of Historians in the French Restoration*. Stanford, CA: Stanford University Press, 1958.

Meng, John J., ed. *Despatches and Instructions of Conrad Alexandre Gérard, 1778–1780; Correspondence of the First French Minister to the United States with the Comte de Vergennes*. Baltimore: Johns Hopkins, 1939.

Mercier, Louis-Sébastien. *Paris pendant la Révolution (1789–1798); ou, Le nouveau Paris*. 2 vols. Paris: Poulet-Malassis, 1862.

———. *Tableau de Paris*. 12 vols. Amsterdam, 1783.

Middlekauff, Robert. *The Glorious Cause: The American Revolution, 1763–1789*. Rev. ed. New York: Oxford University Press, 2005.

Mill, John Stuart. *Collected Works of John Stuart Mill*. 33 vols. Edited by J. M. Robson. London: Routledge and Kegan Paul, 1963–1991.

Mirabeau, Honoré-Gabriel Riquetti, comte de. *Mémoires biographiques, littéraires et politiques de Mirabeau*. 8 vols. Paris: Adolphe Guyot, 1834–1835.

Monroe, James. *The Writings of James Monroe, 1778–1831*. 7 vols. Edited by Stanislaus Murray Hamilton. Washington: United States Congress, 1849.

Moore, Lucy. *Liberty: The Lives and Times of Six Women in Revolutionary France*. New York: Harper Press, 2007.

Moré, Charles-Albert, comte de. *A French Volunteer of the War of Independence*. Translated by Robert B. Douglas. New York: J.W. Bouton, 1897.

Morgan, Edmund. *American Slavery, American Freedom*. New York: W.W. Norton and Co., 1975.

———. *The Birth of the Republic 1763–89*. 4th ed. Chicago: University of Chicago Press, 2013.

Morgan, Lady Sydney. *France*. 2 vols. London: Henry Colburn, 1817.

———. *Passages from my Autobiography*. New York: Appleton, 1859.

Morris, Gouverneur. *The Diary and Letters of Gouverneur Morris*. 2 vols. Edited by Anne Cary Morris. New York: Charles Scribner's Sons, 1888.

———. *Diary of the French Revolution*. 2 vols. Edited by Beatrix Cary Davenport. Boston: Houghton Mifflin, 1939.

Morse, Samuel F. B. *Samuel F.B. Morse: His Letters and Journals*. 2 vols. Boston: Houghton Mifflin Company, 1914.

Mousnier, Roland. *The Institutions of France Under the Absolute Monarchy, 1598–1789*. 2 vols. Translated by Brian Pearce and Arthur Goldhammer. Chicago: Chicago University Press, 1979.

Nash, Gary. *The Unknown American Revolution: The Unruly Birth of Democracy and the Struggle to Create America*. New York: Penguin Books, 2005.

Necker, Jacques. *Compte rendu au roi, par M. Necker, directeur général des finances, au mois de janvier 1781*. Paris: Imprimerie Royale, 1781.

Neely, Sylvia. *Lafayette and the Liberal Ideal, 1814–1824: Politics and Conspiracy in an Age of Reaction*. Carbondale: Southern Illinois University Press, 1991.

Nelson, Paul David. *Anthony Wayne, Soldier of the Early Republic*. Bloomington: Indiana University Press, 1985.

Neuilly, Ange Achille Charles, comte de. *Dix années d'emigration: souvenirs et correspondance du comte de Neuilly*. Paris: Douniol, 1865.

Palmer, R. R. *The Age of Democratic Revolution*. Princeton: Princeton University Press, (1959, 1964) 2014.

————. *Twelve Who Ruled: The Year of the Terror in the French Revolution*. Princeton, NJ, 1941. Reprint, Princeton, NJ: Princeton University Press, 2005.

Pasquier, Étienne-Denis, *Mémoires du chancelier Pasquier*. 6 vols. Paris: 1893–1895.

Paul, Joel Richard. *Unlikely Allies: How a Merchant, a Playwright, and a Spy Saved the American Revolution*. New York: Riverhead Books, 2010.

Perroud, Claude Marie. *J.-P. Brissot mémoires; correspondance et papiers*. 3 vols. Paris, 1912.

Pialoux, Paul. *Lafayette: Trois Révolutions pour la Liberté*. Brioude: Editions Watel, 1989.

Pinkney, David. *French Revolution of 1830*. Princeton, NJ: Princeton University Press, 1971.

Plutarch. *The Parallel Lives*. Vol. 9. Loeb Classical Library: Cambridge and London, 1920.

Popkin, Jeremy. *A New World Begins: The History of the French Revolution*. New York: Basic Books, 2019.

————. *Revolutionary News: The Press in France, 1789–1799*. Durham, NC: Duke University Press, 1990.

Price, Munro. *The Perilous Crown: France Between Revolutions*. Basingstoke, UK: Pan Books, 2007.

Procès-verbal de l'Assemblée de Notables tenue à Versailles en l'année MDCCLXXXVII. Paris, 1788.

Raynal, Abbé Guillaume. *Histoire philosophique et politique des établissements du Commerce des Européens dans les deux Indes*. 10 vols. Geneva: Pellet, 1783.

Rémusat, Charles de. *Mémoires de ma vie*. Paris: Perrin, 2017.

Ross, Stew. *Where Did They Put The Guillotine?* 2 vols. Yooper Publications, 2014.

Rudé, George. *The Crowd in the French Revolution*. Oxford: Oxford University Press, 1967.

Ryan, Alan. *On Politics: A History of Political Thought: From Herodotus to the Present*. New York: Liveright, 2012.

Saint-Germain, Claude-Louis, comte de. *Mémoires de M. le comte de St. Germain*. Amsterdam: M.M. Ray, 1779.

Sarrans, Bernard. *Memoirs of General Lafayette and of the French Revolution of 1830*. 2 vols. London: Richard Bentley, 1832.

Savas, Theodore, and J. David Dameron. *A Guide to the Battles of the American Revolution*. New York: Savas Beatie, 2010.

Schama, Simon. *Citizens: A Chronicle of the French Revolution*. New York: Vintage, 1989.

Schiff, Stacy. *A Great Improvisation: Franklin, France, and the Birth of America*. New York: Henry Holt, 2005.

Schutz, John A., and Douglass Adair, eds. *The Spur of Fame: Dialogues of John Adams and Benjamin Rush, 1805–1813*. San Marino, CA: Huntington Library, 1966.

Scurr, Ruth. *Fatal Purity: Robespierre and the French Revolution*. New York: Owl Books, 2006.

Ségur, Louis-Philippe, comte de. *Mémoires, souvenirs et anecdotes*. 3 vols. Paris: Firmin Didot, Fréres, Fils, et Cie, 1859.

Sieyès, Emmanuel, *Qu'est-ce que le tiers état?* Paris: Au siège de la Société de l'Histoire de la Révolution Française, 1888.

Skocpol, Theda. *States and Social Revolutions*. New York: Cambridge University Press, 1979.

Smith, Paul H., et al., eds. *Letters of Delegates to Congress, 1774–1789*. 26 vols. Washington, DC: Library of Congress, 1976–2000.

Soboul, Albert. *The Sans-Culottes*. Translated by Remy Inglis Hall. Princeton, NJ: Princeton University Press, (1968) 1980.

Spalding, Paul S. *Lafayette: Prisoner of State*. Columbia: University of South Carolina Press, 2010.

Sparks, Jared, ed. *Correspondence of the American Revolution; Being Letters of Eminent Men to George Washington, from the Time of His Taking Command of the Army to the End of His Presidency*. 4 vols. Boston: Little Brown & Company, 1853.

———. *The Life of Gouverneur Morris: With Selections from His Correspondence and Miscellaneous Papers; Detailing Events in the American Revolution, the French Revolution, and in the Political History of the United States*. 2 vols. Boston: Gray & Bowen, 1832.

———. *Writings of Washington*. 12 vols. Boston: Tappan and Dennet, 1834–1837.

Spitzer, Alan B. *Old Hatreds and Young Hopes*. Cambridge: Harvard University Press, 1971.

Stendhal. *Souvenirs d'égotism*. Paris: Gaillimard, 1927.

Sullivan, John. *Letters and Papers of Major-General John Sullivan*. 3 vols. Edited by Otis G. Hammond. Concord: New Hampshire Historical Society, 1930–1939.

Sumner, Charles. *Lafayette: An Oration*. New York: H. H. Lloyd, 1861.

Sydenham, M. J. *The Girondins*. Westport, CT: Greenwood Press, 1961.

Tackett, Timothy. *Becoming a Revolutionary: The Deputies of the French National Assembly and the Emergence of a Revolutionary Culture (1789–1790)*. University Park: Pennsylvania State University Press, 2006.

———. *The Coming of the Terror in the French Revolution*. Cambridge, MA: Harvard University Press, 2015.

———. *When the King Took Flight*. Cambridge, MA: Harvard University Press, 2004.

Taillemite, Etienne. *La Fayette*. Paris: Fayard, 1989.

Talleyrand-Périgord, Charles-Maurice de. *Mémoires du prince de Talleyrand*. 5 vols. Paris, 1891–1892.

Thacher, James. *A Military Journal During the American Revolutionary War, From 1775 to 1783*. Boston: Richardson and Lord, 1823.

Tocqueville, Alexis de. *The Ancien Régime and the French Revolution*. New York: Anchor, 1955.

Tourtier-Bonazzi, Chantal de. *Lafayette: Documents conservés en France*. Paris: Archives Nationales, 1976.

Tourzel, Louise Élisabeth de Croÿ d'Havré, duchesse de. *Mémoires de madame la duchesse de Tourzel: gouvernante des enfants de France pendant les années 1789, 1790, 1791, 1792, 1793, 1795*. Paris: E. Plan, 1883.

Tower, Charlemagne, Jr. *The Marquis de La Fayette in the American Revolution*. 2 vols. Philadelphia: J. B. Lippincott, 1901.

Traugott, Mark. *The Insurgent Barricade*. Berkeley: University of California Press, 2010.

Tulard, Jean, Jean François Fayard, and Alfred Fierro. *Histoire et Dictionnaire de la Révolution Française 1789–1799*. Paris: Robert Laffont, 1998.

Unger, Harlow Giles. *Lafayette*. Hoboken, NJ: Wiley, 2002.

Vanderkemp, F. A. "Extracts from the Vanderkemp Papers." *Buffalo Historical Society Publications*, vol 2. Buffalo: Bigelow Brothers, 1880.

Voltaire. *Candide ou l'optimisme*. Holland, 1761.

Vowell, Sarah. *Lafayette in the Somewhat United States*. New York: Roverhead Books, 2015.

Washington, George. *The Papers of George Washington: Confederation Series*. 6 vols. Edited by W. W. Abbot. Charlottesville: University Press of Virginia, 1992–1997.

———. *The Papers of George Washington: Presidential Series*. 19 vols. Edited by David R. Hoth. Charlottesville: University of Virginia Press, 1987–2016.

———. *The Papers of George Washington: Retirement Series*. 4 vols. Edited by W. W. Abbot and Edward G. Lengel. Charlottesville: University Press of Virginia, 1998–1999.

———. *The Papers of George Washington: Revolutionary War Series*. 26 vols. Edited by Philander D. Chase and Frank E. Grizzard Jr. Charlottesville: University Press of Virginia, 1985–.

Wharton, Francis. *The Revolutionary Diplomatic Correspondence of the United States*. 6 vols. Washington, DC: Government Printing Office, 1889.

Whitlock, Brand. *La Fayette*. 2 vols. New York: Appleton, 1929.

Whitman, Walt. *Lafayette in Brooklyn*. New York: George D. Smith, 1905.

Willard, Emma. *Journals and Letters from France and Great Britain*. Troy, NY: N. Tuttle, 1833.

Willis, Nathaniel Parker. *Pencillings by the Way*. London: H. G. Bohn, 1846.

Wood, Gordon S. *The Radicalism of the American Revolution*. New York: Vintage Books, 1992.

Wright, Constance. *Madame de Lafayette*. Borodino Books, (1959) 2017.

Young, Arthur. *Arthur Young's Travels in France during the Years 1787, 1788, 1789*. London: George Bell and Sons, 1909.

索 引

（索引中的页码为本书页边码）

图书在版编目（CIP）数据

两个世界的英雄：革命年代的拉法耶特／（美）麦克·邓肯（Mike Duncan）著；黎英亮译. -- 北京：社会科学文献出版社，2025.1. -- ISBN 978-7-5228-3759-8

Ⅰ. K835.657＝41

中国国家版本馆 CIP 数据核字第 2024N9T734 号

两个世界的英雄：革命年代的拉法耶特

著　　者／〔美〕麦克·邓肯（Mike Duncan）
译　　者／黎英亮

出 版 人／冀祥德
责任编辑／沈　艺　姜子萌
文稿编辑／赵梦寒
责任印制／王京美

出　　　版／社会科学文献出版社·甲骨文工作室（分社）（010）59366527
　　　　　　地址：北京市北三环中路甲 29 号院华龙大厦　邮编：100029
　　　　　　网址：www.ssap.com.cn
发　　　行／社会科学文献出版社（010）59367028
印　　　装／南京爱德印刷有限公司

规　　　格／开本：889mm×1194mm　1/32
　　　　　　印张：20.75　字数：460 千字
版　　　次／2025 年 1 月第 1 版　2025 年 1 月第 1 次印刷
书　　　号／ISBN 978-7-5228-3759-8
著作权合同
登 记 号／图字 01-2023-2387 号
定　　　价／138.00 元

读者服务电话：4008918866